S0-FAH-329

Franz Kaulen

Sprachliches Handbuch zur biblischen Vulgata

1973

GEORG OLMS VERLAG
HILDESHEIM · NEW YORK

Dem Nachdruck liegt das Exemplar der Niedersächsischen Staats- und Universitätsbibliothek Göttingen zugrunde. Signatur: 8° Ling. IV 6418

Nachdruck der 2., verbesserten Auflage Freiburg 1904
Printed in Germany
Herstellung: fotokop wilhelm weihert kg, Darmstadt
ISBN 3 487 05012 9

WITHDRAWN

HARVARD LIBRARY

WITHDRAWN

F. Kaulen · Sprachliches Handbuch zur biblischen Vulgata

BS
85
.K38
1973

Sprachliches Handbuch zur biblischen Vulgata.

Sprachliches Handbuch

zur

biblischen Vulgata.

Eine systematische Darstellung
ihres lateinischen Sprachcharakters

von

Dr Franz Kaulen,

Päpstlichem Hausprälaten und Professor an der Universität Bonn a. Rh.

Zweite, verbesserte Auflage.

———— • ————

Freiburg im Breisgau.
Herdersche Verlagshandlung.
1904.
Zweigniederlassungen in Wien, Straßburg, München u. St Louis, Mo.

Imprimatur.

Friburgi Brisgoviae, die 17 Iunii 1904.

✝ **Thomas,** Archiepps.

Alle Rechte vorbehalten.

Buchdruckerei der Herderschen Verlagshandlung in Freiburg.

Vorwort zur ersten Auflage.

Diese Schrift ist aus Vorlesungen entstanden, welche ich im Winterhalbjahr 1868/1869 an hiesiger Universität gehalten und deren Wortlaut ich seitdem erweitert habe. Zu beidem hat mich die Überzeugung veranlaßt, daß der Aufschwung der biblischen Wissenschaft katholischerseits nur aus der praktischen Verwertung des göttlichen Wortes hervorgehen kann, daß aber zu dieser Verwertung die Vulgata immer das notwendigste Mittel bleiben wird. Da nun das Studium der Vulgata ein Haupthindernis in der Unkenntnis und in der daraus hervor= gehenden Geringschätzung ihres sprachlichen Idioms findet, so habe ich für dieses ein Hilfsmittel zu schaffen gesucht, das mit dem Verständnis desselben auch Aufschluß über seine sprach= liche Berechtigung geben könne. Als Maßstab mußte dabei das praktische Bedürfnis der meisten Priester und Studierenden gelten. Hierfür reichen Hagens bahnbrechende „Erörterungen zur Vulgata" nicht aus, während Rönschs „Itala und Vul= gata" einen ganz andern Zweck verfolgt; ich darf daher wohl ohne Überhebung die Hoffnung aussprechen, eine wirkliche Lücke in der theologischen Literatur ausgefüllt zu haben.

Daß ich bloß ein hermeneutisches und kein exegetisches Hilfsmittel habe bieten wollen, brauche ich nicht besonders her= vorzuheben. Dagegen ist vielleicht die Bemerkung nicht über= flüssig, daß meine Darstellung lediglich den offiziellen Text der Vulgata als gegebene Tatsache ins Auge faßt. Von dem grammatischen Systeme, das ich der Arbeit zu Grunde gelegt habe, kann ich nur sagen, daß es mir als das zweckdienlichste erschienen ist und sich als solches an einer meiner früheren Arbeiten bewährt hat.

Bei der hermeneutischen Behandlung der Vulgata können die liturgischen Bücher der katholischen Kirche nicht unberück= sichtigt bleiben. In diesen Büchern, die nach Inhalt und Form durchaus auf der Heiligen Schrift beruhen, lebt die Sprachgestaltung der Vulgata auf eigentümliche Weise fort, und sie dienen daher vorzugsweise zur Erläuterung derselben; dabei ist ihr genaues Verständnis aus denselben Gründen wie das der Vulgata einerseits erschwert, anderseits wünschenswert. Auch sie sind daher in den Kreis der sprachlichen Betrachtung gezogen worden, jedoch nur, soweit sich dies mit dem Haupt= zwecke der Schrift vereinigen ließ.

Nach der nämlichen Rücksicht habe ich in den beigefügten Registern die sprachlichen Nachweise möglichst ausführlich ge= geben, das Verzeichnis der behandelten Schriftstellen aber auf die geringste Zahl beschränkt. Bei den Anführungen aus lateinischen Klassikern konnte, weil mir die besseren Ausgaben nicht immer zur Hand waren, die jetzt übliche Zitationsweise an einigen Stellen nicht befolgt werden; die so entstandenen Mängel sind in den Nachträgen ergänzt worden.

Gott gebe der Arbeit seinen Segen, damit sie zum Aus= bau seiner Kirche mithelfe und für das Heil der Seelen, das auch in den gegenwärtigen ernsten Zeiten das Hauptziel mensch= licher Tätigkeit bleibt, in ihrer Weise nützlich werde.

Bonn, 18. Juli 1870.

Der Verfasser.

Vorwort zur zweiten Auflage.

Obwohl diese Schrift schon vor längerer Zeit herausgegeben und in vielen Exemplaren verbreitet ist, so wagt sie doch jetzt in erweiterter und verbesserter Gestalt zum zweitenmal zu erscheinen und sucht gegenüber den unrichtigen Urteilen, welche noch immer über Sprache und Charakter der Vulgata vorgebracht werden, ein Literaturwerk in Ehren zu halten, welchem das gesamte Abendland einen großen Teil seiner Bildung verdankt, und an welchem die katholische Kirche als an einem Träger ihrer Tradition unentwegt festhält.

Bonn, 27. Juni 1904.

Der Verfasser.

Inhaltsverzeichnis.

Erstes Buch.
Elementarlehre.

Zweites Buch.
Wörter und Wortformen.
Erstes Hauptstück. Substantiva.

Drittes Hauptstück. Numeralia.

Seite

Viertes Hauptſtück. Pronomina.

Fünftes Hauptſtück. Verba.

Drittes Buch.

Wortverbindung.

Viertes Buch.

Satz und Satzverbindungen.

Die in den Anmerkungen gebrauchten Abkürzungen sind folgende:

All. = Alliolis Bibelübersetzung nach der 4. Auflage.

altbän. = altbänische Bibelübersetzung u. d. T.: „Den älbste danste Bibel=Oversättelse eller det gamle Testamentes otte förste böger forbanskede efter Vulgata, udgivne af Christian Molbech. Kiöben= haven 1828.

Ash. = Librorum Levitici et Numerorum Versio Antiqua Itala e codice perantiquo in bibliotheca Ashburnhamiense conservato nunc primum typis edita, Londini 1868.

B. = B ö h m e r , De L. Annaei Senecae Latinitate, Progr. des Gymn. zu Öls 1840.

Cod. Am. = Codex Amiatinus N. T., ed. Tischendorfs, Lips. 1851,

Cod. Fuld. = Codex Fuldensis, ed. Ranke Marb. & Lips. 1868.

Diet. = D i e t e n b e r g e r , Katholische Bibel, Köln 1592.

Douay = die englische katholische Bibelübersetzung aus den Jahren 1582 und 1609 nach Challoners Revision, Ausg. von London 1847.

G. = G a m s , Kirchengeschichte von Spanien, s. S. 7.

Gr. = De usu Pliniano scripsit Laurentius Grasberger , Wirce- burgi 1860.

H. = H a g e n , Sprachl. Erörterungen, s. S. 7.

Heiß = H e i ß , Beitrag usw. s. S. 7.

M. = M a r t è n e , De antiquis Ecclesiae Ritibus, pars I, Roto- magi 1700.

M. = M o n e , Latein. und griech. Messen aus dem 2. bis 6. Jahr- hundert, Frankfurt 1856.

M. F. = Z i n k , Der Mytholog Fulgentius, 2. Tl., Würzburg 1867.

N. = N e u e , Formenlehre der lateinischen Sprache, 2 Bde, Mitau 1861—1866.

niederd. Pf. = Altniederdeutsche Interlinearversion der Psalmen, bei H e y n e , Kleinere altniederd. Denkmäler, Paderborn 1817.

nordh. Ev. = die vier Evangelien in alt=nordhumbrischer Sprache, herausg. von Bouterweck, Gütersloh 1857.

R. = Rönsch, Sprachliche Parallelen s. S. 7.

R. Jt. = Rönsch, Itala und Vulgata s. S. 7.

R. T. = Rönsch, Das N. T. Tertullians s. S. 7.

Ros. = De elocutione L. Annaei Senecae Commentatio (scripsit), Rosengren, Upsaliae 1849.

S. Sab. = Bibliorum sacrorum vers. ant. lat., ed. Sabatier, Regiomagi 1743.

Sacy = La sainte Bible, traduite sur la Vulgate par Le Maistre de Sacy, Bruxelles 1855.

Sch. = Schulz, Lateinische Sprachlehre, Paderborn, 4. Aufl., 1857.

W. = Winer, Grammatik des neutestamentl. Sprachidioms, 7. Aufl. von Lünemann, Leipzig 1867.

W. = Weitenauer, Lex. Bibl., s. S. 7.

1490 = die althochdeutsche Bibelübersetzung von Nürnberg 1490.

Die Kirchenväter sind meist nach den Migneschen Ausgaben, Arnobius nach Hildebrand, Jrenäus nach Stieren, Cyprian nach der neuen Wiener Ausgabe angeführt. Von den lateinischen Klassikern ist Apicius nach Schuch, Apulejus nach Hildebrand, Catull (Tib. Prop.) nach Haupt, das Corpus Iuris nach Leeuwen, Fronto nach Mai, Gellius nach Lion, Nonius nach Mercier (mit Buch und Seitenzahl), Plinius' Briefe nach Keil, Plinius' Naturgeschichte nach Sillig, Priscian nach Lindemann, die Scriptt. hist. Aug. nach der Zweibrückner Ausgabe, die Scriptt. R. R. nach Schneider, Solinus nach Mommsen, Terenz nach Umpfenbach, alle übrigen nach den Teubnerschen Ausgaben zitiert.

Bei den Anführungen aus der Heiligen Schrift ist die Schreibweise der offiziellen Ausgabe (nach Vercellones Abdruck) ganz genau, die großen Anfangsbuchstaben und Jnterpunktionszeichen mitgerechnet, eingehalten worden. Der Ausdruck „z. B." zeigt hierbei an, daß nur einige Fälle der betreffenden Spracherscheinung mitgeteilt sind; wo dieser Ausdruck fehlt, sind sämtliche in der Vulgata vorkommenden Beispiele angeführt. Eine einzelne Ziffer zeigt den Vers an, zu welchem die Bezeichnung des Kapitels und Buches aus dem vorhergehenden Zitat zu entnehmen ist.

Cursiv sind diejenigen Stellen gedruckt, welche den liturgischen Büchern entnommen sind.

Einleitung.

1. **Vulgata** heißt die alte lateinische Bibelübersetzung, welche seit dem Anfange des 7. Jahrhunderts in der abend=ländischen Kirche allgemein üblich gewesen und auf dem Konzil zu Trient im Jahre 1546 für authentisch erklärt worden ist. Als Text derselben gilt heute diejenige Ausgabe, welche auf Befehl des Papstes Klemens VIII. im Jahre 1592 zu Rom erschienen und für alle andern Ausgaben als Norm vor=geschrieben ist; sie ist am besten abgedruckt (von Vercellone) unter dem Titel: Biblia Sacra Vulgatae Editionis Sixti V. et Clementis VIII. Pontt. Maxx. iussu recognita atque edita. Romae 1861.

Biblische Abschnitte und Stellen enthalten auch die liturgischen Bücher der Kirche, nämlich das Meßbuch, das Brevier und die Ritualien. Hier ist nur bei den Lesungen (Evangelium, Epistel, Lektion, Kapitel) der bezeichnete offizielle Text in Anwendung gekommen, und die übrigen biblischen Stellen folgen einer älteren Textesgestalt.

2. Die Vulgata ist im Neuen Testamente durchgängig, das Evangelium Matthäi nicht ausgenommen, aus dem Griechischen übersetzt. Im Alten Testamente ist der größere Teil aus dem Hebräischen oder Chaldäischen, das übrige aus dem Griechi=schen übertragen. Im allgemeinen rührt alles, was aus dem Hebräischen stammt, vom hl. Hieronymus als Übersetzer her; dagegen sind die meisten aus dem Griechischen stammenden Texte nur Ergebnisse der Revision, welche derselbe mit einer älteren lateinischen Version vorgenommen hat, und einige wenige

Schriften des Alten Testamentes sind ganz nach dieser älteren Übertragung in die Vulgata herübergenommen.

Die Übersetzung des hl. Hieronymus haben wir nicht bloß bei denjenigen Büchern des A. T., welche in den jüdischen Kanon aufgenommen sind, und von denen daher heute noch der hebräische Text existiert, sondern auch bei den beiden Büchern Tobias und Judith. Umgekehrt sind die Psalmen in der Vulgata aus der griechischen Übersetzung der Septuaginta übertragen und zeigen denjenigen Text, welcher durch erneute Durchsicht des hl. Hieronymus zu stande gekommen ist (Psalterium Gallicanum, s. unten). Vom hl. Hieronymus aus dem Griechischen übersetzt sind bloß die sog. deuterokanonischen Stücke in Esther und Daniel. Ganz aus älterer Übersetzung sind die Bücher Baruch, der Weisheit, Ecclesiastikus und der Machabäer.

3. Es gab nämlich schon seit den ersten Zeiten der Kirche im Abendlande vielerlei lateinische Bibelübersetzungen, unter denen eine mit Bezug auf ihren Ursprung und Gebrauch Itala genannt wurde. Diese erlangte mit dem Ende des 2. Jahrhunderts so ziemlich dieselbe Geltung, welche später die Vulgata genoß, und wurde deswegen auch nicht selten unter dem Namen vulgata oder communis (sc. versio) angeführt. Die Willkür, womit ihr Text bei dessen Vervielfältigung behandelt wurde, veranlaßte Papst Damasus um das Jahr 382, durch den hl. Hieronymus eine sorgfältige Revision derselben vornehmen zu lassen. Der so entstandene Text erhielt in der römischen Kirche und im ganzen Abendlande offizielle Geltung; nur teilweise und allmählich ward er durch die später entstandenen Übersetzungen des hl. Hieronymus verdrängt. S. des Verf. Gesch. der Vulgata 107 ff.

Der hl. Columbanus († 615) ist der letzte kirchliche Schriftsteller, bei dem sich der ausschließliche Gebrauch der Itala nachweisen läßt. Seitdem ward für den wissenschaftlichen und aszetischen Gebrauch der Bibel das oben angegebene Verhältnis allgemein. Im liturgischen Gebrauche dagegen erhielten sich die Texte der älteren Übersetzung viel länger, zum Teil bis auf den heutigen Tag. Die neue Übersetzung, welche der hl. Hieronymus von den Psalmen, als dem vorzugsweise liturgischen Buche, nach dem Hebräischen angefertigt hatte, konnte nie

zur Aufnahme in den gottesdienstlichen Gebrauch kommen. Zu Rom
gelangte vorerst derjenige Psalmentext zur Geltung, welcher bei einer
früheren Revision des hl. Hieronymus (um 384) entstanden war
(Psalterium Romanum); derselbe erhielt sich daselbst bis auf Papst
Pius V. und im Offizium der Peterskirche noch bis heute. Im übrigen
Abendlande wurden die Psalmen nach einer zweiten Revision des
hl. Hieronymus (um 391) gesungen, die zuerst in Gallien Eingang
gefunden hatte und daher Psalterium Gallicanum hieß. Dieser Text
steht in der heutigen Vulgata. In den Introitus, Gradualien, Offer-
torien und Kommunionen des römischen Meßbuches, sowie im Invita-
torium, in den Antiphonen und in den Responsorien des Breviers hat
sich das Psalterium Romanum bis heute erhalten. Gesch. der Vulg. 199.

4. Das Ansehen, in welchem die ältere lateinische Übersetzung stand, ist auf die Beschaffenheit unserer heutigen Vulgata
nicht ohne Einfluß geblieben. Bei seiner Revision der dazu gehörigen Texte vermied der hl. Hieronymus nach Möglichkeit,
den althergebrachten, beim christlichen Volke geläufig gewordenen
Ausdruck zu ändern, selbst wenn derselbe seiner eigenen Überzeugung nicht ganz entsprach. Ebenso fertigte er seine eigenen
Übersetzungen, um jeden Anstoß zu vermeiden, mit vielfacher
Rücksicht auf den bereits üblich gewordenen Text an. Als die
neue Übertragung in der Kirche zu allgemeiner Geltung kam,
beherrschte die Gewöhnung an den älteren Text doch noch die
Abschreiber, und so kam manches, das der Itala angehörte,
in die hieronymianische Übersetzung hinein. Da nun der jetzige
klementinische Text hauptsächlich auf dem überlieferten handschriftlichen Material beruht, so ist in demselben noch immer
der Einfluß, welchen die Itala im Mittelalter ausgeübt hat,
zu erkennen.

Näheres f. Geschichte der Vulg. 155 225 266. In den beiden
ersten Königsbüchern stehen 29 Verse oder Versteile, die sich bei
Hieronymus nicht finden und aus der Itala erhalten sind. Vercellone, Lect. II viii f.

5. Die hauptsächlichste Art, auf welche der genannte Einfluß sich geltend gemacht hat, ist in der Sprachform zu er-

kennen. Die ältere Übersetzung trug nämlich durchaus volks=
mäßigen Charakter, insofern sie in dem Idiome des täglichen
Lebens, dem sog. Vulgärlatein, abgefaßt war. An diesen
Sprachcharakter der lateinischen Bibel war man im ganzen
Abendlande so gewöhnt, daß der sonst feingebildete hl. Hiero=
nymus, der wie die höheren Stände seiner Zeit sprach und
schrieb, sich doch bei seiner Übersetzung oft an den vulgären statt
an den gebildeteren Ausdruck anschloß. Dieses volksmäßige
Element in seiner Version ward noch vermehrt durch die spä=
teren Abschreiber, die zum großen Teil ungebildet waren und
das Vulgärlatein sprachen, so daß die Ausdrücke der Itala
ihnen an sich geläufiger sein mußten.

Was in unsern Schulen als schriftmäßiges Latein gelehrt wird,
die Sprache der römischen Klassiker, ist in ähnlicher Weise als bloß
künstliches oder konventionelles Idiom anzusehen, wie bei uns das
Hochdeutsche. Rein gesprochen wurde das klassische Latein wohl nur
bei offiziellen Verhandlungen auf dem Forum oder im Senat. Die
gebildeten Stände, welche sich desselben im schriftlichen Verkehr und
in der Literatur bedienten, neigten im täglichen Umgang auch mehr
oder weniger zum volksmäßigen Ausdruck, wie es z. B. selbst von
Kaiser Augustus bezeugt ist. Nur die Urbanität, d. h. die kon=
ventionellen Formen der römischen Aristokratie und der entsprechenden
Erziehung, legte ihnen die Notwendigkeit auf, den klassischen Ausdruck
zu gebrauchen. Dem entsprechend waren im Vulgärlatein die italischen
Bestandteile des Lateinischen vorherrschend, während das Klassische
unter griechischem Einfluß entstanden und erhalten worden war. Die
vulgäre Sprache trug demnach, wie auch bei uns die Volksdialekte,
durchgängig den Charakter des Altfränkischen, aber nicht des Gemeinen;
es war die Sprache des Volkes, nicht des Pöbels. Geschrieben wurde
dieselbe überall, wo der Zwang der Urbanität nicht hinderlich war,
namentlich auf Inschriften von privatem Charakter, bei den Verträgen
des gewöhnlichen Lebens u. dgl. In den ersten Zeiten war das vulgäre
Latein auch die Sprache der Literatur. Ennius und Plautus schreiben
ein Idiom, das wesentlich volksmäßig ist und nur in beschränktem
Maße den Einfluß der Urbanität zeigt. Später ward dieser Einfluß
so allgemein, daß das Volksmäßige ganz aus der Literatur verschwand.
Nur in den Possen und Harlekinaden der niedern Klassen erhielt es

sich), und so kam es, daß die Volkssprache im goldenen Zeitalter der
römischen Literatur mit einer gewissen Verachtung behandelt wurde.
Allmählich aber mußte die Einwirkung der Urbanität auch aus der
Literatur weichen; im silbernen Zeitalter gewann der vulgäre Aus=
druck wieder mehr Beachtung, bis er zuletzt, in die einzelnen roma=
nischen Sprachen umgestaltet, das Feld der Literatur ganz allein be=
hauptete. Vgl. des Verf. Abh. „Zur Geschichte der Vulgata", Katholik
1870, I 273.

In den Provinzen des römischen Reiches war das Vulgärlatein
fast ausschließlich gekannt und gebraucht. Die Kenntnis des Lateinischen
wurde hier zumeist durch die niedern Beamten, die Soldaten und die
Kaufleute vermittelt, neben deren unmittelbarem Einfluß die urbane
Bildung am Hofe der Prokonsuln und Prätoren ohne Bedeutung blieb.
Es ist nicht unwahrscheinlich, daß das Vulgärlatein hiernach in den
verschiedenen Ländern des Occidents auch eine lokale Färbung an=
nahm; allein der so entstandene Unterschied kann der Natur der Sache
nach nur unbedeutend gewesen sein und ist positiv nicht nachweisbar.
Es ist daher ein Irrtum, wenn man von den in der Itala be=
obachteten Eigentümlichkeiten der Sprache auf das Vaterland dieser
Übersetzung schließen und ihren Ursprung z. B., wie viele getan haben,
nach Afrika verlegen will. Was man öfter Afrikanismus der Latinität
genannt hat, ist einfach der Charakter des Vulgärlateins und kann
als solcher mit gleichem Recht Gallizismus, Pannonismus oder Itali=
zismus heißen. In Wirklichkeit hat man unter afrikanischer Latinität
eine Stilgattung zu verstehen, deren Eigentümlichkeit durch den Charakter
ihrer Verfasser bedingt ist. Bernhardy, Grundriß der römischen
Literatur [5] 323.

Die Eigentümlichkeiten des Vulgärlateins zeigen sich zunächst in
der Aussprache, insofern Vokale wie Konsonanten trübe und nachlässig
gebildet werden, annus für annos, cibes für civis, quesquenti für
quiescenti; dann in der Abwandlung, insofern dabei nach anderer
Analogie verfahren wird, iugus bonus, pauperorum, in paca für
pace, quiexibit für quiescet, rogitus für rogatus, benemerentis für
benemerentibus; endlich in der Wortverbindung, insofern die Rektion
ganz unbestimmt und willkürlich geschieht, cum spirita sancta für
cum spiritibus sanctis, in pacem für in pace, se vivo sibi fecerunt.
Daß bei den schriftlichen Aufzeichnungen aus der Volkssprache eine
höchst willkürliche Schreibung herrscht, gehört nicht hierher. Gesch.
der Vulg. 133 ff.

6. Die zweite Art, auf welche das Ansehen der Itala für
die Gestaltung unserer Vulgata maßgebend geworden ist, be=
steht in der sehr wörtlichen, um nicht zu sagen sklavischen,
Übertragungsweise, welche die älteren lateinischen Übersetzungen
der Bibel ohne Ausnahme zeigen. Vermutlich rührt dieser
Charakter daher, daß die ersten lateinischen Versionen von Aus=
ländern verfaßt wurden, die morgenländischer Bildung waren
und das Lateinische ohne schulmäßige Bildung erlernt hatten.
Da das christliche Volk auf diese Weise an manche Gräzismen
und Hebraismen als an spezifische Eigentümlichkeiten des bibli=
schen Ausdrucks gewöhnt war, so trug der hl. Hieronymus
sowohl bei seinen Revisionen als bei seinen eigenen Über=
setzungen diesem Bestande der Dinge die gebührende Rechnung.
Gesch. der Vulg. 137 181.

Bei ihrer buchstäblichen Übertragung hatten die ersten Übersetzer
ein Vorbild an ihren griechischen Originalien. Die Septuaginta zeigt
zum Teil mehr den morgenländischen Typus der hebräischen Bibel,
als echtgriechischen Sprachcharakter; diese Beschaffenheit aber ist bei
Abfassung des Neuen Testamentes nicht ohne Einfluß gewesen, und
namentlich in den historischen Schriften desselben tritt deutlich das
hebraisierende Kolorit zu Tage. S. Vorstii Philologia sacra s. de
Hebraismis Novi Testamenti, Francof. 1705. Der oder die Verfasser
der Itala fügten zu diesem semitischen Charakter noch die Eigenheiten
der griechischen Rektion, die sie irrigerweise in den lateinischen
Sprachcharakter übertrugen.

7. Für den Sprachcharakter der Vulgata dienen nach vor=
stehendem als Erkenntnisquellen: 1. die lexikalischen und gram=
matischen Eigentümlichkeiten des Vulgärlateins; 2. die Diktion
der hebräischen und griechischen Bibeltexte; 3. die lateinische
Schriftsprache der Zeit, in welcher der hl. Hieronymus seine
Bildung empfangen hatte.

Die Kenntnis der lateinischen Volkssprache wird am besten durch
das Studium der lateinischen Inschriften gewonnen; hierzu dient
Zell, Handb. der Römischen Epigraphik, Heidelberg 1852—1857,
3 Tle, mit dem Bücherverzeichnis daselbst II 357 ff. Corpus Inscript.

Latinarum ed. cons. et auctor. Acad. litter. Borussicae, Berolini
1862 f, Bb I—XV. Ritschl, Priscae Latinitatis Epigraphicae
supplementum I—V, Bonnae 1862—1865. Rossi, Inscriptiones
christianae I, Romae 1861. Le Blant, Inscriptions chrétiennes de
la Gaule, 2 Bde, Paris 1856 unb 1865. Ferner führt bazu die Be=
obachtung des Sprachgebrauchs bei ben vorklaffifchen Schriftftellern
(Plautus, Ennius, Lucilius, Lucrez, Cato, auch Vitruv). Intereffant
ift namentlich die Tatfache, daß manche Wörter fich bei Plautus
finden, die von da an ganz aus der Literatur verfchwinden unb erft
in der Bulgata wieder zum Vorfchein kommen. Die weitere Literatur
zur Kenntnis des Vulgärlateins ift: Marini, Atti e monumenti
de' fratelli Arvali, Roma 1795, 2 Bde, 4. Muratori, De origine
linguae Italicae (Ant. It. II, diss. xxxii). Zaccaria, Istituz.
lapidar, Roma 1770, l. 2, c. 10. Morhof, De Patavinitate Livii
1785. Heumann, De Latinitate plebeia aevi Ciceroniani in
beffen Poecile III, Halae 1727, 307—324. Tiefensee (Pagen-
darm), De lingua Romana rustica, Jena 1735. Pihlmann, Ro-
manus bilinguis, s. diss. de differentia linguae plebeiae et rusticae
tempore Augusti a sermone honestiore hominum urbanorum, Upsalae.
Wachsmuth, Von der lingua rustica latina unb romana, im Athe=
näum I, Halle 1816, 271. Winkelmann, Über die Umgangsfprache
der Römer, Neue Jahrb. für Philol. unb Päbag. 1833, 2. Supplbb,
493—509. Pott, Plattlateinifch unb Romanifch in Kuhns Zeitfchr.
f. vergl. Sprachf. I, Berlin 1852, 309 385. Das Latein im Übergang
zum Romanifchen, Zeitfchr. für Altertumswiffenfchaft 1853, 481; 1854,
219 233. Corffen, Über Ausfprache, Vokalismus unb Betonung
der lat. Sprache, 2. Ausg., Leipzig 1868. Schuchardt, Vokalismus
des Vulgärlateins, 3 Bde, Leipzig 1866—1868. Diez, Etymol.
Wörterb. der roman. Sprache[3], Bonn 1869. Bethmann (in Pertzs
Archiv für deutfche Gefchichtsforfchung IX 659), Über den Jdiotismus
des Chronicon Cassinense, das Monum. Germ. Script. III abgebruckt
ift. Mone, Lat. unb griech. Meffen aus dem 2.—6. Jahrh., Frankfurt
1850, 39. Berblinger, De lingua Romana rustica quaest.
gramm., 1. Tl (Programm des Gymnafiums zu Glücksftadt 1865).
Böhmer, Die lateinifche Vulgärfprache (Programm des Gymn. zu
Öls 1863, 1866). Stuber, im Rhein. Muf. N. F. II 77. Haafe,
in Gregorii Turon. l. de cursu stellarum, Vratislaviae 1853. Rönfch,
Sprachl. Parallelen aus dem Bereiche der Jtala zu Mosis Assumptio,
in Hilgenfelds Zeitfchr. für wiffenfchaftl. Theologie 1868, 76. (Hierher
gehört auch troß des Titels:) Rönfch, Jtala unb Vulgata, Marburg

1869. Fröhner, Bericht über latein. Epigraphik, Philol. XIII 165.
Le Blant, Inscriptions chrét. de la Gaule II cxvi f. Wuttke, Die
Kosmographie des Istriers Aithikos cviii ff. Boldetti, Osserv.
sopra i cimiteri de' santi martiri ed antichi christiani di Roma, Roma
1720. Gams, Die Kirchengeschichte von Spanien I, 1862, 87—99. Die
Indices Latinitatis zu Tertullian (von Rigaltius) und Lactanz in den
Migneschen Ausg., zu Arnobius von Orelli, zu Irenäus von Stieren, der
Index Rerum et Latinitatis im zweiten Bande von Orellis Inschriften=
sammlung (Inscript. latin. select. amplissima coll., ed. Orellius
vol. III, ed. Henzen, Turici 1828—1856). Cavedoni, Saggio della
latinità biblica dell' antica Volgata Itala, Modena 1860. Opus-
coli relig. letter. e morali IX, Modena 1861, 279. Reusch, Ein
neuer Itala=Codex, Tübinger Quartalschr. 1870, 32. Rönsch, Ter=
tullians Neues Testament. Derf., Das Buch der Jubiläen, Leipzig
1874. Derf., Das Carmen apologeticum des Commodius in Kuhns
Zeitschr. für die hist. Theol. II (1812) 163; (1813) 300. Hebraismen
und Gräzismen behandelt Weitenauer, Lexicon Biblicum, in
quo explicantur Vulgatae vocabula et phrases etc., Aug. Vindel.
et Frib. Brisg. 1758. Von den Schriftstellern, deren Ausdruck auf
die Schreibweise des hl. Hieronymus Licht wirft, sind beide Plinius,
Seneca und Gellius, dann aber wegen der volksmäßigen Sprache der
Vulgata besonders Petronius und die Script. Hist. Aug. zu nennen.
Daneben dienen zur Erläuterung namentlich der aus der Itala stammen=
den Bücher die Werke der christlichen Schriftsteller, in welchen sich
der Sprachgebrauch der lateinischen Bibel durch Pietät und Gewöh=
nung reflektiert. Zu diesen gehören Tertullian, die christlichen Apolo=
geten, die lateinische Übersetzung vom Hirten des Hermas, der latei=
nische Irenäus, einige an Cyprian gerichtete Schreiben (unter dessen
Briefen) u. a.

Direkte Hilfsmittel zum sprachlichen Studium der Vulgata sind:
Vercellone, Varr. Lect. Vulg. Lat. Bibl. Ed. I, Romae 1860,
cxi; II, ebb. 1862, xxvi. Hagen, Sprachliche Erörterungen zur
Vulgata, Freiburg i. Br. 1863. Heiß, Beitrag zur Grammatik
der Vulgata. Formenlehre. (Programm des K. Wilhelmsgymn. zu
München 1864). Loch, Materialien zu einer lateinischen Grammatik
der Vulgata (Programm des Lyceums zu Bamberg 1870). Hake,
Sprachliche Bemerkungen zu dem Psalmentexte der Vulgata (Jahres=
bericht über das Königl. Laurentianum zu Arnsberg 1872); ferner
die oben angef. Schr. von Weitenauer und Rönsch sowie Forcell.

Lex. (ed. Schneeb. 1831—1835, beſſer Prati 1858—1860). Ältere
hierher gehörige Arbeiten ſ. in der angef. Schr. von Hagen 1.

8. Im folgenden iſt der Verſuch gemacht, alle diejenigen
Spracherſcheinungen zu ſammeln und überſichtlich darzuſtellen,
welche den lateiniſchen Idiotismus der Vulgata bilden und
charakteriſieren. Als Maßſtab für die Auswahl iſt der Sprach=
gebrauch der klaſſiſchen Zeit gewählt worden, wie er in unſern
Schulen gelehrt wird; alles daher, was den Schriftſtellern des
ſog. goldenen Zeitalters geläufig geweſen, iſt von der Dar=
ſtellung ausgeſchloſſen. Der ſpezifiſche Charakter der auf dieſe
Weiſe ermittelten Beſonderheiten und ihr Verhältnis zu dem
geſamten lateiniſchen Sprachgebiet iſt durch Hinzufügung von
Stellen aus anderweitigen lateiniſchen Schriften bezeichnet wor=
den; hier muß ſtatt ausführlicherer Nachweiſe der Name des
betreffenden Verfaſſers jedesmal den nötigen Aufſchluß geben.
Keine Rückſicht iſt dabei auf diejenigen chriſtlichen Schriftſteller
genommen, die erweislich unter dem Einfluß der Vulgata ge=
ſchrieben haben. So oft alſo eine von den angeführten Sprach=
erſcheinungen ohne weiteren Nachweis aufgeführt wird, muß
dieſer Umſtand als Andeutung gelten, daß die betreffende
Eigentümlichkeit ausſchließlich im Sprachgebrauch der Vulgata
zu finden iſt.

Erstes Buch.

Elementarlehre.

I. Aussprache.

9. Insofern auf den gesamten Text der Vulgata die jetzt gewöhnliche Aussprache des Lateinischen angewandt wird, müssen in Bezug auf die hebräischen Eigennamen in demselben, namentlich im Texte des Alten Testamentes, folgende zwei Bemerkungen gemacht werden:

a) C ist immer K, auch vor e und i, z. B. Cedar Kedar (קֵדָר.), Cedimoth Kedimoth (קְדֵימוֹת), Cibsaim Kibsaim (קִבְצַיִם.), Cis Kis (קִישׁ), Rabsaces Rabsakes (רַבְשָׁקֵה.).

b) Treffen zwei Vokale zusammen, so müssen diese immer einzeln, nicht als Diphthonge ausgesprochen werden, z. B. Auran A-uran (חַוְרָן), Bauramites Ba-uramites (בְּחֲרוּמִי), Ain A-in (עַיִן), Abihail Abiḥa-il (אֲבִיחַיִל), Jair Ja-ir (יָאִיר), Madai Maba-i (מָדָי), Ephraim Ephra-im (אֶפְרַיִם), Barsaith Barsa-ith (בְּרִיַּת), Ceila Ke-ila (קְעִילָה), Semei Seme-i (שִׁמְעִי), Ismael Isma-el (יִשְׁמָעֵל), Elioenai Eli-o-ena-i (אֶלְיוֹעֵינַי), Uel U-el (אוּאֵל).

Ausgenommen sind einzelne Wörter mit au und ai, die in der hebräischen Form ô und ê haben, z. B. Gaulon, Aila. Bei Saul bleibt die richtige Aussprache Sa-ul, wie auch die LXX Σαούλ schreiben.

II. Orthographie.

10. Daß die Vulgata eine solche Rechtschreibung zeige, wie sie von der neueren Sprachwissenschaft gefordert wird, darf von vornherein nicht erwartet werden. In Bezug auf diejenigen Punkte aber, welche früher immer als schwankend betrachtet wurden, gilt folgendes:

a) Das k ist in dem hebräischen Eigennamen Jojakim erhalten.

b) Große Anfangsbuchstaben stehen 1. zu Anfang jedes Verses oder Absatzes im Vers; 2. zu Anfang jedes Satzes, und zwar nicht bloß nach dem Punkt, sondern auch nach dem Kolon, wenn keine Konjunktion den Satz anfängt; 3. bei Eigennamen, und zwar diesen Begriff in der weitesten Aus= dehnung gefaßt, z. B. Dominus (יהוה), Apostoli, Pharisaei, Magi, Gentes (für Heidenschaft im allgemeinen, dagegen Galilaea gentium), Terra Aegypti (Ägyptenland), Psalmi; 4. gewöhnlich, aber nicht durchgängig, die Namen der auf den wahren Gott bezüglichen Begriffe, also Deus, Pater, Filius, Spiritus sanctus, Angelus, Sacerdos, Sanc-tuarium, Evangelium, Propheta, Scriptura u. a.

c) Was die Verdopplung von Konsonanten betrifft, so schreibt die Vulgata annulus, bellua, immo, littera, littus, mille, millia, nummus, numularius, paulo, paululum, quatuor, sollemnis, solicitudo, squalidus.

d) Die Assimilation ist bei Zusammensetzungen von Prä= positionen und Verben ganz durchgeführt: annumero, colla-boro, commorari, arripere.

e) Andere Schwankungen sind so entschieden: caecus, caelum, cepe, femina, foenus, foetus, heres, moeror, pene, praelium, sepire — hyems, hybernalis — arctus, auctor, autumnus — conditio, inficiari, negotium, nun-cius — arreptitius, emptitius — emptus, sumptus — quicumque — exufflare, exultare, exurgere.

III. Interpunktion.

11. Der Punkt steht ausnahmslos bloß am Ende des Satzes; ebenso das Fragezeichen. Zur Bezeichnung größerer Abschnitte dient das Kolon (:). Das Semikolon (;) kommt in der ursprünglichen Ausgabe nicht vor. Die Klammer ( ) steht an manchen Stellen, um Zwischensätze einzuführen. Das Komma ist sehr reichlich angewandt. Namentlich steht es fast durchgängig vor et und fehlt vor demselben bloß, wenn zwei gleichbedeutende oder einen Begriff bildende Wörter vorkommen; umgekehrt fehlt es häufig vor ganz kurzen Nebensätzen. Ebenso dient es zur Auseinanderhaltung grammatisch verschiedener Bezeichnung, wie Objekts- und Prädikatsakkusativ, Subjekt und Prädikat, z. B. 1 Mof. 1, 10: Et vocavit Deus aridam, Terram; Eccli. 1, 16: Initium sapientiae, timor Domini.

Die Ausgabe Vercellones zeigt manche Inkonsequenz in der oben angegebenen Zeichensetzung, z. B. einen kleinen Anfangsbuchstaben nach einem Punkt 5 Mof. 14, 8, Ungleichheit bei Anbringung der Kommata 16 und manches andere, das auf Rechnung der ersten Ausgabe gesetzt werden zu müssen scheint. Abgesehen von diesen Kleinigkeiten, bedarf die jetzige Interpunktion der Vulgata einer durchgängigen Revision, weil sie nicht selten den wahren Sinn entstellt oder alteriert. So macht Pf. 47, 7 der Punkt nach eos den Sinn undeutlich, während durch die Schreibung: Tremor apprehendit eos ibi, dolores ut parturientis der Text sogleich deutlich, grammatisch richtig und dem Hebräischen entsprechend erscheint. Ebenso verhält es sich mit Pf. 78, 10 11, wo das Kolon nach effusus est zu tilgen ist. Vgl. unten § 189, 200.

Zweites Buch

Wörter und Wortformen.

Substantiva.

I. Eigentümlichkeit der Bedeutung.

12. Manche von den in der klassischen Sprache gebräuch=
lichen Substantiven erscheinen in der Vulgata mit einer andern
als der gewöhnlichen Bedeutung. Dieselben folgen hier in
alphabetischer Ordnung.

aemulator heißt nicht Nachahmer, sondern Eiferer für
etwas, z. B. 2 Mos. 34, 14: Deus est aemulator; 1 Kor.
14, 12: aemulatores estis spirituum.

allocutio ist Beschwichtigung, auch ohne daß an Zu=
reden gedacht ist, Weish. 19, 12: in allocutione (παραμυθίαν)
desiderii, ascendit illis de mari ortygometra.

Die Bedeutung von tröstender Zurede, wie sie sich Weish.
3, 18; 8, 9 findet, ist auch bei klassischen Schriftstellern nicht un=
gewöhnlich, z. B. Catull. 38, 5: Qua solatus es adlocutione;
Sen., Cons. ad Helv. 1, 4: Novis verbis nec ex volgari et cotidiana
sumptis adlocutione opus erat homini ad consolandos suos. Vgl.
Ros. 29.

ambitio Begleitung, Gefolge, 1 Mach. 9, 31: Ducunt sponsam cum ambitione magna.
Minuc. Fel. 4, 6.

animositas Zorn, Hebr. 11, 27: (Moyses) non veritus animositatem regis.

argumentum Rätsel, Weish. 8, 8: dissolutiones argumentorum *(αἰνιγμάτων)*.

articulus hat die Bedeutung etwa von Zeitabschnitt, Augenblick an der Stelle 1 Mos. 7, 13: In articulo illius diei, gerade an jenem Tage.

Der Ausdruck in articulo steht für sogleich, z. B. Cod. Iustin. 1, 34, 2; articulus heißt auch Moment, günstiger Augenblick, s. Forcell., Lex.; demnach ist die Übersetzung höchst glücklich gewählt, um das hebräische עֶצֶם nach Inhalt und Etymologie wiederzugeben. 1490: „An dem anfang des tags." Diet.: „Eben am selbigen tag." Douay: In the self-same day.

aurugo ist nicht wie sonst die Gelbsucht, sondern der Getreidebrand, der Rost in der Feldfrucht, z. B. Amos 4, 9: Percussi vos in vento urente, et in aurugine.

avernus hat in den Hymnen des Breviers die christliche Bedeutung von Hölle, z. B. *Hymn. Laud. temp. pasch.: Horrens avernus infremit; Matut. Dom.: Ob cuius ignes ignibus avernus urit acrius.*

baiulus, sonst Lastträger, Taglöhner, heißt 2 Kön. 18, 22 einfach Überbringer: non eris boni nuncii baiulus.

Später Briefträger (Hier., Ep. 3 ad Ruff. n. 5).

causa heißt Nutzen, Gewinn in der für das griechische *ματαίως* u. dgl. stehenden Redensart sine causa, Ps. 72, 13: Ergo sine causa iustificavi cor meum. Matth. 15, 9. Gal. 3, 4; 4, 11.

In ähnlicher Bedeutung steht das Wort schon bei Plautus (As. 3, 1, 11 Fl.): ubi quiesco, omnis familiae caussa consistit tibi. Ebenso bei Martial (Ep. 7, 93, 5): causam mihi perdis agelli, „du bringst mich um den Ertrag des Ackers". Ganz gewöhnlich ist die Bedeutung bei den Rechtsgelehrten. Cai., Dig. 6, 1, 20: nec enim sufficit corpus ipsum restitui, sed opus est, ut et causa rei restituatur (vgl. §. 87).

cochlea, ſonſt Schnecke, ſteht in der Bedeutung Wendel=
treppe, 3 Kön. 6, 8: per cochleam ascendebant in medium coenaculum. Ez. 41, 7.

Verc. z. d. St.: Animadverte nomen *cochlea* hoc sensu apud
probatos alibi non occurrere. LXX ἑλικτὴ ἀνάβασις. 1490. Diet.:
„daß man durch einen ſchnecken hinauff ging auff den mittel gang“.
Douay: by winding stairs.

cogitatio hat den ſpeziellen Nebenbegriff von Sorge,
Weiſh. 8, 9: erit allocutio cogitationis *(φροντίδων)*, et
taedii mei.

commemoratio bedeutet auch in ſubjektiver Weiſe Er=
innerung, Andenken, Weiſh. 19, 4: horum, quae acci-
derant, commemorationem amittebant *(ἀμνηστίαν ἐνέ-*
βαλεν). Luk. 22, 19. 1 Kor. 11, 24 25: hoc facite in
meam commemorationem.

Aus derſelben Bedeutung kann die häufige Anwendung des Wortes
im Meßbuche erklärt werden, wenn neben der Hauptfeier des Tages
auf eine Oktav, eine Feſtzeit oder einen Heiligen Rückſicht genommen
wird, z. B. *Nat. Dom. ad sec. M. in Aur.: pro commemoratione*
S. Anastasiae. Übrigens ſtammt dieſe Bedeutung aus dem medialen
commemorari, vgl. unten § 97.

compositio in der Bedeutung von Schmuck ſteht Jdt
10, 4. 1 Mach. 2, 11: Omnis compositio eius *(κόσμος)*
ablata est.

conditio heißt Schöpfung, Ez. 28, 15: a die conditionis tuae. H. 43.

Tert., Marc. 5, 19 für Kol. 1, 15: primigenitus conditionis.
In konkretem Sinne Tert., Scorp. 13 für Röm. 8, 39: neque alia
conditio poterit nos a dilectione Dei separare. Ebenſo in beiden
Bedeutungen bei Jrenäus häufig.

confessio bedeutet neben Bekenntnis (z. B. Röm. 10, 10),
auch Lobpreis, z. B. 1 Esdr. 3, 11: concinebant in
hymnis, et confessione Domino. Vgl. unten confiteri.

confusio heißt in der Vulgata durchgängig Beſchämung, Schmach, z. B. Pſ. 68, 8: operuit confusio faciem meam (ἐντροπή, כלמה); Pred. 20, 24: est qui perdet animam suam prae confusione *(δι᾽ αἰσχύνην).*

Nur an zwei Stellen hat confusio die Bedeutung von Ver= wirrung, σύγχυσις: 1 Kön. 5, 6; Apg. 19, 29. Ähnlich iſt die Bedeutung des Wortes Luk. 21, 25 *(ἀπορία).*

conquisitio (ſonſt Aushebung) heißt Verſammlung, Apg. 15, 7: Cum autem magna conquisitio *(συζητήσεως)* fieret.

consummatio heißt zunächſt Abſchluß, Vollendung, z. B. 2 Mach. 2, 9: sacrificium dedicationis, et consum- mationis templi, daher Vollkommenheit; 2 Kor. 13, 9: hoc et oramus vestram consummationem, ferner das Äußerſte, der höchſte Grad, z. B. 1 Esdr. 9, 14: iratus es nobis usque ad consummationem? Hieran ſchließt ſich die Bedeutung von Vernichtung, z. B. Jſ. 10, 22: consum- matio abbreviata inundabit iustitiam; Ende, z. B. Jer. 1, 3: usque ad consummationem undecimi anni Sedeciae, ſpeziell vom Ende der Welt, z. B. Matth. 13, 39: Messis vero, consummatio saeculi est, und vom Ende jedes Menſchen, daher Tod; Pred. 33, 24: In die consummationis dierum vitae tuae; 1, 19: in diebus consummationis illius bene- dicetur. *Grat. Act. post Missam, Or. S. Thom.: finis mei felix consummatio.*

conversatio nicht bloß Umgang mit jemand, ſondern in allgemeinem Sinne Lebensweiſe, Lebenswandel, z. B. 2 Mach. 6, 23: optimae conversationis actus; 5 Moſ. 1, 13: (viros) quorum conversatio sit probata; daneben nach anderer Herleitung Abwendung, Wegwendung; Pred. 18, 24: tempus retributionis in conversatione *(ἀπο- στροφῇ)* faciei.

cornu hat außer den im Lateiniſchen gewöhnlichen Be= deutungen auch noch in den dichteriſchen Texten die des hebr.

קֶרֶן und des griechischen κέρας, also Lichtstrahl, Blitz, Hab. 3, 4: cornua in manibus eius; Bergstock, Berg= gipfel, Jf. 5, 1: Vinea facta est dilecto meo in cornu; Stütze, Bürgschaft, 2 Kön. 22, 3. Pf. 17, 3. Luk. 1, 69 cornu salutis; Macht, Kraft, Übermut, z. B. 1 Kön. 2, 10: sublimabit cornu Christi sui; Pf. 74, 5: Nolite exaltare cornu.

Die Bedeutung von Berggipfel findet sich auch bei Statius, Theb. 5, 532: Cornua Parnassi.

correptio bedeutet ganz gewöhnlich Züchtigung, z. B. Spr. 29, 15: Virga atque correptio tribuit sapientiam.

In dieser Bedeutung steht das Wort auch bei Cicero (Amic. 24, 90): delicta dolere, correptione gaudere, wo aber andere cor- rectione lesen.

cortina, das sonst Gefäß, Dreifuß heißt, hat in der Vulgata die Bedeutung Vorhang (unser Gardine) z. B. 2 Mof. 26, 1: Decem cortinas de bysso retorta . . . facies; Judith 14, 13: stetit ante cortinam.

Nach Is. Origg. 19, 26 soll das Wort in diesem Sinne von corium abzuleiten sein. Aug., Quaest. 177, 2 in Exod. 26, 3: αὐλαίας quas Graeci appellant, Latini aulaea perhibent, quas cortinas vulgo vocant.

cultura = λατρεία, Hebr. 9, 1: Gottesdienst.

custodia, sonst Warte, Haft, Wachmannschaft, bezeichnet auch die in der Haft Befindlichen, Apg. 27, 1: tradi Paulum cum reliquis custodiis (δεσμώτας); 42: Militum autem consilium fuit ut custodias occiderent.

depositio (sonst in mannigfachem juristischem Gebrauch) heißt die Ablegung, Niederlegung, 1 Petr. 3, 21: vos salvos facit baptisma; non carnis depositio sordium; 2 Petr. 1, 14: velox est depositio tabernaculi mei.

detractio (Verminderung, Entziehung) bezeichnet in der Vulgata bloß den Begriff der Verleumdung oder übeln

Nachrede, z. B. Weish. 1, 11: a detractione parcite linguae; Eccli. 38, 18: fac luctum . . . propter detrac-
tionem.

diffidentia Unglauben (ἀπείϑεια); Eph. 2, 2; 5, 6: in
filios diffidentiae.

domus bedeutet Vermögen, Matth. 23, 14: quia come-
ditis domos viduarum. Luk. 20, 47.

So das griechische οἶκος ganz gewöhnlich, obwohl an obigen
Stellen οἰκία steht, das sonst im Gegensatz zu jenem das Wohnhaus
bedeutet. Die angegebene Bedeutung findet sich bei Claudian (Epigr. 25
in Cur. 8): consumens luxu flagitiisque domum. §. 94.

eloquium, das sonst Aussprache, Sprechweise bedeutet (z. B. Spr. 16, 21: dulcis eloquio) hat in der Vulgata
meistenteils den Sinn von Rede, Wort, Gebot, und
kommt deswegen auch häufig im Plural vor, z. B. 1 Mos.
49, 21: eloquia pulchritudinis, schöne Reden; Job 5, 8:
ad Deum ponam eloquium meum; Ps. 118, 158: eloquia
tua non custodierunt.

Der biblische Gebrauch dieses Wortes ging in die späteren kirchlichen Schriften über; daher Cod. Iustin. 1, 4, 34, 3: sacra con-
trectantes eloquia, die heiligen Schriften behandelnd. Bei den Kirchenvätern steht sacrum eloquium oder sacra eloquia nicht selten für
die Heilige Schrift, z. B. Comm. Virg. Lect. VIII: *sciendum nobis
est, quod saepe in sacro eloquio regnum coelorum praesentis temporis
Ecclesia dicitur.*

emissio ist a) Pest, Bar. 2, 25: et mortui sunt in
doloribus pessimis, in fame, et in gladio, et in emissione.
b) Schößling, Hohel. 4, 13: Emissiones tuae paradisus
malorum punicorum.

An ersterer Stelle gibt es das griechische ἀποστολή wieder, das
an der parallelen Stelle Jer. 32, 36 für רֶבֶר steht. Die Bedeutung
rührt entweder von der einen Schickung Gottes oder von dem des
Ausschüttens (der Eingeweide) her. 1499, Diet.: „gefangnus"; Douay:
bassishment; Mart.: peste mandata (da te); All-Vertreibung; L. u.
R.: Pesthauch; Loch 12 Verbannung.

eques heißt nach altem Sprachgebrauch nicht bloß Reiter,
sondern auch Roß; so 2 Mos. 15, 19: Ingressus est eques
Pharao cum curribus et equitibus eius in mare, „Pharaos
Roß ist" usw.

Schon bei Ennius heißt es nach Gellius 18, 5: denique vi magna
quadrupes eques atque elephanti proiiciunt sese. Das Wort ist
daher in älteren Ausgaben a. o. St. unrichtig in equus umgeändert.
Das hebr. כרש hat dieselbe Doppelbedeutung, und es wird deswegen
noch an manchen Stellen des A. T. eques mit Pferd zu übersetzen
sein, z. B. Jf. 21, 7 currum duorum equitum, einen Wagen mit
zwei Rossen.

festivitas (festliche Freude) heißt auch das Fest selbst z. B.
3 Kön. 8, 65: fecit Salomon festivitatem celebrem.

fides hat im A. T. die gewöhnliche Bedeutung von Zu=
verlässigkeit, Treue, Vertrauen, z. B. Pf. 32, 4:
omnia opera eius in fide, „all sein Tun ist zuverlässig";
Weish. 3, 14: dabitur illi fidei donum electum, „es wird
ihm Lohn für seine Treue". Im N. T. dagegen empfängt es
den Begriff des übernatürlichen Glaubens, z. B. Matth.
9, 22: fides tua te salvam fecit, sowie des Glaubens=
objekts, d. h. der christlichen Lehre, z. B. Apg. 6, 7:
turba sacerdotum obediebat fidei.

Ob fides bei Habakuk 2, 4 (iustus autem in fide sua vivet)
schon die neutestamentliche Bedeutung hat, oder ob der Apostel (Röm.
1, 17; Gal. 3, 11; Hebr. 10, 38) dem Worte an jener Stelle diese
Bedeutung durch Accommodation beilegt, darüber vgl. Windisch=
mann, Brief an die Gal. 73 ff. Keil, Die zwölf kl. Proph. 418 ff.
Der angegebene Gebrauch ist bei den Kirchenschriftstellern noch
gewöhnlicher geworden. Hermae Past. 1, 3 8: per fidem salvi
fient electi Dei. Tert., Adv. Marc. 1, 28: fidei Dei sacramentum,
die Taufe; de Pudic. 4 habet et fides (d. h. die christliche Kirche)
quorumdam nominum familiaritatem.

filia steht absolut, Spr. 31, 29: Multae filiae congrega-
verunt divitias; 1 Mof. 49, 22: filiae discurrerunt super
murum. In solchen Ausdrücken wie Pf. 72, 28: filiae Sion,

Pf. 136, 8: filia Babylonis, bedeutet es nach hebräischer Weise den Kollektivbegriff von filius, b. h. Einwohnerschaft.

filius steht nach hebräischem Sprachgebrauche bei abstrakten Substantiven, um den Begriff derselben mit einem andern, besonders einem persönlichen Begriff, in Verbindung zu bringen, z. B. Pf. 88, 23: filius iniquitatis, ein Boshafter; 1 Esdr. 4, 1: filii captivitatis, die Exulanten; 1 Kön. 20, 31: filius mortis, ein dem Tode Verfallener, Jer. 52, 1: filius viginti et unius anni; Jf. 5, 1: in cornu filio olei, „auf einem ölreichen (fruchtbaren) Berge"; auch 1 Mof. 49, 22: filius accrescens, ein Gedeihlicher, Vielversprechender; Spr. 31, 8: filiorum, qui pertranseunt, der Vorübergehenden. Verwandt ist der Ausdruck Matth. 9, 15; Luk. 5, 34: filii sponsi, die zum Bräutigam Gehörigen, wofür Mark. 2, 19: filii nuptiarum steht; ferner Pf. 4, 3 u. f.: filii hominum, ihr (gar zu) menschlich Denkenden und Handelnden. H. 80.

Fortunae filius, der Glückliche, bei Horaz Sat. 2, 6 49.

frater heißt auch der Vetter oder sonstige Verwandte, z. B. 1 Mof. 14, 16: (Abram reduxit) Lot fratrem suum, 29, 12: et indicavit ei quod frater esset patris sui; Gal. 1, 19: Jacobum fratrem Domini. Im N. T. ist das Wort spezifisch für Mitchrist, z. B. 1 Kor. 6, 6: frater cum fratre iudicio contendit.

In der ersten Bedeutung bei den klassischen Schriftstellern häufig: Ov., Her. 8, 27: quid, quod avus idem nobis Pelopeius Atreus? et, si non esses vir mihi, frater eras. Cic. in Senat. 10, 25. Q. Metellus: et inimicus et frater inimici. Vgl. Aug., Civ. Div. 15, 16. Perizon., Animadv. histor., ed. Harless, 111 405. Bisping zu 1 Kor. 9, 4. H. 84.

funiculus, die Meßschnur, steht nach naheliegender Metonymie a) für Anteil, z. B. 5 Mof. 32, 9: Jacob funiculus hereditatis eius; Mich. 2, 5: non erit tibi mittens funiculum sortis in coetu Domini; b) für Weg, Pfad, Pf.

138, 3: semitam meam et funiculum meum investigasti; c) Meeres küste, Soph. 2, 5: qui habitatis funiculum maris. W. 240.

funis ist funiculus in der ersten Bedeutung gleich, Pf. 15, 6: funes ceciderunt mihi in praeclaris (= in praeclara).

genus steht für Art und Weise, 2 Mach. 3, 13: dicebat omni genere regi ea esse deferenda = „er sagte, es müsse dem Könige durchaus gebracht werden" (πάντως, auf jede mögliche Weise. Douay: by all means).

Dieser Gebrauch ist in der vulgären Sprache sehr gewöhnlich und findet sich daher in der späteren Latinität nicht selten, Sen., Ben. 2, 8: Omni genere quod des ... adornandum est, vgl. Ros. 34. Cael. Aurel., Acut. 2, 18, 110: succus hoc genere confectus. Petron., c. 14: nullo genere par erat caussa nostra. Rönsch A. M. 104.

gutta ist Name eines wohlriechenden Harzes (στακτή), Eccli. 24, 21. Pf. 44, 9.

honestas heißt nur zweimal (Eccli. 37, 13. 1 Kor. 12, 23) Anständigkeit, sonst immer Reichtum, z. B. Eccli. 11, 14: paupertas et honestas a Deo sunt; 31, 1: Vigilia honestatis tabefaciet carnes. W. 259.

hostia bezeichnet im kirchlichen Sprachgebrauche das ungesäuerte Brot, das bei der heiligen Messe gewandelt wird, z. B. *Rubr. Fer. V. mai. hebd.: hodie Sacerdos consecrat duas Hostias.* Dagegen behält das Wort in den Sekreten den allgemeineren Sinn, z. B. *Comm. un. Mart. Pont.: Hostias tibi dicatas benignus assume.*

incola ist der Fremdling, z. B. Pf. 118, 19: Incola ego sum in terra, auch nach der ursprünglichen Bedeutung bei den klassischen Schriftstellern; incolatus daher die Pilgrimschaft, Verbannung Pf. 119, 5: Heu mihi, quia incolatus meus prolongatus est. H. 21.

Cic., Off. 1, 34: Peregrini et incolae officium est, nihil praeter suum negotium agere minimeque in aliena esse republica curiosum. Ulpianus, Dig. 50, 1, 1: incolam domicilium facit. Später heißt incolatus allgemein der Aufenthalt Tert., De resurr. c. 26: (terra) vere sancta per incolatum Spiritus Sancti; *Hymn. in Vesp. Corp. Chr.: sui moras incolatus miro clausit ordine.*

inflatio, das sonst nur in physischem Sinne für Blähung oder Entzündung steht, heißt geistige Aufgeblasenheit, 2 Kor. 12, 20: ne forte contentiones . . . inflationes sint inter vos.

initium steht auch von dem, was den Anfang macht, d. h. von dem Vortrefflichsten in seiner Art, heißt also Vor= rang, Eccli. 11, 3: initium dulcoris habet fructus illius (apis) „den Vorzug unter allem Süßen, den höchsten Grad der Süßigkeit, hat das Erträgnis der Biene".

iniustitia ist jede sündhafte Gesinnung oder Handlung, jedes Unrecht, z. B. Joh. 7, 18: iniustitia in illo non est.

intellectus steht in Psalmenüberschriften für Lehrgedicht (συνέσεως ᾠδή, מַשְׂכִּיל), z. B. 77 Intellectus Asaph.

intentio Absicht, Hebr. 4, 12: discretor cogitationum et intentionum cordis *(ἐννοιῶν)*.

So bloß bei den Juristen, z. B. Papin., Dig. 34, 1, 10: intentionem defuncti prima facie refragari.

iubilum, i, der Jubel bei religiösen Feierlichkeiten, z. B. Pf. 46, 6: Ascendit Deus in iubilo; 2 Kön. 6, 15: duce-bant arcam testamenti Domini, in iubilo.

Bei Silius und Calpurnius heißt es „wildes, wüstes Geschrei".

iudicium hat, gleich dem hebräischen מִשְׁפָּט, neben den ge= wöhnlichen lateinischen Bedeutungen auch noch die von Ur= teilsspruch, z. B. Pf. 16, 2: De vultu tuo iudicium meum prodeat; Jer. 26, 11: Iudicium mortis est viro huic; von Verurteilung, z. B. Joh. 5, 29: in resurrectionem iudicii; 1 Kor. 11, 29: iudicium sibi manducat, et bibit; von Gesetz, z. B. 3 Mof. 18, 4: Facietis iudicia mea; Pf. 118, 108: iudicia tua doce me; von Gesetzmäßigkeit,

Vollkommenheit, Tugend, z. B. 105, 3: Beati, qui
custodiunt iudicium; Spr. 8, 20: semitarum iudicii.

iustitia heißt auch, ähnlich wie iudicium, göttliche
Satzung, z. B. 5 Mof. 4, 5: (docui vos) praecepta atque
iustitias; Matth. 3, 15: decet nos implere omnem iustitiam; sittliche Vollkommenheit im allgemeinen, Heilig-
keit, z. B. Pf. 16, 15: Ego autem in iustitia apparebo
conspectui tuo; Matth. 5, 6: Beati, qui esuriunt, et
sitiunt iustitiam; 20: nisi abundaverit iustitia vestra
plus quam Scribarum, et Pharisaeorum; daher auch der
Zustand der dem Menschen innewohnenden Gottgefällig-
keit, der Gnadenstand, z. B. 1 Mof. 15, 6: Credidit
Abram Deo, et reputatum est illi ad iustitiam; 5 Mof.
24, 13: ut habeas iustitiam coram Domino Deo tuo;
Röm. 4, 11: signaculum iustitiae fidei.

lacus heißt auch Grube (im allgemeinen), z. B. Mark. 12,
1: fodit lacum; 5 Mof. 6, 7: mittatur in lacum leonum,
daher Grab, z. B. Pf. 142, 7: descendentibus in lacum.

lenticula (Linsengestalt) ist ein Ölfläschchen, 1 Kön.
10, 1; 4 Kön. 9, 1 3: Tenensque lenticulam olei.

libum, i, bedeutet nicht Kuchen wie bei den Profanschriftstellern, sondern Trankopfer (נסך), z. B. 3 Mof. 23, 13:
liba quoque vini; 4 Mof. 4, 7: crateras ad liba fun-
denda; einmal steht es in allgemeinerem Sinn für Opfer
(מנחה); 4 Mof. 28, 30: praeter libum eius (hirci).

lignum heißt seiner eigentlichen Bedeutung entsprechend
Stock, Keule, z. B. Mark. 14, 48: existis cum gladiis,
et lignis; Block, Strafbock; Apg. 16, 24: pedes eorum
strinxit ligno; ferner, wie עץ, Giftholz, Gift, Jer. 11,
19: Mittamus lignum in panem eius; besonders häufig aber
Baum, z. B. 1 Mof. 1, 11: lignum pomiferum; Hohel.
2, 3: Sicut malus inter ligna silvarum; daher auch das
Kreuz Apg. 10, 39: quem occiderunt suspendentes in

ligno. *Hymn. Fer. VI. in Parasc.: dulce lignum dulces clavos, dulce pondus sustinet. Praef. de Pass.: ut, qui in Ligno vincebat, in Ligno quoque vinceretur.*

In der Bedeutung von Baum kommt lignum auch bei den klaſſiſchen Dichtern vor, z. B. Virg., Aen. 12, 767: nautis olim venerabile lignum.

maledictum, ſonſt Schmähung, hat in der Vulgata die ſpezifiſche Bedeutung von Fluch, d. h. Herabrufung des gött= lichen Zornes oder der göttlichen Strafe auf eine Perſon oder Sache, z. B. Gal. 3, 13: Christus nos redemit de maledicto legis; Eccli. 10, 15: qui tenuerit illam (superbiam) adimplebitur maledictis.

Erſt in der ſpäteren Latinität findet ſich die analoge Bedeutung von Verwünſchung auch bei heidniſchen Schriftſtellern, z. B. Plin., Hist. nat. 11, 39, 95: esse in maledictis iam antiquis strigem, convenit.

maleficus und maleficium haben auch ſchon in der Vul= gata die in der ſpäteren theologiſchen Sprache gewöhnliche Be= deutung des Zauberns (zu fremdem Schaden), z. B. 5 Moſ. 18, 10: nec sit maleficus (מְכַשֵּׁף), Nec incantator (in populo); Jſ. 47, 9: propter multitudinem maleficiorum tuorum (כְּשָׁפַיִךְ).

Dieſe Bedeutung iſt in der ſpätlateiniſchen Literatur allgemein, z. B. Tac., Ann. 2, 69: Carmina et devotiones aliaque maleficia quis creditur animas numinibus infernis sacrari. Cod. 9, tit. 18: de maleficis et mathematicis.

malitia iſt einigemal Beſchwerde, Plage, z. B. Matth. 6, 34: sufficit diei malitia sua.

Ob dieſe Bedeutung auch Jon. 4, 2: ignoscens super malitia; Joel 2, 13: praestabilis super malitia anzunehmen iſt, bleibt zweifel= haft, wenngleich der hl. Hieronymus zu letzterer Stelle bemerkt: Malitiam autem in hoc loco non contrariam virtuti debemus accipere, sed afflictionem. Vgl. u. s. v. praestabilis.

ministerium Tafelgeſchirr, 1 Mach. 11, 58: misit illi vasa aurea in ministerium.

Lampr. Alex. Lev. ducentarum librarum argenti pondus ministerium nunquam transiit.

muscipula (Mausfalle) heißt im allgemeinen Fallstrick,
Weish. 14, 11: (creaturae factae sunt) in muscipulam
pedibus insipientium.

opinio hat in der Vulgata bloß die Bedeutung von Ruf,
Gerede, Matth. 4, 24: abiit opinio eius in totam Syriam;
24, 6: opiniones praeliorum. Mark. 13, 7.

oratio hat in der Vulgata nur die Bedeutung von Ge=
bet, z. B. Tob. 12, 8: Bona est oratio cum ieiunio;
Kol. 4, 2: Orationi instate.

panis heißt auch Brotfrucht Is. 28, 28: Panis autem
comminuetur.

peccatum bedeutet a) Sünde, z. B. Klagel. 1, 8:
Peccatum peccavit Ierusalem; b) Sündenstrafe, z. B.
Bar. 3, 8: nos dispersisti in improperium, et in male-
dictum, et in peccatum; c) Sündopfer, z. B. Os. 4, 8:
Peccata populi mei comedent.

praevaricatio drückt den allgemeinen Begriff Gesetzes=
übertretung, Sünde aus, z. B. Röm. 4, 15: Ubi enim
non est lex: nec praevaricatio; Jer. 29, 32: praevari-
cationem locutus est. Ebenso praevaricator Sünder,
praevaricatrix Sünderin, z. B. Eccli. 40, 14: prae-
varicatores in consummatione tabescent.

proverbium, sonst Sprichwort, Spottrede, hat die
besondere Bedeutung von bildlicher Rede, Allegorie,
Joh. 19, 29: Ecce nunc palam loqueris, et proverbium
nullum dicis.

puer heißt nicht bloß Knabe und Knecht, sondern auch
Beamter, z. B. 1 Mach. 1, 7: Et vocavit (Alexander)
pueros suos nobiles.

querela kommt in der Verbindung sine querela für das
griechische ἄμεμπτος, unbescholten, vor, z. B. Weish. 18,
21: homo sine querela.

recuperatio Genesung, Eccli. 11, 12: bonus marcidus egens recuperatione.

redemptor heißt in der Vulgata Retter, Erlöser (גֹּאֵל), z. B. Job 19, 25: Scio enim quod Redemptor meus vivit; Apg. 7, 35: hunc (Moysen) Deus principem, et redemptorem misit.

In der gewöhnlichen Sprache heißt redemptor Unternehmer oder Finanzpächter; redemptor litium ist derjenige, welcher das Risiko in einem Prozeß gegen eine Abstandssumme auf sich nimmt. Bei den christlichen Schriftstellern wird das Wort bloß vom Heilande gebraucht, während es in der Heiligen Schrift diesen Begriff nirgends hat; es kommt überhaupt außer der oben angegebenen Stelle im N. T. gar nicht, im A. T. meist bei Isaias vor.

refectio steht für den Ort der Erholung (κατάλυμα) statt refectorium, Mark. 14, 14: Ubi est refectio mea.

reverentia heißt nicht bloß Ehrfurcht, z. B. Hebr. 5, 7: exauditus pro sua reverentia; Schonung, Weish. 12, 18: cum magna reverentia disponis nos, sondern auch Scham, Schande, z. B. Pf. 68, 20: tu scis improperium meum, et confusionem meam, et reverentiam meam; 1 Kor. 15, 34: ad reverentiam vobis loquor.

sacramentum ist nach römischem Sprachgebrauch zunächst eine Hinterlage, ein Pfand, eine Kaution, dann das verbürgte Wort, der Eid, sowie jedes beschworene Verhältnis. Aus der ersteren Bedeutung ist die von Heiligtum abzuleiten, welche das Wort Weish. 12, 5 hat: devoratores sanguinum a medio sacramento tuo; aus der letzteren folgt die von Geheimnis, welche in der Vulgata gewöhnlich ist, z. B. Weish. 2, 22: nescierunt sacramenta Dei; Offb. 17, 7: Ego dicam tibi sacramentum mulieris. Beide Bedeutungen vereinigt später der kirchliche Sprachgebrauch zu dem Begriff von Gnadenmittel, *Or. in Sol. Corp. Christi: sub Sacramento mirabili; Or. in Bened. Fontis: adesto*

Sacramentis; qui invisibili potentia Sacramentorum tuo-
rum mirabiliter operaris effectum. Vgl. R. T. 585.

Bei den kirchlichen Schriftstellern findet sich das Wort auch schlecht=
hin für Religion, Tert., Apol. 15: omnem sacramenti nostri
ordinem haurite, Praescript. 32: diversitas sacramenti, Glaubens=
verschiedenheit. Alle angegebenen Bedeutungen vereinigt Arnobius in
der vieldeutigen Stelle II, 6. ed., Hildebr. malunt exheredari a pa-
rentibus liberi, quam fidem rumpere Christianam et salutaris militiae
sacramenta deponere.

saeculum heißt, wie in der klassischen Sprache, jeder Zeit=
raum von unabsehbarer Länge, mag derselbe in der Ver=
gangenheit oder in der Zukunft gedacht sein, z. B. Pf. 142, 3:
mortuos saeculi, die längst Verstorbenen; 1 Mos. 6, 4: isti
sunt potentes a saeculo, von jeher mächtig; 2 Mos. 21, 6:
erit ei servus in saeculum, er soll sein Sklave auf immer
sein; Hebr. 13, 8: (heri et hodie) et in saecula. Spezieller
heißt saeculum das Zeitalter in relativem Sinne, z. B.
Is. 46, 9: Recordamini prioris saeculi; Matth. 12, 32:
neque in hoc saeculo, neque in futuro; *Or. pro vivis et*
def.: quos vel praesens saeculum adhuc in carne retinet,
vel futurum iam exutos corpore suscepit; dann absolut
die Zeit im Gegensatz zur Ewigkeit, z. B. Eccli. 42, 21: qui
est ante saeculum; Matth. 28, 20: usque ad consummationem saeculi. Hieran knüpft sich die Bedeutung der irdi=
schen, vergänglichen Welt, Eccli. 1, 2: dies saeculi quis di-
numerabit; Pred. 9, 6: nec habent partem in hoc saeculo;
daher pluraliter Hebr. 1, 2: per quem fecit et saecula;
und so bezeichnet saeculum im N. T. die Welt als Inbegriff
der weltlich gesinnten, nicht für die Ewigkeit wirkenden Mensch=
heit oder der weltlichen Bestrebungen selbst, z. B. Luk. 16, 8:
filii huius saeculi; Gal. 1, 4: ut eriperet nos de prae-
senti saeculo nequam; 2 Tim. 4, 9: Demas enim me
reliquit, diligens hoc saeculum.

Bei ben chriftlichen Schriftstellern ift bie Bezeichnung ber irbischen Welt burch saeculum sehr gewöhnlich. Paul. Nol., Ep. 23, 33: si hoc saeculum noctem putas; Tert. de Monog. 16: ab illo ultimo exitu saeculi deprehendantur; Sedul. 4, 291: caduca vagi contemnens culmina saeculi.

sella heißt Marftall, Efth. 6, 8: super equum, qui de sella regis est (אֲשֶׁר רָכַב עָלָיו הַמֶּלֶךְ).

sermo heißt, wie דבר, auch Tat, Vorfall, z. B. 2 Kön. 12, 21: Quis est sermo, quem fecisti? 3 Kön. 15, 5: excepto sermone Uriae Hethaei, „ausgenommen ben Vor= fall mit Urias bem Hethiter"; 23: reliqua autem sermonum Asa (Douay: but the rest of all the acts of Asa). H. 36.

similitudo fteht an zwei aus bem Griechischen überfetten Stellen für παραβολή in ber Bedeutung von Gefpött, Pf. 43, 15: Posuisti nos in similitudinem Gentibus; Weish. 5, 3: hi sunt, quos habuimus . . . in similitudinem im- properii. H. 18.

Da similitudo biese Bedeutung sonft nirgendwo hat, so bilden biese beiden Stellen einen recht klaren Beweis bafür, baß bie Itala von einem bes Lateinischen nicht vollkommen kundigen Ausländer herrührt.

stabulum ift in ber Vulgata, wie in ber späteren Latinität überhaupt nicht bloß ber Stall, sondern auch bie Herberge für Reisende, Luk. 10, 34: imponens illum in iumentum suum, duxit in stabulum.

substantia ift in ber Vulgata ber Beftand an mate= riellen Dingen, z. B. 1 Mof. 7, 4: delebo omnem substan- tiam, quam feci; baher besonders ber Besitz, bas Vermögen bes einzelnen, 1 Mof. 15, 14: egredientur cum magna substantia; Tob. 4, 7: Ex substantia tua fac eleemosy- nam; Luk. 15, 12: divisit illis substantiam. Im N. T. er- scheint es als buchstäbliche Übersetzung von ὑπόστασις für Zu- verficht, Gewißheit, 2 Kor. 9, 4; 11, 17. Hebr. 11, 1.

Den gewöhnlichen Begriff von Wefenheit hat bas Wort be= sonders im N. T. z. B. Hebr. 1, 3: figura substantiae eius. Die

Bedeutung Vermögen ist auch bei den spätlateinischen heidnischen Schriftstellern sehr gewöhnlich. Eine Inschrift bei Orelli 1197 sagt: qui universam substantiam suam ad rempublicam pertinere voluit. Quint., Decl. 15, 9: ex laboribus substantia.

suffusio (sonst der Name für eine Augenkrankheit, Spr. 23, 29) heißt Schamröte, 4 Kön. 8, 11: conturbatus est usque ad suffusionem vultus (עַד בֹּשׁ).

superbia steht in gutem Sinne für Würde, Erhaben= heit, Esth. 14, 16: signum superbiae et gloriae meae. Superbia candoris sagt auch Vitruv 7, 3 4.

susceptor wird (und zwar nur in den Psalmen) von Gott mit dem Begriff Schützer, Patron, Stütze ge= braucht, wo der griechische Text ἀντιλήπτωρ statt מגן Schild, מחסה Zufluchtsstätte, משגב Festung, צור ,סלע Fels hat, z. B. Ps. 90, 2: Dicet Domino: Susceptor meus es tu.

Nach römischem Sprachgebrauch heißt susceptor soviel als Steuer= pächter, Steuereinnehmer, aber auch Hehler; nach dem späteren christlichen Sprachgebrauch ist darunter der Pate bei der Taufe und der Firmung verstanden.

taedium heißt Verdruß, z. B. Tob. 7, 20: gaudium pro taedio quod perpessa es.

tartarus mit dem Plural tartara heißt Hölle nach christlichem Begriffe, 2 Petr. 2, 4: detractos in tartarum dedit cruciandos; Hymn. ad Vesp. temp. Pasch.: O vera coeli Victima, subiecta cui sunt tartara.

tentatio, sonst Versuch, Probe, ist nach biblischem Gebrauch erst die äußere Prüfung durch Leiden und Wider= wärtigkeiten, z. B. Eccli. 2, 1: praepara animam tuam ad tentationem; Tob. 12, 13: necesse fuit ut tentatio pro= baret te; dann der innere oder äußere Anreiz zur Sünde, die Versuchung, z. B. Matth. 6, 13: ne nos inducas in tentationem; Luk. 4, 13: consummata omni tentatione, diabolus recessit ab illo; endlich die Herausforderung (gegen Gott, gleichsam die Probe, welche mit Gottes Geduld an=

geſtellt wird), 2 Moſ. 17, 7: vocavit nomen loci illius, Tentatio.

testamentum bedeutet nur an wenigen Stellen eine letzt= willige Verfügung, z. B. Hebr. 9, 16: Ubi enim testa- mentum est: mors necesse est intercedat testatoris. Gewöhnlich heißt es Bund, Vertrag, ברית, 1 Mach. 1, 12: Eamus, et disponamus testamentum cum Gentibus; beſonders der zwiſchen Gott und den Menſchen geſchloſſene Bund, z. B. 4 Moſ. 14, 14: arca testamenti Domini; Matth. 26, 28: sanguis meus novi testamenti. Inſofern hierbei von der Leiſtung auf ſeiten des Menſchen abgeſehen wird, kann testamentum auch aufgefaßt werden als Verheißung, z. B. Judith 9, 18: Memento Domine testamenti tui; Eph. 2, 12: hospites testamentorum, oder als Anordnung, Gebot, z. B. Apg. 7, 8: dedit illi testamentum circum- cisionis: Eccli. 14, 12: testamentum inferorum demon- stratum est tibi. Doch iſt hier die urſprüngliche Bedeutung leicht zu erkennen. Nach einer gewöhnlichen Übertragung ſteht das Wort aber auch für die Urkunde, durch welche der Bund bezeugt iſt, 2 Kor. 3, 14: in lectione veteris testamenti; *Or. post Proph. VII. Sabb. S.: Deus, qui nos utriusque Testamenti paginis instruis.*

Hier., Comm. in Mal. 2, 3: notandum . . . in plerisque Scripturarum colis Testamentum non voluntatem defunctorum so- nare, sed pactum viventium (6, 957).

Bekannt iſt, wie das Wort in den angegebenen Bedeutungen von den neueren Sprachen rezipiert iſt. Im Mitteldeutſchen ſteht dafür noch niederd. Pſ. 54, 22: urcuntscap, im Angelſächſiſchen Matth. 26, 28: gewitnessae (nordh. Ev. v. Bouterwek), Douay Hebr. 9, 16: a testament, 4 Moſ. 14, 44 ark of testament, Matth. 26, 28: blood of the new testament, Judith 9, 18, Apg. 7, 8: covenant, Eph. 2, 12: strangers to the testaments, 2 Kor. 3, 14: the old testament. 1490 4 Moſ. 14, 44: „die arch der zeugknuß", Judith 9, 18: „gedenk deiner Zeugknuß", Matth. 26, 28: „blut des neuen geſatzs", Apg. 7, 8: „das teſtament der beſchneydung", 2 Kor. 3, 14: „der alten ee". Für die beiden Hälften

der Heiligen Schrift brauchte man in den ersten christlichen Jahr=
hunderten noch häufig instrumentum; doch heißt es noch bei Tertullian
adv. Marc. 4, 1: alterius Instrumenti vel (quod magis usui est
dicere) Testamenti. Die Ursache dieser Benennung gibt Lactanz (Div.
Inst. 4, 20): Profectus (Iesus) in Galilaeam discipulis scripturae
sanctae litteras patefecit, quae antequam pateretur perspici nullo
modo poterant. Idcirco Moses et iidem ipsi prophetae legem, quae
Iudaeis data erat; Testamentum vocant: quia nisi testator mortuus
fuerit, nec confirmari testamentum potest nec sciri quid in eo
scriptum sit; quia clausum et obsignatum est.

testimonium heißt auch in der Vulgata vorerst Zeug=
nis, Bekenntnis, z. B. Job 9, 19: nemo audet pro
me testimonium dicere; 2 Tim. 1, 8: noli erubescere
testimonium Domini. Meist aber bedeutet es die Bezeugung
des göttlichen Willens durch Gott, ganz wie testamentum,
also Bund, z. B. 2 Mos. 25, 22: erunt super arcam testimonii; 27, 21: In tabernaculo testimonii; ferner Gebot,
Vorschrift, Einrichtung, 4 Mos. 6, 17: Custodi praecepta Domini Dei tui, ac testimonia et ceremonias; Pf.
118, 157: a testimoniis tuis non declinavi; endlich die Ur=
kunde oder das Unterpfand des geschlossenen Bundes, 2 Mos.
25, 21: (arca) In qua pones testimonium quod dabo tibi.

titulus steht für Denkstein (מַצֵּבָה), z. B. 1 Mos. 28,
22: lapis iste, quem erexi in titulum.

traductio bedeutet in der Vulgata (nur im Buch der Weis=
heit vorkommend) die Preisgebung, a) als (verzweifelndes)
Aufgeben, Fahrenlassen, 17, 14: aliquando animae deficie-
bant traductione (προδοσία), b) als Beschämung, öf=
fentliche Bloßstellung 2, 14: factus est nobis in traductionem cogitationum nostrarum (ἔλεγχος).

προδοσία, das an der ersten Stelle mit traductio übersetzt ist,
findet sich 17, 11 mit proditio wiedergegeben, so daß 27, 14 wohl
ursprünglich traditio gestanden haben könnte.

vacuitas freie Zeit, Mußestunden, Weish. 13, 13.
Eccli. 38, 25: Sapientia scribae in tempore vacuitatis.

vas, wie כלי, Werkzeug.

verbum steht noch viel häufiger als sermo, gleich דבר, für Sache, etwas, z. B. 1 Kön. 3, 11: ego facio verbum in Israel; Jer. 44, 4: Nolite facere verbum abominationis; daher mit der Negation kein, nichts, z. B. Luk. 1, 37: non erit impossibile apud Deum omne verbum; Matth. 15, 23: non respondit ei verbum. Im Evangelium des hl. Johannes bezeichnet verbum das persönliche Wort, den Sohn Gottes, wie dies fortan in der Kirche üblich geblieben ist, z. B. Dom. I. Adv. Or. 2: Deus, qui de B. M. V. utero Verbum tuum Angelo nuntiante carnem suscipere voluisti.

vermiculus ist in der Vulgata zunächst die bekannte Kugellaus, welche die Kochenille liefert, dann aber nach bekannter Übertragung Karmoisin, d. h. scharlachfarbige Zeuge oder Gewänder, z. B. 2 Mos. 35, 25: dederunt hyacinthum, et purpuram, et vermiculum, et byssum.

via kommt in der gewöhnlichen Bedeutung häufig bildlich vor, z. B. Pf. 50, 15: Docebo iniquos vias tuas, die Wege zu dir, Pf. 138, 24: deduc me in via aeterna; daher auch Lebenswandel, Aufführung, Handlungsweise, z. B. Spr. 14, 2: qui infami graditur via; Pf. 118, 1: beati immaculati in via, 29: Viam iniquitatis amove a me; If. 40, 27: Abscondita est via mea a Domino; Pf. 118, 15: considerabo vias tuas; ferner allgemeiner Art und Weise, meist in der Verbindung in via, z. B. If. 10, 24 26: in via Aegypti, nach der Weise Ägyptens; 4 Mos. 21, 1: (venisse Israel) per exploratorum viam, „nach Art von Kundschaftern", d. h. einzeln und zerstreut; Amos 8, 14: vivit via Bersabee, die Art, das Treiben zu Versabee.

Die letzte Stelle heißt 1490, Diet. und sonst immer: der weg (gen) bersabee; bloß Sacy hat vive la religion de Bersabee.

virga ist die Zuchtrute, z. B. If. 10, 5: Vae Assur, virga furoris mei, oder das königliche Zepter, Pf. 109, 2:

Virgam virtutis tuae emittet Dominus ex Sion; in beiden Beziehungen von Gott gebraucht.

virtus entspricht durchaus dem hebräischen חֵיל, dem griechischen δύναμις, und bedeutet demgemäß a) **Macht, Kraft**, z. B. Pf. 146, 5: Magnus Dominus noster, et magna virtus eius; 37, 11: dereliquit me virtus mea; 2 Kor. 12, 9: virtus in infirmitate perficitur; Eccli. 38, 6: Ad agnitionem hominum virtus illorum (medicamentorum); dann die Träger oder Repräsentanten der Macht, daher b) **Heer, Streitmacht**, besonders häufig im Buche Judith, z. B. Judith 2, 7: duces, et magistratus virtutis Assyriorum; 1 Mach. 5, 56: Azarias princeps virtutis; 3, 40: processerunt cum universa virtute sua, auch vom Heer der Sterne, Pf. 32, 6: Verbo Domini coeli firmati sunt: et spiritu oris eius omnis virtus eorum; 83, 2: Quam dilecta tabernacula tua Domine virtutum, Herr der Heerscharen; c) diejenigen Engel, in welchen die Macht Gottes sich vorzugsweise offenbart, die **Mächte**, Röm. 8, 38: neque principatus, neque virtutes, ... neque creatura alia; 1 Petr. 3, 22: subiectis sibi angelis, et potestatibus, et virtutibus; endlich die Äußerungen der Macht, daher d) **Wunder**, z. B. Matth. 7, 22: in nomine tuo virtutes multas fecimus; Hebr. 2, 4: contestante Deo signis ... et variis virtutibus; e) **Ertrag der Gewächse**, Joel 2, 22: ficus, et vinea dederunt virtutem suam (חֵילָם).

Zu der letzten Bedeutung vgl. Job 31, 39, wo כֹּחַ mit fructus wiedergegeben ist. In Pf. 121, 7 wird in virtute tua gewöhnlich des Parallelismus wegen mit Festung, Ringmauer wiedergegeben, wie man auch im Hebräischen dafür ein eigenes Nomen חֵיל annimmt; auch der hl. Hieronymus hat in muris tuis (Ew.: in deinem Heere, Köster: in deinem Wohl, Reinke: in deiner Brustwehr, Notker: in dinero tugede, 1490: in beyner krafft, Douay: in thy strength). Nach dem oben Angegebenen heißt nun auch Matth. 24, 30: „sie werden des Menschen Sohn kommen sehen mit einem großen Heere (von Engeln)".

Matth. 24, 29. Mark. 13, 25. Luk. 21, 26: „die Heere des Himmels werden in Bewegung geraten". Da der Begriff Tugend in moralischem Sinne schon nach der Etymologie des Wortes dem von Kraft (Tüchtig=keit) so nahe liegt, so ließe sich auch Ruth 3, 11: mulierem te esse virtutis wohl mit Luther und All. übersetzen: „daß du ein tugendsam Weib bist" (altdän.: dygdhens qwinnā. 1490: das weyß das du bist eyn weib der tugentt. Diet.: daß du ein tugentsam weib bist. Douay: a virtuous woman); ebenso würde Ruth 4, 11: ut sit exemplum virtutis in Ephrata heißen: „daß sie ein Tugendspiegel in Ephrata sei" (altdän.: dygdhenes äftärlighne. 1490: ein exempel der tugent. Diet.: „ein exempel eins tugentsamen lebens". Douay: an example of virtue). Indes wären dies dann die einzigen Beispiele dieser Anwendung des Wortes in der Vulgata und könnten mit Rücksicht auf das Hebräische auch anders gedeutet werden. H. 78.

visitatio hat gewöhnlich den Begriff Heimsuchung im stra=fenden Sinne, Züchtigung, nur von Gott gebraucht, z. B. Jer. 50, 27: vae eis, quia venit ... tempus visitationis eorum. Im Sinne wohlwollender Heimsuchung steht es Jer. 27, 22: (vasa) In Babylonem transferentur, et ibi erunt usque ad diem visitationis suae. Im liturgischen Sprachgebrauch heißt es außerdem Besuch mit der speziellen Anwendung auf Marias Reise zu Elisabeth: *Visitationis eius solemnitas, Or. 2. Iul.*

Letztere Bedeutung ist bei den Kirchenvätern auch in allgemeinerer Anwendung zu finden, z. B. Tert., Adv. Iud. 13: (non intellexerunt) Christum in tempore visitationis suae inveniendum.

13. Insbesondere findet sich der in der späteren Sprache immer mehr aufkommende Gebrauch, abstrakte Nomina zur Bezeichnung konkreter Begriffe zu verwenden, auch in der Vul=gata bei manchen Substantiven, die teils beständig teils mit=unter durch metonymische Verwendung eine neue Bedeutung erhalten. Hier lassen sich unterscheiden:

a) Abstrakta, die für Kollektiva stehen.

captivitas die Gefangenen, z. B. 1 Mach. 9, 70: reddere ei captivitatem.

dispersio die zerstreut lebenden Juden, Pf. 146, 2:

dispersiones Israelis congregabit; 2 Mach. 1, 27. Joh. 7, 35. 1 Petr. 1, 1.

electio die Ausgewählten, Röm. 11, 7: quod quaerebat Israel, hoc non est consecutus; electio autem consecuta est, ceteri vero excaecati sunt.

habitatio die Einwohnerschaft, Jf. 12, 6: Exulta, et lauda, habitatio Sion. Jer. 48, 18 19; 51, 35.

indictio Aufgebot, Mannschaft, 3 Kön. 5, 13 14: Elegitque rex Salomon operarios de omni Israel, et erat indictio triginta millia virorum.

iniquitas die Sünder, Pf. 26, 12: mentita est iniquitas sibi.

transmigratio die Verbannten, z. B. Ez. 11, 25: et locutus sum ad transmigrationem omnia verba Domini.

b) Abstrakta, die für das Objekt des betreffenden Begriffes stehen.

accubitus Tob. 2, 3. Hohel. 1, 11. Luk. 14, 7: discubitus Eccli. 41, 24. Mark. 12, 39. Luk. 20, 46; recubitus Matth. 23, 6: Platz (bei Tische).

ascensus Wagen, Pf. 103, 3: qui ponis nubem ascensum tuum.

auditus das Gehörte, die Kunde, z. B. Jf. 53, 1: Quis credidit auditui nostro? Jer. 51, 46: (ne) timeatis auditum, qui audietur in terra; 1 Theff. 2, 13: verbum auditus Dei.

avaritia Besitz, z. B. Jf. 33, 15: qui proiicit avaritiam ex calumnia; Hab. 2, 9: vae, qui congregat avaritiam malam domui suae.

bonitas das Gute, z. B. Pf. 36, 3; 37, 21: quoniam sequebar bonitatem.

captio a) Fallstrick, Schlinge, Pf. 34, 8: captio, quam abscondit, apprehendat eum. Röm. 11, 9: Fiat

mensa eorum in laqueum, et in captionem; b) Beute,
Pf. 34, 8: non dedit nos in captionem dentibus eorum.

colligatio Verband (von Wunden), Jer. 48, 37: in
cunctis manibus colligatio.

commoratio Aufenthalt, Apg. 1, 20: fiat commoratio eorum deserta.

compositio (S. 35).

commutatio Tauschmittel, Kaufpreis, z. B. Jf.
55, 1: emite absque argento et absque ulla commu-
tatione vinum et lac; Pf. 43, 13: non fuit multitudo
in commutationibus eorum.

deambulatio Gang, Galerie, Ez. 42, 4: Et ante
gazophylacia deambulatio decem cubitorum latitudinis.

decimatio Zehntel, zehnter Teil, Jf. 6, 13: Et
adhuc in ea decimatio (S. 65).

desiderium das Erwünschte, Pf. 20, 3: Desiderium
cordis eius tribuisti ei.

ebrietas berauschendes Getränk, Jf. 5, 22: viri
fortes ad miscendam ebrietatem.

emissio f. o. S. 18.

fides f. o. S. 19.

formido Schrecknis, Pf. 88, 41. Jf. 24, 17: Formido,
et fovea, et laqueus super te (vgl. 18). Klagel. 3, 47.

gloria Ursache des Ruhmes, z. B. Pf. 88, 18:
Quoniam gloria virtutis eorum tu es.

gratia Liebesgabe, 1 Kor. 16, 3: hos mittam per-
ferre gratiam vestram in Ierusalem.

labor das Gearbeitete oder Erarbeitete, z. B. Joh.
4, 38: alii laboraverunt, et vos in labores eorum in-
troistis; 5 Mof. 28, 33: Fructus terrae tuae, et omnes
labores tuos comedat populus, quem ignoras.

Val. Fl. 2, 409 f: Dona duci promit, chlamydem textosque
labores.

laudatio das Lob, z. B. Pf. 144, 21: Laudationem Domini loquetur os meum.

laus Gegenstand des Lobes, z. B. Pf. 24, 4: in sancto habitas, laus Israel; Jf. 62, 7: donec ponat Ierusalem laudem in terra.

mendacium Trügerisches, Pf. 4, 3: quaeritis mendacium.

pavor Gegenstand der Furcht, z. B. Jer. 48, 43: Pavor, et fovea, et laqueus super te; 44 qui fugerit a facie pavoris (vgl. Jf. 24, 17 18).

potestas Reich, Gebiet z. B. Pf. 113, 2: Facta est Iudaea sanctificatio eius, Israel potestas eius.

refectio f. S. 26.

reprehensio Tadelnswertes, Judith 8, 28: non est in sermonibus tuis ulla reprehensio.

sanctificatio Heiligtum, z. B. Pf. 113, 2: Facta est Iudaea sanctificatio eius (לקדשו‎); 1 Mach. 1, 39: effuderunt sanguinem innocentem per circuitum sanctificationis, et contaminaverunt sanctificationem. S. S. 78.

scientia Inbegriff des Gewußten, Pf. 18, 3: nox nocti indicat scientiam (parall. verbum).

spes Ziel der Wünsche, Sicherheit, Pf. 4, 9: singulariter in spe constituisti me.

stabilitas Fundament, Feste, Pf. 103, 5: fundasti terram super stabilitatem suam.

superbia Ursache des Stolzes, z. B. Jf. 60, 15: ponam te in superbiam saeculorum; Zach. 11, 3: vastata est superbia Iordanis.

sustentatio Schicksal, Prüfung (die ertragen werden muß), bloß Eccli. 2, 3: sustine sustentationes Dei.

vanitas das Eitle, Nichtige, Pf. 4, 3: ut quid diligitis vanitatem.

varietas Stickerei, buntes Gewand, Pf. 44, 10
15: circumamicta varietatibus.

voluntas das Ersehnte, Pf. 20, 3: voluntate labiorum
eius non fraudasti eum.

II. Eigentümliche Wörter.

14. An zweiter Stelle stehen hier diejenigen Substantiva,
welche der Vulgata ganz eigentümlich sind, insofern sie in der=
selben einzig oder doch fast einzig und zuerst vorkommen.

A. Stammwörter [1].

15. abra, ae (nur im Buche Judith) Zofe, z. B. Judith
10, 10: ipsa et abra eius.

Das Wort ist vermutlich das chaldäische חַבְרָא, obwohl letzteres
gewöhnlich als Masculinum (in stat. emph.) erscheint und Fem.
חֶבְרְתָא hat. In alten Übersetzungen ist es oft als Eigenname be=
handelt, z. B. Diet. 8, 32: „so will ich mit meiner magd Abra hinauß=
gehn"; dagegen 1490: „mit meiner dierne".

acetabulum Schale (Gefäß), z. B. 2 Mof. 25, 29:
parabis et acetabula, ac phialas etc.

Sonst nur bei Plinius und Späteren als Essiggefäß, Hohl=
maß oder anatomische Höhlung gebräuchlich, vielleicht aber
schon Cato R. R. 102.

arrhabo, onis, Unterpfand, 1 Mof. 38, 17 18: Quid
tibi vis pro arrhabone dari?

Das Wort findet sich, wie manches andere in der Vulgata,
bei Plautus häufig (z. B. Pl., Mil. 4, 1, 11: hunc arrhabonem
amoris primum a me accipe), verschwindet aber dann aus der
Literatur und taucht erst in der Bibelübersetzung wieder auf; es
ist also vulgären Ursprungs. (Ob mit dem hebr. עֵרָבוֹן zusammen=
hangend?)

---

[1] Es stehen in dieser Reihe einige abgeleitete Wörter, die in den
später folgenden Verzeichnissen nicht gut untergebracht werden konnten.

batus, i, ist ein hebräisches Hohlmaß, genau dem attischen
Metretes gleich, z. B. 3 Kön. 7, 26: (luter) duo milia batos
capiebat.

Es ist das hebräische בת mit lateinischer Endung. Die Größe
desselben betrug nach obiger Angabe etwa 40 französische Litres, also
ungefähr zwei Drittel eines Ankers. Vgl. Hier., In Is. 2, 5, 10.

botrus, i, Traube, z. B. Mich. 7, 1: non est botrus
ad comedendum.

Findet sich außer der Vulgata nicht bei Lateinern, ist aber nicht
als Fremdwort anzusehen, weil sich bei Apulejus (Herb. 66) das
Adjektiv botruosus findet.

burdo, onis, Maultier, 4 Kön. 5, 17: tollam onus
duorum burdonum de terra.

Isid., Orig. 12, 1: mulus ex equa et asino, burdo ex equo
et asina. Einige leiten das Wort vom hebr. פֶּרֶד ab, allein es gab
auch einen römischen Zunamen Burdo.

cabus, i, ein kleines Hohlmaß, etwa 10 Kubikzoll
haltend.

Aus dem hebr. קַב, das im lat. cupa wiederklingt. S. Ios.
Ant. 15, 9.

capitium, i, Kragen, Kapuze, Job 30, 18: quasi
capitio tunicae succinxerunt me.

Nach Gell. 16, 7 der vulgären Sprache angehörig, aber bei
Varro, L. L. 5, 30, erklärt.

catta, ae, Katze, Var. 6, 21 (αἴλουρος).

Nur Mart. 13, 69, wo es nach Forcell. eine Vogelart bedeuten
soll. In den Not. Tir. heißt es Tier. 1490: kaczen. Diet.:
katzen. Douay: cats.

celtis, i, Meißel, Job 19, 24: sermones mei . . .
celte sculpantur in silice.

Die Bedeutung ist gesichert durch das alte Gloss. Philox. Bei
Plinius 18, 17, 82 kommt das Wort für eine Baumart vor.

cinips, fis, steht in der off. Ausgabe für scinips, Ps.
104, 31.

S. Schleussn. s. v. σκνίψ.

cocus, i, ſtatt coquus, Koch, 1 Kön. 9, 23 24.

Die vulgäre Sprache ſagte überhaupt coco, cocere, wie letzteres denn im ital. cuocere noch heute fortlebt.

collecta, ae, war nach römiſchem Sprachgebrauch der Beitrag, der zu gemeinſchaftlichen Mahlen gegeben wurde; daher die Sammlung von Liebesgaben, λογία, 1 Kor. 16, 1 2: ut non, cum venero, tunc collectae fiant. Außerdem heißt es Verſammlung von Menſchen, z. B. 2 Esdr. 8, 18: fecerunt in die octava collectam iuxta ritum. Aus letzterer Bedeutung ſcheint die liturgiſche Bezeichnung hergeleitet werden zu müſſen, wonach die (im Namen des verſammelten Volkes verrichteten) Gebete in der heiligen Meſſe collectae genannt werden.

In der zweiten Bedeutung iſt das Wort ein Beiſpiel von der vulgären Art, Subſtantive auf a ſtatt auf io vom Supinum zu bilden. Nach dieſer ſteht Tert., Marc. 2, 18 für 5 Moſ. 32, 35: mihi defensam, et ego defendam.

corus, i, Name eines Hohlmaßes, z. B. Ez. 45, 14: decem bati implent corum.

Das hebr. כֹּר, das zehn Bath enthielt und dem Gomer gleich kam.

cremium, i, Reiſig, dürres Holz, Pſ. 101, 4: ossa mea sicut cremium aruerunt.

In der gewöhnlichen Sprache kommt das ſpätlateiniſche Wort nur pluraliter vor. S. Forcell.

datum, i, Gabe, wie ſonſt donum, z. B. Eccli. 18, 16: verbum melius, quam datum.

Im Plural auch bei Cicero im Sinne von Ausgaben, Amic. 16, 58: ratio acceptorum atque datorum.

dromedarius, i, Kamel, Dromedar, Jſ. 60, 6: dromedarii Madian et Epha.

S. Hier., Vita Malchi 10: vidimus camelos, quos ob nimiam velocitatem dromedarios vocant.

etheca, ae, Galerie, Ez. 41, 15 16: ethecas ex utraque parte centum cubitorum.

Aus dem hebr. אַתִּיקָהּ gebildet. Loch 27.

expensa, ae, Ausgabe, 3 Kön. 9, 15: Haec est summa expensarum, quam obtulit rex Salomon. 4 Kön. 12, 12.

Ist gebildet wie collecta.

extalis, is, wahrscheinlich Beule, 1 Kön. 5, 9: computrescebant prominentes extales eorum.

Das Wort steht für das hebr. עפלים, das aber von den Masoreten durch טחורים ersetzt worden ist. Letzteres heißt sicher Beule; ersteres wird aber häufig auch mit After übersetzt, weil die LXX dafür αἱ ἕδραι haben. Hieraus ist wohl die Erklärung in alten Glossen entstanden, wonach extalis Mastdarm heißen soll; in einer Stelle bei Vegetius (Vet. 3, 11) läßt sich das Wort auch in diesem Sinne erklären. Vercellone erklärt es durch tumores ani, mariscas haemorrhoidales tenesmo in alvo deiiciendo protrusas (II 199). Douay: emerods.

exterminium Untergang, Zerstörung, z. B. Weish. 18, 13: cum fuit exterminium primogenitorum; 15: in mediam exterminii terram prosilivit; 2 Mach. 5, 13: mulierum et natorum exterminia.

Tert., Adv. Iud. 8: exterminium civitatis Ierusalem.

framea Schwert, z. B. Pf. 21, 21: Erue a framea Deus animam meam.

Das Wort ist sonst die spezifische Bedeutung einer deutschen Waffe, Tac., Germ. 6: hastas vel ipsorum vocabulo frameas gerunt.

gith (indekl.), Schwarzkümmel, Is. 28, 27: Non enim in serris triturabitur gith, . . . sed in virga excutietur gith.

grossus, i, Feigenknospe, Hohel. 2, 13: Ficus protulit grossos suos. Nah. 3, 12. Offb. 6, 13.

Steht auch bei Varro und Plinius und scheint ein terminus technicus bei der Feigenzucht gewesen zu sein.

herinacius, i, Igel, Pf. 103, 18: petra refugium herinaciis.

Es wird sonst auch erinacius, erinaceus, herinaceus geschrieben und steht gleich eres, heres, χήρ. Im Hebräischen steht שפן, das der hl. Hieronymus choerogryllus (3 Mof. 11, 5) oder lepusculus (Spr. 30, 26) wiedergibt; gemeint ist wahrscheinlich der Springhase (LXX λαγωός) oder Klippdachs (Ritter, Erdk. 14 333. Fürst, Lex. s. v. ‏ישב‎).

improperium, i, Schmähung, Vorwurf, Schmach, z. B. Tob. 3, 11: deprecabatur Deum, ut ab isto improperio liberaret eam; Ps. 73, 22: (Deus) memor esto improperiorum tuorum.

Herm., Past. 3, 9, 24: de laboribus suis cunctis hominibus facile tribuentes sine improperio et deliberatione. G. 97.

incensum, i, Brandopfer, z. B. 2 Mos. 29, 18: offeres totum arietem in incensum super altare; 3 Mos. 6, 17: pars eius (similae) in Domini offertur incensum; speziell vom Rauchopfer, daher auch Weihrauch, z. B. 2 Mos. 40, 25: adolevit super eo (altari) incensum aromatum; Ps. 140, 2: Dirigatur oratio mea sicut incensum (‏קטרת‎) in conspectu tuo. *Rubr. in Ord. Missae: antequam legat Introitum, benedicit incensum.*

Marin., Fratr. Arval. DCXXXIX omnibus K. Nonis Idibus suis quibusq. mensibus lucerna lucens sibi ponatur incenso imposito.

incorruptela, ae, Unverweslichkeit, 1 Kor. 15, 50: neque corruptio incorruptelam possidebit.

Die sonderbare Form ist dem griech. ἀφθαρσία nachgebildet. Bei Tertullian (Resurr. Carn. 51) steht das Wort mit Anspielung auf obige Stelle, vermutlich auch de Carne Chr. 15: cur non de corruptela, sed de incorruptela?

iubileus, i, Jubeljahr, Erlaßjahr, z. B. 3 Mos. 25, 10: ipse (quinquagesimus annus) est enim iubileus; 4 Mos. 36, 4: cum iubileus, i. e. quinquagesimus annus . . . advenerit; 3 Mos. 27, 21: cum iubilei venerit dies, sanctificatus erit Domino.

Vermutlich vom hl. Hieronymus aus ‏יבל‎ mit Anklang an das lateinische iubilum gebildet; die Itala hat dafür annus remissionis und annus remissionis significationis, Sab. 3 Mos. 25, 10 13 (ἐνιαυτὸς ἀφέσεως, σημασίας). Ashb. 3 Mos. 27, 21.

lamia, ae, Jf. 34, 14: ibi (in Edom) cubavit lamia, et invenit sibi requiem. Klagel. 4, 3: lamiae nudaverunt mammam. An erfterer Stelle fteht im Hebr. לִילִית, ein weibliches Nachtgefpenft, an der zweiten פֵּן, Schakal; beides hat der hl. Hieronymus durch ein Wort wiedergegeben, das dem römifchen Aberglauben angehört, etwa Unholdin, Hexe oder dgl., und ift fo nur im allgemeinen dem Sinne treu geblieben.

Bei den heidnifchen Schriftftellern fteht bloß der Plural, z. B. Hor., A. P. 340. Die englifche Überf. fchreibt einmal the lamia, das andre Mal the sea-monsters. 1490 erft: das wundertier, dann: die thiere. Diet.: „die ungeheuere Nachtfraw, Die graufamen wilden thier".

larus, i, Seemöve, 3 Mof. 11, 16. 5 Mof. 14, 15. Hebr. שַׁחַף. Boch., Hieroz. II 2 28.

mandibula, ae, Kinnbacken, Richt. 15, 15; 16, 17: proiecit mandibulam de manu.

Die Form entfcheidet die Frage, woher mandibulis, das zweimal bei Macrobius (S. Scip. 1, 6, 69, Sat. 7, 4, 14) vorkommt, abzuleiten ift. Vgl. Isid., Orig. 11, 1: mandibulae sunt maxillarum partes.

mane erfcheint in der Vulgata noch befonders häufig als indeklinables Neutrum, mit der Bedeutung Morgen, Tages=anbruch, z. B. 2 Mof. 18, 13: assistebat Moysi a mane usque ad vesperam; 4 Kön. 3, 20: Factum est igitur mane; Jf. 38, 13: Sperabam usque ad mane. H. 99. Vgl. unten vespere.

opilio, onis, Schafhirt, 1 Mof. 38, 12.

Steht einmal bei Plautus (As. 3, 1, 36): opilio, qui pascit alienas oves, feitdem erft wieder bei Columella. Das Wort fteht vielleicht für ovipilio (ovis und pellere); daher Javol., Dig. 33, 7, 25: ovilio, Virg., Ecl. 10, 19: upilio. Vgl. Corffen, Krit. Beitr. 152.

palmus, i, gewöhnlich ein Längenmaß von etwa einer halben Elle, z. B. 2 Mof. 28, 16: mensuram palmi habebit, einmal aber die hohle Hand, Jf. 40, 12: quis caelos palmo ponderavit?

Es steht für זֶרֶת, das eigentlich den kleinen Finger, dann die Handlänge von der Daumenspitze bis zum Ende desselben bedeutet; so entspringen die angegebenen Bedeutungen, erstere aus der von Spanne. Vgl. Hier., Ad Ez. 12, 40, 5: est sexta pars cubiti.

papilio, onis, m., Zelt, 2 Mof. 38, 8: stabat unusquisque in ostio papilionis suae. 4 Mof. 16, 27. 2 Kön. 11, 11.

papyrio, onis, das Röhricht, 2 Mof. 2, 5: cum vidisset fiscellam in papyrione, misit unam e famulabus suis.

Sonst nur in der militärischen Sprache der Kaiserzeit gebräuchlich.

pellicanus, i, Kropfgans, Pf. 101, 7: similis factus sum pellicano solitudinis.

S. Schleussn. s. v. πελικάν. Hebr. קָאַה, das Luther mit Rohr-dommel übersetzt.

pincerna, ae, m. Mundschenk.

Obwohl hier und da in der späteren gebildeten Sprache vor-kommend, scheint das Wort doch einzig der Vulgärsprache anzugehören; wenigstens sagt der hl. Hieronymus (Quaest. in Gen. 40, 1): quem (servum) nos possumus more vulgi vocare pincernam.

pittacium, i, Fleck (auf dem Schuh), Jof. 9, 5: calceamenta perantiqua, quae . . . pittaciis consuta erant.

plecta, ae, Kronleiste, 3 Kön. 7, 29: inter coronulas et plectas (שלבים), (erant) leones et boves.

Plectae secundum aliquos vocantur ipsae coronae, et dicuntur plectae a plectendo, id est complicando, quia istae coronae compli-cabant alias sculpturas, scilicet copulando eas inter se. Sed magis videtur dicendum quod plectae sint aliquae sculpturae in modum ramorum vel foliorum extendentes se, et copulantes alias sculpturas, sicut fieri videmus in picturis et in sculpturis. Abulensis ad l. c. bei Vercell. z. d. St.

quaternio, onis, Vierzahl, Apg. 12, 4: (Herodes Petrum) tradens quatuor quaternionibus militum custo-diendum.

Vgl. Gell. 1, 20: numerus ternio, qui graece dicitur τριάς. Tertull., De An. 6: graeca quaedam quinionem enixa filiorum.

refrigerium, i, Erquickung, Ruhe, z. B. Weish. 2, 1:
non est refrigerium in fine hominis. *Or. in Anniv. Def.*:
da animae famuli tui . . . refrigerii sedem.

Tert., De An. 33: sententia aeterna tam supplicii quam
refrigerii.

refuga, ae, m. Abtrünniger, Refraktär, 2 Macc.
5, 8: (Iason) ut refuga legum . . . in Aegyptum ex-
trusus est.

Ulp., Dig. 48, 19, 8: refugae ex opere metalli in metallum
dantur.

sanctificium, i, Heiligtum, Pf. 77, 69: (Deus) aedi-
ficavit sicut unicornium sanctificium suum.

Bei Tertullian (Res. Carnis 47) heißt die Stelle Röm. 6, 19:
exhibete membra vestra famula iustitiae, in sanctificium (wo aber
andere sacrificium lesen). Vulg.: sanctificationem.

sanctuarium, i, das Heiligtum, d. h. ein zu gottesdienstlichen Zwecken bestimmter Ort, z. B. Ez. 48, 8: erit
sanctuarium in medio eius (populi); 2 Mof. 30, 24: in pondere sanctuarii, nach dem im Tempel gebräuchlichen Gewicht.

In diesem Sinne bloß noch bei Aggenus Urbicus (De limit. 61):
extra sanctuarium profanum dictum est.

sarabala, orum, Turban, Dan. 3, 94: sarabala eorum
non fuerant immutata.

Aus dem chaldäischen סַרְבְּלָא gebildet. Anders bei Levy, Chald.
Wörterb. II 187.

sardis, inis, Karneol, Offb. 4, 3: similis erat aspectui
lapidis iaspidis, et sardinis.

Die Form ist rätselhaft. Sie entspricht dem griechischen σαρδίνῳ,
das eher Substantiv, als Adjektiv zu sein scheint. Den Schlüssel zu
der lateinischen Wortform gibt der Cod. Fuld., der ebenso, wie der
Amiat, sardini hat. In dieser Gestalt ist es Genitiv von sardinus,
das als Adjektiv zu Sardinia, wie italus zu Italia betrachtet werden
muß. · Lapis sardinus wäre dann dasselbe, wie sonst lapis sardius,
vermutlich der Karneol oder ein ähnlicher Halbedelstein. Ist nun sardinis etwas anderes als ein durch iaspidis entstandener Schreibfehler, so

kann der Nominativ nur sardis geheißen haben; und dies muß dann Substantiv sein.

satum, i, ein Trockenmaß, z. B. 1 Mos. 18, 6: tria sata similae commisce.

Vielleicht aus dem hebr. סְאָה gebildet, obwohl es auch für אֵיפָה steht. Hier., Ad Matth. 13, 33: satum genus est mensurae iuxta morem provinciae Palaestinae, unum et dimidium modium capiens. Loch 37.

scinips, phis, Stechmücke, z. B. 1 Mos. 8, 16: sint sciniphes in universa terra Aegypti.

Griech. σκνίφ, κνίφ, hebr. עָרֹב. Ps. 104, 31 steht cinifes; sonst findet sich auch ciniphes, cyniphes, cinyphes, cinypes, Scynifes, Scinifes. Hier., In Joel 2, 22 ff: ciniphes qui tam parvi sunt culices, ut vix cernantur oculis.

scruta, orum, Kleinigkeiten, abgestandene Sachen, 3 Kön. 10, 15: universique scruta vendentes; 2 Esdr. 3, 30: usque ad domum . . . scruta vendentium, beides für רְכֻלִים, Kleinhändler, Krämer.

1490: die da verkaufften bye schilt (die älteren Ausgaben der Vulgata haben mit einigen der besten Handschriften scuta. (Vercell. z. d. St.) Diet. (3 Kön. 10, 15): die andere auch vnachtbar ding verkaufften; 2 Esdr. 3, 30: der Kremer. Vgl. die Note des Toletus bei Vercell. a. a. O.: In hebraeo pro *universique scruta vendentes* unicum est nomen הרכלים, quod est numeri pluralis sicut 2 Esdr. 3, 30, cuius singulare est רכל, quod habetur Cant. 3, 6. Interpres varie vertit; nam hic et in libro Esdrae *scruta vendentes* posuit, id est negotiatores rerum vilium et parvi momenti. At vero in Cantico legit *pigmentarium: omnis*, inquit, *pulveris pigmentarii*. Nam hoc nomen רכל utrumque significat et *negotiatores rerum vilium aromatarium* seu *pigmentarium;* quamvis LXX (iuxta ed. Compl.) hic et in libro Esdrae verterint *negotiatores* simpliciter, non vilium rerum tantum, quae dicuntur *scruta*.

semicinctium, i, schmaler Gürtel, Apg. 19, 12: (ut deferrentur a corpore Pauli) sudaria, et semicinctia.

Isid., Or. 19, 33: Cinctus est lata zona, et minus lata semicinctium.

siclus Sekel, hebr. Münze, z. B. 1 Mos. 23, 15: Terra, quam postulas, quadringentis siclis argenti valet. Das hebr. שֶׁקֶל.

torta, ae, Kuchen, Blatz, z. B. 1 Kön. 2, 36: offerat nummum argenteum, et tortam panis.

traha, ae, Dreschwalze, Dreschschlitten, 1 Par. 20, 3: fecit super eos . . . trahas, et ferrata carpenta transire.

unio Einigung, Ez. 37, 17: Et adiunge illa, unum ad alterum, tibi in lignum unum, et erunt in unionem in manu tua.

Isid., Orig. 19, 65: Iactus quisque apud lusores veteres a numero vocabatur, ut unio, binio, trinio etc. Hier., Ep. 22, 8: Maria Dei unione fecunda.

zabulus, i = diabolus, Teufel.

Steht im Brevier *Hom. in Evang.: Vigilate: furem enim ostendit esse zabulum.* In der späteren christlichen Latinität ist das Wort nicht selten, Lact., Mort. Persec. 16: a te zabulus victus est. Sic apud Commodianum l. 2, c. 17: Cuncta de zabuli pompa; et l. 1, c. 35. Zabolicam legem omnes omnino vitate. . . . Nihil vulgatius quam Zabuli vox in antiquis libris. Baluzii N. z. d. St.

B. Abgeleitete Substantiva.

16. Die lebendige Bildsamkeit, welche die Sprache im Volksmunde besitzt, läßt sich in der Vulgata an den vielen Neubildungen beobachten, wodurch der Übersetzer die lateinische Sprache bereichert hat. Es folgen hier die wichtigsten der so entstandenen Substantiva, und zwar

1. Neugebildete Substantiva,

die von andern Substantivis hergeleitet sind.

17. Diese Klasse umfaßt die zahlreichen Diminutiva der Vulgata.

aratiuncula, ae, Hufe Landes, 3 Kön. 18, 32: fecit-que aquaeductum, quasi per duas aratiunculas.

Im Hebr. בֵּית סָאתַיִם, Raum für zwei Maß Korn (zu säen). 1490: durch zwey fürchlein. Diet.: zweyer furchen weit. Douay: of the breadth of two furrows. Sach: il fit une rigole et comme deux petits sillons. All.: etwa zwei Furchen breit. L. und R. in der Breite von zwei Furchen.

areola, ae, Beetchen, Rabatte, Hohel. 5, 13; 6, 1: ad areolam aromatum.

Colum. 10, 362: ter circum areolas et sepem ducitur horti.

ascella, ae, Achsel, Spr. 19, 24; 26, 15: abscondit piger manum suam sub ascella (צַלַּחַת); 3 Mof. 1, 17: confringetque ascellas eius (columbae, כְּנָפָיו).

An den beiden ersten Stellen übersetzen Luther u. a. Topf, Schüssel. Das hebräische Wort bezeichnet allerdings diesen Begriff; allein der hl. Hieronymus hat denselben offenbar auf das hohle Schulterblatt übertragen, so daß er die drei Stellen mit demselben Worte wieder= geben konnte.

buccella, ae, Bissen, Brocken, z. B. Job 31, 17: Si comedi buccellam meam solus.

Mart. 6, 75: Buccellas misisse tuas te, Pontia, dicis.

capitellum, i, Säulenkopf, Kapitäl, z. B. 4 Kön. 25, 17: super capitellum columnae.

Varro (L. L. 8, 79): minima in quibusdam non sunt, ut avis, avicula, avicella; caput, capitulum, capitellum. Bei Plinius nur in einigen Ausgaben nach bestrittener Lesart 24, 19, 113 und 36, 23, 56. Coripp., L. Just. 4, 59: buxea populeis aptans capitella columnis.

capsella, ae, Kiste, 1 Kön. 6, 8; 11, 15: arcam Dei . . . . et capsellam, quae habebat mures aureos etc.

Petr. 67. ed. Büch.: Scintilla de cervice sua capsellam de-traxit aureolam.

catenula, ae, Kettchen, z. B. 2 Mof. 28, 14: (facies) duas catenulas ex auro purissimo.

cellula, ae, Stube, Zelle, 1 Par. 26, 18: In cellulis quoque ianitorum.

Ter., Eun. 2, 3, 18. Petr., Sat. 11: risu itaque plausuque cellulam implevit.

crustula, ae, Kuchen, 2 Mof. 29, 2 23: (tolles) cru-
stulam absque fermento. 3 Kön. 14, 3.

Bei Plinius Krufte, z. B. 22, 25, 70: lens crustulas hulcerum
rumpit.

damula, ae, Gazelle, Spr. 6, 5. Jf. 13, 14: quasi
damula fugiens.

Apul., Met. 8, 4 (p. 514): nec ulla capra nec pavens damula.

decipula, ae, Fallftrick, Fangnetz, Job 18, 10. Jer.
5, 27: Sicut decipula plena avibus, sic domus eorum.

Zuerft bei Lävius (nach Front. ad Caes. Ep. 1, 4), dann aber
erft wieder bei Sidonius (Ep. 8, 10 und Marc. c. 4, 423.

dextraliola, orum, Armfpangen, Judith 10, 3: as-
sumpsitque dextraliola, et lilia.

In alten Ausgaben, z. B. der von 1527 bei Quentel, fteht
dextrariola.

farinula, ae, eine Handvoll Mehl, 3 Kön. 17, 13:
fac de ipsa farinula subcinericium panem.

formella, ae, Laib, 1 Kön. 17, 18: decem formellas
casei has deferes ad tribunum.

In anderer Bedeutung Apic. 9, 13 (441): si volueris, in formella
piscem formabis.

fuscinula, ae, Gabel, z. B. 1 Kön. 2, 14: omne, quod
levabat fuscinula, tollebat sacerdos sibi.

gemmula, ae, Juwel, Eccli. 32, 7: Gemmula car-
bunculi.

Front. ad M. Caes. Ep. 4, 3: caelo et marculo, ut gemmulas
exsculpunt.

geniculum, i, Knie, Nah. 2, 10: dissolutio genicu-
lorum.

Gewöhnlich nur in übertragener Bedeutung (auch in der Form
geniculus) von Pflanzen, Baufachen u. dgl. gebraucht; in der eigent=
lichen Varr. L. L. 9, 5: qui pueris in geniculis alligent serperastra.

gerula, ae, Wärterin, Ruth 4, 16: gerulae funge-
batur officio.

Das Wort ist wohl kein Diminutiv, sondern Femininum von gerulus, das von gero herstammt. Tert., De An. 19: (infans) gerulam spiritu agnoscit.

hamula, ae, Schale, Krug, 3 Kön. 7, 40: Fecit ergo Hiram lebetes, et scutras, et hamulas, 45.

Colum. 10, 387: aut habilem lymphis hamulam, Bacchove lagenam.

humerulus, i, Ecke, Zäpfchen, 3 Kön. 7, 30: per quatuor partes (erant) quasi humeruli subter luterum fusiles, 34; Ez. 41, 26: in humerulis vestibuli.

An den beiden ersten Stellen 1490, Diet.: achseln. Douay: under-setters; bei Ez. 1490: achßelen der vorlauben, Diet.: auff beiden seitten der nebenwänden, Douay: sides.

infantulus, i, Säugling, z. B. 3 Mos. 12, 3: die octava circumcidetur infantulus.

Inscr. Murat. 1514, 3: infantule cresce.

iuvenculus, i, Rind, Jer. 31, 18: eruditus sum, quasi iuvenculus indomitus.

Als Diminutiv von iuvenis kommt das Wort bei Catull vor 24, 1: qui flosculus es iuvenculorum, doch ist hier die Lesart zweifelhaft.

iuvencula, ae, Mädchen, Eccli. 20, 2. Ps. 67, 26: in medio iuvencularum tympanistriarum. 1 Tim. 5, 2.

Dimin. von iuvenis. Tert., Monog. 13: vult iuvenculas nubere.

lanceola, ae, Pfriem, Lanzenspitze, 3 Kön. 18, 28: incidebant se . . . cultris et lanceolis.

Iul., Capit. in Max. iun. 4: lanceola fissa est fulmine.

latrunculus, i, Straßenräuber, z. B. 4 Kön. 5, 2: de Syria egressi fuerant latrunculi.

Terminus technicus der Gerichtssprache, einmal schon von Cicero gebraucht. Prov. Cons. 7, 15.

leunculus, i, m., Jungleu, z. B. Ez. 19, 3: (leaena) eduxit unum de leunculis suis; auch Löwe als Kunstwerk, 2 Par. 9, 19: (fecit rex) et alios duodecim leunculos.

lunula, ae, $\mathfrak{H}$albmönbdjen (alš $\mathfrak{Z}$ierat), $\mathfrak{I}$ſ. 3, 18: auferet Dominus . . . lunulas (mulierum).

Plaut., Epid. 5, 1, 33: non neministi, me auream ad te afferre natali die lunulam atque annellum aureolum in digitum? Tert., De cultu fem. 2, 10: nullam de conchylio vestem Isaias increpet, nullas lunulas reprobet.

mansiuncula, ae, $\mathfrak{K}$ammer, 1 $\mathfrak{M}$oſ. 6, 14: mansiunculas in arca facies.

mergulus, i, $\mathfrak{T}$audjervogel, 3 $\mathfrak{M}$oſ. 11, 17: comedere non debetis . . . mergulum.

$\mathfrak{I}$ſt wofjl, wie gerulus, fein $\mathfrak{D}$iminutiv.

mortariolum, i, $\mathfrak{P}$fanne, $\mathfrak{R}$audjpfanne, $\mathfrak{z}$. $\mathfrak{B}$. 4 $\mathfrak{M}$oſ. 7, 84: oblata sunt . . . mortariola aurea duodecim.

$\mathfrak{I}$m $\mathfrak{H}$ebr. מכ, eigentlidj bie fjofjle $\mathfrak{H}$anb, von beren $\mathfrak{G}$eſtalt bie $\mathfrak{B}$enennung übertragen iſt.

munitiuncula, ae, fleine $\mathfrak{F}$eſtung, $\mathfrak{F}$ort, 1 $\mathfrak{M}$ad). 16, 15: suscepit eos . . . in munitiunculam.

murenula, ae, $\mathfrak{K}$ettdjen, $\mathfrak{H}$ofjel. 1, 10.

Hier., Ep. 24, 3: aurum colli sui, quod quidem murenulam vulgus vocat, quod, metallo in virgulas latescente, quaedam ordinis flexuosi catena contexitur, vendidit.

olfactoriolum, i, $\mathfrak{R}$iedjfläſdjdjen, $\mathfrak{F}$lacon, $\mathfrak{I}$ſ. 3, 20.

Is., Orig. 19, 31: Olfactoriola vascula sunt muliebria, quibus odoramenta gestantur.

ostiola, orum, $\mathfrak{T}$üre, $\mathfrak{D}$oppeltüre, 3 $\mathfrak{K}$ön. 6, 31: fecit ostiola de lignis olivarum; $\mathfrak{E}$ʒ. 41, 24. $\mathfrak{D}$an. 14, 20.

Colum. 8, 14: aditus singulos firmis ostiolis munitos.

pectusculum, i, $\mathfrak{B}$ruſtſtüd (vom $\mathfrak{O}$pfertier), $\mathfrak{z}$. $\mathfrak{B}$. 3 $\mathfrak{M}$oſ. 7, 30: tenebit manibus adipem hostiae, et pectusculum.

pinnaculum, i, $\mathfrak{Z}$inne, $\mathfrak{M}$attfj. 4, 5: statuit eum super pinnaculum templi.

$\mathfrak{T}$ertullian ſagt (adv. Iud. 8) mit $\mathfrak{B}$eʒug auf $\mathfrak{D}$an. 9, 26: destrui pinnaculum usque ad interitum.

praetoriolum, i, $\Re$abinett, $\mathfrak{E}_3$. 27, 6: fecerunt tibi . . .
praetoriola de insulis Italiae.

$\mathfrak{H}$ebr. □ אֲשֵׁרִים בַּת, wofür der ht. $\mathfrak{H}$ieronymus ebenjo wie die LXX
($οἴκους \ ἀλσώδεις$) ת בי Ias. Luther: $\mathfrak{G}$eftühle, $\mathfrak{D}$ouay: cabins. $\mathfrak{J}$njchr.
Mus. di Mant. 23 (bei $\mathfrak{F}$orc.): praecepit hunc (sic) praetoriolum
cum hortulo et heros libertis libertabus posterisque eorum cedi.

pugillus, i, $\mathfrak{H}$andvoll, z. $\mathfrak{B}$. $\mathfrak{E}_3$. 13, 19: violabant
me . . . propter pugillum hordei.

Cato R. R. 158: cochleas sex et lentis pugillum.

ramusculus, i, $\mathfrak{Z}$weig, $\mathfrak{J}$j. 28, 5: praecidentur ra-
musculi eius falcibus.

regulus, i, a) $\Re$önig eines kleinen $\mathfrak{G}$ebietes, $\mathfrak{J}$oj. 13, 3:
(terra Chanaan) in quinque regulos Philistiim dividitur;
$\mathfrak{J}$oh. 4, 46 49. b) $\mathfrak{D}$rache, dem griech. $βασιλίσκος$ nachgebildet, z. $\mathfrak{B}$. $\mathfrak{J}$j. 14, 29: de radice colubri egredietur
regulus.

$\mathfrak{J}$n erfterem $\mathfrak{S}$inne nicht felten bei den $\mathfrak{G}$ejchichtjchreibern.

renunculus, i, $\mathfrak{N}$iere, z. $\mathfrak{B}$. 3 $\mathfrak{M}$oj. 3, 10: utrumque
renunculum cum adipe (offerent).

retiaculum, i, $\mathfrak{N}$e$\mathfrak{z}$, $\mathfrak{P}$j. 140, 10: Cadent in retiaculo
eius peccatores; gewöhnlich ne$\mathfrak{z}$förmiges $\mathfrak{G}$ußwerk,
z. $\mathfrak{B}$. $\mathfrak{J}$er. 52, 23: malogranata centum, retiaculis circum-
dabantur.

$\mathfrak{D}$as $\mathfrak{W}$ort ift abzuleiten von retia, ae ($\mathfrak{R}$. $\mathfrak{J}$t. 259) wie umbra-
culum non umbra.

sorbitiuncula, ae, $\mathfrak{B}$rühe, 2 $\Re$ön. 13, 6; 8, 10: coxit
sorbitiunculas.

spatula, ae, $\mathfrak{W}$edel, $\mathfrak{Z}$weig, z. $\mathfrak{B}$. 3 $\mathfrak{M}$oj. 23, 40:
spatulasque palmarum.

sphaerula, ae, $\Re$ügelchen, $\Re$nöpfchen (an gegoffenen
$\mathfrak{G}$egenftänden), z. $\mathfrak{B}$. 2 $\mathfrak{M}$oj. 25, 34: (in candelabro erunt)
scyphi in nucis modum, sphaerulaeque.

tortula, ae, Kuchen, 4 Mos. 11, 8: faciens (e Manna) tortulas.

vallicula, ae, Vertiefung, 3 Mos. 14, 37: cum viderit in parietibus illius quasi valliculas.

Vgl. das Verz. aus Seneca B. 13, R. Jt. 93.

2. Neugebildete Substantiva,

die von Adjektivis hergeleitet sind.

18. Diese sind sämtlich Abstracta, welche den im Adjektiv liegenden Begriff substantivisch ausdrücken, und gehen haupt= sächlich auf folgende Endungen aus:

a) auf tas.

dolositas Verschlagenheit, Falschheit, Eccli. 37, 3: malitia, et dolositate.

humilitas, a) Niedrigkeit, Geringheit, z. B. Luk. 1, 48: respexit humilitatem ancillae suae; Spr. 29, 23: Superbum sequitur humilitas. b) Demut, z. B. 15, 33: gloriam praecedit humilitas; 11, 2: ubi autem est humilitas, ibi et sapientia.

Die zweite Bedeutung des Wortes ist, wie der Begriff selbst, den heidnischen Schriftstellern fremd. Zunächst verwandt ist die Be= deutung von Selbsterniedrigung, die sich z. B. bei Cicero findet (de Invent. 1, 56): saepe virtus et magnificentia . . . plus proficit ad misericordiam commovendam, quam humilitas et obsecratio. Bei den christlichen Schriftstellern ist der angegebene Sinn des Wortes bekanntlich sehr gewöhnlich.

immobilitas Unveränderlichkeit, Hebr. 6, 17: (ostendere) immobilitatem consilii sui.

Tert., Adv. Herm. 36: numquid immobilitas secunda pars formae videretur?

incredulitas Unglaube, z. B. Röm. 3, 3: Numquid incredulitas illorum fidem Dei evacuabit?

Jn verwandtem Sinne Ap. Met. 1, 20 (p. 63): obstinata incredulitate sermonem eius respuebat.

iniquitas eigentlich Abnormität, Ungesetzlichkeit,
Sünde objektiv genommen, d. h. Widerstreit gegen die göttliche Ordnung, während peccatum die Sünde vom subjektiven
Standpunkte des Menschen aus heißt, 1 Joh. 3, 4: peccatum
est iniquitas; 5, 17: omnis iniquitas, peccatum est.
Meist aber ist diese Unterscheidung nicht beachtet, und iniquitas
heißt ganz gewöhnlich Sünde, Sündhaftigkeit, z. B.
1 Mos. 4, 13: Maior est iniquitas mea, quam ut veniam
merear; Jak. 3, 6: lingua ignis est, universitas iniquitatis.

Bei den Profanschriftstellern meist im Sinne von „Unebenheit,
Ungünstigkeit, Schwierigkeit" u. dgl. Jn der Bedeutung von Ungesetzlichkeit auch bei Cicero (Verr. 2, 3, 89): locus intra oceanum
nullus est, quo non nostrorum hominum libido iniquitasque pervaserit.

longaevitas langes Leben, Eccli. 30, 23: exultatio
viri est longaevitas.

Macr., Sat. 7, 5, 11: de longaevitate corvorum opinio fabulatur.

longanimitas Langmut, z. B. Röm. 2, 4: an divitias
longanimitatis (Dei) contemnis?

longiturnitas lange Dauer, Bar. 3, 14: ut scias
simul ubi sit longiturnitas vitae.

maturitas, a) Reife, 4 Kön. 19, 26: arefacta est
antequam veniret ad maturitatem; Jf. 28, 4. b) Frühe
(ἀωρία); Pf. 118, 147: Praeveni in maturitate, et clamavi.

medietas Hälfte, z. B. 2 Par. 9, 6: vix medietatem
sapientiae tuae mihi fuisse narratam.

Bei spätlateinischen Schriftstellern, wie Palladius und Eutrop,
hat das Wort auch die Bedeutung von „Mitte"; letztere findet sich
in der Vulgata (Weish. 7, 18): medietatem temporum. Cic.,
Univ. 7: partes rursus ex toto desecans: quas intervallis ita locabat, ut in singulis essent bina media; vix enim audeo dicere

medietates, quas Graeci μεσότητας appellant, sed quasi ita dixerim, intelligatur: erit enim planius.

nativitas Geburt, z. B. Luf. 1, 14: multi in nativitate eius gaudebunt; 1 Mof. 11, 28: (mortuus est Aran) in terra nativitatis suae. Daher die Feste *in Nativitate B. M. V., in Nativitate B. Ioh. Bapt.*

Auf Grabinschriften, heidnischen wie christlichen, ist der Ausdruck ganz gewöhnlich, wie folgt: Variae Iucundae defunctae anno nativitatis XVIII menses VII dies XXXVIIII etc. Grut. 712, 11.

nimietas Übermacht, Weish. 4, 4: a nimietate ventorum eradicabuntur.

In verwandter Bedeutung Pall. 2, 13: inter omnes nimietates temperamentum tenere, Apul. Met. 2, 16 (p. 129): ne nervus rigoris nimietate rumpatur.

nugacitas Eitelkeit, Lächerlichkeit, Weish. 4, 12: fascinatio nugacitatis obscurat bona.

otiositas Müßiggang, Eccli. 33, 29: Multam enim malitiam docuit otiositas.

paternitas Vaterschaft, d. h. Verhältnis des Vaters zu den Kindern, Eph. 3, 15: Ex quo omnis paternitas in caelis, et in terra nominatur.

possibilitas Fähigkeit, Vermögen, 2 Esdr. 5, 8: redemimus fratres nostros secundum possibilitatem nostram.

Arnob. 1, 44: constat Christum ... omnia illa, quae fecit, numinis sui possibilitate fecisse.

praeclaritas Ruhm, Auszeichnung, Weish. 8, 18: praeclaritas in communicatione sermonum ipsius.

profunditas Abgrund, Tiefe, Pred. 7, 25: alta profunditas!

Macr., Somn. Scip. 1, 7, 3: ex intima disciplinae profunditate.

puritas Reinheit, Unschuld, Pf. 17, 21 25: secundum puritatem manuum mearum retribuet mihi.

Iul., Capit. in Ver. 3: amavit tamen Antoninus Pius simplicitatem ingenii puritatemque vivendi.

pusillanimitas Kleinmut, Pſ. 54, 9: salvum me fecit a pusillanimitate spiritus.

religiositas Gottſeligkeit, Eccli. 1, 17 18: Religiositas custodiet et iustificabit cor. 26.

saturitas Sättigung, Überſättigung, z. B. Preb. 5, 11: saturitas autem divitis non sinit eum dormire; 1 Moſ. 41, 21: Nullum saturitatis dedere vestigium (boves).

Bei Plautus, z. B. Rud. 3, 4, 35; bann aber nicht mehr bis auf Plinius und Aurelius Viktor.

sospitas Heil, Sicherheit, Job 5, 11: (Deus) moerentes erigit sospitate.

Macr., Sat. 1, 17, 23: Apollinem i. e. solem modo sospitatem modo pestem significantibus cognominibus adoramus.

speciositas Schönheit, 1 Mach. 1, 27: speciositas mulierum immutata est.

Tert., Cult. Fem. 2, 2: naturalis speciositatis dissimulatione.

supervacuitas Ruhmſucht, Weish. 14, 14: supervacuitas (κενοδοξία) hominum haec advenit in orbem terrarum.

Vgl. bas entſpr. Verz. aus Seneca B. 11 und R. Jt. 52—55.

b) auf do.

nigredo Schwärze, Nah. 2, 10: facies omnium eorum sicut nigredo ollae.

Ap., Met. 2, 9 (p. 109): capilli corvina nigredine.

pigredo Faulheit, Spr. 19, 15: pigredo immittit soporem.

pinguedo Fett, Fettigkeit, z. B. 3 Moſ. 8, 25: Adipem vero, et caudam, omnemque pinguedinem; Röm. 11, 17: (socius) pinguedinis olivae factus es; baher Fruchtbarkeit; 1 Moſ. 27, 39: In pinguedine terrae (erit benedictio tua); im Meßbuch Salbung (im geiſtigen

Sinne), z. B. *Or. S. Pasch. Bayl.: quam ille ex hoc divino sacramento percepit spiritus pinguedinem.*

Von nichtchriftlichen Schriftftellern hat bloß Plinius einmal das Wort, aber nach angeftrittener Lefung N. H. 12, 15, 15: (myrrham) unguentarii digerunt haud difficulter odoris atque pinguedinis argumentis.

putredo Fäulnis, z. B. Spr. 14, 30: putredo ossium, invidia.

Nur bei fpätlateinifchen Schriftftellern, da bei Ovid, Pont. 1, 1, 69, richtiger teredine gelefen wird.

Vgl. M. F. 40: crassedo.

c) auf tudo.

disertitudo Wortfülle, Jf. 33, 19: intelligere disertitudinem linguae eius.

grossitudo Dicke, 3 Kön. 7, 26. Jer. 52, 21: grossitudo eius, quatuor digitorum.

Solin. 30, 30: quod in grossitudinem extuberatur despectui est, wo die befferen Ausgaben crassitudinem lefen.

habitudo äußere Befchaffenheit, 1 Mof. 41, 4: quarum mira . . . habitudo corporum erat; 2 Mach. 15, 13.

Ter., Eun. 2, 2, 11: quae habitudo est corporis? Auct. ad Her. 4, 10, 15: corporis bonam habitudinem tumor imitatur saepe.

inquietudo Geräufch, Judith 14, 9: inquietudinem arte moliebantur.

Für Unruhe, fubjektiv gefaßt, Sen., Ben. 2, 8 (ed. Ruhk.): tametsi inquietudinem Tiberius ne hoc quidem modo . . . potuit effugere.

poenitudo Reue, 1 Kön. 15, 29: poenitudine non flectetur; 5 Mof. 30, 1. Of. 11, 8.

Das ganz abnormal gebildete Wort findet fich nach Nonius 2, 646 bei Pacuvius, fteht aber fonft nur bei chriftlichen Schriftftellern, z. B. Sidon., Ep. 6, 9: propter hanc ipsam poenitudinis celeritatem.

tabitudo Verwesung, Eccli. 28, 7 : Tabitudo enim et
mors imminent in mandatis eius.

Im Sinne von Abzehrung Plin. 22, 25, 61 : (Alica) peculia-
riter longo morbo ad tabitudinem redactis subvenit.

3. Neugebildete Substantiva,

die von Verbis hergeleitet sind.

19. Diese Klasse zerfällt in folgende Abteilungen:

a) auf or, oris.

Sie werden vom Stamme intransitiver Verba (der 2. Conj.)
gebildet und enthalten den Verbalbegriff substantivisch gefaßt.

albor Weiße, 3 Mof. 13, 16 25 39 : si deprehen-
derit subobscurum alborem lucere in cute.

Bei spätlateinischen Schriftstellern vom Eiweiß gebraucht. Plin.,
Valer. 1, 19 : passerini ovi alborem.

dulcor Süße, Eccli. 11, 3 : initium dulcoris habet
fructus illius (apis).

Mit Bezug auf Joel 3, 18 heißt es : Tert., Adv. Marc. 3, 5 :
Nam et montes legimus destillaturos dulcorem.

placor Lust, Belieben (von placeo), Eccli. 4, 13 :
complectentur placorem eius; 39, 23 : in praecepto ipsius
(Domini) placor fit.

viror das Grün, If. 15, 6 : viror omnis interiit. 35, 7.
Apul., Flor. 2 n. 10 : pratorum virores.

b) auf ntia, ae.

Dieselben werden vom Part. Praes. gebildet und stimmen
in der Bedeutung mit denen der vorigen Klasse überein.

concupiscentia eigentlich Begierde, z. B. Weish. 6, 21 :
Concupiscentia sapientiae deducit ad regnum perpetuum;
4 Mof. 11, 34 : Sepulchra concupiscentiae; Mark. 4, 19 :
concupiscentiae introeuntes suffocant verbum; im N. T.

meist Begierlichkeit, z. B. 1 Joh. 2, 16: omne, quod est in mundo, concupiscentia carnis est, et concupiscentia oculorum.

Das Wort ist in beiden Bedeutungen, besonders in der letzteren, ein spezifisch christliches geworden und findet sich schon bei den Kirchen= schriftstellern der ersten Jahrhunderte häufig, z. B. Herm., Past. 1, 1, 1: in corde tuo ascendit concupiscentia nequitiae. Von heid= nischen Autoren hat bloß Curtius dasselbe an einer einzigen, obendrein angezweifelten Stelle 8, 6, 18: adeo pertinax spes est humanae mentis, quam ingentes concupiscentiae devorant.

extollentia Übermut, Frechheit, Eccli. 23, 5: Extollentiam oculorum meorum ne dederis mihi; 26, 12.

fraudulentia Betrug, Jer. 14, 14. Dan. 11, 21: obtineb regnum in fraudulentia. Job 13, 9.

Nur bei Plautus vorkommend, und zwar in der Bedeutung von einem zum Betrug geneigten Charakter, z. B. Ps. 2, 1 7 (fretus) mea industria, malitia, fraudulentia.

honorificentia Ehre, Judith 15, 10: tu honorificentia populi nostri (es).

Vopisc., Aurel. 25: templum maiore honorificentia consecratum.

inobedientia Ungehorsam, z. B. Röm. 5, 19: per inobedientiam unius hominis, peccatores constituti sunt multi.

In der profanen Latinität nicht gebräuchlich, häufig aber bei den Kirchenschriftstellern, z. B. Aug., Civ. Dei 14, 17: ad hominis inobedientiam redarguendam.

intolerantia Unmöglichkeit zu ertragen, 2 Mach. 9, 10: eum nemo poterat propter intolerantiam foetoris portare.

Das Wort muß der Etymologie gemäß aktiv gefaßt werden und darf nicht mit Unerträglichkeit übersetzt werden, obwohl der Text διὰ τὸ ἀφόρητον βάρος dazu verleiten könnte. In diesem Sinne sagt Gellius (N. A. 17, 19): intolerantia, cum iniurias, quae sunt ferendae, non toleramus. In passivischem Sinne dagegen steht es Cic., Pro Cluent. 40, 112: quis eum cum illa superbia atque intolerantia ferre potuisset?

praescientia Vorherwissen, Voraussicht, Eccli.
31, 2: Cogitatus praescientiae avertit sensum; 1 Petr.
1, 2: Secundum praescientiam Dei Patris. Apg. 2, 23.
Tert., Ad Marc. 2, 5: bonitatem dico, et praescientiam et
potentiam.

sufferentia geduldiges Ausharren, Abwarten,
Eccli. 16, 14: non retardabit sufferentia misericordiam
facientis, „die Geduld dessen, der Barmherzigkeit übt, verzieht
nicht". Jak. 5, 11: Sufferentiam Iob audistis.

An ersterer Stelle ist nach dem Griechischen offenbar sufferentiam
zu lesen, so daß peccator in der ersten Vershälfte Subjekt zu retardabit wird; von den vorhandenen Übersetzungen des jetzigen Textes
kann keine die bestehende Härte hinwegräumen. 1490: und die geduld
saumet sich nit, deß der do tut die barmherzigkeit. Diet.: Es mag
auch die geduld des barmherzigen sich nit seumen (oder auffen bleiben).
Douay: and the patience of him that showeth mercy, shall not
be put off. All.: der Barmherzige wird nicht verzögert werden mit
seiner Hoffnung. L. und R.: nicht wird ausbleiben, was der erwartet,
welcher Barmherzigkeit übet. — Tert., De Or. 4: ad demonstrationem
sufferentiae debitae voluntati se patris tradidit.

sufficientia die Hinlänglichkeit, teils objektiv als
Tüchtigkeit, 2 Kor. 3, 5: sufficientia nostra ex Deo
est; oder Genüge, 9, 8: semper omnem sufficientiam
habentes, abundetis; teils subjektiv als Genügsamkeit,
1 Tim. 6, 6: Est autem quaestus magnus pietas cum
sufficientia.

Sidon., Ep. 6, 12: quibus obtigit per panis tui abundantiam
ad sui sufficientiam pervenire. Tert., Ad Ux. 1, 4: sufficientiam,
quae modestiae et pudicitiae apta est.

superabundantia, stets in Verbindung mit usura ge=
braucht, ist der Naturalzins, d. h. die Mehrleistung bei
Zurückerstattung geliehener Naturalien, 3 Mos. 25, 37: frugum
superabundantiam (מַרְבִּית, Vermehrung) non exiges. Ez.
18, 17; 22, 12: usuram, et superabundantiam accepisti.

Hier., In Ez. 6, 18, 17: alii pro pecunia fenerata solent
munuscula accipere diversi generis et non intelligunt, usuram

appellari et superabundantiam, quidquid illud est, si ab eo, quod dederit, plus acceperint. 1490: bӱ ѵberflӱfſigfeit ber frucht. Diet.: ѵberſatz. Douaӱ: increase of fruits. Altbän.: fornens ӱuerflӱbelſae aellaer merelſae.

sustinentia **Ausdauer**, Eccli. 2, 16: Vae his, qui perdiderunt sustinentiam, 1 Theſſ. 1, 3.

Vgl. das Verz. R. Jt. 49.

c) auf io, ionis.

Die Zahl dieſer vom Supinum abgeleiteten Abstrafta in der Vulgata iſt überaus groß und gibt Zeugnis von der Frei= heit, womit die Überſetzer derſelben die Sprache behandelt haben. Der Bedeutung nach ſind ſie häufig zu Konfreta geworden (vgl. oben S. 34).

abbreviatio **Zerſtüdlung, Vernichtung**, Jſ. 10, 23: consummationem, et abbreviationem faciet. 28, 22.

abductio **Einſamfeit**, Eccli. 38, 20: In abductione permanet tristitia.

ablactatio **Entwöhnung**, 1 Moſ. 21, 8.

ablutio **Abwaſchung, Reinigung**, Zach. 13, 1: fons patens ... in ablutionem peccatoris. Im Meßbuche die Reinigung der Finger nach der Kommunion des Prieſters, ſowie der dazu verwendete Wein mit Waſſer. *Rubr. in Can. Missae: sumit Ablutionem.*

Macr., Sat. 3, 1: constat, Dis superis sacra facturum corporis ablutione purgari.

abominatio (immer fonfret), **Greuel**, z. B. Spr. 15, 9: abominatio est Domino via impii.

absconsio **Dedung, Schutz**, Jſ. 4, 6: in absconsionem a turbine.

Nach ſehr zweifelhafter Leſung auch bei Plinius H. N 8, 16, 19.

abusio **Entwertung, Herabſetzung**, Pſ. 30, 19: (loquuntur iniquitatem) in abusione *(ἐν ἐξουδενώσει).*

Das Wort ist sonst nur als Term. techn. in der Rhetorik ge=
bräuchlich. Cic., De or. 1, 27: Abusio, quam κατάχρησιν vocant.
Quint. 10, 1: per abusionem (dicere).

acceptio Aufnahme, Anerkennung, 1 Tim. 1, 15;
4, 9: fidelis sermo, et omni acceptione dignus; gewöhn=
lich in Verbindung mit personarum Rücksichtnahme in
tadelhaftem Sinne, z. B. 1 Petr. 1, 17: sine acceptione
personarum iudicat, „er richtet ohne Parteilichkeit".

Nur in der Bedeutung von Annahme, Acceptierung bei
Cic., Top. 8, 37: neque deditionem, neque donationem sine ac-
ceptione intelligi posse. Bei Val. Max. 3, 3 steht für die letztere
Bedeutung personarum discrimen.

acquisitio Erwerb in subjektivem und objektivem Sinne,
z. B. Spr. 3, 14: Melior est acquisitio eius negotiatione
argenti; Apg. 19, 25: de hoc artificio est nobis acquisitio.

Frontin., Aquaed. 69: Ad caput mensura iniri non potuit,
quoniam ex pluribus acquisitionibus constat. Tertull., Exh.
cast. 12: temperantissimus in acquisitionibus.

adapertio das Öffnen, Nah. 3, 13: adapertione pan-
dentur portae terrae tuae.

In übertragenem Sinne Aug., Lib. quaest. 83, 61: adapertio legis.

adinventio Erfindung, zunächst abstrakt, z. B. Weish.
14, 12: adinventio illorum (idolorum) corruptio vitae
est, dann konkret für Einfall, Anschlag, z. B. Zach. 1, 6:
secundum adinventiones nostras fecit nobis.

allisio Zusammenschlagen, Jf. 25, 11: humiliabit
gloriam eius cum allisione manuum eius, in der Zeit,
daß er die Hände zusammenschlägt.

Trebell., Trig. Tyr. 8: multa duorum digitorum allisione
contrivit.

annunciatio Botschaft, 1 Joh. 1, 5: haec est annuntiatio, quam audivimus ab eo; 3, 11. Im Meßbuche
Annuntiatio B. M. V., das Fest der Verkündigung Mariä.

apertio bas Öffnen, Eccli. 20, 15: apertio oris illius. Jf. 61. 1 Eph. 6, 19.

Varro, R. R. 1, 63: introitur recenti apertione.

appositio Aufstellung, Eccli. 30, 18: appositiones epularum circumpositae sepulchro.

Lampr., Comm. 5: ficti criminis appositio.

attestatio Bezeugung, 1 Mof. 43, 3: sub attestatione iurisiurandi.

Trebell., Trig. Tyr. 30: hac se attestatione defendit.

benedictio a) Segen, Segnung, z. B. 2 Mof. 32, 29: detur vobis benedictio, baher auch bas Gefegnete, z. B. Zach. 8, 13: salvabo vos, et eritis benedictio; im römischen Meßbuche heißen so bie Formeln für bie Segen= sprechung, z. B. Benedictio esculentorum. b) Lobpreis (f. u. benedicere), z. B. Offb. 5, 13: Sedenti in throno, et Agno: benedictio.

Apul., Asclep. 26: deus ab hominibus . . . laudum praeconiis benedictionibusque celebretur.

circumcisio Beschneibung, z. B. Apg. 7, 8: testamentum circumcisionis; follektiv Jubentum, z. B. Gal. 2, 9: ut nos in gentes, ipsi autem in circumcisionem (irent).

Tert., Adv. Iud. 3: (Abraham) acceperat enim circumcisionem.

circumdatio Behang, Schmuck, 1 Petr. 3, 3: circumdatio auri.

circumventio Umweg, Abweg, Eph. 4, 14: ad circumventionem erroris.

coinquinatio Befleckung, Verunreinigung, z. B. 2 Mach. 5, 27: ne participes essent coinquinationis.

collisio Zusammenstoß, Erschütterung, 1 Mach. 6, 41. 2 Mach. 9, 7: contigit illum . . . gravi corporis collisione membra vexari.

combustio 𝔅 r a n d, abſtraft unb fonfret, 𝔷. 𝔅. 𝔍ſ. 10, 16 : quasi combustio ignis; 4 𝔐oſ. 19, 17: Tollentque de cineribus combustionis.

commistio 𝔐 i ſ ch u n g, 𝔷. 𝔅. 4 𝔐oſ. 19, 13: aspersus hac commistione. *Ordo ad fac. Aq. bened.: Commixtio salis et aquae.*

A p u l., Apol. 32 (p. 470—471): quorum moderatus usus salutaris, sed commixtio vel quantitas noxia est.

completio 𝔅 o l l 𝔷 a ḥ l, 𝔈𝔷. 5, 2: iuxta completionem dierum obsidionis.

compunctio 𝔅 e t ä u b u n g, entweber alš 𝔖 ch m e r 𝔷, 𝔓ſ. 59, 5: potasti nos vino compunctionis (altnieberb.: bereuuissî. 𝔇ouaṇ: sorrow); ober alš 𝔊 e f ü ḥ l l o ſ i g f e i t, 𝔙öm. 11, 8: Dedit illis Deus spiritum compunctionis (1490: ben geḥſt ber reüe. 𝔇iet.: einen ſtächlichen neibigen geiſt. 𝔇ouaṇ: insensibility. 𝔖acṇ: un esprit d'assoupissement).

𝔅loß bei 𝔓liniuš (N. H. 21, 19, 77) ſteḥt nach angefochtener Leſung laterum compunctiones. 𝔍m ſpäteren firchlichen 𝔖prach= gebrauch iſt compunctio baš gewöhnliche 𝔚ort für 𝔷 e r f n i r ſ ch u n g, ſo baß spiritus compunctionis bei 𝔗ḥomaš v. 𝔎empen (Im. Chr. 1, 2) baš 𝔊egenteil von bem bebeutet, waš im 𝔙ömerbrief barunter ver= ſtanben wirb.

concisio 𝔷 e r ſ ch n e i b u n g, 𝔍oel 3, 14. 𝔷ach. 12, 3: omnes, qui levabunt eam, concisione lacerabuntur. 𝔓ḥil. 3, 2.

𝔖onſt nur Term. techn. in ber 𝔙ḥetorif (fonziſe 𝔇arſtellung) C i c., Part. 6, 19.

concordatio 𝔄 u š ſ ö ḥ n u n g, 𝔈ccli. 22, 27; 27, 23: maledicti est concordatio.

conculcatio 𝔷 e r t r e t u n g, 𝔷. 𝔅. 𝔐ich. 7, 10: (Sion) erit in conculcationem ut lutum platearum. (𝔖onſt nur im 𝔅uche 𝔍ſaiaš.)

conflatio gegoſſene Arbeit, Gebilde, Jer. 51, 17:
mendax est conflatio eorum, nec est spiritus in eis.

confractio Bruch, Breſche, Pſ. 105, 23: si non
Moyses . . . stetisset in confractione. Jſ. 24, 19.

conspersio Teig (φύραμα), 1 Kor. 5, 7: Expurgate
vetus fermentum, ut sitis nova conspersio.

Tert., Adv. Val. 31: ubi totam massam in conspersionis
alvearia absconderit. Pudic. 13 heißt 1 Kor. 5, 6: non scitis,
quod modicum fermentum totam desipiat conspersionem?

contaminatio Befleckung, z. B. 1 Mach. 13, 50:
mundavit arcem a contaminationibus.

contritio zunächſt materielle Zerſtörung (שבר), z. B.
Jſ. 59, 7: vastitas et contritio in viis eorum; Wunde,
z. B. Oſ. 14, 5: sanabo contritiones eorum; Hilfloſig=
keit, Elend, z. B. Klagel. 2, 13: magna est velut mare
contritio tua; dann, im Geiſte angerichtet, Zerſchlagen=
heit, Kummer, z. B. Jſ. 15, 5: clamorem contritionis
levabunt; endlich im liturgiſchen Sprachgebrauch der gewöhn=
liche Ausdruck für Reue, z. B. Rubr. de def. VIII: si
quis . . . in peccato mortali absque contritione celebret.

corrogatio Verſammlung (vgl. conquisitio), Eccli.
32, 3: ut dignationem consequaris corrogationis.

coruscatio Blitz, z. B. Pſ. 143, 6: Fulgura corus-
cationem.

cruciatio Qual, Weish. 6, 9: Fortioribus autem
fortior instat cruciatio.

custoditio Wahrung, Befolgung, Weish. 6, 19:
custoditio autem legum, consummatio incorruptionis est.

deceptio Trug, Täuſchung, z. B. Weish. 14, 21:
haec fuit humanae vitae deceptio.

decimatio a) ein Zehntel, Jſ. 6, ·13; adhuc in ea
decimatio; b) der Zehnte, Tob. 1, 7: ut proselytis et
advenis ministraret omnem decimationem.

defunctio Tob, Eccli. 1, 13: in die defunctionis suae benedicetur.

Iren. 1, 21, 5: ad finem defunctionis.

delibatio Probe, Erstling, Röm. 11, 16: si delibatio sancta est, et massa (sancta est).

In anderer Bedeutung Tert., Adv. Marc. 1, 22: homo damnatur in mortem ob unius arbusculi delibationem.

deminoratio Nachteil, Beeinträchtigung, Eccli. 22, 3: filia (indisciplinata) in deminoratione fiet, „gereicht zum Schaden".

Iren. 1, 16, 2: fugere eos per agnitionem XCIX locum, hoc est, deminorationem.

demoratio Gelag, Spr. 12, 11: Qui suavis est in vini demorationibus.

Cic., Fam. 9, 15 steht in einigen Ausgaben (te fuisse) auctorem demorationis urbanae nach unhaltbarer Konjektur.

denotatio schlimmer Ruf, Eccli. 5, 17: denotatio pessima super bilinguem.

denudatio Enthüllung, Eccli. 11, 29: in fine hominis denudatio operum illius.

depraedatio Plünderung, Judith 10, 12: (Hebraei) dentur vobis in depraedationem. Is. 33, 1: cum consummaberis depraedationem, depraedaberis.

desolatio Verwüstung, z. B. Jer. 9, 11: civitates Iuda dabo in desolationem.

desponsatio Vermählung, Hohel. 3, 11: coronavit illum mater sua in die desponsationis. Jer. 2, 2. Im Meßbuche: Desponsatio B. M. V.

Tert., De Virg. vel. 11: Si autem ad desponsationem velantur.

detentio Aufenthalt, Eccli. 24, 16: in plenitudine sanctorum detentio mea.

devotatio Verfluchung, 3 Kön. 8, 38: (si oborta fuerit) Cuncta devotatio.

dilaceratio Gewalttätigkeit, Nah. 3, 1: civitas sanguinum, universa mendacii dilaceratione plena.

Arnob. 2, 45: (morbi,) quos infelix et miseranda mortalitas diversarum sustinet dilaceratione poenarum.

dilatatio Ausbreitung, Ez. 31, 7: in dilatatione arbustorum suorum. Übermut, Spr. 21, 4: exaltatio oculorum est dilatatio cordis.

Tert., De Praescr. 47 (Ialdabaoth): occlusisse superiora dilatatione.

discretio Unterscheidung, 1 Kor. 12, 10. Hebr. 5, 14: exercitatos habent sensus ad discretionem boni ac mali.

distentio Sorge, Pred. 8, 16: ut intelligerem distentionem, quae versatur in terra.

1490: zwytrechtigkeit. Diet.: mühe. Douay: distraction.

dormitatio Schlummer, Pf. 131, 4: (si dedero) palpebris meis dormitationem, Spr. 23, 21.

dormitio eigentl. Schlaf, Joh. 11, 13: de dormitione somni, dann Tod, 2 Mach. 12, 45: qui cum pietate dormitionem acceperant.

In der ersteren Bedeutung Varr. ap. Non. 2, 239: quid mihi cum somno, si dormitio tollitur? In der letzteren steht es auf Grabinschriften, z. B. Morc., Opp. epigr. 3, 32: Pro Dormitione T. Aurelius, Silvanus Et Valeria Maxima T. Aurelio Telesphoro Filio Dulcissimo. Ebenso Tert., Patient. 9 heißt 1 Theff. 4, 13: ne contristemini dormitione cuiusdam.

emanatio Ausfluß, Weish. 7, 25: (sapientia) emanatio quaedam est claritatis omnipotentis Dei.

emundatio Reinigung, z. B. Mark. 1, 44: offer pro emundatione tua, quae praecepit Moyses.

Tert., Bapt. 5: aquis, quod propria materia sit abluendi in auspicia emundationis, blandiuntur.

eradicatio Ausrottung, Vernichtung, If. 37, 26: Klagel. 3, 45: eradicationem, et abiectionem posuisti me.

5*

Tert., Resurr. Carn. 27: post Antichristi eradicationem agitabitur resurrectio.

evasio Entrinnung, Rettung, Judith 13, 20: gaudentem ... in evasione mea.

exacerbatio Erbitterung, Hebr. 3, 8 15. *Invit. Matut.: nolite obdurare corda vestra, sicut in exacerbatione ... in deserto.*

exaltatio Erhebung, b. h. a) Lobpreis, z. B. Pf. 149, 6: exaltationes Dei in gutture eorum. b) Erhöhung, z. B. Jak. 1, 9: glorietur frater humilis in exaltatione sua; im Meßbuche und Brevier: *Exaltatio Crucis;* c) Selbstschätzung, Überhebung, Spr. 3, 35: stultorum exaltatio, ignominia.

Für die dritte Bedeutung spricht Tert., De cultu fem. 2, 3: gloria exaltationis ingenium est, porro exaltatio non congruit professoribus humilitatis. Sonst wird die betreffende Stelle sehr verschieden übersetzt. 1490: die freüde der torn ist ein laster. Diet.: der narren erhöhung ist schande. Douay: the promotion of fools is disgrace. Sacy: l'élévation des insensés sera leur confusion. Das hebr. כסילים מרים קלון ist nicht maßgebend, weil die Vulgata offenbar einen andern Sinn hat; höchstens könnte es verstanden werden: das, was von Toren gemehrt wird, ist Schande.

exauditio Erhörung, 2 Par. 33, 19: oratio quoque eius et exauditio.

expoliatio Verkürzung, Kol. 2, 11: in expoliatione corporis carnis.

exquisitio Erfindung *(ἐπίνοια)*, Weish. 14, 12: exquisitio idolorum.

extensio Ausbreitung, Jf. 8, 8: extensio alarum eius.

exterminatio Vertilgung, Weish. 18, 7: iniustorum exterminatio.

fabulatio Geschwätz, Pf. 118, 85: Narraverunt mihi iniqui fabulationes.

fascinatio Betörung, Weish. 4, 12: Fascinatio enim nugacitatis obscurat bona.

Bei Plinius im Sinne von Bezauberung, Malefizium, z. B. 28, 4, 7: fascinationes repercutimus.

fractio das Brechen, Luk. 24, 35: cognoverunt eum in fractione panis. Apg. 2, 42.

horripilatio Haarſträuben, Eccli. 27, 15: Loquela multum iurans, horripilationem capiti statuet.

humiliatio Erniedrigung, Demütigung, Mich. 6, 14: humiliatio tua in medio tui. Eccli. 2, 5: Selbſt= verdemütigung. Fer. IV Cin. Or. 3. Bened. Cin.: Deus, qui humiliatione flecteris.

Tert., Adv. Hermog. 7: non capere ullam diminutionem et humiliationem, quod sit aeternum et innatum.

ieiunatio Faſten, Apg. 14, 22: cum orassent cum ieiunationibus. 27, 21.

Tert., Ieiun. 13: Conventus . . . ieiunationibus operati.

illuminatio Licht, z. B. Pf. 26, 1: Dominus illuminatio mea.

Tert., Adv. Hermog. 15: mala necessaria fuisse ad illuminationem bonorum.

immemoratio Vergeſſenheit, Weish. 14, 26: Dei immemoratio.

incantatio Bezauberung, Zauberſpruch, z. B. Iſ. 8, 19: strident in incantationibus suis.

Firm., Mat. Astrol. 5, 5: magicas insequentur incantationes.

inchoatio Beginn, Hebr. 6, 1: intermittentes inchoationis Christi sermonem.

inconsummatio Unvollkommenheit, Weish. 3, 16: Filii autem adulterorum in inconsummatione erunt (ἀτέλεστα).

Tert., Adv. Valent. 10: propter inconsummationem generationis.

incorruptio a) materielle Unverweslichkeit, z. B.
1 Kor. 15, 42: seminatur in corruptione, surget in in-
corruptione. b) sittliche Unverderbtheit, Reinheit,
z. B. Weish. 6, 20: Incorruptio autem facit esse proximum Deo.

increpatio Warnung, Tadel, Scheltwort, z. B.
Spr. 1, 25: increpationes meas neglexistis. Js. 50, 2:
in increpatione mea desertum faciam mare.

Tert., Adv. Marc. 5, 20: nec hic apostolus de diversitatis
denotatione et increpatione tacuisset.

ineruditio Unverstand, Eccli. 4, 30: de mendacio
ineruditionis tuae *(περὶ τῆς ἀπαιδευσίας σου)* confundere.

inhabitatio Wohnung, Weish. 9, 15: terrena inhabitatio *(τὸ γεῶδες σκῆνος)* deprimit sensum multa cogi-
tantem.

Tert., Adv. Marc. 3, 24 heißt 1 Mos. 27, 40: de opimitate
terrae erit inhabitatio tua.

inhonoratio Unehre, Eccli. 1, 38: (ne) adducas animae
tuae inhonorationem.

innovatio Erneuerung, 1 Mach. 12, 17: reddant
vobis epistolas nostras de innovatione fraternitatis
nostrae.

Apul., Asclep. 30: ordo et tempus innovationem omnium
rerum, quae in mundo sunt per alternationem faciunt.

inordinatio Zügellosigkeit, Weish. 14, 26: inordinatio moechiae et impudicitiae *(μοιχεία καὶ ἀσέλγεια)*.

Apul., Asclep. 26: senectus veniet mundi, irreligio, inordinatio, irrationabilitas bonorum omnium.

inquinatio Befleckung, Weish. 14, 26: animarum
inquinatio.

inspiratio zunächst Atem, Apg. 17, 25: cum ipse det
omnibus vitam, et inspirationem; dann das Wehen, der
Anhauch, 2 Kön. 22, 16. Pf. 17, 16: ab inspiratione

spiritus furoris eius; enblich ber geiſtige Anhauch, bie Ein=
gebung, Job 32, 8: inspiratio Omnipotentis dat in-
telligentiam.

Sol. 7, 23: quod fontes poti inspirationem litterariam facerent.

iubilatio Lobpreis (Gottes), Pſ. 88, 16: Beatus populus, qui scit iubilationem. Pſ. 150, 5.

iuratio bas Schwören, Eccli. 23, 9: Iurationi non
assuescat os tuum.

Tert., De Idol. 21: cum te alius per deos suos obligat
iuratione vel aliqua testificatione.

iussio Befehl, Geheiß, z. B. Dan. 3, 22: iussio regis
urgebat.

Arnob. 1, 45: cuius foedae vitiligines iussioni obtemperabant.

iustificatio a) (nach ungenauer Überſetzung von δικαίωμα)
Einrichtung, Geſetz, z. B. beſonbers in Pſ. 118: iudicia
iustificationis tuae (B. 62), ad custodiendas iustificationes
tuas (B. 5) u. ſ. wegen Gewöhnung baran auch z. B. 2 Par.
34, 31: ut custodiret praecepta, et iustificationes eius
(חקיו); baher b) bie ben Geſetzen entſprechenbe Handlungsweiſe,
bas Rechttun, bie Unſchuld, z. B. Offb. 19, 8: Byssinum iustificationes sunt Sanctorum; Job 27, 6: Iusti-
ficationem meam . . . non deseram (צדקתי); c) im N. T.
Rechtfertigung, b. h. Bewirkung bes Gnabenſtanbes
(δικαίωσις), z. B. Röm. 4, 25: resurrexit propter iusti-
ficationem nostram.

Die ſpätere kirchliche Sprache kennt nur bie letzte Bebeutung,
z. B. Conc. Trid. s. VI, Decretum de Iustificatione.

Doch ſteht auch bie zweite Bebeutung Salv., In Avar. 3, 2:
unumquemque hominem aut sua iustificatione salvandum, aut sua
iniquitate periturum.

laesio Verletzung, unb zwar körperliche; Dan. 6, 23:
nulla laesio inventa est in eo; geiſtige, b. h. Beleibigung,
1 Esbr. 4, 14: laesiones regis videre nefas duximus.

Bildlich bei Cicero (De or. 53), wo als einzelne Figuren der Rede aufgeführt werden: purgatio, conciliatio, laesio, optatio atque execratio.

legislatio Gesetzgebung, Röm. 9, 4: quorum est ... legislatio.

linitio Glasur, Eccli. 38, 34: Cor suum dabit ut consummet linitionem.

locupletatio Reichtum, Judith 2, 16: praedavit omnem locupletationem *(σκηνώματα)* eorum.

manifestatio Offenbarung, Mitteilung, 1 Kor. 12, 7: manifestatio spiritus. 2 Kor. 4, 2: in manifestatione veritatis.

messio Ernte, 2 Kön. 21, 9: incipiente messione hordei. Job 29, 19. Jer. 51, 33.

Varro, R. R. 1, 50: frumenti tria genera sunt messionis.

minoratio Erniedrigung, Schande, Eccli. 20, 11; 39, 23; 40, 27: non est in timore Domini minoratio.

mortificatio das Sterben, 2 Kor. 4, 10: Semper mortificationem Iesu in corpore nostro circumferentes.

Tert., Adv. Marc. 5, 9: in eadem substantiae mortificationis in Adam vivificatio concurrit in Christo. Später bei den christlichen Schriftstellern nur im Sinne von Abtötung, z. B. *Fer. III, Epiph. Lect. IX (S. Greg. Hom. 10 in Evang.): per myrrham vero carnis nostrae mortificatio figuratur.*

mundatio Reinigung, 3 Mos. 16, 30: mundatio ab omnibus peccatis vestris.

Aug., Conf. 1, 11: dilata est itaque mundatio mea.

obeditio Gehorsam, Röm. 5, 19: per unius obeditionem, iusti constituentur multi; 6, 16; 16, 26.

obfuscatio Vorschwindelung, Betrug, Eccli. 41, 24: (erubescite) ab obfuscatione dati et accepti.

In anderer Anwendung (Tert., Ad. Nat. 1, 10: pertinet ad obfuscationem deorum vestrorum, d. h. es dient zur Herabwürdigung eurer Götter (facilius enim per Caesarem peierantes punirentur, quam per ullum Iovem).

obiectio Makel, Tabel, Eccli. 42, 11: opprobrium ...
a detractione in civitate, et obiectione plebis.

Tert., Ad Ux. 2, 5: quarum dotes obiectione nominis (christiani) mercedem silentii faciant.

oblatio Opfer, Gabe, z. B. 3 Mof. 1, 10: si de pecoribus oblatio est; Amos 4, 5: vocate voluntarias oblationes.
Oft im Meßbuche, z. B. *Can. Missae: quam oblationem tu Deus in omnibus benedictam ... habere digneris.*

Ascon., In Verr. 2, 2, 5: omne genus pensitationis in hoc capite positum est, canonis, oblationis, indictionis.

obligatio Würgftrick, Feffel, Pf. 124, 5: Declinantes autem in obligationes *(τοὺς ἐκκλίνοντας εἰς τὰς στραγγαλίας)* adducet Dominus cum operantibus iniquitatem.
Apg. 8, 23. H. 36 40.

An erfterer Stelle glauben einige obligatio durch obliquatio er=
fețen zu müffen; daher L. unb R.: auf frumme Wege. Alt.: auf
verkehrte Wege. Schegg: wandeln auf verstellten Wegen. Allein
hierzu kann nur die jetzt gewöhnliche Erklärung des hebr. עקלקלותם
Veranlaffung gegeben haben; alle älteren Autoritäten sind für obligationes, Aug.: strangulationem. Cod. Sang.: suffocationes. Hil.
Profp. Caffiob. Psalt Rom.: obligationes. Dies entspricht auch allein
dem griechischen στραγγαλίαι, das nach den älteren Lexikogr. soviel als
πλοκαί, διαπλοκαί bedeutet (f. Schleussner, Lex. in LXX s. h. v.),
und dem Zusammenhange, wonach es dem Ausdrucke virgam peccatorum in V. 3 entspricht. Der Sinn ist alfo: diejenigen, welche sich
zur Unterdrückung (der Bewohner von Jerufalem) wenden. Notfer:
die sih an dia gelichi cherent dero iruuurgton unde fone ubelen
ubel lirnent. 1490: „Die sich aber neiget in die schuld." Diet.: „Die
sich aber geben zu verbunbnuffen (oder ubtrettungen)." Douay: such
as turn aside into bonds. Thalhofer: die aber abweichen zum
Schlingen legen.

obturatio Verschluß, Eccli. 27, 15: irreverentia ipsius
obturatio aurium, ist Urfache, daß man die Ohren verstopft.

obumbratio Beschattung, Dunkelheit, Jak. 1, 17:
a Patre luminum, apud quem non est transmutatio,
nec vicissitudinis obumbratio, bei dem es weder eine

Änderung noch eine von Bewegung herkommende Beschattung gibt (wie bei der irdischen Sonne).

Luther: noch Wechsel des Lichts und der Finsterniß. 1490: noch die beschedigung der widergeltung. Diet.: „noch finsternuß des wechsels". Donay: nor shadow of vicissitude. De Sacy: qui ne peut recevoir ni de changement ni d'ombre par aucune révolution. Kistem.: Schatten der Veränderung. All.: Schatten von Veränderlichkeit. L. und R.: des Wechsels Umschattung. Vgl. Estius z. d. St.

opitulatio Hilfeleistung, 1 Kor. 12, 28: exinde gratias curationum, opitulationes etc.

ostensio Schaustellung, Darstellung, Nachweis, z. B. 2 Mach. 3, 24: (Spiritus Dei) magnam fecit suae ostensionis evidentiam; Röm. 3, 25: ad ostensionem iustitiae suae; konkret auch Schaustück, Jf. 6, 13: erit in ostensionem sicut terebinthus.

Apul., Met. 3, 9 (p. 189): luctans ac renitens praecedens facinus instaurare nova ostensione. Auf einer alten Inschrift (Salm. ad Lampr. Alex. Sev. 33): temporibus Claudii Tiberii facta hominum armigerorum ostensione.

palpatio das Tappen, Jf. 32, 14: tenebrae et palpatio factae sunt super speluncas.

Gewöhnlich wird dieser Ausdruck als Hendiadys gefaßt. Diet.: „finsternuß, die man greiffen möcht". All.: fühlbare Finsternis. Sacy: des ténèbres épaisses. Allein der hl. Hieronymus hat עֵ֫שֶׁב וּבֹהַן als zwei verschiedene Begriffe gefaßt, und בֹהַן nach der Grundbedeutung des entsprechenden Verbums, das „prüfen" heißt, wiedergeben wollen; daher Donay: darkness and obscurity. Das Wort kommt nur einmal bei Plautus in der übertragenen Bedeutung von Schmeichelei vor (Men. 4, 2, 43).

participatio, a) konkreter Anschluß, Pf. 121, 3: civitas, cuius participatio eius in idipsum, eine Stadt, deren Anschluß aneinander vollständig ist; b) abstrakt Gemeinschaft, 1 Kor. 10, 16; 2 Kor. 6, 14: quae enim participatio iustitiae cum iniquitate?

Spart., Iul. 6: senatusconsultum de participatione imperii.

perditio a) zeitliche Vernichtung, Untergang, z. B.
5 Mof. 32, 35: iuxta est dies perditionis, Verschwendung,
Matth. 26, 8: Ut quid perditio haec; b) sittliches Ver=
derben, Schlechtigkeit, Joh. 17, 12: filius perditionis;
c) ewiges Verderben, Höllenstrafe (אבדון), z. B.
Spr. 27, 20: infernus et perditio nunquam implentur.

Beide letzteren Bedeutungen vereinigt Alcim. 4, 138: postquam
percurrere coeptum perditionis iter statuit.

ponderatio Wichtigkeit, Gewicht (σταθμός), nur
konkret Eccli. 6, 15: ponderatio auri et argenti, Haufen
von Gold und Silber; 26, 20: omnis ponderatio, alles,
was nur Wert hat.

Sonst nur das Wägen oder die Wage: Vitruv. 10, 8 (3), 7:
In statera pondus cum examine progreditur ad fines ponderationum.

praebitio Aufführung eines Schauspiels (das auf
öffentliche Kosten geschah und also ein Geschenk von seiten
der Obrigkeit bildete), 2 Mach. 4, 14: ut festinarent participes fieri palaestrae, et praebitionis eius iniustae.

Varro, Ap. Non. 2, 152: ea die mea erat praebitio; bei Riese,
Varr. Satur. Menipp. Rell. 126, 3.

praefatio Vorrede, 2 Mach. 2, 33: de praefatione
tantum dixisse sufficiat. Im Meßbuche Präfation,
feierliches Gebet vor dem Kanon.

In ersterer Bedeutung erst bei Plinius und Quintilian, z. B.
Plin., Ep. 1, 13: subinde sibi nunciari iubent, an iam recitator
intraverit, an dixerit praefationem, an ex magna parte evolverit
librum. Früher kommt es in der Bedeutung von Eröffnungs=
rede u. dgl. vor, s. Forcell.

praefinitio Vorherbestimmung, Beschluß, Eph.
3, 11: secundum praefinitionem saeculorum.

Dig. 36, 2, 19: sine praefinitione temporis legatum ita datum fuit.

praestatio schuldige Leistung (ἄφεμα), 1 Mach. 10, 28:
Et remittemus vobis praestationes multas.

Auch bei Seneca B. 10.

praestolatio Erwartung (nur konkret), Job 17, 15.
Spr. 11, 23; 23, 18: praestolatio tua non auferetur.

propitiatio Versöhnung, Gnade, nur von Gott ge=
braucht, z. B. Eccli. 17, 28: quam magna misericordia
Domini, et propitiatio illius; im N. T. konkret Versöhner,
z. B. 1 Joh. 4, 10: misit filium suum propitiationem pro
peccatis nostris.

Macrob., Somn. Scip. 1. 7: quod apportant minae, litatio
propitiationis avertit.

prostitutio Prostitution, Ez. 16, 25: signum pro-
stitutionis tuae. Offb. 17, 2; 19, 2.

Arnob. 2, 53: venalium corporum prostitutio. Tert., Apol. 27:
prostitutio imaginum.

protectio Schutz, z. B. Eccli. 6, 14: amicus fidelis,
protectio fortis.

protestatio Bezeugung, Versicherung, 2 Mach.
7, 6: in protestatione cantici declaravit.

Symm., Ep. 1, 56: alia est enim protestatio amoris, alia
ostentatio linguae.

purificatio (religiöse) Reinigung, z. B. Joh. 3, 25:
quaestio . . . de Purificatione. Im Meßbuche: *Purificatio
B. M. V.;* dann auch die Abspülung des Kelches: *Vig.
Nat. Dom. Rubr. entr.: non sumat purificationem.*

Mart., Ep. 1. 8: religionis purificatione lustratus.

quietatio Stillung, Beruhigung, *Or. S. Thom.
Aquin. post M. Celebr.: motuum meorum tam carnalium
quam spiritualium perfecta quietatio.*

Auf Münzen des Kaisers Diokletian findet sich der Ausdruck
Quietatur Aug.

recalvatio Glatze, 3 Mof. 13, 42: in calvitio sive
in recalvatione.

redargutio Widerspruch, Pf. 37, 15: non habens
in ore suo redargutiones; daher Geringschätzung, Apg.

19, 27: haec periclitabitur nobis pars in redargutionem venire.

redditio Zurückgabe, Eccli. 29, 6: in tempore redditionis postulabit tempus; Vergeltung, Eccli. 1, 29; 14, 6: haec redditio est malitiae illius.

regeneratio Neugestaltung (der Seele), Tit. 3, 5: per lavacrum regenerationis; (der ganzen Welt) Matth. 19, 28: in regeneratione sedebitis et vos super sedes duodecim.

rememoratio Gedächtnisfeier, Pf. 37, 1; 69, 1: In rememorationem, quod salvum fecerit eum Dominus.

Gewöhnlich wird die bezeichnete Psalmenüberschrift anders über= setzt, weil im Griechischen steht εἰς ἀνάμνησιν, und weil man dies gleich dem hebräischen הזכיר als Mahnung, Aufforderung (zu helfen) auffaßt. Allein nach Pf. 45, 18 heißt הזכיר das Andenken an etwas erneuern oder auffrischen, und so bedeutet auch ἀνάμνησις einfach Andenken.

reprobatio Verwerfung, Abschaffung, Hebr. 7, 18: Reprobatio quidem fit praecedentis mandati.

Tert., Apol. 13: Praelatio alterius sine contumelia alterius non potest procedere, quia nec electio sine reprobatione. Später der theologische Ausdruck für die endgültige Verwerfung des Menschen.

requietio Ruhe, z. B. 3 Mof. 16, 31: Sabbatum enim requietionis est.

Merkwürdig und schwer verständlich ist der Ausdruck 1 Par. 2, 52: Qui videbat dimidium requietionum. Im Hebräischen steht dafür הראה חצי מנחות; dies übersetzt die LXX als Eigennamen: Ἀραά, Ἐσεί, Ἀχιμανίθ (חמניה) statt מנחות). Demnach wollen auch einige Übersetzer der Vulgata in deren Ausdruck drei Eigennamen finden; so L. und R.: der Seher, der Mittlere, der Seßhafte. Allein dies ist ungrammatisch und gegen den Sinn des hl. Hieronymus, der offenbar den Ausdruck als zusammenhängenden Satz betrachtet und vermutlich darin ein Ge= heimnis gefunden hat, das sich der Betrachtung erschließen sollte. 1490: „der do sah daf halb teyl der rue". Diet: „nemlich die halbe freundschafft Manuhoth". Douay: he that saw half of the places of rest. Sacy: qui jouissait de la moitié du pays que l'on

nommait le Lieu du repos. Aff.: „unb er faß bie Hälfte ber Ruße"
(befaß bie Hälfte bes elterlichen Gutes). Vgl. Corn. a. Lap. z. b. St.
Ähnlich V. 54.

resolutio Auflöfung, vom Tob, 2 Tim. 4, 6: tempus
resolutionis meae instat.

Gell. 17, 9: resolutio lori. Cels. 2, 6: resolutio ventris.

respectio Berückfichtigung, Heimfuchung, Weisß.
3, 13: habebit fructum in respectione animarum sanc-
tarum, fie wirb einen Anteil befommen, wenn bie heiligen
Seelen berückfichtigt werben.

Griechifch ἐπισκοπή, bas in ben LXX ein gewöhnlicher Ausbruck
für Heimfuchung in feinem boppelten Sinne (als Tröftung unb
als Züchtigung) ift. 1490: wiberfchawung. Diet.: wibbergeltung.
Douay: visitation.

resurrectio zunächft in allgemeinem Sinne bas Auf=
ftehen, z. B. Pf. 138, 2: cognovisti sessionem meam
et resurrectionem meam; fpeziell bie Auferftehung
(vom Tobe), z. B. Matth. 27, 53: exeuntes de monumentis post resurrectionem eius (Christi); Joh. 5, 29:
in resurrectionem vitae: in resurrectionem iudicii; ferner,
ba bie Verbammnis als ewiger Tob gilt, auch bie Auferftehung
zum ewigen Leben, bie Seligfeit, z. B. Luf. 20, 36:
cum sint filii resurrectionis.

Tert., Liber de Resurrectione Carnis.

salvatio Rettung, Heil, z. B. Joel 2, 32: in Ierusalem erit salvatio; fonfret unb folleftiv Ez. 14, 22:
relinquetur in ea (Ierusalem) salvatio educentium filios
et filias.

sanctificatio a) im A. T. Heiligtum, z. B. 4 Mof.
6, 12: polluta est sanctificatio eius. 1 Mach. 1, 23:
(Antiochus) intravit in sanctificationem cum superbia,
hier unb ba auch Heiligfeit, z. B. Pf. 131, 18: super
ipsum autem efflorebit sanctificatio mea; b) im N. T.

Heiligung, z. B. 1 Theff. 4, 7: non in immunditiam, sed in sanctificationem.

scissio Splitter, Amos 6, 12: (percutiet domum) scissionibus.

In der Bedeutung von Scheidung, Spaltung. Macr., Somn. Scip. 1, 6, 18: ratione scissionis (dyas ad errantes refertur).

sectatio Leidenschaft für etwas, Spr. 11, 19: sectatio malorum mortem (praeparat).

Tert., Ad ux. 1, 6: invenit diabolus, quomodo homines etiam bonis sectationibus perderet.

sibilatio Gezisch, Weish. 17, 9: serpentium sibilatione.

speculatio a) örtlich Warte, Vogelherd, Of. 5, 1: laqueus facti estis speculationi; b) kollektiv Mich. 7, 4: dies speculationis tuae, der von deinen Wächtern angesagte Tag.

Beruht vermutlich auf ungenauer Auffassung; denn צפה, welches der hl. Hieronymus als abstraktes Substantiv auffaßt, muß das erste Mal als Nomen proprium, das zweite Mal als Participium betrachtet werden. 1490: a) „ein stricke der spehung", b) „der tag deiner schaw".

subitatio schnelles, plötzliches Eintreffen, Weish. 5, 2: mirabuntur in subitatione insperatae salutis (ἐν τῷ παραδόξῳ τῆς σωτηρίας).

subministratio Dienstleistung, Mitwirkung, Eph. 4, 16. Phil. 1, 19: per subministrationem Spiritus Iesu Christi.

Tert., Apol. 48: poena iugis ignis habentis ex ipsa natura eius divinam scilicet subministrationem incorruptibilitatis.

subsannatio Spott, Verhöhnung, z. B. Ez. 23, 32: eris in derisum, et in subsannationem; Gegenstand des Spottes, z. B. Pf. 78, 4: facti sumus subsannatio et illusio.

subtractio das Ausweichen, Hebr. 10, 39: non sumus subtractionis filii.

subversio Zerſtörung, Verderben, z. B. 5 Moſ.
29, 23: exemplum subversionis Sodomae.

Arnob. 1, 8: extimuit humani generis subversionem.

succensio Brand, Ez. 20, 47: non extinguetur
flamma succensionis.

Amm., Marc. 31, 1: succensio lavacri. Tert., Resurr.
carn. 12: matutina succensio (solis).

succisio das Fällen, Umhauen, 5 Moſ. 19, 5:
in succisione lignorum.

superscriptio Aufſchrift, Matth. 22, 20: cuius est
imago haec et superscriptio. Luk. 23, 38.

supplantatio Hinterliſt, Pſ. 40, 10. Spr. 11, 3:
supplantatio perversorum vastabit illos.

susurratio Ohrenbläſerei, 2 Kor. 12, 20: ne
forte . . . susurrationes (sint inter vos).

Coel., Ap. Cic. Fam. 8, 1, 4: crebri et non belli de eo rumores,
sed susurrationes (al. susurratores) dumtaxat veniunt.

tonsio Schaffchur, Amos 7, 1: post tonsionem regis
5 Moſ. 18, 4.

Cato R. R. 2: pecus consideret, tonsionem uti faciat nach
zweifelhafter Leſung.

torsio Krampf, Jſ. 13, 8: torsiones et dolores.

traductio Offenbarung, Beſchämung, Weish. 2, 14:
in traductionem cogitationum nostrarum; Ahndung,
Strafe, Weish. 11, 8: cum minuerentur in traductione
infantium occisorum. S. u. traducere.

transmigratio a) Überſiedelung, Auswanderung,
nur von der babyloniſchen Gefangenſchaft gebraucht, z. B. Ez.
1, 2: ipse est annus quintus transmigrationis regis
Ioachim; 1 Par. 5, 22: (Rubenitae habitaverunt pro
Agarenis) usque ad transmigrationem; b) kollektiv die
Ausgewanderten, z. B. Jer. 29, 22: maledictio omni
transmigrationi Iuda, quae est in Babylone (vgl. ob. § 13).

tribulatio Trübfal, Befchwerde, z. B. Nah. 1, 7:
confortans in die tribulationis.

Das fonft nur bei kirchlichen Schriftftellern vorkommende Wort
bebeutet eigentlich „Stechen mit Dornen", von tribulus.

villicatio länbliche Verwaltung, Luk. 16, 2 3 4:
redde rationem villicationis tuae.

Vgl. bas hierher gehörige Verzeichnis aus Seneca B. 10 unb R.
It. 69—82.

d) auf sor unb tor, Fem. trix.

Auch biese vom Supinum abgeleiteten Nomina, welche ben
Verbalbegriff mit einer Person verbinden, finben sich in ber
Vulgata überaus zahlreich, nicht selten statt bes einfachen
Nomens, von bem ihr Stammwort erst abgeleitet ist. Der
Bebeutung nach sinb sie kaum etwas anberes als aktive Parti-
zipien, unb erscheinen wie solche auch häufig in abjektivischem
Gebrauch. Der Vulgata eigentümlich sinb folgenbe.

acceptor Rückfichtnehmer, Apg. 10, 34: non est
personarum acceptor Deus.

Plaut., Trin. 1, 2, 167: qui illorum verbis falsis acceptor
fui. Das Wort steht auch für Habicht (accipiter), so bei Lucilius
nach Charifius (1, p. 76), bei Auguftinus (Nov. Bibl. Patr. [ed. Mai]
1, 87) unb 5 Mof. 14, 15 auf bem Ranbe ber Leoner Hanbschr.

adorator Anbeter, Joh. 4, 23: veri adoratores.

Tert., De Spect. 8: si Serapeum sacrificator et adorator
intravero.

agnitor Kenner, Eccli. 7, 5: agnitor cordis ipse est.

annunciator Verkünbiger, Prebiger, Apg. 17, 18:
Novorum daemoniorum videtur annunciator esse.

Aug., Serm. de Sanct. 14 (189): Paulus apostolus ex perse-
cutore Christianorum annunciator factus est Christi.

apostatrix Abtrünnige, Ez. 2, 3: mitto te . . . ad
gentes apostatrices.

Die seltsame Form steht statt apostatatrix unb verbankt ber Ab-
schleifung im Volksmunbe ihre Entstehung. Das zugehörige Verbum
apostatare f. unten.

appetitor Begehrer, 1 Petr. 4, 15: alienorum appetitor.

Lampr., Alex. Sev. 40: boni linteaminis appetitor fuit, Arnob. 4, 14: incestorum appetitorem.

ascensor einer, der auf einem Lasttier oder einem Wagen sitzt, z. B. Agg. 2, 23: subvertam quadrigam, et ascensorem eius; daher übertragen 5 Mos. 33, 26: ascensor coeli, der, welcher im Himmel thront; spezifisch Reiter, z. B. Job 39, 18: deridet equum et ascensorem eius.

Daß man im Morgenlande nicht bloß Wagenkämpfer, wie die Griechen, sondern auch eigentliche Reiter hatte, ist durch die Skulpturen in Niniveh sichergestellt; der Text der heiligen Schriften nötigt jedoch nicht zu einer solchen Annahme.

assistrix Beisitzerin, Weish. 9, 4: da mihi sedium tuarum assistricem sapientiam.

Das sonderbare Wort scheint seine Erklärung durch die Form adsestrix (Ribbeck, Comic. Latin. Rell. Afran. 181) zu finden; hiernach stammt es von assideo (statt assessrix), entsprechend dem griechischen πάρεδρον a. v. St.

aversatrix die Abtrünnige, bloß Jer. 3, z. B. 12: revertere aversatrix Israel.

Statt in reflexivem Sinne steht es bei Tertullian in aktiver Be=deutung (de An. 51): crudelitatis aversatrix.

auguratrix Wahrsagerin, Js. 57, 3: filii auguratricis.

belligerator Krieger, wehrhaft, 1 Mach. 15, 13; 16, 4: virorum belligeratorum.

Die Wortform ist gesichert (Avien., Perieg. 55): belligeratores nutrit tellus Arimaspas.

caesor Hauer, 5 Mos. 29, 11: exceptis lignorum caesoribus, „Holzhauer", 2 Par. 24, 12: caesores lapidum „Steinhauer".

calcator der Kelterer (der die Trauben mit den Füßen austritt), Jer. 48, 33. Amos 9, 13: calcator uvae.

Calp., Ecl. 4, 124: ut nudus ruptas saliat calcator in uvas.

circumspector Zuſchauer, Wächter, Eccli. 7, 12: est enim ... circumspector Deus; 37, 18.

clusor Schmied, 4 Kön. 24, 14 16: artificem et clusorem (מַסְגֵּר).

Jn anderer Bedeutung Sid., Ep. 8, 6: clusor statarius nemora (retibus) circumvenis.

comestor Verzehrer, Weish. 12, 5: comestores viscerum hominum.

Tert., Adv. Marc. 1, 1: quis tam comestor mus ponticus, quam qui Evangelia corrosit? Isid., Orig. 10, 58: Comestor a comedendo satis.

communicator Teilnehmer, 1 Petr. 5, 1: gloriae communicator.

Tert., Pudic. 22 (ſ. v. a. Kommunikant): alii (peccatores) ad metalla confugiunt et inde communicatores revertuntur. Arnob. 4, 36 (Mitteiler): familiaris communicatores rei.

concubitor (masculorum), 1 Kor. 6, 10. 1 Tim. 1, 10. Decl., Trib. Mar. 5.

conflator Erzgießer, Jer. 6, 29: frustra conflavit conflator; 51, 17.

conspector Durchſchauer, Eccli. 36, 19: tu es Deus conspector saeculorum.

Tert., De cultu fem. 2, 13: Deus conspector est cordis.

consummator Vollender, Hebr. 12, 2: Auctorem fidei, et consummatorem Iesum.

Tert., Adv. Marc. 4, 22: alter initiator Veteris Testamenti, alter consummator Novi.

cooperator Mitarbeiter, Gehilfe, Phil. 2, 25: Epaphroditum fratrem, et cooperatorem. 3 Joh. 8: ut cooperatores simus veritatis.

Apul., Florid. 1, 9, 33, nach älterer Leſung cooperatoris laborem.

criminatrix Verleumderin, Tit. 2, 3: (anus) non criminatrices.

Plaut. Bacch. 4, 7, 28: cum illum rescisces criminatorem meum, quanto in periculo siet.

devorator Freſſer, Verzehrer, Weish. 12, 5. Luk.
7, 34: ecce homo devorator; devoratrix, Ez. 36, 13:
devoratrix hominum es.

Acr., Ad. Hor. Ep. 1, 13, 10: lamiae quoque dicuntur devo-
ratrices puerorum.

discretor Richter, Prüfſtein, Hebr. 4, 12: discretor
cogitationum et intentionum cordis (sermo divinus).

doctrix Lehrerin, Weish. 8, 4: doctrix enim est
disciplina Dei, et electrix operum illius.

electrix Auswählerin, ebb.

elevator Erhöher, 2 Kön. 22, 3: (Deus) elevator
meus, et refugium meum.

Im Hebräiſchen מִשְׂגַּבִּי meine Burg, von מִשְׂגָּב, das der hl. Hiero=
nymus als Part. Piel oder Hiphil gefaßt hat.

eruditor Lehrer, Erzieher, z. B. Oſ. 5, 2: ego
eruditor omnium eorum.

Tert., De Pall. 4: ille apud monstrum eruditorem eruditus.

exasperatrix Widerſpenſtige, Ez. 2, 8: exasperans
sicut domus exasperatrix est.

exauditor Erhörer, gütig, Eccli. 35, 19: Dominus
exauditor non delectabitur in illis (lacrymis).

exquisitor Forſcher, Bar. 3, 23: exquisitores prudentiae (ἐκζητηταί).

fornicator Unzüchtiger, z. B. Hebr. 13, 4: forni-
catores enim, et adulteros iudicabit Deus.

habitatrix Bewohnerin, Jer. 21, 13; 46, 19: habitatrix vallis solidae.

Auson., Mos. 82: flumineis habitatrix Nais in oris.

illuminator Erleuchter, Spr. 29, 13: utriusque
illuminator est Dominus.

Tert., Adv. Marc. 4, 17: Christus novae tantaeque religionis
illuminator.

illusor Spötter, z. B. Spr. 3, 32: abominatio Domini est omnis illusor.

Tert., Adv. Marc. 4, 35: quasi legis illusor.

incantator Zauberer, Beschwörer, z. B. Eccli. 12, 13: Quis miserebitur incantatori a serpente percusso?

Tert., De Idol. 9: post Evangelium nusquam invenias aut sophistas aut chaldaeos, aut incantatores . . . nisi magis punitos.

incentor Anstifter, 2 Mach. 4, 1: tanquam ipse fuisset incentor malorum.

inclusor Schmied, Schlosser, wie clusor, Jer. 24, 1: fabrum, et inclusorem (transtulit in Babyloniam); 29, 2.

inhabitator Einwohner, Weish. 12, 3. Soph. 2, 5: disperdam te, ita ut non sit inhabitator.

intentator malorum nicht zum Bösen versuchend, Jak. 1, 13: Deus enim intentator malorum est.

Für diese Übersetzung des griechischen ἀπείραστος, die nach dem Zusammenhange die einzig richtige ist, sprechen alle alten Zeugnisse, und Schleußners Konjektur intentatus ist darum aus doppeltem Grunde zu verwerfen.

irritator Rebell, Ez. 2, 7: quoniam irritatores sunt; irritatrix; 24, 3: dices . . . ad domum irritatricem.

Anders Sen., Ep. 18, 5 (108), 8: cum irritator accessit, tunc illa animi bona, velut sopita, excitantur.

lamentatrix Klagefrau, Jer. 9, 17: vocate lamentatrices, et veniant.

malefactor Verbrecher, Joh. 18, 30: Si non esset hic malefactor, non tibi tradidissemus eum. 1 Petr. 2, 12 14.

In der profanen Literatur nicht mehr seit Plautus. Bacch. 3, 2, 11: malefactorem amitti satius, quam relinqui beneficum.

malleator Schmied, 1 Mos. 4, 22. Job 41, 15: quasi malleatoris incus.

Mart. 12, 57: illinc paludis malleator Hispanae.

mediator Vermittler, z. B. Richt. 11, 10: Dominus, qui haec audit, ipse mediator ac testis est; Hebr. 12, 24: (accessistis ad) testamenti novi mediatorem Iesum.

In der chriftlichen Literatur spezifische Bezeichnung des Heilandes.

miserator Erbarmer, z. B. Jak. 5, 11: misericors Dominus est, et miserator.

murmurator Unzufriedener, Jud. 16: Hi sunt murmuratores querulosi.

mussitator Widerspenstiger, Jf. 29, 24: mussitatores discent legem.

necator Mörder, Weish. 12, 5: filiorum suorum necatores sine misericordia.

Lampr., Comm. 18: necator civium trahatur.

operator Schöpfer, Job 36, 3. Spr. 22, 2: utriusque (divitis et pauperis) operator est Dominus. Jf. 22, 11.

Firm. Mat. 3, 9 im Sinne von Arbeiter: artes ex quibus vigiliae perpetuae operatoribus exiguntur.

peccator Sünder, z. B. Pf. 10, 4: Exacerbavit Dominum peccator; Luk. 5, 8: homo peccator sum. peccatrix, z. B. Luk. 7, 39: quia peccatrix est; Jf. 1, 4: Vae genti peccatrici.

Tert. Spectac. 3: pii ethnici, minus peccatores, quam tunc Iudaei.

persecutor Verfolger, z. B. 1 Tim. 1, 13: prius blasphemus fui, et persecutor.

Capitol., Albin. 11: flagitiorum talium persecutor.

pollinctor Leichenbestatter, Ez. 39, 15: sepeliant illud pollinctores.

Plaut., Poen. Prol. 63: quia mihi pollinctor dixit, qui eum pollinxerat. Sonst nur bei späten Schriftstellern, f. Apul., Ed. Hildebr. II 637.

ponderator Beurteiler, Spr. 16, 2: spirituum ponderator est Dominus.

potator Trinker, Säufer, Spr. 23, 20: Noli esse in conviviis potatorum. Matth. 11, 19.

In der profanen Literatur nicht mehr seit Plautus, Men. 2, 1, 34: potatores maximi.

praecessor Anführer, Herr, Luk. 22, 26: qui praecessor est, (fiat) sicut ministrator.

Sonst nur mit dem Begriffe Vorgänger, z. B. Tert., Adv. Prax. 1: praecessorum eius auctoritates defendendo.

praeliator Kämpfer, Jf. 42, 13: Dominus . . . sicut vir praeliator suscitabit zelum.

Tac., Ann. 2, 73: neque minus praeliatorem, etiam si temeritas abfuerit.

praevaricatrix Sünderin, bloß Jer. 3 vom Volk Juda, 7 8 10: praevaricatrix soror eius Iuda; 11.

Praevaricator ist häufig in der Bibel und bei den klassischen Schriftstellern; praevaricatrix kommt sonst nur bei Augustinus und Hieronymus vor.

precator Fürbitter, im Meßbuche z. B. *Comm. Doct. Postcomm.: beatus N. precator accedat.*

Sonst nur bei Plautus und Terenz, z. B. Heaut. 5, 2, 22: nec tu aram tibi nec precatorem pararis.

prospector Fürsorger, Eccli. 3, 34: Deus prospector est eius qui reddit gratiam; 11, 32.

protector Beschützer, z. B. Pf. 26, 1: Dominus protector vitae meae est.

Nach profanem Sprachgebrauch ist protector der Schildknappe, der dem Vornehmen im Kampf die Seite deckt, der Leibwächter, Trabant, z. B. Inscr. Orell. 3537 Prot. Domesticus, ebd. 1869, Prot. Divini Lateris, Inscr. Grut. 1028, 2 L. Petronio F. Sab. Tauro Volusiano . . . Praefect. Protect. Aug. Von den kirchlichen Schriftstellern wird das Wort stets in der allgemeinen Bedeutung gebraucht.

provocatrix die Herausfordernde, zum Zorn Reizende, Soph. 3, 1: Vae provocatrix, et redempta civitas.

redditor Vergelter, Eccli. 5, 4: Altissimus enim est patiens redditor.

remunerator Belohner, Hebr. 11, 6: (credere oportet, quia) inquirentibus se remunerator sit.

repromissor Bürge, Eccli. 29, 21: Repromissorem fugit peccator et immundus; 22.

salvator a) allgemein Retter, z. B. 1 Kön. 14, 39: Vivit Dominus salvator Israel; b) speziell der Erlöser der Welt, z. B. 2 Petr. 2, 20: in cognitione Domini nostri, et Salvatoris Iesu Christi.

Die Profanschriftsteller vermeiden das Wort als unlateinisch, s. Forcell. Bei den christlichen Schriftstellern ist es in der zweiten Bedeutung sehr gewöhnlich.

sanator Heiler, 2 Mos. 15, 26: ego enim Dominus sanator tuus (רֹפְאֶךָ).

sanctificator Heiliger, Heiligmacher, Ez. 37, 28: scient Gentes quia ego Dominus sanctificator Israel.

seductor Verführer, z. B. Weish. 10, 12: a seductoribus tutavit illum.

separator Fremder, Zach. 9, 6: sedebit separator in Azoto.

Das Wort soll offenbar reflexive Bedeutung haben: der sich Absondernde. Der hl. Hieronymus hat nämlich statt des heutigen ממזר die Lesart מזר gehabt und diese als Part. Hiph. von נזר abgeleitet. Die LXX haben ἀλλογενείς. 1490: „der teyler". Diet.: „der außbeuter". Douay: the divider. Sacy: un étranger.

somniator Träumer, immer mit dem Nebenbegriff von wahrsagender Träumerei, 1 Mos. 37, 19: mutuo loquebantur: Ecce somniator venit (בַּעַל הַחֲלֹמוֹת). 5 Mos. 13, 3 (חוֹלֵם הַחֲלוֹם). Jer. 27, 9. Zach. 10, 2 (חֲלֹמוֹת).

Sen., Contr. 7 (3), 22, 15: erat autem ex somniatoribus Otho; ubicumque illum defecerat color, somnium narrabat.

spiculator der mit dem spiculum bewaffnete Trabant, Mark. 6, 27: misso spiculatore praecepit afferri caput eius.

Im Cod. Amiat. steht hier speculator. Der Originaltext hat ebenfalls σπεκουλάτορα, so daß die Form spiculator wohl von den

Abſchreibern, die öfter i für e ſeßen, herrühren könnte. Speculatores
waren ganz das, was im preußiſchen Heere die Armee-Gensb'armes
ſind, nämlich einzelne ſtämmige Soldaten, die zu perſönlichen Dienſt=
leiſtungen beim Feldherrn beſtimmt waren und meiſt als Briefboten,
mitunter auch als Henker benußt wurden. S. Forcell.

strator Ablagerer, Jer. 48, 12: mittam ei ordina-
tores, et stratores laguncularum, et sternent eum.

In der gewöhnlichen Sprache iſt strator der Stallknecht (von
sternere equum).

subsannator Spötter, Eccli. 33, 6: Equus emissa-
rius, sic et amicus subsannator, sub omni suprasedente
hinnit.

susurrator Ohrenbläſer, Eccli. 5, 17: susurratori
autem odium, et inimicitia.

traditor Verräter, Mark. 14, 44: Dederat autem
traditor eius signum eis.

transgressor (sc. legis) Übertreter, Sünder, z. B.
Jſ. 53, 12: pro transgressoribus rogavit; Jak. 2, 11:
factus es transgressor legis.

Vgl. das hierher gehörige Verzeichnis aus Seneca B. 10 und R. Jt.
55—63, beſonders aber Barthii Animadv. ad Stat. Theb. 3, 79.

e) Abſtrakta auf us, Gen. us.

apostolatus Apoſtelwürde, z. B. 1 Kor. 9, 2: signaculum Apostolatus mei vos estis.

Tert., Adv. Marc. 1, 20: nam et ipsum Petrum caeterosque,
columnas Apostolatus, a Paulo reprehensos opponunt.

datus das Geben, die Gabe, Eccli. 18, 18: datus
indisciplinati tabescere facit oculos.

Nur bei Plautus: Trin. 5, 2, 15: is mille nummum se aureum
meo datu tibi ferre aiebat.

discubitus das Liegen, Eccli. 41, 24: (erubescite)
de discubitu in panibus; konkret das Polſter, der Plaß
bei Tiſche, Mark. 12, 39: volunt primos recubitus in
coenis. Luk. 20, 46. Vgl. oben § 13.

Val. Max. 2, 1, 9: ne senioris adventum discubitu prae-
currerent.

ducatus Führung, Anführung, 2 Mach. 10, 29:
(viri) ducatum Iudaeis praestantes. Matth. 15, 14; An=
führerstelle (franz. duchée), 2 Esdr. 5, 18: annones
ducatus mei, „die Einkünfte meines Amtes". Eccli. 7, 4.

Suet., Ner. 35: ferebatur ducatus et imperia ludere. Vgl.
ducator, Tert., Adv. Iud. 13: cum ducator eius in ea pati haberet.

incolatus Aufenthalt in der Fremde, z. B. Pf.
119, 5: incolatus meus prolongatus est.

Inscr. Gruter. 486, 2: Sex. Vencio Iuventiano Flamini Divi
Aug. . . . Adlecto In Curiam Lugudunensium Nomine Incolatus
A Splendidissimo Ordine Eorum.

nuptus Vermählung, Matth. 24, 38: nubentes et
nuptui tradentes.

obductus Zufügung, Behandlung, Eccli. 25, 20:
omnem obductum, et non obductum odientium (feret
homo).

Griechisch ἐπαγωγή. 1490: „und ein yegkliche betriegung und nit
betriegung des haffenden." Diet.: „Alles lauren". Douay: affliction.
All.: Begegnis. L. und R.: Strafe.

occubitus Untergang (der Sonne), 1 Mof. 28, 11:
post solis occubitum; 5 Mof. 11, 30: quae vergit ad
solis occubitum. Richt. 14, 18.

Sonst Tod in der christlichen Latinität, Hier., Ep. 27: Ad
Eustoch.

ornatus Ausrüstung, z. B. 1 Mof. 2, 1: caeli et
terra, et omnis ornatus eorum (צבאם); 1 Esdr. 3, 10:
sacerdotes in ornatu suo; Schmuck, z. B. 2 Mach. 5,
16: (vasa) posita ad ornatum loci.

potentatus Gewalt, Pf. 19, 7: in potentatibus salus
dexterae eius; Übermaß, Pf. 89, 10: Si autem in
potentatibus, octoginta anni; konkret Eccli. 10, 11: Omnis
potentatus brevis vita.

Caes., B. G. 1, 31: hi cum tantopere de potentatu inter se multos annos contenderent. Liv. 6, 38: aemulo potentatus inimicus. Lact., Inst. 6, 17: honores et potentatus et regna ipsa contemnet.

recubitus Siz, Tiſchplaz, Matth. 23, 6: amant primos recubitus in coenis. Vgl. oben § 13.

reditus Einkommen, Ertrag, z. B. 1 Kön. 8, 15: vinearum reditus addecimabit.

Das Wort ſteht hier bloß, weil in vielen neuen Ausgaben dafür redditus zu leſen iſt.

transcensus Furt, Übergang, Jſ. 16, 2: in trans-scensu Arnon.

f) auf ura, ae.

Dieſe ſind nur ſehr ſelten noch eigentliche Abſtrakta und haben gewöhnlich kollektive Bedeutung, den deutſchen Verbal-ſubſtantiven mit der Vorſilbe Ge= entſprechend.

alligatura Band, Eccli. 6, 31: vincula illius alliga-tura salutaris; Gebund, 2 Kön. 16, 1: (onerati erant) centum alligaturis uvae passae.

Colum. Arbor. 8: infra insitionem et alligaturam falce acuta leviter vitem vulnerato.

assatura Braten, Bratenſtück, 2 Kön. 6, 19: par-titus est assaturam bubulae carnis unam.

Vopisc., Aurel. 49: Convivium de assaturis maxime fuit.

capillatura Haarwuchs, 1 Petr. 3, 3: (mulierum) non sit extrinsecus capillatura.

Tert., De cultu fem. 2, 7: frustra peritissimos quosque structores capillaturae adhibetis.

clausura Verſchluß, Schloß, Bar. 6, 17: tutantur sacerdotes ostia clausuris, et seris.

Bei ſpätlateiniſchen Schriftſtellern Schloß im Sinne von Burg, z. B. Cassiod., Var. 2, 5: In Augustanis clausuris. Noch ſpäter der klöſterliche Abſchluß der Ordensleute, ſowohl abſtrakt für die Einrichtung ſelbſt, als konkret für den abgeſchloſſenen Raum.

combustura Brand, Brandwunde (im Fleische),
3 Mos. 13, 28: cicatrix combusturae, Brandmal.

commissura a) architektonisches Gefüge, Verband,
1 Par. 22, 3; 2 Par. 34, 11: ad commissuras aedificii;
b) Flickstück, Matth. 9, 16: Nemo autem immittit com-
missuram panni rudis in vestimentum vetus. Luk. 5, 36.

In ersterem Sinne auch bei den Klassikern, z. B. Cic., N. D.
2, 55, 189 (ossa): quae mirabiles commissuras habent.

creatura Schöpfung, und zwar a) abstrakt (das Schaf=
fen), z. B. 2 Petr. 3, 4: omnia sic perseverant ab initio
creaturae; b) konkret (alles Geschaffene), z. B. Röm. 8, 20:
Vanitati creatura subiecta est; Kol. 1, 15: primogeni-
tus omnis creaturae; c) distributiv (das Geschöpf), z. B.
Hebr. 4, 13: non est ulla creatura invisibilis in conspectu eius. Auf menschliches Hervorbringen übertragen z. B.
Weish. 3, 13: Maledicta creatura eorum (impiorum).

delatura üble Nachrede, Eccli. 26, 6; 38, 17: Propter
delaturam autem amare fer luctum illius.

Tert., Adv. Marc. 5, 18: vocabulum diaboli, quaero, ex qua
delatura competat creatori?

fixura Heftmal, Narbe, Joh. 20, 25: Nisi videro
in manibus eius fixuram clavorum.

Tert., Adv. Gnost. 1: perire enim, et sine caussa, prima fixura.

fusura Guß, 3 Kön. 7, 37: fecit decem bases, fusura una.

Plin. 33, 6, 35: plumbi fusura.

incastratura Gefüge, Falz (an Brettern), 2 Mos. 26,
17; 36, 22 24: incastraturae laterum in angulis ter-
minantur.

laesura Verletzung, Beeinträchtigung, Weish. 11,
20; 18, 3: solem sine laesura boni hospitii praestitisti.

Inscr. Grut. 567, 8: vixit mecum annis XVII m. II d. III
sine ulla animi laesura.

ligatura Band, Verband, 4 Mof. 19, 15: vas, quod non habuerit . . . ligaturam desuper, das nicht oben zugebunden ift, Eccli. 45, 13: (gemmae) in ligatura auri, in Gold gefaßte Edelfteine; Gebund, 1 Kön. 25, 18; 30, 12: duas ligaturas uvae passae.

Pall. 1, 6: ligatura in vitibus debet locum mutare.

paratura Ausrüftung, Mobiliar, 2 Par. 5, 5: intulerunt (Levitae Arcam) et omnem paraturam tabernaculi.

Tert., De vel. Virg. 12: solae manifestae paraturae totam circumferunt mulieritatem.

percussura das Schlagen, Eccli. 27, 5: in percussura cribri remanebit pulvis. 1 Mach. 15, 6: facere percussuram proprii numismatis; Mal, Wundmal, Jf. 30, 26: Dominus percussuram plagae eius sanaverit; Ausschlag, 3 Mof. 14, 54: Ista est lex omnis leprae et percussurae.

Veg. Vet. 3, 20: si animal oculum ex percussura laeserit. Apul., Herb. 31: percussura ferro vel sude facta.

pressura Bedrängnis, z. B. Eccli. 51, 6: (liberasti me) A pressura ignis.

Das Wort ift immer in der objektiven Bedeutung zu nehmen, nicht in der fubjektiven „Angft"; auch Joh. 16, 21 33 fteht im Original θλίψις.

rasura das Geschabe, 3 Mof. 14, 41: (iubebit) spargi pulverem rasurae extra urbem.

Veg. Vet. 1, 10: rasuras eboris bene tritas et cribratas miscebis.

tornatura Dreharbeit, Drechfelwerk, 3 Kön. 6, 18: cedro omnis domus intrinsecus vestiebatur, habens tornaturas.

tortura Pein, Eccli. 31, 23: vigilia, cholera, et tortura viro infrunito. 33, 28.

An erfterer Stelle in alten Handfchriften tortura ventris (στρόφος).

g) auf **torium.**

Diese Substantiva (eigentlich Neutra der entsprechenden Adjektiva) bezeichnen das Mittel zur Ausführung der im Verbalbegriff enthaltenen Tätigkeit.

adiutorium Hilfe Stütze, z. B. 1 Mos. 2, 18: faciamus ei adiutorium simile sibi; Pf. 87, 5: homo sine adiutorio; 2 Mach. 15, 8: adiutoria sibi facta de coelo.

Die abstrakte Bedeutung von Hilfeleistung ist nirgends bestimmt ausgebildet, auch nicht in solchen Stellen, wie Weish. 13, 18: in adiutorium inutilem invocat. Diese Bedeutung findet sich bei Seneca, z. B. Ben. 2, 23, 3: Verentur palam ferre, ut sua potius virtute, quam alieno adiutorio consecuti dicantur.

conflatorium Schmelztiegel, Spr. 27, 21: probatur in conflatorio argentum.

emunctorium Lichtputze, 2 Mos. 25, 38; 37, 23. 4 Mos. 4, 9: candelabrum cum lucernis et forcipibus suis et emunctoriis.

exceptorium Behältnis, Reservoir, Eccli. 39, 22: sicut exceptoria aquarum.

infusoria Gießröhrchen, Zach. 4, 2: Vidi, et ecce candelabrum . . . et septem infusoria lucernis, quae erant super caput eius.

liciatorium Weberbaum, bloß in der Verbindung liciatorium texentium zum Vergleiche für einen Lanzenschaft, z. B. 1 Kön. 17, 7.

propitiatorium Sühnstätte, Gnadenthron (כפרת, ἱλαστήριον, ἐπίθεμα), Name für den oberen Aufsatz der Bundeslade, z. B. 2 Mos. 25, 17: Facies et propitiatorium de auro mundissimo.

reclinatorium Stuhllehne, Hohel. 3, 10: reclinatorium aureum.

sufflatorium Blasbalg, Jer. 6, 29: Defecit sufflatorium.

suffusorium Röhrchen zum Zugießen, Zach. 4, 12: suf-
fusoria ex auro.

h) auf men.

Diese Substantivbildungen sind Konkreta und bezeichnen
gewöhnlich das durch den Verbalbegriff zu stande Gebrachte,
aber auch das Mittel zur Bewirkung der betreffenden Tätigkeit.
Die Denominativa dieser Klasse sind wohl nur scheinbar.

genimen Gewächs, gewöhnlich von Pflanzen, z. B.
Matth. 26, 29: de hoc genimine vitis; Ez. 36, 30:
genimina agri; zuweilen von Tieren, Brut, z. B. Matth.
23, 33: genimina viperarum; bildlich Spr. 18, 20: genimina labiorum ipsius saturabunt eum.

Tert., De An. 39: genimina sua daemoniorum candidata
profitentur. — Generamina viperarum heißt die Stelle Matth. 23, 33
bei Luzifer Cal.: Athan. 2, 133 (209).

linteamen Linnen, Leinenzeug, z. B. Luk. 24, 12:
vidit linteamina sola posita.

Lampr., Heliog. 26: Linteamen lotum nunquam attigit.

munimen Sicherung, im Meßbuche Purif. B. M. V.
Postc.: sacrosancta mysteria, quae pro reparationis nostrae munimine contulisti.

Ov., Met. 4, 772: esse locum solidae tutum munimine molis.

vitulamen Sprößling, Weish. 4, 3: spuria vitulamina non dabunt radices altas.

Das Wort soll nach dem hl. Augustinus nur durch unrichtige
Übersetzung in den Text gekommen sein; s. Doctr. christ. 2, 12:
hinc est etiam illud, quoniam μόσχος. Graece vitulus dicitur,
μοσχεύματα quidam non intellexerunt esse plantationes, et vitulamina interpretati sunt: qui error tam multos codices praeoccupavit,
ut vix inveniatur aliter scriptum. Et tamen sententia manifestis-
sima est, quae clarescit consequentibus verbis. Namque adulterinae
plantationes non dabunt radices altas convenientius dicitur quam

„vitulamina", quae pedibus in terra gradiuntur et non haerent radicibus. Hanc translationem in eo loco etiam cetera contexta custodiunt. Vgl. H. S. 46. Patrit., De interpr. scr. s. 1, 75. Indes scheint der hl. Augustinus den Sprachgebrauch nicht beachtet zu haben, wonach die aus der Tierwelt genommenen Namen häufig auf das Pflanzentum übertragen werden, wie z. B. bei uns „Augen" am Zweig stehen. Im Lateinischen sind pulli nicht bloß die Jungen der Tiere, sondern auch die Wurzelschößlinge („Wurzelbrut"), und in demselben Sinne scheint a. o. St. vitulamina zu stehen. Daher Ducange aus einem alten handschriftlichen Glossar: vitulamen planta illa infructuosa, quae nascitur a radice vitis. Vgl. Ambr., Ep. 37, 37: Quid Theclam, quid Agnem, quid Pelagiam loquar, quae tanquam nobilia vitulamina pullulantes ad mortem quasi ad immortalitatem festinaverunt?

i) auf mentum.

adiuramentum Beschwörung, Andringen, Tob. 9, 5: cuius adiuramentum spernere non possum.

assumentum Fleck, Flickstück, Mark. 2, 21: Nemo assumentum panni rudis assuit vestimento veteri.

deliramentum sinnloses Gerede, Märchen, Luk. 24, 11: visa sunt ante illos, sicut deliramentum verba ista.

In der profanen Literatur seit Plautus erst wieder von Plinius gebraucht. Plaut., Capt. 3, 4, 66: iam deliramenta loquitur. Plin. 2, 5: Matrimonia quidem inter deos credi . . . puerilium prope deliramentorum est.

execramentum Greuel, Eccli. 15, 13: Omne execramentum erroris odit Dominus.

hortamentum Ermahnung, Or. in Vig. S. Io. Bapt.: beati Ioannis Praecursoris hortamenta sectando.

Bei den Klassikern in etwas anderem Sinne, z. B. Sall., Iug. 89, 7: ea cuncta Romanis magno hortamento erant.

inquinamentum Schmutz, z. B. Ez. 24, 11: confletur in medio eius (ollae) inquinamentum eius; bildl. 2 Kor. 7, 1: mundemus nos ab omni inquinamento.

Vitr. 8, 5, 2: si neque inquinatus ab aliquo inquinamento is locus fuerit.

involumentum Windel, Weißh. 7, 4: In involumentis nutritus sum.

iuramentum Eid, 1 Mof. 26, 28: Sit iuramentum inter nos. Hebr. 6, 16: controversiae eorum finis . . . est iuramentum.

Die einzige Stelle bei den nichtchristlichen Schriftstellern, an der das Wort sich fand, nämlich Sen. Clem. 2, 1, ist von der Kritik als unzuverlässig erklärt. S. Forc.

loramentum Verband, Gefüge, Eccli. 29, 19: Loramentum ligneum colligatum in fundamento aedificii.

odoramentum Spezerei, Rauchwerk, Jf. 39, 2. Offb. 5, 8: phialas aureas plenas odoramentorum. 18, 13.

Vgl. das hierhergehörige Verzeichnis aus Seneca B. 10 und R. Jt. 22; ferner M. F. 40.

k) Seltenere Ableitungen.

deambulacrum Galerie, 3 Kön. 7, 2: quatuor deambulacra inter columnas cedrinas.

In anderem Sinne Mamert., Ad Iul. 9: fora, deambulacra, gymnasia laetis populis frequentari.

gaudimonium Fröhlichkeit, Bar. 4, 34: et gaudimonium eius erit in luctum.

Petr. Sat. 61: iamdudum gaudimonio dissilio.

C. Zusammengesetzte Substantiva.

20. Der Vulgata eigentümlich erscheinen folgende aus je zwei Hauptwörtern zusammengesetzte Bildungen:

circumpes, edis, Beinkleid (περισκελίς), Eccli. 45, 10: circumpedes, et femoralia, et humerale posuit ei.

1490: „bischoffsschuch“. Diet.: „beyngezierden“. Douay: garment to the feet. All.: lange Kleid. L. und R.: Oberkleid. S. Schleussner s. v. περισκελίς.

inauris, is, Ohrring, z. B. 1 Mof. 24, 47: Suspendi itaque inaures ad ornandam faciem eius.

Hebräisch נֶזֶם, das auch Nasenring bedeutet; doch haben auch
die LXX gewöhnlich ἐνώτια. S. Hier., In Ez. 4, 16, 12. In
der profanen Literatur kommt bloß der Plural vor, und zwar einmal
bei Plautus, Men. 3, 3, 17: inauris da mihi; seitdem erst wieder
bei Plinius.

malogranatum, i, sowohl Granatapfel (d. h. nur
künstlich nachgeahmter) als Granatapfelbaum, z. B.
3 Kön. 7, 20: malogranatorum autem ducenti ordines
erant in circuitu capitelli secundi; 1 Kön. 14, 2: Saul
morabatur . . . sub malogranato.

Der Baum heißt sonst malogranata, ae. Isid., Orig. 17, 7, 6.

multiloquium Geschwätz, Vielrederei, Spr. 10, 19:
In multiloquio non deerit peccatum. Matth. 6, 7.

Plaut., Merc. Prol. 31: (Amori accedunt etiam haec:) multiloquium, pauciloquium etc.

seminiverbius Wortmacher, Apg. 17, 18: Quid vult
seminiverbius hic dicere?

Dem griechischen σπερμολόγος nachgebildet. 1490: „der seer der
wort". Diet.: „diser schwetzer". Douay: this babbler. Sacy: ce
discoureur.

stultiloquium törichtes Gerede, Eph. 5, 4: aut
turpitudo, aut stultiloquium, aut scurrilitas.

Plaut. Mil. 2, 3, 25: nisi supprimis tuum stultiloquium.

vaniloquium eitles Geschwätz, 1 Tim. 1, 6. 2 Tim.
2, 16: profana autem, et vaniloquia devita.

Iren. 2, 12, 4: uti non solvatur illorum vaniloquium.

Ähnliche Wörter dieser Zusammensetzung sind bei Tertullian:
maliloquium, minutiloquium, risiloquium, spurciloquium, turpi-
loquium, s. Rig. Ind.; bei Jrenäus falsiloquium, longiloquium, minutiloquium, portentiloquium, subtililoquium, S. 89. Bei Fulgentius
breviloquium, M. F. 40.

D. Fremdwörter.

1. Griechische.

21. Der teils direkte teils indirekte Einfluß, welchen der
griechische Text auf die Abfassung der Vulgata hatte, besonders

aber auch der oben S. 6 angeführte Grund, haben in dieselbe eine Menge von griechischen Substantiven gebracht, die sich in der gewöhnlichen Sprache nicht finden.

a) Nomina appellativa.

22. agonia *(ἀγωνία)*, Luk. 22, 43: Todeskampf.

alabastrum *(ἀλάβαστρον)*, z. B. Matth. 26, 7: Gefäß. H. 97.

Plin. 13, 2, 3: unguenta optime servantur in alabastris.

allegoria *(ἀλληγορία)*, Gal. 4, 24: sinnbildliche Bedeutung.

allophyli *(ἀλλόφυλοι)*, Pf. 55, 1: Ausländer.

Nach dem Hebräischen sind die Philister verstanden, deren Name auch sonst in der Septuaginta mit ἀλλόφυλοι wiedergegeben wird. Tert. Adv. Marc. 4, 37: Zachaeus allophylus fortasse. Apg. 10, 28 heißt Iren. 3, 12, 15: non est fas viro Iudaeo adiungi, aut convenire cum allophylo.

anathema *(ἀνάθημα)* Weihgeschenk, Judith 16, 23; *(ἀνάθεμα)* Fluch, Bann, z. B. Mal. 4, 6: percutiam terram anathemate; das Verfluchte, Gebannte selbst, z. B. Jos. 7, 1: usurpaverunt de anathemate.

angelus, i *(ἄγγελος)*, a) menschlicher Bote, z. B. Js. 18, 2; b) gewöhnlich Engel, sowohl guter, z. B. 1 Mos. 48, 16, als böser, z. B. Spr. 17, 11.

antichristus, i *(ἀντίχριστος)* Antichrist, Widersacher Christi, bloß in den Briefen des hl. Johannes, z. B. 1 Joh. 2, 18.

apocalypsis *(ἀποκάλυψις)* Offenbarung (übernatürliche), 1 Kor. 14, 26. Offb. 1, 1.

aporia *(ἀπορία)* Unvermögen, Eccli. 27, 5.

apostata, ae *(ἀποστάτης)* Abtrünniger, Job 34, 18. Spr. 6, 12.

apostolus *(ἀπόστολος)*, bloß im N. T., a) allgemein Gesandter, Job 13, 16; b) speziell Apostel, z. B. Luk. 6, 13.

Tert., De Praescr. 20: Statim igitur apostoli (quos haec appellatio *missos* interpretatur) . . . eamdem doctrinam eiusdem fidei promulgaverunt. In der Jurisprudenz bezeichnet apostolus das Beglaubigungsschreiben bei der Appellation, welches der niedere Richter an den höheren richtet. Mod., Dig. 49, 14, 9: interea decessit rea, nihilominus tamen apostoli redditi sunt.

archangelus *(ἀρχάγγελος)* Erzengel, 1 Theff. 4, 16. Jud. 9.

archisynagogus *(ἀρχισυναγωγός)* Synagogen=Vor=steher, z. B. Luk. 13, 14.

Lampr., Alex. Sev. 28: Antiochenses, Aegyptii, Alexandrini lacessiverant eum conviciolis, Syrum Archisynagogam eum vocantes, et Archierea.

architriclinus *(ἀρχιτρίκλινος)* Tischältester, Joh. 2, 8 9.

Althd. Tat.: furistsizzento. 1490: „weynschenck“. Diet.: „Speiß=meister“. Douay: chief steward. Sach: maître d'hôtel.

artaba, ae *(ἀρτάβη)* ein persisches Maß, etwa Scheffel, Dan. 14, 2.

artemon, is *(ἀρτεμών)* Marssegel, Apg. 27, 40.

1490: „einen kleinen Segel“. Diet: „Segel“. Douay: mainsail.

ascopera *(ἀσκοπήρα)* Schlauch, Judith 10, 5.

Das Wort steht als Übersetzung des griechischen ἀσκοπυτίνη; die Handschriften haben auch ascopa, ascopia, ascora, astopa. Suet., Ner. 45: Alterius collo et ascopera deligata.

bahis, is *(βαίς)* Palmzweig, 1 Mach. 13, 37.

Der Übersetzer hat nämlich nicht βαίνην, sondern βαΐν, ἣν gelesen.

baptisma *(βάπτισμα)* nur im N. T., a) Waschung, Mark. 7, 4; b) Taufe, z. B. Eph. 4, 5.

baptismus *(βαπτισμός)* a) Bad, 2 Esdr. 4, 23; b) Taufe, z. B. Matth. 21, 25.

baptista *(βαπτιστής)* Täufer, nur vom hl. Johannes gesagt, z. B. Matth. 3, 1.

bravium *(βραβεῖον)* Kampfpreis, 1 Kor. 9, 24. Phil. 3, 14.

T e r t., Ad Mart. 3 : Bonum agonem subituri estis, in quo . . . brabium angelicae substantiae, politia in coelis, gloria in saecula saeculorum.

bruchus, i *(βροῦχος)* eine Art Heuſchrecke, z. B. 3 Moſ. 11, 22.

camus, i *(κημός)* Trenſe, Gebiß, Spr. 26, 3: flagellum equo, et camus asino; 4 Kön. 19, 28. Pſ. 31, 9. Das Wort ſtand ſonſt bei Plautus (Cas. 2, 6, 37), wo jetzt canem geleſen wird.

cartallus *(κάρταλλος)* Körbchen, 5 Moſ. 26, 2 4. Jer. 6, 9.

cataclysmus *(κατακλυσμός)* Sintflut, Eccli. 39, 28; 40, 10. In der griechiſchen Form Varro R. R. 3, 1: Thebae, quae ante cataclysmon Ogygi conditae dicuntur.

cauma *(καῦμα)* Glut, Job 30, 30.

celeuma *(κέλευμα)* Zuruf, Jer. 25, 30. In neueren Ausgaben ſteht unrichtig celeusma, wie M a r t. 3, 67: lentos tingitis ad celeusma remos.

cerastes *(κεράστης)* Hornſchlange, 1 Moſ. 49, 17.

charadrius *(χαράδριος)* Regenpfeifer, 3 Moſ. 11, 19. 5 Moſ. 14, 18.

charisma *(χάρισμα)* Gnadengabe, 1 Kor. 12, 31.

choerogryllus *(χοιρόγρυλλος)* Klippdachs, 3 Moſ. 11, 5. 5 Moſ. 14, 7.

christus *(χριστός)* im A. T. Geſalbter, z. B. 1 Kön. 12, 5; im N. T. Chriſtus, z. B. Matth. 1, 16.

chytropus, odis *(χυτρόπους)* Kohlenpfanne, Feuer= herd, 3 Moſ. 11, 35.

cidaris *(κίδαρις)* Turban, z. B. 3 Moſ. 16, 4. C u r t. 3, 3, 19: Cidarim Persae vocabant regium capitis insigne.

cinyra *(κινύρα)* Harfe, 1 Mach. 4, 54; 13, 51.

clerus *(κλῆρος)* Loßanteil, Pf. 67, 14. 1 Petr. 5, 3.

Später für „Geiftlichkeit", z. B. Tert., Monog. 12: ut solos, qui sunt in clero, monogamiae iugo adstrinxerit.

coenodoxia *(κενοδοξία)*, Or. S. Ambr. Dom. ante M.

coenomya *(κυνόμυια)* Hundsfliege, Pf. 77, 45; 104, 31.

collyrium *(κολλούριον)* Augenfalbe, Offb. 3, 18.

Hor., Sat. 1, 5, 30: Hic oculis ego nigra meis collyria lippus illinere.

corbona (*κορβανά* = קָרְבָּנָא) Opferkaften, Matth. 27, 6.

crater *(κρατήρ)* Becher, 1 Eßbr. 8, 27. Hohel. 7, 2.

Ov., Fast. 5, 522: terra rubens crater, pocula fagus erant.

creagra *(κρεάγρα)* Fleifchgabel, 2 Par. 4, 11. Jer. 52, 18.

crypta *(κρυπτή)* Gewölbe, Jer. 43, 9.

Varr. ap. Riese 227, 6: non vides in magnis perstilis, qui cryptas domi non habent, sabulum iacere a pariete.

daemonium *(δαιμόνιον)* Teufel, z. B. Tob. 3, 8.

In anderem Sinne Cic., Div. 1, 54: esse divinum quiddam, quod *δαιμόνιον* (Socrates) appellat.

diabolus *(διάβολος)* Widerfacher, Pf. 108, 6; Teufel, im A. T. bloß Hab. 3, 5; im N. T. oft, z. B. Matth. 4, 5.

didrachma, ae, 2 Mach. 4, 19; 10, 20; didrachma, orum *(δίδραχμα)*, Matth. 17, 23, Doppeldrachme.

dioryx *(διόρυξ)* Kanal, Eccli. 24, 41.

Pomp. Mela 3, 8: manu factus amnis, e Nili alveo dioryge adductus.

diplois, idis *(διπλοΐς)* Mantel, Pf. 108, 29. Bar. 5, 2.

Ribbeck, Nov. 73: Caeretanus sine diploide: a recta grassatur via.

dipsas eine Schlangenart, 5 Mof. 8, 15.

doma, tis *(δῶμα)* Haus, z. B. 2 Eßbr. 8, 16.

ecclesia *(ἐκκλησία)* Verſammlung, z. B. 1 Kön. 17, 47; im N. T. Kirche, Jak. 5, 14.

In erſterem Sinne Plin. Ep. 10, 111 et bule et ecclesia consentiente.

ecclesiastes *(ἐκκλησιαστής)* Prediger, bloß Pred., z. B. 1, 1. 2.

elata *(ἐλάτη)* Wedel, Hohel. 5, 11.

1490: „ſein har iſt erhaben als die bleter der balmen". Diet.: (krauß) „wie palmenblätter". Douay: branches of palm-trees. Sacy: comme les jeunes rameaux des palmiers. Ein anderes Wort iſt elate, das, wie im Griechiſchen, Fichte bedeutet, Plin. 12, 28, 62: dies ſteht auch in der LXX a. a. O. und wird in der Itala überſetzt: crines eius abietes. S.

eleemosyna *(ἐλεεμοσύνη)* Almoſen, z. B. Tob. 2, 16. Tert., Pat. 7: in caussa eleemosynae.

encaenia, orum, Tempelweihe, Joh. 10, 22.

Die Erklärung des Ausdrucks ſ. Lect. I. Mat. Fer. IV post Dom. Pass.

ephebia *(ἐφηβεία)* Turnverein (?), 2 Mach. 4, 9.

Andere überſetzten Turnplatz, in welchem Falle denn ephebium *(ἐφηβεῖον)* zu leſen wäre. 1490: „ein hauß der vnkeüſchen frawen." Diet.: „das huren hauß". Douay: a place for youth. Sonſt iſt ephebia das erſte Jünglingsalter. Don. ad. Ter. Andr. 1, 1, 24: ephebia prima aetas adolescentiae est.

epinicion *(ἐπινίκιον)* Loblied, 1 Par. 15, 21; plur. epinicia (orum) Siegesfest, 2 Mach. 8, 33.

Suet., Ner. 43: insequenti die laetum inter laetos cantaturum epinicia.

episcopus *(ἐπίσκοπος)* Vorſteher, 2 Esdr. 11, 22. Apg. 20, 28; im N. T. Biſchof, z. B. Tit. 1, 7.

In erſterem Sinne eine Inſchrift Mur. 626, 1 C. Memmio Macrino . . . agonothetae, episcopo Niciensium, amici.

ethnicus *(ἐθνικός)* Heide, Matth. 5, 47; 6, 7; 18, 17.

evangelium *(εὐαγγέλιον)*, bloß im N. T. mit der ſpe= ziſiſchen Bedeutung von chriſtlicher Lehre, Evangelium, z. B. Mark. 1, 1.

evangelista *(εὐαγγελιστής)* Prediger, z. B. 2 Tim. 4, 5.

exorcista *(ἐξορκιστής)* Zauberer, Apg. 19, 13.
Später in der Bedeutung von Teufelsbeschwörer; Firm.
Mat. 3, 5.

extasis *(ἔκστασις)* Außersichsein, Pf. 30, 1. Apg.
3, 10.

gazophylacium *(γαζοφυλάκιον)* Schatzkammer, z. B.
Ez. 42, 1; Opferkasten, z. B. Luk. 21, 1.

gehenna *(γέεννα)* Hölle, z. B. Matth. 5, 22.
Die Form des Wortes und die Deklination desselben zeigt, daß
es aus der Itala beibehalten ist und aus dem Griechischen stammt,
obwohl es hebräischer Natur ist. בֵּי הִנֹּם hieß das Tal auf der süd-
öftlichen Seite von Jerusalem nach dem daselbst begüterten Eigentümer.
Als hier später der Molochsdienst eingerichtet wurde und die Toten
daselbst verbrannt wurden, knüpfte sich an den widerwärtigen Namen
allmählich die übertragene Bedeutung von dem Orte der Verdammung.

grabatus *(κράβατος)* Bett, z. B. Amos 3, 12.
Cic., Div. 2, 63, 129: deosne immortales . . . concursare
omnium mortalium . . . non modo lectos, verum etiam grabatos etc.

haeresis *(αἵρεσις)* Sekte, z. B. Apg. 15, 5.
Cic., Par. prooem. 2 (Cato) in ea est haeresi, quae nullum
sequitur florem orationis.

holocaustum *(ὁλόκαυστον)* Brandopfer, z. B. 3 Mof.
1, 3.

idolium *(εἰδώλειον)* Götzentempel, 1 Kor. 8, 10.

idololatra *(εἰδωλολατρής)* Götzenanbeter, 1 Kor.
10, 7. Offb. 21, 8.

idololatria *(εἰδωλολατρία)* Götzendienst, 1 Kön.
15, 23. Apg. 17, 16.

idolothytum *(εἰδωλόθυτον)* Götzenopfer, 1 Kor. 8,
7, 10.

iris, dis *(ἶρις)* Regenbogen, Offb. 4, 3; 10, 1.

iudaismus *(Ἰουδαϊσμός)* Judentum, 2 Mach. 8, 1;
14, 38. Gal. 1, 13 14.

ixion *(ἰξίων)*, eine Geierart, 5 Mof. 14, 13.

Die Lesart der klementinischen Vulgata ist sehr zweifelhafter Natur da fast alle Handschriften ixon haben. Das griechische Wort ist auf die Autorität Schleußners hin aufgenommen, obschon es sich nirgend=wo anders findet. Vgl. Verc., Varr. Lect. a. h. l. Schleussner III 113.

laganum *(λάγανον)* Kuchen, z. B. 2 Mof. 29, 23.

Apic. 4, 135: quotquot lagana posueris, tot trullas inpensae adicies.

latomus *(λατόμος)* Steinhauer, z. B. 3 Kön. 5, 15.

lecythus *(λέκυθος)* Ölkrug, 3 Kön. 17, 12. 14.

luter *(λουτήρ)* Kessel, z. B. 3 Kön. 7, 30.

malagma, tis *(μάλαγμα)* Pflaster, Weish. 16, 12.

martyr *(μάρτυς)* Blutzeuge, Offb. 17, 6.

melodia *(μελῳδία)* Melodie, 1 Par. 15, 22; Har=monie, Eccli. 40, 21.

melota *(μηλωτή)* Schafspelz, Hebr. 11, 37.

migma, tis *(μίγμα)* Gemengsel, If. 30, 24.

mygele *(μυγαλῆ)* Spitzmaus, 3 Mof. 11, 30.

myrum *(μύρον)* Salbe, Judith 10, 3.

nabla, orum *(νάβλα)* Leier, z. B. 1 Par. 15, 16.

In der Form nablia, orum Ov. A. Am. 3, 327: disce etiam duplici genialia nablia palma verrere,

naphtha *(νάφθα)* Erdharz, Dan. 3, 46.

Plin. 2, 105, 109: similis est natura naphthae: ita appellatur circa Babyloniam et in Astacenis Parthiae profluens, bituminis liquidi modo.

nauclerus *(ναύκληρος)* Schiffspatron, Apg. 27, 11.

Pl. Mil. 4, 3, 16; cubare in navi lippam atque oculis turgidis nauclerus dixit.

naulum *(ναῦλον)* Fährgeld, Ion. 1, 3.

Iuv. 8, 97: furor est, post omnia perdere naulum.

neomenia *(νεομηνία)* Neumond, z. B. Pf. 80, 4.

neophytus *(νεόφυτος)* Reuling (im Christentum), 1 Tim. 3, 6.

nycticorax *(νυκτίκοραξ)* Nachtrabe, 5 Mof. 14, 17. Pf. 101, 7.

onocentaurus *(ὀνοκένταυρος)* Efelscentaur, Jf. 34, 14.

ophiomachus *(ὀφιομάχος)* Neuntöter, 3 Mof. 11, 22.

orphanus *(ὄρφανος)* Waife, z. B. Joh. 14, 18.

ortygometra *(ὀρτυγομήτρα)* Wachtelkönig, Weish. 16, 2; 19, 12.

Plin. 10, 23, 33: volant ortygometra duce.

palatha *(παλάθη)* Feigenkuchen, z. B. Judith 10, 5.

Paracletus *(παράκλητος)* Tröster, vom Hl. Geift ver= ftanden, bloß im Evangelium Johannes, z. B. 14, 16.

In der liturgifchen und der fpäteren chriftlichen Sprache häufig. Dem Urfprunge des Wortes gemäß muß das i in demfelben lange gebraucht werden, und im Hymnus Veni Creator Spiritus muß es demnach heißen: qui Paraclitus diceris.

paradisus *(παράδεισος)* Luftgarten Park, z. B. Hohel. 4, 13.

parasceve *(παρασκευή)* Rüfttag, z. B. Matth. 27, 62.

paropsis, dis *(παροψίς)* Schüffel, Matth. 23, 25 26; 26, 23.

Iuv. 3, 142: quam multa magnaque paropside coenat.

pastophorium *(παστοφόριον)* Dienftwohnung beim Tempel, 1 Mach. 4, 38, 57.

patriarcha *(πατριάρχης)* Stammhaupt, Patriarch, z. B. 1 Par. 8, 28.

pentacontarchus *(πεντηκόνταρχος)* Hauptmann über fünfzig, 1 Mach. 3, 55.

pentapolis *(πεντάπολις)* Fünfftadt, Weish. 10, 6.

Pentecosta, es *(πεντηκοστὴ* sc. *ἡμέρα)* Pfingften, z. B. 2 Mach. 12, 32.

peribolus *(περίβολος)* Säulengang, Ez. 42, 7 10. 1 Mach. 14, 48.

peripsema, tis *(περίψημα)* Auswurf, 1 Kor. 4, 13.

perizoma, tis *(περίζωμα)* Schürze, 1 Mof. 3, 7.

phantasia *(φαντασία)* Einbildung, Halluzination, Eccli. 34, 6.

phantasma, tis *(φάντασμα)* Gefpenft, Matth. 14, 26. Mark. 6, 49.

Plin., Ep. 7, 27, 1: perquam velim scire, esse aliquid phantasmata etc.

phylacterium *(φυλακτήριον)* Amulet, Matth. 23, 5.

pittacium *(πιττάκιον)* Pflafter, Flickftück, Jof. 9, 5.

Petr., Satr. 34: statim allatae sunt amphorae vitreae diligenter gypsatae, quarum in cervicibus pittacia erant affixa.

poderes *(ποδήρης)* langes, wallendes Gewand, Weish. 18, 24. Eccli. 27, 9. Offb. 1, 13.

presbyter, i *(πρεσβύτερος)*, Greis, z. B. Eccli. 26, 5; Ältefter, z. B. 1 Esdr. 6, 8; im N. T. Priefter, z. B. Jak. 5, 14.

prinus, i *(πρῖνος)* Steineiche, Dan. 13, 58.

propheta *(προφήτης)* Prophet, z. B. 1 Mof. 20, 7.

prophetes, ae, dasfelbe, z. B. 5 Mof. 13, 1.

prophetia *(προφητεία)* Prophetenamt, z. B. Spr. 29, 18; Prophezeiung, z. B. Matth. 13, 14.

prophetis, dis *(προφῆτις)* Prophetin, Richt. 4, 4. 4 Kön. 22, 14. 2 Par. 34, 22.

prophetissa *(προφήτισσα)* dasfelbe, 2 Mof. 15, 20. Jf. 8, 3. Luk. 2, 36.

proselytus *(προσήλυτος)* Profelyt, z. B. Matth. 23, 15.

psalmus *(ψαλμός)* Loblied, z. B. Judith 16, 2; Spottlied, Klagel. 3, 63.

psalterium *(ψαλτήριον)* Harfe, z. B. Eccli. 40, 21; Saitenfpiel, z. B. 1 Par. 16, 5.

psaltes, ae *(ψάλτης)* Harfenfänger, z. B. 2 Kön.
23, 1.

Quint. 1, 10, 18: psaltis se et geometris multa dicit dedisse.

pseudoapostolus *(ψευδοαπόστολος)* Trugapoſtel
2 Kor. 11, 13.

pseudochristus *(ψευδόχριστος)* falſcher Meſſias,
Matth. 24, 24. Mark. 13, 22.

pseudopropheta *(ψευδοπροφήτης)* falſcher Prophet,
z. B. Matth. 24, 11.

pytho, onis *(πύθων)* Wahrſagergeiſt, z. B. 1 Kön.
28, 7.

pythonissa (?) Wahrſagerin, 1 Par. 10, 13.

romphaea *(ῥομφαία)*, rhomphaea Schwert, z. B.
Eccli. 21, 4.

Bei Profanſchriftſtellern auch in der Form romphea, rumpia und
rupia. Gell. 10, 25, 4: rumpia genus teli est Thraciae nationis.

sabbatismus *(σαββατισμός)* Sabbatruhe, Hebr. 4, 9.

sabbatum *(σάββατον)* Ruhetag, Sabbat, z. B.
2 Moſ. 16, 25; Woche, z. B. Pſ. 23, 1; Matth. 28, 1.

Das Wort gehört hierher und nicht in die folgende Abteilung,
inſofern es in dieſer Form aus der Itala beibehalten worden iſt.
Hor., Sat. 1, 9, 69: tricesima sabbata. Petr. fragm. XXXXVII
Büch.: et non ieiuna sabbata lege premet.

sagena *(σαγήνη)* Netz, z. B. Hab. 1, 17. H. 85.

sagma, tis *(σάγμα)* Teppich, 3 Moſ. 15, 9.

Nach der erſten Deklination Veg., Vet. 3, 59: sub sellis
aut sagmis.

satanas *(σατανᾶς)* der Teufel, Satan, z. B. Matth.
12, 26.

In dieſer Form nur im N. T. vorhanden und aus dem Griechiſchen
beibehalten: im A. T. ſteht satan, aus dem Hebräiſchen entlehnt.

scandalum *(σκάνδαλον)* Anſtoß, z. B. Jſ. 8, 14; Fall-
ſtrick, z. B. 1 Mach. 5, 4; Ärgernis, z. B. Matth. 18, 7.

scenopegia *(σπηνοπηγία)* Laubhüttenfest, z. B.
1 Mach. 10, 21.

schinus, i *(σχῖνος)* Mastixbaum, Dan. 13, 54.

schisma, tis *(σχίσμα)* Spaltung, Joh. 9, 16. 1 Kor.
1, 10; 12, 25.

sicera *(σίκερα)* berauschendes Getränk, Met,
z. B. Richt. 13, 4.

Das Wort ist das hebräische רֵכָשׁ, gehört aber hierher, weil es
aus der Itala stammt.

sitarcia *(σιταρκία)* Brotsack, 1 Kön. 9, 7.

smigma, tis *(σμῆγμα)* Seife, Dan. 13, 17.

stater *(στατήρ)* Stater (Münze), z. B. 1 Kön. 9, 8.

sycomorus *(συκόμορος)* Maulbeerfeige, z. B. Is.
9, 10. H. 48.

synagoga *(συναγωγή)* Versammlung, z. B. 4 Mos.
27, 20; Versammlungsort, z. B. Luk. 7, 5.

telonium *(τελώνιον)* Zollstätte, Matth. 9, 9. Mark.
2, 14.

thallus *(θαλλός)* Ölzweig (goldener), 2 Mach. 14, 4.

Im allgemeinen für Stengel steht das Wort Colum. 11, 3, 58:
thalli ceparum ventis prosternentur.

theristrum *(θέριστρον)* Schleier, 1 Mos. 38, 14.
Is. 3, 23.

Hier., In Is. 2, 3, 23: habent (mulieres) et theristra, quae
nos pallia possumus appellare, quo obvoluta est et Rebecca. Et
hodie quoque Arabiae et Mesopotamiae operiuntur feminae: quae
dicuntur graece θέριστρα ab eo, quod in θέρει, hoc est in aestate
et caumate corpora protegant feminarum.

thronus *(θρόνος)* Sitz, Thron, z. B. Eccli. 24, 7.
H. 73.

Plin. 35, 9, 36: Iuppiter in throno.

thymiama, tis *(θυμίαμα)* Räucherwerk, z. B. 2 Mos.
30, 1.

thymiamaterium *(θυμιατήριον)* Rauchfaß, Jer. 52, 19.

thymiaterium, dasselbe, 2 Par. 4, 22.

trieris *(τριήρης)* dreiruderiges Schiff, Jf. 33, 21.
Inscr. ap. Grut. 1030, 2: L. Annio Severo Mil. classis Pr.
Misenesis ex capricorno trierie.

tristegum *(τρίστεγον)* drittes Stockwerk, 1 Mof.
6, 16.

Hier. In Ez. 12, 41, 7 in LXX ponitur: Et de mediis
ad tristega, id est, ad tria coenacula.

tympanistria *(τυμπανίστρια)* Paukenschlägerin, Pf.
67, 26.
Inscr. Murat. 174, 1: Aelie Receptae tympanistriae.

zelotes, ae *(ζηλωτής)* Eiferer, z. B. 2 Mof. 20, 5.

zelotypia *(ζηλοτυπία)* Eifersucht, 4 Mof. 5, 14—30.
Cic., Tusc. 4, 8: obtrectatio est ea, quam zelotypiam intelligi
volo, aegritudo ex eo, quod alter quoque potiatur eo, quod ipse
concupiverit.

zelus *(ζηλός)* Eifer, Zorn, z. B. Pf. 68, 10. Jak.
3, 16.

Vitr. 7 praef. 4: Ptolemaeus infinito zelo incitatus.

zizanium *(ζιζάνιον)* Lolch, Trespe, Matth. 13, 26—40.

b) Nomina propria.

23. Die griechischen Eigennamen, welche in die Vulgata
herübergenommen sind, geben zu keiner besondern Bemerkung
Veranlassung, insofern sie den auch sonst gewöhnlichen Regeln
der Umschreibung unterliegen, z. B. Antiochus, Cendebaeus,
Nanaea; daher auch Iesus, 1 Mach. 2, 55. 2 Mach. 12, 15.
Hebr. 4, 8 für Josue.

2. Hebräische (und chaldäische).

a) Nomina appellativa.

24. Die wenigen appellativen Substantiva, die aus dem
Hebräischen in die Vulgata herübergenommen sind, haben ihre
ursprüngliche Form behalten und sind daher Indeklinabilia.

Abba (Ἀββά für אַבָּא) Vater, Mark. 14, 36. Röm. 8, 15. Gal. 4, 6.

Apadeo (אַפַּדְנוֹ) fein Großzelt (אַפֶּדֶן mit Suffix), Dan. 11, 45.

Diet.: „feines pallafts". Douay: Apadno. Sacy: de son palais. All.: „feines Palaftes". L. und R.: Apadno, ftammt aus dem perfi= fchen apadana, das auf der Infchrift in Sufa eben für den perfifchen Palaft fteht. Das appellative Wort hat der hl. Hieronymus als Eigennamen gedacht, wie wir das ruffifche „Kreml".

Ariel a) Löwe (אֲרִיאֵל), 1 Par. 11, 22 (2 Kön. 23, 20: leo); b) Feuerherd (הַרְאֵל), Ez. 43, 15 16.

a) Diet.: „zween die ftarckeften der Moabiter". Douay: two Arielis. Sacy: les deux Ariel de Moab. All.: „zween Löwen". L. und R.: „die beiden Ariel". b) Diet.: „der Oberftein". Douay: the Ariel. Sacy: l'autel appelé Ariel. All.: „der Ariel". L. und R.: der Herd.

Behemoth (בהמות eigentlich Pluralbezeichnung), Name für ein großes und ftarkes Tier, das bald mit dem Flußpferd bald mit dem Elefanten oder dergleichen identifiziert wird, Job 40, 10: Ecce Behemoth, quem feci tecum.

1490: „fieh, Behemot". Diet.: „der Behemoth". Douay: Behe-moth. Sacy: Béhémoth. All.: „der Behemoth".

Belial (בְּלִיַּעַל) Nichtswürdigkeit, fcheint mißverftänd= lich als Eigenname aufgefaßt zu fein, weshalb der große An= fangsbuchftabe, z. B. 1 Kön. 10, 27.

1490: „die fün belial". Diet.: „die kinder Belial". Douay: the children of Belial. Sacy: les enfants de Bélial.

borith (בְּרִית) Pottafche, Jer. 2, 22: herba borith Seifenkraut.

1490: „das krautt borith". Diet.: „Seyffen" (Borithkraut). Douay: the herbe borith. Sacy: herbe de borith.

cab (קב), Name eines hebräifchen Maßes, 4 Kön. 6, 25. Vgl. oben S. 39.

Cherub (כרוב) der Cherub, bekannter Name für eine beftimmte Klaffe von Engeln, die fymbolifch an der Bundeslade dargestellt waren, z. B. 2 Mos. 25, 19; Plural Cherubim, z. B. Ez. 10, 3.

chodchod (כַּדְכֹּד), Name eines Edelsteins, Ez. 27, 16. Js. 54, 12 steht dafür iaspis.

corban (קָרְבָּן) Gabe, Opfer, Mark. 7, 11 boß zitiert.

ephi (אֵיפָה) Getreidemaß, Scheffel, z. B. 2 Mos. 16, 36. Die Form scheint mit Rücksicht auf die LXX fixiert zu sein, bei denen sie οἰφί heißt. In den Handschriften steht oepha, oephi, ephe, epha. Vgl. Verc. z. d. angef. St. 1490: „brey metzen". Diet.: „Epha".

Ephod (אֵפוֹד) das Ephod, ein linnenes Priesterkleid, z. B. Richt. 17, 5.

hin (הִין) Maß für Flüssigkeiten, z. B. 2 Mos. 29, 40.

Leviathan (לִוְיָתָן) ein sagenhaftes Wassertier, wahrschein= lich das Krokodil, z. B. Job 40, 20.

maheleth (מַחֲלַת) Name eines Musikinstrumentes, Ps. 87, 1.

malasar (מֶלְצַר) Küchenmeister, Dan. 1, 11.

mammona (מָמוֹנָא) Reichtum, z. B. Matth. 6, 24. Über das chaldäische Wort s. Levi u. d. A. *Aug., Lect. VII. Mat., Dom. XIV. post Pentec.: congruit et Punicam nomen: lucrum enim Punice mammon dicitur.*

mamzer (ממזר), hoc est de scorto natus, 5 Mos. 23, 2.

man (מָן) Manna, 2 Mos. 16, 31—35. 4 Mos. 11, 6—9. An allen übrigen Stellen steht manna mit deklinierter Endung.

musach (מֵיסָךְ) bedeckter Gang, 4 Kön. 16, 18. 1490: „by arch." Diet.: „den schatzkasten (oder königlichen schatzstul) des sabbaths (die Sabbath hutten)." Douay: the Musach. Sacy: le couvert du sabbat. All.: „das Musach des Sabbat". L. und R.: „den Sabbatfitz".

Nisan (נִיסָן) Name des Monats, in den das Osterfest fiel, z. B. 2 Esdr. 2, 1.

Phase (פֶּשַׁח) id est transitus, 2 Mos. 12, 11.

Pharao (פַּרְאֹה), Titel des ägyptischen Königs, z. B. 1 Mos. 12, 15.

Rabbi (רַבִּי) Meister, Lehrer, z. B. Matth. 23, 8: vos autem nolite vocari Rabbi.

Das Wort enthält eigentlich das Suffixum der ersten Person und heißt „mein Lehrer", wie es auch gemeiniglich nur in der Anrede vorkommt; andere Form davon ist Rabboni (Mark. 10, 51. Joh. 20, 16).

Sabaoth (צְבָאוֹת) Heerscharen, Plural vom hebräischen צבא, nur in der Verbindung Dominus Sabaoth, Jer. 11, 20. Röm. 9, 29. Jak. 5, 4.

Gewöhnlich ist dieser im A. T. sehr häufig vorkommende Ausdruck übersetzt; so steht auch an der Stelle Jf. 1, 9, welche Röm. 9, 29 zitiert wird, Nisi Dominus exercituum reliquisset. Die Heerscharen sind die der Sterne oder der Engel.

satan (שָׂטָן), zunächst allgemein Widersacher, 3 Kön. 5, 4: speziell aber Satan, der ärgste unter den Teufeln, z. B. Job 1, 6.

Nur im A. T.; im N. T. steht nach dem Griechischen satanas.

Seraphim (שְׂרָפִים), Plural, die Seraphim, bestimmte Art von Engeln, Jf. 6, 2 6.

setim (שִׁטִּים), Plural, Akazien, bloß in der Verbindung mit ligna im 2. Buche Moses', z. B. 25, 5.

Außerdem nur noch einmal 5 Mof. 10, 3 in der Form settim.

thau (תָּו), Zeichen (der Buchstabe ת), Ez. 9, 4.

theraphim (תְּרָפִים) Bilder von Hausgöttern, Richt. 17, 5: fecit ephod, et teraphim, id est vestem sacerdotalem, et idola.

b) Nomina propria.

25. Hinsichtlich der hebräischen Eigennamen ist es in den aus dem Hebräischen übersetzten Stücken hauptsächlich von Wichtigkeit, die Regeln zu kennen, nach denen die Umschreibung derselben ins Lateinische stattgefunden hat. Wir unterscheiden hier zwischen der Lautform und der Endung der betreffenden Wörter.

26. Was die erstere betrifft, so stellt die lateinische Um=
schreibung des hl. Hieronymus in manchen Fällen sicher eine
andere Konsonantenform oder andere Aussprache der betref=
fenden Namen dar, als im heutigen Texte sich findet. Bei=
spiele davon sind: בַּחֲרוּמִי Bauramites, עָמְרִי Amri, עַזְמָוֶת
Azmoth, סִסְמַי Sisamoi, חוּקֹק Hucac, יַעְזִיר Iezer, אַיָּלוֹן
Ahialon, יִמְרִי Iamri, דִּבְרִי Dabri, עֵקֶשׁ Acces. Indes
sind dieser Fälle verhältnismäßig nur wenige, und im all=
gemeinen läßt sich sagen, daß der hl. Hieronymus dieselbe
Form der hebräischen Eigennamen, welche wir heute lesen,
wiederzugeben beabsichtigt hat; nur war er dabei von der=
jenigen Weise der Aussprache beeinflußt, welche er von seinem
jüdischen Sprachlehrer kennen gelernt hatte. Ein Einfluß der
Septuaginta ist hierbei nicht nachzuweisen. Die fragliche Aus=
sprache läßt sich im wesentlichen aus den unten folgenden Be=
merkungen erkennen.

Bei der Umschreibung ist der hl. Hieronymus oder der heutige
Text nicht immer konsequent; so heißt z. B. derselbe Name 1 Esdr.
8, 7: Isaias, aber 1 Par. 3, 21: Ieseias; 1 Par. 2, 13: Simma a
6, 30: Sammaa, 39: Samaa.

א wird gewöhnlich gar nicht bezeichnet, z. B. יוֹאָב Ioab,
אוֹנָם Onam, יָאִיר Iair, אִיאֵל Uel, אוּלַי Ulai, אֲבִיאֵל Abiel,
אִיּוֹב Iob, אִיזֶבֶל Iezabel. Einigemal ist es durch H aus=
gedrückt, z. B. אוּזָל Huzal.

ב, ג, ד sind B, G, D, z. B. בָּבֶל Babel, גַּבְרִיאֵל Ga=
briel, דָּן Dan.

ה wird häufig, der weichen galiläischen Aussprache gemäß,
gar nicht bezeichnet, z. B. הִלֵּל Illel, הֲדֹרָם Adoram, הֲרוֹרִי
Arorites, אֶבֶן בֹּהַן Abemboan, לְהָבִים Laabim, עֲשָׂהאֵל
Azael; so besonders am Ende des Wortes, z. B. אֲסֵנָה Asena,
שְׁפַטְיָה Saphatia, und nach anlautendem vokallosem Job,
z. B. יְהוֹשָׁפָט Iosaphat, יְהוּדָה Iuda. Seltener ist es H,
z. B. הוֹמָם Homam, הֹר Hor.

ר ift V, z. B. יָוָן Iavan, וַשְׁתִּי Vasthi, וַשְׁנִי Vassenni; zuweilen (nach vorhergehendem A) auch U, חַוְרָן Auran, עֵשָׂו Esau.

ז wird immer durch Z gegeben, z. B זַבְדִּי Zabdi, בַּעַל זְבוּב Beelzebub, זוּזִים Zuzim, אֲבִיעֶזֶר Abiezer, אַשְׁכְּנַז Ascenez.

ח erscheint als Anlaut und Inlaut mitunter nach der be=
kannten galiläischen Aussprache (die alle Kehllaute dem א gleich
machte) ohne Bezeichnung, z. B. חֲצַרְמָוֶת Asarmoth, חֲנוֹךְ
Enoch, יִצְהָר Isaar, יִצְחָק Isaac, פִּינְחָס Phinees, נְפְתּחִים
Nephthuim. Im Auslaute des Wortes ist es gewöhnlich
mit e wiedergegeben, wie auch im griechischen Alphabet das η
dem semitischen ח entspricht, מְתוּשֶׁלַח Mathusale, נֹחַ Noe,
שֶׁלַח Sale, יֶרַח Iare. Eine stärkere Aussprache (im Silben=
anfang) ist H, z. B. חֶשְׁבּוֹן Hesebon, חֲוִילָה Hevilah, חֵת
Heth, חִוִּי Hevaeus, חֲמָתִי Hamathaeus, חֵלֶץ Helles,
מִבְחָר Mibahar; seltener ist CH, z. B. חָם Cham, אֶלְחָנָן
Elchanan.

ט ift bald T, z. B. טָבְאֵל Tabeel, טַלְמוֹן Telmon,
טַבָּעוֹת Tabbaoth, bald TH, z. B. טוֹב אֲדוֹנִיָּה Thobadonia,
אָטֵר Ather.

י ist immer I, und zwar Konsonant im Anlaut des
Wortes vor Vokalen, z. B. יָבִין Iabin, יוֹתָם Iotham, יוּבָל
Iubal, sonst Vokal, z. B. מָדַי Madai, אוּלַי Ulai. Das
vokallose י im Anlaute ist entweder vokalisches I, z. B.
יְשַׁעְיָהוּ Isaias, יְדִידָה Idida, oder Ie, z. B. יְרוּשָׁלֵם Ierusalem, יְשַׁעְיָה Iesaia. Anlautendes י mit Chirek ist bloßes
I, z. B. יִשְׂרָאֵל Israel, יִשְׁמָעֵאל Ismael; doch auch יִשַׁי Iesse,
יְשִׁיָּה Iesia. י ist immer Vokal, auch wenn Jod konsonan=
tisch zu fassen ist, צִיּוֹן Sion.

כ im Anlaut wird teils durch C teils durch CH wieder=
gegeben. Ersteres steht, wie es scheint, bloß wo das Hebräische
Chirek hat, z. B. כִּתִּים Cethim, כְּתלִישׁ Cethlis, כְּסָלוֹת Ce-

seleth; letzteres ist das gewöhnlichere, z. B. כְּנַעַן Chanaan,
כּוּשׁ Chus, כְּלִיהוּ (nach korrigierter Form 1 Esbr. 10, 35)
Cheliau. In der Mitte des Wortes steht c und ch, je nach=
dem ein Konsonant oder ein Vokal vorhergeht, Ascenez (s.
oben), אָכִישׁ Achis; im Auslaut bloß ch, מֶשֶׁךְ Mosoch,
נִסְרֹךְ Nisroch, מְרֹאדַךְ Merodach, שֵׁשַׁךְ Sesach.

ל, מ, נ, ס sind ganz den lateinischen L, M, N, S ent=
sprechend, מִלּוֹא Millo, נוּן Nun, סְבָא Saba.

ע wird, wie alle Gutturalen, nach galiläischer Aussprache
oft ohne Bezeichnung gelassen, z. B. עֲנָמִים Anamim, עִירָא
Ira, שַׁעַלְבֹּנִי Salabonites, עֶבֶד נְגוֹ Abednego, יְשַׁעְיָה Isaias,
שַׁמָּע Samma, שַׁמּוּעַ Samua, auch יְהוֹשֻׁעַ Iosue. Nach
stärkerer Aussprache ist es H, z. B. עוּץ Hus, עֵבֶר Heber,
עִבְרִי Hebraeus, עֵיבָל Hebal, manchmal auch G, z. B.
עֲמֹרָה Gomorrha, רַעְמָה Regma, פְּעוֹר Phogor, עַזָּה Gaza.

פ wird fast nur mit der Aspiration geschrieben, z. B.
פַּרְעֹה Pharao, פַּרְפַּר Pharphar, פַּתְרוֹס Phetros, פִּינֹן Phi=
non, פָּסַךְ Phosech, פּוּנֹן Phunon, אַרְפַּכְשַׁד Arphaxad, אָפֵק
Aphec, עָפְנִי Ophni. Eine einzige Ausnahme ist פּוֹטִיפַר Putiphar.

צ ist allgemein durch S wiedergegeben, צֶלַע Sela, צְמָרַיִם
Samaraim, צֹעַר Segor, צִקְלָג Siceleg, עֶצֶם Asem, פֶּרֶץ
Phares.

ק ist C, קֵדָר Cedar, קַדְמִיאֵל Cedmihel, קִדְרוֹן Cedron,
אַשְׁקְלוֹן Ascalon, דִּקְלָה Decla, אָפֵק Aphec.

ר und שׁ sind R und S, שָׂרָה Sara, שְׂרוּג Sarug.

שׁ, für dessen Laut der Lateiner keinen entsprechenden Buch=
staben hat, ist meist durch einfaches S umschrieben, z. B.
אֱלִישָׁה Elisa, תַּרְשִׁישׁ Tarsis, שַׁמּוֹת Sammoth; mitunter
steht dafür auch SS, z. B. הָשֵׁם Assem, וַשְׁנִי Vasseni,
אַבְשָׁלוֹם Abessalom und Absalom.

ת ist Th, z. B. תּוּבַל Thubal, שֶׁתָר Sethar, אַדְמָתָא
Admatha, אָסְנַת Aseneth, aber auch einfaches T, תּוּבַלְקַיִן
Tubalkain, אֶפְרָתָה Ephrata, תַּפֵּחַ Taphua.

Bei der Verbindung von מ und ר steht hie und da B eingeschoben, z. B. זִמְרִי Zambri. Mit folgendem S wird es zu X, עַכְשָׂה Axa, אַכְשָׁף (Jos. 19, 25) Axaph (12, 20: Achsaph), אַרְפַּכְשַׁד Arphaxad. Dem Dagesch forte ent= spricht im ganzen die Verdopplung der Konsonanten; doch ist letztere manchmal unterblieben, wo das Dagesch steht, s. oben Hevaeus, Iesia, Cethim, Samua, Taphua, während um= gekehrt mitunter im Lateinischen die Verdopplung ohne hebräi= sches Dagesch eintritt, s. oben Samma, Gomorrha, חֵלֶץ Helles.

Was die Vokale betrifft, so läßt sich im allgemeinen als Regel aufstellen, daß die lateinischen A, E, I, O, U den be= kannten hebräischen Bezeichnungen ohne Rücksicht auf deren Länge und Kürze entsprechen, also מַשָּׂא Massa, יוֹבָב Iobab, עַזְגָּד Azgad, אֲחִימָן Achiman, תֵּימָא Thema, קְלָיָה Celaja, אֱלִיפֶלֶט Eliphelet, אִירִי Uri, שִׁמְעוֹן Simeon, אָהֳלִיבָמָה Oolibama. Von dieser Regel gibt es indes viele Aus= nahmen, die sich zum Teil auf konstante Beobachtungen zurück= führen lassen.

Für Pathach steht nicht selten (vermutlich wegen trüberer Aussprache (wie bei dem arabischen Fatha), im Lateinischen E, z. B. אַשְׁכְּנַז Ascenez, פַּתְרֻסִים Phetrusim, אַלְמוֹדָד Elmo- dad, שַׁלּוּם Sellum. Das Pathach furtivum ist fast immer e, יְהוֹשֻׁעַ Josue, שׁוּעַ Sue. Viel seltener ist dies bei Kamez der Fall, z. B. גִּרְגָּשִׁי Gergesaeus. Ebenso oft aber, haupt= sächlich bei Gutturalen, ist Pathach auch durch O vertreten, z. B. תּוֹגַרְמָה Thogorma, בֹּעַז Booz, מַעַץ Moos.

Umgekehrt tritt für Segol häufig das A ein, יַהְדָּי Ia- haddai; fast Regel ist dies in der ersten Silbe der Segolat= formen, z. B. שֶׁבֶר Saber, פֶּלֶג Phaleg, סֶלֶד Saled. Öfters steht aber auch für Segol im Lateinischen O, z. B. בֶּכֶר Bechor, אֶפְלָל Ophlal, מֶשֶׁךְ Mosoch, בֶּצֶר Bosor.

Für Zere plenum findet sich עֵילָם Aelam, קֵינָן Cainan; für חָרֵף steht Hariph.

Das hebräische I wird häufig, zumal unter dem Einfluß von Gutturalen, nach unreiner Aussprache mit E wieder= gegeben, z. B. מִצְרַיִם Mesraim, גִּרְגָּשִׁי Gergesaeus, חִוִּי Hevaeus, חִתִּי Hethaeus. Für das volle Chirek steht II in Philistiim, Hermoniim.

Das lange O und die beiden U des Hebräischen werden sehr häufig miteinander verwechselt, z. B. תְּקוֹעַ Thecue, אוֹבִיל Ubil, אוּזַי Ozi, זְבֻלוּן Zabulon, עֻזִּי Ozi, בֻּקִּי Bocci, סֻכּוֹת Sochoth, זַמְזֻמִּים Zomzommim. Für גּוֹלָן steht Gaulan, für רְעוּ 1 Par. 1, 25 Ragau.

Wie lateinisches O für hebräisches kurzes E, so steht um= gekehrt lateinisches E für hebräisches kurzes O in יָקְטָן Iectan, יָקְמְעָם Iecmaam, und auch עָמְרִי Amri.

Das Schwa, gleichviel ob mobile oder quiescens, wird nur selten durch e ausgedrückt, z. B. תְּקוֹעִי Thecuites, אַבְשָׁלוֹם Abessalom. Gewöhnlich richtet sich die Bezeichnung desselben nach dem darauf folgenden Vokal, z. B. כְּנַעַן Cha= naan, סְבָא Saba, סַבְתָּא Sabatha, סַבְתְּכָא Sabathacha, לְהָבִים Laabim, צַרְקִי Aracaeus, רְחֹב Rochob, עַכְבּוֹר Achobor; doch kommen hierbei Verwechslungen vor, wie sie oben schon indiziert sind, אֲנְתוֹתִי Anathotites, אָהֳלִי Oholai. Das anlautende Schwa wird auch ohne Rücksicht auf den folgenden Vokal oft durch A gegeben, דְּבִיר Dabir, פְּלוֹנִי Phalonites; so steht auch für אֱמֹרִי Amorrhaeus.

27. Hinsichtlich der Endung ist bei den angeführten Eigen= namen zu merken, daß sie fast durchgängig in ihrer hebräi= schen Gestalt herübergenommen sind und demnach als In= deklinabilia behandelt werden. Auch die Pluralendung ־ִים ist mit herübergenommen, Baalim, Seraphim, Zuzim. Eine Ausnahme machen bloß die mit יָה und יָהוּ zusammengesetzten Personennamen, indem diese Bildungsglieder oft durch die Endung ias ersetzt werden: אוּרִיָּה Urias, אֵלִיָּה Elias, יְשַׁעְיָהוּ Isaias, יִרְמְיָהוּ Ieremias. Analog gebildet ist Ionathas für

וִיהוֹנָתָן. Für אֶלְעָזָר steht Eliazarus. Für יְרוּשָׁלֵם steht balb Ierusalem balb Ierosolyma; für סְדֹם Sodoma, für יַרְדֵּן Iordanis. Die Völkernamen behalten teils die hebräische Endung teils bekommen sie die Endung aei, z. B. Emim, Rephaim, Ammorrhaei, Hebraei, Cedmonaei, Philistiim und Philistaei.

III. Eigentümlichkeiten der Wortform.

A. Deklinationsendung.

28. Abweichend von der klassischen Redeweise sind in der Vulgata folgende Nomina dekliniert.

collyrida, ae, Kuchen, 3 Mos. 7, 12; 8, 26. 2 Kön. 6, 19: singulis collyridam panis unam.

In der gewöhnlichen Sprache heißt das Wort collyra, Pl., Pers. 1, 3, 12: Collyrae facite ut madeant. Dimin.: collyris, dis., Aug., Gen. ad Litt. 8, 5, 11: una collyride hominem Deus ab indigentia famis vindicavit.

galbanus, i, Mutterharz (2 Mos. 30, 34). Eccli. 24, 21: quasi storax, et galbanus.

Sonst galbanum, z. B. Plin. 12, 25, 36; vielleicht vom hebräischen חֶלְבְּנָה.

nervum, i, Gefängnis, Ier. 20, 2: et misit eum in nervum, quod erat in porta Beniamin superiori.

pavus, i, Pfau, 3 Kön. 10, 22. 2 Par. 9, 21: (naves deferebant) pavos.

Nur bei christlichen Schriftstellern neben pavo, z. B. Arnob. 7, 8: anser, caper aut pavus; ebenso pava, Auson., Epigr. 69, 4: pavaque de pavo constitit ante oculos. M. F. 41.

tribula, ae, Dreschschlitten, 1 Par. 20, 3: fecit super eos ... tribulas transire; 21, 23.

Die Form steht auch bei Columella für das gewöhnliche tribulum.

Hierzu kommt von Eigennamen noch der Akkusativ Helladam, 1 Mach. 8, 9: qui erant apud Helladam, sowie der Genet. *Silvestri* und der Ablat. *Silvestro* im Meßbuch, 31. Dez.

B. Heteroklita.

29. Als Nomina, die nach verschiedener Deklination ab=
gewandelt werden, sind in der Vulgata besonders die folgen=
den zu merken.

1. Appellativa.

30. crater, is und cratera, ae, Becher, Schale;
erstere Form Hohel. 7, 2: crater tornatilis, und 1 Esdr.
8, 27: crateres aureos, letztere Jf. 22, 24: a vasis cra-
terarum. 2 Mof. 24, 6. 4 Mof. 4, 7.

diaco, nis und diaconus, i, Diakon, Phil. 1, 1: cum
episcopis, et diaconibus. *Fer. VI. in Parasc.: Oremus
et pro omnibus . . . Diaconibus, Subdiaconibus.* 1 Tim.
3, 8 12: Diaconi sint unius uxoris viri. R. Jt. 262. H. 43.

Cod. Am. 1 Tim. 3, 12: diacones.

hebdomas, dis ·und hebdomada, ae, Woche, ersteres
3 Mof. 12, 5: immunda erit duabus hebdomadibus.
4 Mof. 28, 26. Dan. 9, 24—27; letzteres z. B. Dan. 9,
27: Confirmabit autem pactum multis hebdomada una;
2 Mof. 34, 22: Sollemnitatem hebdomadarum.

Gell. 3, 10, 17: (Varronem) iam duodecimam annorum heb-
domadam ingressum esse et ad eum diem septuaginta hebdomadas
librorum conscripsisse. R. Jt. 258.

herodio, nis, und herodius, i, Storch, 3 Mof. 11, 19:
(comedere non debetis) Herodionem. Job 39, 13: similis
pennis herodii. Pf. 103, 17. 5 Mof. 14, 16: (ne come-
datis) Herodium.

Das Wort ist das griechische ἐρωδιός, das sonst Reiher bedeutet.

lacus, i, und lacus, us, heißt seltener See, gewöhnlich
Grube; von ersterer Form kommt nur der Genitiv Sing. vor,
z. B. Jf. 14, 15: in profundum laci, während dieselbe Form
von letzterer bloß 1 Mach. 9, 33 steht, ad aquam lacus Asphar.

Der Dat. plur. heißt lacis nach zweifelhafter Lesart Anthol.,
Lat. ed. Riese 1, 394, 10. Über die Bedeutung vgl. R. Jt. 315.

lampas, dis, unb lampada, ae, Lampe, erſteres z. B.
1 Moſ. 15, 17: lampas ignis; leßteres bloß Ez. 1, 13:
quasi aspectus lampadarum.

Cod. Am., Apg. 20, 8: lampadae copiosae. Plaut., Cas. 4,
4, 16: Tene hanc lampadam, wie Priścian 7, 10, 53 bezeugt.
R. Jt. 258. M. F. 41: lampada Rom.

margarita, ae, unb margaritum, i, Perle, erſtere
Form z. B. Offb. 21, 21: duodecim margaritae, leßtere
Spr. 25, 12: margaritum fulgens.

Varro ap. R. 119, 2: arma margaritis candicantia. Tac.,
Agr. 12: gignit et Oceanus margarita. R. Jt. 270.

Pascha, baß meiſt inbeklinabel iſt, ħat auch ben Genitiv
Paschae, z. B. Ez. 45, 21: Paschae sollemnitas.

Bei Späteren auch pluraliter: Symm., Ep. 10, 77: nec fas est
Pascharum praesertim dies sine sacerdote celebrare. (So beutſch
„bie Oſtern".) Ebenfalls bei Späteren ſteħt ber Genitiv Paschatis,
z. B. in bem Titel de Mysteriis Paschatis bei Ambroſius.

praesepe, is, unb praesepium, i, Krippe, jenes z. B.
Job 6, 5. Hab. 3, 17: non erit armentum in praesepi-
bus, bieſes Luk. 2, 7 12; 13, 15: non solvit bovem
suum, aut asinum a praesepio. R. Jt. 260.

Bei ben Profanſchriftſtellern kommt auch noch praesepis ober
praesepes, is unb praesepia, ae vor. Es iſt eigentlich eine Hürbe,
eine Umzäunung (prae unb sepes), boch kommt baß Wort in
ber Bebeutung Krippe ſchon bei Plautus, Curc. 2, 1, 13, vor.

sanguis, inis, unb sanguen, inis, Blut, leßteres 2 Moſ.
30, 10: in sanguine quod oblatum est pro peccato
(חַטָּאת מִדַּם). Ez. 45, 19: de sanguine quod erit pro
peccato (מִדַּם הַחַטָּאת).

Die Form sanguen iſt in ber älteren Latinität gewöhnlich,
ſ. Forcell. Enn. ap. Vahlen, Enn. poes. Rell., Trag. 228: pergunt
lavere sanguen sanguine.

sonus, i, ħat auch ben Genitiv sonus, Pſ. 41, 5: in
voce exultationis, et confessionis sonus (ἤχους) epulantis.

Sisenne, Ap. Non. 8, 67: sonu signorum.

tonitruum, i, unb tonitruus, i; bie erſtere Form iſt in
ber Bibel bie einjig vorkommenbe, bie leßtere ſteht Lect. V
d. X Febr.: *inter coruscos, et tonitruos, atque ingentis
pluviae inundationem.*

Hier., Ep. 61 ad Pamm. 4: tonitruus gentium, flumen elo-
quentiae Christianae.

Sonſt häufiger tonitrus, Liv. 1, 16, 1: cum magno fragore
tonitribusque; boch auch bei Cicero, Div. 2, 18, 42: tonitrua iactus-
que fulminum. Sen., Q. N. 2, 56: nos tonitrua pluraliter dicimus,
antiqui autem tonitrum dixerunt aut tonum.

2. Nomina propria.

a) Mit lateiniſcher Enbung.

31. Ecbatana, ae, Ecbatana, orum, unb Ecbatanis,
is, 2 Mach. 9, 3: cum venisset circa Ecbatanam. 1 Esbr.
6, 2: Et inventum est in Ecbatanis. Jubith 1, 1: (civitatem) quam appellavit Ecbatanis. Tob. 5, 8: (Rages)
posita est in monte Ecbatanis.

Die beiben erſten Formen ſtehen auch bei Profanſchriftſtellern,
ſ. Forcell. Ecbatanae, arum ſteht Apul., De mundo 26.

Ierosolyma, ae, unb Ierosolyma, orum, erſteres z. B.
Mark. 11, 1: Et cum appropinquarent Ierosolymae;
Matth. 2, 1: Magi ab oriente venerunt Ierosolymam,
leßteres z. B. Matth. 21, 1: Et cum appropinquassent
Ierosolymis.

Bei ben chriſtlichen Schriftſtellern ſteht gewöhnlich Hierosolyma
ober Hierusalem, boch ſcheint hier bie Aſpiration auf Rechnung ber Ab=
ſchreiber zu kommen. *Hymn. Laud. 30 Ian.: Solymas nexibus exime.*

Lacedaemon, bas ſonſt regelmäßig geht, hat einmal im
Akk. Lacedaemonas, 2 Mach. 5, 9: Lacedaemonas profectus.

Jm griechiſchen Text ſteht hier εἰς τοὺς Λακεδαιμονίους, ſo baß
allenfalls an ein Verberbnis bes Textes gebacht werben kann. Heiß 11.

Lystra, ae, unb Lystra, orum, erſteres z. B. Apg.
14, 20: reversi sunt Lystram, leßteres im Abl., z. B.
2 Tim. 3, 11: Iconii, et Lystris.

Memphis hat ben griechischen Genitiv Mempheos, s. u.
S. 129, erscheint aber im Abl. als Indeklinabile, z. B. Ez.
30, 13: cessare faciam idola de Memphis.

Ptolemais, dis, und Ptolemaida, ae, ersteres z. B. 1 Mach.
5, 22: usque ad portam Ptolemaidis; letzteres Apg. 21,
7: descendimus Ptolemaidam; 1 Mach. 10, 1: occupavit
Ptolemaidam.

Sodoma, ae, und Sodoma, orum, jenes z. B. 1 Mos.
18, 16: direxerunt oculos contra Sodomam, dieses z. B.
Luk. 17, 29: exiit Lot a Sodomis.

Eine Verwechslung beider Formen ist Klagel. 4, 6: Et maior
effecta est iniquitas filiae populi mei peccato Sodomorum, quae
subversa est in momento, et non ceperunt in ea manus.
Auch Sodomum, i und Sodomi, orum. Solin. 35, 8: ibi duo
oppida, Sodomum nominatum alterum, alterum Gomorrum. Tert.,
Carm. de Sod. 127: Nusquam sunt Sodomi, nusquam illorum impia
lucent Moenia.

b) In hebräischer Form.

32. Eine besondere Beachtung müssen diejenigen Nomina
finden, welche der hl. Hieronymus aus dem Hebräischen un=
verändert (nach den obigen Regeln) herübergenommen hat.
In Bezug auf die Deklination derselben hat der Übersetzer
keine festen Grundsätze eingehalten; doch lassen sich die folgenden
Regeln als ziemlich konstant erkennen.

1. Die große Masse der hebräischen Eigennamen bleibt
in allen Kasibus unverändert, mögen sie nun auf einen Kon=
sonanten oder auf einen Vokal ausgehen, z. B. 1 Mos. 36, 2:
Esau accepit uxores de filiabus Chanaan: Ada filiam
Elon Hethaei ... Basemath quoque filiam Ismael sororem
Nabaioth. Peperit autem Ada, Eliphaz: Basemath genuit
Rahuel: Oolibama genuit Iehus et Ihelon et Core. Dies
gilt besonders auch von denjenigen Namen, welche scheinbar
lateinische Endungen haben, z. B. 1 Mos. 36, 25: Habuitque

filiam Oolibama; 1 Par. 2, 4: (Thamar) peperit ei Phares
et Zara; 6, 8: Sadoc genuit Achimaas; Matth. 4, 13:
habitavit in Capharnaum maritima.

2. Die Eigennamen auf l und n werden gewöhnlich nach
der dritten Deklination abgewandelt. So werden Salomon,
Simon, Samuel, Daniel, Misael fast immer dekliniert,
z. B. 3 Kön. 1, 47: Amplificet Deus nomen Salomonis;
12, 6: assistebant coram Salomone; 1 Mach. 14, 4:
omnibus diebus Simonis; 1 Kön. 8, 4: venerunt ad
Samuelem; Dan. 6, 15: pro Daniele; 2, 17: Misaeli. Von
Saul finden sich sämtliche Kasus, z. B. 1 Kön. 11, 4:
(venerunt) in Gabaa Saulis; 9, 8: puer respondit Sauli;
17: Cumque aspexisset Samuel Saulem; 25: locutus
est cum Saule, obwohl es ebenfalls daneben als Indeklinabile
behandelt wird, z. B. 2 Kön. 1, 2: veniens de castris
Saul; 1 Kön. 18, 20: nunciatum est Saul; 16, 1: tu
luges Saul. Von Israel, das meist indeklinabel ist, heißt
der Genitiv Israelis, Pf. 146, 2. Von Gedeon kommt der
Genitiv Gedeonis Richt. 7, 14 20 neben Gedeon 8, 35,
der Dativ Gedeoni 7, 18; 8, 27 vor, im Akkusativ aber
z. B. 6, 34 und Ablativ Hebr. 11, 32 ist es indeklinabel.
Von Simeon steht als Ausnahme Simeonis z. B. 4 Mof.
25, 14: Simeoni Richt. 1, 3: Simeone; 17. Samson, Zabulon, Sion, Hebron werden gar nicht dekliniert.

3. Die hebräischen Namen auf a und as werden dekliniert,
wenn diese Endungen statt der hebräischen הָ֯, הָי und יָהִ֯
gebildet sind; z. B. 1 Mof. 36, 2: filiam Anae; 2 Esdr.
3, 23: filii Ananiae; 3 Kön. 2, 28: post Adoniam.
Indes erleiden die betr. Nomina auf a manche Ausnahmen,
z. B. 2 Par. 13, 15: ex adverso Abia et Iuda; 1 Par.
7, 28: usque ad Aza; Of. 11, 8: dabo te sicut Adama.
Indeklinabel sind die Nomina auf as, wenn das S ein hebräisches
צ vertritt, z. B. 1 Par. 6, 8: Sadoc genuit Achimaas.

4. Als singuläre Ausnahmen müssen gelten: a) einige Nomina auf am, die im Genitiv und Dativ dekliniert werden, als ob sie auf a ausgingen; so steht 1 Mos. 16, 15: Peritque Agar Abrae filium; 1 Mos. 25, 7: dies vitae Abrahae; Gal. 3, 8: praenunciavit Abrahae (und öfter im N. T.); 1 Mos. 2, 20: Adae non inveniebatur adiutor. b) Moyses, Genit. Moysi, z. B. 2 Mos. 8, 13: iuxta verbum Moysi, Dat. Moysi, z. B. 2 Mos. 5, 20: Occurreruntque Moysi, Akk. Moysen, z. B. 2 Mos. 2, 15: quaerebat occidere Moysen, Abl. Moyse, z. B. 2 Mos. 9, 11: coram Moyse. c) Iudas mit dem Genitiv Iuda, z. B. 1 Mos. 46, 12: Filii Iuda; Luk. 3, 26: qui fuit Iuda (neben Iudae, z. B. 4 Mos. 2, 9: in castris Iudae); ebenso Joh. 1, 42 usw.: filius Iona; Luk. 3, 27: qui fuit Ioanna. d) Manasses, das im Gen., Dat., Abl. Manasse, im Akkusativ Manassen hat, z. B. 1 Mos. 48, 1 13 20; 4 Mos. 1, 10. e) Ninive, sonst indeklinabel, mit dem Akk. Niniven, z. B. Nah. 1, 1: Onus Ninive; Tob. 1, 11: in civitatem Niniven. f) Rabsaces, Genit. Rabsacis, z. B. 4 Kön. 19, 4: universa verba Rabsacis; Dat. Rabsaci, 18, 26: dixerunt Rabsaci; Akk. Rabsacen, 18, 17: Misit autem rex Assyriorum Tharthan, et Rabsaris, et Rabsacen. g) Der Dativ Davidi (1 Kön. 20, 3) und Putiphari (1 Mos. 37, 36). h) Der Genitiv Philistinorum, z. B. Richt. 3, 3 neben Philistiim, z. B. 2 Mos. 13, 17 von dem sonst indeklinabeln Philistiim.

Im Brevier findet sich auch *Commend. An.* der Genitiv *Goliae* von Goliath; wahrscheinlich ist an Golias gedacht. Die Form Moysi für den Genitiv und Dativ leitet Forcellini aus itazistischer Aussprache von *Mωυσῆ* her; demnach wäre Moyses wie Iesus und wie Manasses dekliniert. Bei den Profanschriftstellern und vielen K. V. steht Mosis. Putiphare, das mit Putiphar nicht verwechselt werden darf, ist indeklinabel nach der Hauptregel 1 Mos. 41 45 50.

C. Numerus.

33. Folgende Pluralia tantum der gewöhnlichen Sprache erscheinen in der Vulgata als Singularia.

altare, z. B. 2 Mof. 40, 5: altare aureum.

inimicitia, z. B. Eccli. 6, 9: convertitur ad inimicitiam.

Plaut., Stich. 3, 1, 8: cumque eo reveni ex inimicitia in gratiam. Ein einziges Mal bei Cicero als Abstraktum, Tusc. 4, 9: inimicitia est ira ulciscendi tempus observans.

scala, ae, Leiter, 1 Mof. 28, 12 13: (vidit) Dominum innixum scalae.

sertum Sf. 28, 5: erit Dominus . . . sertum exultationis.

virgultum 1 Mof. 2, 5. Sf. 53, 2: ascendet sicut virgultum.

Der Plural steht 1 Mach. 5, 30 offenbar mit dem Mehrheits= begriff. In der profanen Literatur steht nur bei ganz späten Schrift= stellern der Singular, z. B. Gai., Dig. 46, 2, 56: qui scalam commodaverit. Quintilian bezeichnet es 1, 5, 15 als Fehler, scala und scopa zu sagen.

34. Umgekehrt stehen in der Vulgata manche Plural= formen, die in der profanen Literatur nicht gebräuchlich sind. Von Konkretis gehört hierher:

carnes, z. B. 1 Mach. 1, 50: iussit immolari carnes suillas.

Auch bei Plinius heißt es 28, 14, 58: cucurbitae carnes.

sanguines in der Bedeutung von Blutschulden, z. B. Ez. 9, 9: repleta est terra sanguinibus.

35. Sehr häufig aber ist dies der Fall bei Abstraktis, die dann den konkreten Begriff von Beweisen oder Wirkungen des betreffenden Abstraktbegriffes erhalten, z. B.:

aequitates, Pf. 16, 2: Beweise von Unschuld, also über= haupt Rechtschaffenheit.

amaritudines, z. B. Jer. 31, 21: Bitterkeiten, d. h. ernste
Beherzigungen.

benedictiones, z. B. 1 Mos. 49, 26: Segnungen.

conspectus, *Secr. Fer. VI Pentec.* Anblick (oder Augen).

fraudulentiae, Job 13, 9: Betrügereien.

generationes, sehr häufig entweder in der Bedeutung
Geschichte (תּוֹלְדוֹת), z. B. 1 Mos. 2, 4, oder Geschlechter,
Lebensalter, z. B. 4 Mos. 1, 20.

ignorantiae, z. B. Eccli. 23, 3: Beweise von Unwissenheit.

interitiones, Ps. 106, 20: Niederlagen.

iustificationes, häufig, z. B. Luk. 1, 6: Gesetze; Offb.
19, 8: gerechte Handlungen.

iustitiae, sehr häufig, z. B. 5 Mos. 4, 5: Gerecht-
same, Gesetze, anderswo, z. B. Judith 5, 11: gerechte
Handlungen.

magiae, Apg. 8, 11: magische Künste.

miserationes, z. B. 2 Esdr. 9, 27: Erbarmungen.

misericordiae, z. B. Ps. 16, 7: Gnadenerweise.

perditiones, Tob. 3, 22: Elend.

praestationes, 1 Mach. 10, 28: Leistungen.

salutes, z. B. Js. 26, 18: heilsame Wirkungen.

sanctificationes, Amos 7, 9: Heiligtümer. Ez. 20, 40.

superbiae, z. B. Ps. 73, 3: stolze Handlungen.

tornaturae, 3 Kön. 6, 18: Drechselarbeiten.

veritates, Ps. 11, 2: Wahrheiten.

Vgl. Loch 13. Die Pluralbildung der Abstrakta ist in der späteren
Latinität sehr gewöhnlich; so bei Seneca, Ep. 13, 2 (87), 38: pauper-
tates, 39: inopiae, Ep. 3, 2 (23), 3: hilaritates, Const., Sap. 6,3:
ulcerationes, Ros. 52; indes ist sie kaum irgendwo so häufig und
auffallend, als in der Vulgata, wie dies schon die angeführten Beispiele zeigen können. Viele auffallende Beispiele ließen sich auch aus
den christlichen Schriftstellern der ersten Jahrhunderte sammeln; aus
der sinkenden Latinität stehen viele andere M. F. 52.

D. Kasus.

1. Lateinische Formen.

36. Von asina findet sich der Abl. Plur. asinis statt asinabus. 1 Kön. 9, 20; 10, 2.

Zwar sagt Priscian 7, 3, 10: inveniuntur pauca feminini generis, quae ex masculinis transfigurantur, non habentibus neutra, quae et animalium sunt demonstrativa, naturaliter diversum genus habentia, quae differentiae causa ablativo singulari*bus* assumentia faciunt dativum et ablativum pluralem, ut . . . *asinabus.*

In der zweiten Deklination werden bei Münz= und Maßbestimmungen bloß die Genitive auf orum gebraucht, z. B. Joh. 6, 7: Ducentorum denariorum panes; Esth. 3, 9: decem millia talentorum; Agg. 2, 17: Cum accederetis ad acervum viginti modiorum; ebenso steht bloß liberorum, z. B. Jos. 6, 26: in novissimo liberorum ponat portas eius; deorum, z. B. Pf. 49, 1: Deus deorum Dominus; 2 Mof. 23, 13: Et per nomen externorum deorum non iurabitis. Heiß 7.

Aus der dritten Deklination hat die Vulgata die sonst fehlenden Formen carnium, cordium, panum, z. B. Job 41, 14: Membra carnium eius; Jer. 4, 4; 1 Kor. 4, 5: consilia cordium; 4 Mof. 6, 15: Canistrum quoque panum azymorum.

Charis. 1 s. v. panium: Caesar de analogia libro secundo dici debere ait, sed Verrius contra; nam i detracto panum ait dici debere. Neutrum autem puto posse dici, quia de iis est nominibus, quae cum pondere, numero mensuraque constant, semper sunt singularia.

Aus der fünften Deklination hat die Vulgata 2 Mach. 7, 34: extolli vanis spebus. Bar. 6, 62: neque speciebus, neque virtutibus (uni similis).

Cic., Top. 7: (formae) quas Graeci εἴδη vocant, nostri species appellant, non pessime id quidem, sed inutiliter ad mutandos casus in dicendo. Nolim enim, ne si Latine quidem possit dici, specierum et speciebus dicere. Die Form spebus steht nur noch bei späteren christlichen Schriftstellern, z. B. Sulp., Sev. Dial. 2 (3), 10, 3.

2. Griechische Deklination.

37. Die griechischen Wörter auf es nach der ersten Deklination haben im Akkusativ gewöhnlich en, z. B. 2 Mach. 12, 32: post Pentecosten; Matth. 27, 62: post Parasceven; die Eigennamen kommen auch mit em vor, z. B. 2 Mach. 4, 33: secus Daphnem.

Im Cod. Am. finden sich die griechischen Akkusative Caiaphan, Barnaban, Barabban, Zenan, Thoman, satanan, Iohannen.

Die zweite Deklination hat einige Akkusative auf on, 3 Mos. 11, 19: charadrion. 1 Par. 15, 21: epinicion. Ps. 118, 127: topazion.

In der dritten Deklination finden sich außer den auch bei den Profanschriftstellern gebräuchlichen Formen aera (2 Mach. 5, 2); aethera (Job 35, 5. Spr. 8, 28); cete 1 Mos. 1, 21. Dan. 3, 79) die Genitive Mempheos Is. 19, 13. Jer. 2, 16: Taneos z. B. Ps. 77, 12. Ein Akkusativ auf in steht Judith 1, 6: circa Euphraten et Tigrin. Der Akkusativ Pluralis auf as steht Is. 3, 20: periscelidas; Esth. 16, 14: Macedonas; 3 Kön. 11, 1: Moabitidas, et Ammonitidas; 2 Esdr. 13, 23: Azotidas.

E. Genus.

38. Von Wörtern auf us, die nach der zweiten Deklination gehen, kommt camelus an der Stelle 1 Mos. 32, 15: Camelos foetas als Femininum vor.

Camelos annuas sagt auch Trebell., Claud. 14; doch lesen hier einige camelas, wie nach Vercell. z. v. St. auch in allen Handschriften steht.

In der dritten Deklination ist compes masc., Klagel. 3, 7: aggravavit compedem meum.

39. Die allgemeine Regel, wonach indeklinabile Substan=
tive als Neutrum angesehen werden, trifft in der liturgischen
Sprache auch das Wort *Seraphim*, das in der Präfation
immer in der Verbindung *beata Seraphim* vorkommt.

Zweites Hauptstück.

Adjektiva.

I. Eigentümlichkeiten in der Bedeutung.

40. Als Adjektiva, deren Bedeutung in der Vulgata von
der gewöhnlichen abweicht, sind folgende zu merken:

aërius heißt h i m m e l b l a u, Esth. 8, 15.

contrarius hat die Bedeutung von g e g e n ü b e r b e f i n d =
l i ch, Eccli. 23, 15: loquela contraria morti (*ἀντίπερι*
βεβλημένη).

Vgl. unten contra in der Bedeutung von coram.

fidelis heißt neben der Bedeutung von z u v e r l ä s s i g
(z. B. 1 Tim. 3, 1; 1 Kor. 7, 25: ut sim fidelis sermo)
auch g l ä u b i g, r e ch t g l ä u b i g, z. B. Kol. 1, 2: fidelibus
fratribus; daher häufig in der Liturgie, z. B. *Or. M. Quot.*
Def.: Fidelium Deus omnium Conditor ac Redemtor.
R. Jt. 332.

honestus heißt r e i ch (dat census honores, Ov., Am.
3, 8, 55) an den beiden Stellen Weish. 10, 11: (sapientia)
honestum fecit illum und Eccli. 13, 2: qui honestiori
se communicat.

infidelis teils u n z u v e r l ä s s i g, z. B. Pred. 5, 3:
infidelis, et stulta promissio, teils u n g l ä u b i g, h e i d =
n i s ch, z. B. 1 Kor. 7, 12: Si quis frater uxorem habet
infidelem.

medius heißt auch h a l b, z. B. 3 Kön. 16, 9: dux
mediae partis equitum.

Diese Bedeutung stammt aus der Vulgärsprache; daher Varro, R. R. 3, 7, 9: hieme demunt cibum medium. Pall. 2, 18, 1: in eo vino medium croci scrupulum mittis.

modicus ist mit der auch sonst vorkommenden Bedeutung von klein, unbedeutend, in überwiegendem Gebrauch, z. B. Jf. 16, 14: (Moab) relinquetur parvus et modicus. R. Jt. 334.

pacificus hat die Bedeutung versöhnend, in der Ver= bindung mit victima, adeps u. dgl., z. B. 4 Mof. 6, 14: hostiam pacificam.

pinguis drückt die Eigenschaft der Fülle in allen nur möglichen Anwendungen aus; es heißt also auch fruchtbar, reich, stolz usw., z. B. 1 Mof. 49, 20: Aser, pinguis panis eius; Pf. 21, 30: adoraverunt omnes pingues terrae; 67, 16: Mons Dei, mons pinguis.

rudis heißt neu in der Verb. mit pannus. Matth. 9, 16. Mark. 2, 21.

saecularis ist a) jahrhundertelang, Tit. 1, 2. 2 Tim. 1, 9: tempora; b) weltlich, z. B. 2 Tim. 2, 4: negotiis.

Das Wort, das sonst in ludi saecularis, carmen saeculare u. dgl. seine Anwendung findet, bezeichnet in der späteren kirchlichen Sprache spezifisch den Charakter des Heidentums, z. B. Tert., Cor. mil. 7: Litterae saeculares, oder des Laienstandes, z. B. Hier., Ep. 60, 11: sint ditiores monachi, quam fuerant saeculares.

singularis bedeutet auch allein, d. h. ohne Gesellschaft, Mark. 4,10: Et cum esset singularis, interrogaverunt eum.

vacuus ist f. v. a. nichtig, umsonst, z. B. 1 Kor. 15, 10: gratia eius in me vacua non fuit; Gal. 2, 2: ne forte in vacuum currerem.

Petron., Sat. 102: sine caussa spiritum tanquam rem vacuam impendere ne vos quidem existimo velle. Herm., Past. 2, 12, 4: vobis, qui vacui et leves estis in fide. S. 90.

II. Eigentümliche Wörter.

A. Stammwörter.

41. Als der Vulgata eigentümlich und sonst nur selten vorkommend sind folgende primäre Adjektiva anzusehen.

grossus, a, um, dick (= crassus), nur im Komparativ, 3 Kön. 12, 10. 2 Par. 10, 10. Ez. 41, 25.

scius, a, um, einsichtig, Eccli. 21, 18.

Pacuv. ap. Prisc. 4, 6, 31: neque quemquam invenit scium. Petr. 63: sunt mulieres plus sciae Büch. plussciae. Lact., Inst. 2, 15: δαήμονας id est peritos ac rerum scios.

vesper, a, um, abendlich, spät, Mark. 11, 11: cum iam vespera esset hora,

Das Wort muß wegen des griechischen ὀψίας ἤδη οὔσης τῆς ὥρας als Adjektiv anerkannt werden. Das gewöhnliche vespera ist demnach ebenso, wie ὀψία, ein elliptischer Ausdruck.

B. Abgeleitete Wörter.

42. Sehr reich ist die Vulgata an abgeleiteten Adjektiven, die sich sonst gar nicht oder nur selten finden; diese geben einen besonders einleuchtenden Beweis von dem Leben der Volkssprache, unter deren Einfluß die Übersetzung entstand. Sie folgen hier nach den Ableitungsmitteln geordnet.

1. Ableitungen durch Nachsilben.

a) alis, e.

43. aeternalis ewig, Pf. 23, 7 9: portae.

Inscr. Grut. 752, 3: aeternali somno sacrum. Tert., Adv. Iud. 6: legem quoque temporalem et legem aeternalem.

animalis irdisch, irdisch gesinnt, nur im N. T. = ψυχικός, im Gegensatz zu spiritalis, z. B. 1 Kor. 15, 44: corpus; Jak. 3, 15: sapientia.

Das Wort scheint trotz des griechischen ψυχικός nicht von animus oder anima, sondern von animal abgeleitet zu sein. In der gewöhn-

lichen Sprache heißt animalis (von anima) atembar oder atmend.
Tert., De Iei. 1: Agnosco igitur animalem fidem . . . tam multi-
vorantiae quam multinubentiae pronam.

annualis jährig, d. h. ein Jahr dauernd, Eccli. 37, 14:
operarius.

Inscr. ap. Mur. 4, 8: I. O. M. Aetern. C. Iul. Valentinus IIII.
Vir primus annualis Mun. Sep. Apul. etc.

carnalis fleischlich, d. h. im Fleische lebend, vergäng=
lich, z. B. (Esth. 14, 10: regem, oder fleischlich gesinnt, z. B.
1 Petr. 2, 11: desideria.

Min. Fel. Octav. 32, 6: Deum oculis carnalibus vis videre.

hybernalis winterlich, Weish. 16, 29: glacies.

magnalis großartig, s. u. § 49.

originalis uranfänglich, 2 Petr. 2, 5: mundo.

Bei den späteren Profanschriftstellern kommt das Wort mit der
Bedeutung ursprünglich, eigentlich vor, z. B. Apul., Met.
11, 2: Ceres alma frugum parens originalis.

pascualis auf der Weide befindlich, 1 Kön. 28, 24:
vitulus. 3 Kön. 4, 23.

Steht in der Form pascalis bei vorklassischen Schriftstellern.
Paul., Ex Festo 14: Pascales oves Cato posuit pro pascuales.

quadragesimalis zur Fasten gehörig, Or. Dom. I.
in Quadr.: annua quadragesimali observatione.

spiritalis geistig, der Materie entgegengesetzt, z. B.
1 Kor. 10, 3: escam.

In anderem Sinne Vitr. 10, 1: machinarum est genus . . .
alterum spiritale. Veg., Vet. 5, 75, 1: spiritales partis pulmonis.
In obigem Sinne Solin. 23: in corporibus nostris commercia
sunt spiritalia.

spiritualis geistlich, d. h. zum inneren Leben gehörig,
dasselbe fördernd oder ein solches führend, z. B. Röm. 7, 14:
lex; Gal. 6, 1: vos (Galatae).

subiugalis unter dem Joch gehend, Matth. 21, 5:
asinae. 2 Petr. 2, 16: animal.

temporalis zeitlich, d. i. vergänglich, z. B. Hebr. 11, 25: peccatum.

Sen., N. Q. 7, 23, 2: omne, quod causa temporalis accendit, cito intercidit. Arae temporales kommen auf Inschriften für solche Altäre vor, die nur für einmaligen Gebrauch aus Rasen errichtet waren. Forcell.

b) aris, e.

angularis die Ecke bildend, mit lapis, z. B. Job 38, 6.

Cato R. R. 14, 1: pilas ex lapide angulari soll heißen „aus rechteckigen Steinen".

c) auf arius, a, um.

Diese Adjektive sind durchgängig von den verschiedenen Arten menschlicher Tätigkeit hergenommen und bezeichnen daher als Substantiva (mit Weglassung von vir, homo) die ein= zelnen Stände und Ämter der menschlichen Gesellschaft. Obwohl nur die Minderzahl noch in wirklich adjektivischem Gebrauche ist, so müssen sie doch hier und nicht unter den Substantiven aufgeführt werden.

abietarius Schreiner, Holzschnitzler, 2 Mos. 35, 35.

Paul., Ex Festo 1: abietaria negotia dicebantur, quam materiam nunc dicimus, videlicet ab abietibus coëmendis.

arcarius (Magister) Schatzmeister, Esth. 3, 9. Röm. 16, 23.

Arcaria nomina sind Schatzscheine oder Kassen=Anweisungen nach Gaii Inst. 3, 131.

auricularius (amicus) Geheimrat, 2 Kön. 23, 23.

Ulp., Dig. 50, 13, 1, 3: medicus auricularius, Spezialarzt für Ohrenkrankheiten.

caementarius, beim Mauern beschäftigt oder nötig, nur substant., z. B. 1 Esdr. 3, 7: Maurer.

focarius beim Ofen verwendet, 1 Kön. 8, 13:
filias, Bäckerinnen.

Gruter, Inscript. 1107, 3: Faustina focaria.

fundibularius (miles) Schleuderer, 1 Mach. 9, 11.

gemmarius auf Edelsteinen verwendet, 2 Mof.
39, 6: arte; 29: opere, Edelsteinarbeit; subftant., 2 Mof.
28, 11.

plagiarius ein *plagium* bewirkend, subftant., 1 Tim.
1, 10: Seelenverkäufer.

plumarius zur Stickerei gehörig, z. B. 2 Mof.
39, 28; 26, 1: opere, subftant., 35, 35.

Varro ap. Non. 2, 162: quid sit bene pictum a plumario.

polymitarius buntwirkend, z. B. 2 Mof. 36, 35:
opere, subftant., 38, 23.

portarius an der Türe beschäftigt, subftant.,
4 Kön. 7, 11. 1 Par. 16, 42: Türfteher.

scutarius den Schild führend, ftubftant., z. B.
3 Kön. 14, 27: Trabant.

Veg., Mil. 2, 11: Habebant etiam fabricas scutarias. Plaut.,
Epid. 1, 1, 35: ut materies subpetat scutariis.

stabularius, subftant., Gaftwirt, Luk. 10, 35.

Sen., Ben. 1, 14: nemo se stabularii aut cauponis hospitem
iudicat.

veredarius zu den Kurierpferden gehörig, (nun-
tius) Kurier, Efth. 8, 10. 14.

Vgl. das entsprechende Verzeichnis aus Seneca B. 10, 11, 12
und R. It. 31—37.

d) auf orius, a, um.

Alle diese Adjektive sind wie die oben angeführten Sub=
ftantive vom Supinum der Verba abgeleitet.

administratorius dienftbar, Hebr. 1, 14: spiritus.

deprecatorius verföhnlich, 1 Mach. 10, 24: verba.

desolatorius verwüstend, versengend, Pf. 119, 4:
carbones.

Das Wort ist gebildet, um das griechische ἐρημικός wiederzugeben.
Vermutlich soll σὺν τοῖς ἄνθραξι τοῖς ἐρημικοῖς heißen „mit Wüsten=
kohlen", d. i. mit den in der Wüste gebrannten Kohlen, und dies
wäre ein quid pro quo für das hebräische רְתָמִים גַּחֲלֵי „Kohlen vom
Rethemstrauch", der in der Wüste wächst; mit beiden soll die sengende
Glut der betreffenden Kohlen angedeutet sein. Andere Erklärung s.
bei Schleussn. s. h. v.

fusorius den Erzguß betreffend, 2 Mos. 32, 4: opus.

mutatorius zum Wechseln bestimmt, bloß mit
vestis, vestimentum, z. B. 4 Kön. 5, 5 22.

Pelag., Veter. 6: ad tussem mutatoriam (equorum).

scenofactorius Zelttuch bereitend, Apg. 18, 3: ars.

Das Wort ist halb griechisch; s. Loch 28.

e) auf atus, a, um.

Partizipialformen, die aber keinem Verbum entsprechen;
sie drückten das Begabtsein mit dem aus, dessen Begriff im
entsprechenden Substantiv liegt.

cervicatus hartnäckig, Eccli. 16, 11: unus.

cordatus beherzt, Job 34, 10: viri.

Ennius bei Cic., Tusc. 1, 9, 18: egregie cordatus homo, catus
Aelius Sextus.

crapulatus berauscht, Pf. 77, 65.

disciplinatus gebildet, verständig, Eccli. 10, 28:
vir. Jak. 3, 13.

Tert., Fuga 1: disciplinatior in ieiuniis et stationibus.

lanceatus mit einer Lanzenspitze versehen,
2 Kön. 23, 7: lignum.

linguatus wortreich, Eccli. 8, 4: homo; 25, 27:
mulier.

Tert., De An. 3: Apostolus Athenis expertus linguatam
civitatem Anth. lat. 1, 114, ed. Riese (chelyn) linguato decurrens
pollice. S. 98.

magnatus vornehm, bloß subſtant., z. B. Eccli. 4, 7.

medullatus markig, fett, z. B. Pſ. 65, 15: holocausta.

muratus ummauert, mit urbs, oppidum, civitas, z. B. 4 Moſ. 13, 20.

Veg., Mil. 3, 8: castella murata.

myrrhatus mit Myrrhe gewürzt, Mark. 15, 23: vinum.

oleatus mit Öl getränkt, 4 Moſ. 11, 8: panis.

Coel., Aurel. Acut. 2, 37, 208: pultes etiam non oleatae.

opinatus berühmt, Judith 2, 13: civitas.

Amm. 21, 6: cum certamen opinatum emitteretur.

pudoratus züchtig, Eccli. 26, 19: mulier.

rubricatus rotgefärbt, nur mit pelles, z. B. 2 Moſ. 25, 5.

sensatus verſtändig, außer 2 Par. 2, 12 nur im Ecclefiafticus (23mal), meiſt ſubſtant., aber auch cor sensatum. 36, 21.

Luk. 10, 21 heißt im Cod. Verc.: quoniam abscondisti haec a sapientibus et sensatis.

spicatus in Ähren geſchoſſen, Mark. 14, 3: nardus.

Plin. 21, 17, 61: Aliud rursus (herbarum) spicatarum genus.

squamatus ſchuppig, 1 Kön. 17, 5: lorica.

Tert., Apol. 21: squamatus aut cornutus aut plumatus amator.

stragulatus teppichmäßig, Spr. 31, 22: vestis.

striatus kanneliert (mit striae verſehen), 3 Kön. 7, 24: sculpturae.

Vitr. 7, 5: harpaginetuli striati. Plin. 9, 33, 52: striatis conchis.

timoratus gottesfürchtig, Luk. 2, 25. Apg. 8, 2: homo.

viratus wacker, tüchtig, Eccli. 28, 19: mulieres.

f) auf itus, a, um.

compeditus gefeffelt, z. B. Pf. 78, 11: gemitus
compeditorum.

Das Wort ift von compes abzuleiten. Ein Verbum compedio
fteht Varro ap. R. 139, 3: pedes corrigiis compedio. Das Adjektiv
fteht auch bei Cato R. R. 56: servi compediti.

ignitus feurig, eig. z. B. Ez. 28, 14: lapides; uneig.
z. B. Pf. 118, 140: eloquium,

Ignitus furor findet fich, obwohl nach angefochtener Lefung, Cic.,
Dom. 55, 141. Iul. Valer. Alex. M. 3, 56: draconis effigies igni-
tissima ap. Mai, Class. Auct. 7, 231.

g) auf ax, acis und as, atis.

nugax lächerlich, Weish. 2, 16: nos.

Bloß in Ciceros Brieffammlung, in der die vulgäre Sprache ihr
Recht behauptet, fteht Fam. 8, 15: Ecquando tu hominem ineptiorem
quam tuum Cn. Pompeium vidisti, qui tantas turbas, quum tam
nugax esset, commorit? Früher fagte man nugas, f. Forcell.

primas vornehm, Mich. 5, 5: octo primates homines.
2 Mach. 4, 21.

Apul., Met. 2, 19: apud primatem feminam.

h) auf icus, a, um.

angelicus einem Engel gehörig, Richt. 13, 6:
vultus; *panis angelicus* vom heiligen Sakrament, z. B.
Hymn. Mat. Corp. Chr.

Das Wort entfpricht zwar der griechifchen Form ἀγγελικός, fcheint
aber, nachdem angelus das lateinifche Bürgerrecht erhalten, felbftändig
gebildet zu fein. Die liturgifche Anwendung beruht auf folchen Stellen,
wie Prud., Dittoch. 11 de Manna: Panibus angelicis albent tem-
ptoria patrum.

Dominicus Gott gehörig, z. B. 1 Kor. 11, 20:
coena, das heilige Abendmahl; Offb. 1, 10: dies; nach letzterer
Stelle in der Liturgie gewöhnlich dies Dom. Sonntag.

Ein altes Wort, das aber feit den vorklaffifchen Schriftftellern
erft wieder bei Seneca vorkommt. Colum. R. R. 9: praef. 1 mos

antiquus subiecta dominicis habitationibus ponebat vivaria. Sen.,
Ep. 5, 6 (47), 8: dominici palati notitia. Vgl. Ros. 44.

lunaticus mondfüchtig, Matth. 4, 24; 17, 14.

Paul., Dig. 21, 1, 43: mancipium lunaticum.

i) auf ilis, e und bilis, e.

Der Regel nach drücken die Adjektiva dieser Bildung, wie
die deutschen auf ig und lich, die Fähigkeit oder Würdigkeit
aus, den betreffenden Verbalbegriff zu erleiden oder zu er=
fahren. In der Vulgata findet sich jedoch eine Anzahl dieser
Adjektiva, welche den Verbalbegriff aktiv enthalten und die
Möglichkeit, denselben auszuüben, darstellen.

abominabilis verabscheuungswürdig, z. B. Spr.
21, 27: hostiae.

Bei Lactanz sehr gebräuchlich, z. B. Inst. 7, 25: tyrannus ille
abominabilis.

accensibilis mit aktiver Bedeutung lodernd, ent=
flammend, Hebr. 12, 18: ignis.

acceptabilis wohlgefällig, außer Esth. 10, 3 nur von
Gottes Wohlgefallen, z. B. Jf. 58, 5: dies.

Apg. 10, 35 heißt Iren. 3, 12, 7: acceptabilis ei est.

cantabilis preiswürdig, Pf. 118, 54: iustificationes.

concupiscibilis kostbar, 1 Mach. 1, 24: vasa.

conflatilis gegossen, z. B. 2 Mof. 32, 4: vitulus.

contemptibilis verächtlich, z. B. Weish. 10, 4:
lignum.

Tert., Apol. 45: Epicurus omnem cruciatum doloremque de-
pretiat, modicum quidem contemptibilem pronunciando, magnum
vero non diuturnum.

corruptibilis verweslich, vergänglich, z. B. 1 Kor.
9, 25: corona.

Tert., Testim. An. 2: Si Deus irascitur, corruptibilis et
passionalis est.

currilis mit aktiver Bedeutung zum Laufen geeignet,
3 Kön. 4, 26: equi.

deprecabilis durch Bitten erweichbar, Pſ. 89, 13.

desperabilis verzweifelt, hoffnungslos, Jer. 15,
18: plaga (an deren Heilung man verzweifeln muß).

docibilis gelehrig, Joh. 6, 45. 2 Tim. 2, 24.

1 Tim. 3, 2 ſteht bei Tert., Monog. 12: irreprehensibilis,
sobrius, bene moratus, hospitalis, docibilis (alſo aktiv = doctor).

ductilis ziehbar, geſchmeidig, z. B. Pſ. 97, 6:
tubae; 2 Moſ. 37, 7: aurum.

Plin. 34, 8, 20: aes regulare, ab aliis ductile appellatum.

exprobrabilis mit aktiver Bedeutung ſchmähſüchtig,
Spr. 18, 1, mit paſſiver Bedeutung verächtlich. 25, 10.

interrasilis in Relief gearbeitet, z. B. 2 Moſ.
25, 25: corona.

Plin. 12, 19, 42: coronas ex cinnamomo interrasili, auro inclusas.

lacrymabilis mit aktiver Bedeutung weinend, Dan.
6, 20: vox.

Mit paſſender Bedeutung auch Virgil und Ovid.

mensurabilis meßbar, kurz, Pſ. 38, 6: dies.

motabilis mit aktiver Bedeutung beweglich, 1 Moſ. 1, 21.

Das Wort iſt wohl nicht durch einen Schreibfehler ſtatt mutabilem
oder mobilem in den Text gekommen, wie Vercellone meint, ſondern
ſetzt ein Stammwort motare voraus, von dem das wirklich vor=
kommende motitare abgeleitet iſt.

odibilis a) in paſſivem Sinne haſſenswerth, z. B.
Weish. 12, 4: opera; b) in aktivem Sinne gehäſſig, von
Haß erfüllt, Eccli. 7, 28: odibili non credas te. Tit.
3, 3: eramus aliquando . . . odibiles, odientes invicem.

Eccli. 31, 19 heißt bei Ambros., De Cain et Abel 1, 18: ut
non odibilis fias.

passibilis mit aktiver Bedeutung leidensfähig, Apg.
26, 23: Christus. Jak. 5, 17.

Iren. 3, 19, 2: homo indecorus et passibilis. Lact. 7, 20
ſteht ſtatt deſſen patibilis.

penetrabilis mit aktiver Bedeutung d u r ch b r i n g e n d,
f ch n e i b e n d, Hebr. 4, 12: sermo.

Virgilius, Georg. 1, 92: penetrabile frigus. Ov., Met. 13, 857:
penetrabile fulmen.

persuasibilis mit aktiver Bedeutung ü b e r z e u g e n d,
e i n f ch m e i ch e l n d, 1 Kor. 2, 4: verba.

Steht bei Quintilian 2, 15, 13 zur Übersetzung von πιθανός.

placabilis mit aktiver Bedeutung v e r f ö h n e n d, z. B.
2 Mof. 29, 33: sacrificium, mit paffiver Bedeutung v e r =
f ö h n l i ch, 1 Mof. 43, 14.

In erfterer Bedeutung auch bei Terenz, Ad. 4, 3, 17: Qua-
propter te ipsum purgare ipsi coram placabilius est.

praestabilis heißt fonft (mit aktiver Bedeutung) e r =
h a b e n und könnte fo auch in der einzigen Stelle, wo es
vorkommt, Joel 2, 13 praestabilis super malitia überfetzt
werden, erhaben über Böswilligkeit, d. h. diefer Gefinnung
unzugänglich; da aber das Hebräifche נִחָם עַל־הָרָעָה einen
andern Sinn hat, fo wird das Wort wohl mit praestare =
praesto esse in Verbindung zu fetzen fein und heißt dann
leicht v e r g e f f e n d, v e r f ö h n l i ch.

productilis = ductilis, 2 Mof. 25, 18. Eccli. 50, 18.

rationabilis v e r n u n f t g e m ä ß, z. B. Röm. 12, 1:
obsequium.

In diefer Bedeutung nur bei ganz fpäten Schriftftellern, z. B.
Ulp., Dig. 5, 1, 2: haec Celsi sententia, et rationabilis est.

receptibilis (Gott) g e f ä l l i g, a n g e n e h m, Eccli. 2, 5:
homines.

reprehensibilis Tadel v e r d i e n e n d, Gal. 2, 11: Petrus.

reptilis mit aktiver Bedeutung k r i e ch e n d, kommt bloß
im Neutrum als Subftantiv vor, z. B. 1 Mof. 1, 20.

sculptilis g e f ch n i tz t, ebenfalls bloß als Neutrum fub=
ftantivifch, z. B. 2 Mof. 20, 4.

Einmal bei Ovid, Ep. ex Ponto 4, 9, 28: Numidae sculptile
dentis opus.

suadibilis nachgiebig, Jak. 3, 17: sapientia.

In anderer Bedeutung Iren. 1, 4, 4: non est suadibile, . . . aquas ex iis exisse.

subiectibilis mit aktiver Bedeutung unterwürfig, Bar. 1, 18: nos.

tornatilis gebrechselt (bildlich), Hohel. 5, 14; 7, 2: manus, crater.

Auch offensibilis steht Lact., Inst. 4, 26 mit aktiver Bedeutung: leicht anstoßend.

k) auf inus, a, um.

Es sind bloß Bezeichnungen des Stoffes, woraus etwas gemacht ist.

carbasinus battisten, Esth. 1, 6.

Carbasus ist die Baumwolle, deren indischer Name harpâsa auch ins hebräische כַּרְפַּס übergegangen ist. An der bezeichneten Stelle ist carbasini substantivisch als „Baumwollenvorhänge" zu fassen; denn es mit coloris zu verbinden, geht nicht an.

cilicinus härren, 2 Mos. 26, 7: saga. Offb. 6, 12: saccus.

myrrhinus aus Myrrhen bereitet, Esth. 2, 12: oleum.

Myrrhinum vinum soll nach Plin. 14, 13, 15 bei Plautus vor= kommen und Wein, der mit Myrrhen versetzt ist, bedeuten, s. Forcell.

saccinus aus Sacktuch gemacht, Zach. 13, 4: pallium.

stibinus alabastern, 1 Par. 29, 2: lapides onychi-nos, et quasi stibinos.

Plin. 33, 6, 33: In iisdem argenti metallis invenitur, ut proprie dicamus, spumae lapis candidae nitentisque, non tamen translucentis: stimmi appellant, alii stibium, alii alabastrum, alii larbason.

thyinus vom Sandelbaum herrührend, ligna, z. B. 2 Par. 9, 10.

Im Hebräischen steht עֲצֵי אַלְגֻּמִּים oder אַלְמֻגִּים, dessen wahre Bedeutung zweifelhaft ist; LXX πεύκινος fichten, Anb.: Ebenholz.

l) auf **anus, a, um.**

quatriduanus viertägig, Joh. 11, 39: „vier Tage begraben".

m) auf **eus** unb **ceus, a, um.**

Sie finb sämtlich Stoffbezeichnungen.

carneus fleifchern, aus Fleisch gemacht, z. B. Ez. 11, 19: cor.

nerviceus aus Sehnen gemacht, Richt. 16, 7: funes.

pelliceus aus Fellen gemacht, z. B. 1 Mos. 3, 21: tunicae.

Lampr., Heliog. 4: sella pellicea. Das Wort ist bei andern spätlateinischen Schriftstellern pellicius geschrieben.

similagineus aus Weißmehl angefertigt, Eccli. 39, 31: panis.

Panis similagineus, Sen., Ep. 20, 2 (119), 3: al. siligineus.

testaceus aus Scherben bestehend, Richt. 1, 35: mons.

Plin., Ep. 10, 37 (46): testaceum opus, Ziegelsteinwerk. Vitr. 7, 4: testaceum pavimentum.

testeus irben, Jer. 19, 1. Klagel. 4, 2: vasa.

Macr., Sat. 7, 15, 15: (medicina) cui ratio est cum testeis terrenisque corporibus.

n) auf **itius** unb **icius, a, um.**

arreptitius im Geiste entrückt, verzückt, Jer. 29, 26: vir.

emptitius durch Kauf erworben, nur von Sklaven, z. B. 1 Mos. 17, 12.

Varr., R. R. 3, 17, 7: emptitia salsamenta. Petr., Sat. 47: empticius an, inquit, domi natus (es)?

subcinericius unter der Asche gebacken, bloß mit panis, z. B. 1 Mos. 18, 6.

o) auf **neus** und **aneus, a, um.**

momentaneus augenblicklich, einen Augenblick dauernd, 2 Kor. 4, 17.

Tert., Adv. Marc. 3, 17 (nach Jf. 42, 2): qui linum ardens, id est momentaneum ardorem gentium, non extinxit.

subitaneus plötzlich eintretend, z. B. Weish. 17, 6 14: ignis. 19, 16.

Colum. 1, 6, 24: subitaneus imber.

temporaneus rechtzeitig, erwünscht, vom Regen, z. B. 5 Mof. 11, 14.

ultroneus freiwillig, unaufgefordert, 2 Mof. 25, 2: homo.

Sen., Q. N. 2, 59, 8: quid interest ad mortem iussi eamus an ultronei? ed. Haase.

p) auf **osus, a, um.**

argumentosus, *Off. 22: Nov. Caecilia famula tua Domine quasi apis tibi argumentosa deservit.*

In der Bedeutung von inhaltsreich bei und Sidonius, z. B. Carm. 2, 175 beigeschrieben.

contentiosus hartnäckig, Jer. 8, 5: aversio; streit= füchtig, 1 Kor. 11, 16: aliquis.

Plin., Ep. 2, 19, 5: oratio de qua loquor pugnax et con- tentiosa est.

foetosus fruchtbar, von Tieren, Pf. 143, 13: oves.

herniosus mit einem Leibschaden behaftet, 3 Mof. 21, 20.

Lampr., Heliog. 25: dum sermo esset ortus, quanti herniosi esse possent in Urbe Roma.

linguosus zungenfertig, Pf. 139, 12. Eccli. 9, 25.

querulosus unzufrieden, Jud. 16: murmuratores.

rixosus zankfüchtig, Spr. 21, 19: mulier.

Colum. 8, 2, 5: rixosae aves. Vgl. das Verzeichnis aus Seneca B. 12 und R. Jt. 125.

q) auf **bundus, a, um.**

fumigabundus rauchenb, Weiŝh. 10, 7: terra.
Vgl. B. 12, R. Jt. 138.

r) auf **lentus, a, um.**

macilentus abgemagert, z. B. 1 Mof. 41, 19: boves.
Plaut., Capt. 3, 4, 114: macilento ore. Seitbem erft bei
Pallad. 3, 10, 1: macilentum solum.

s) auf **tivus, a, um.**

primitivus zuerft in feiner Art, 2 Mof. 13, 12;
fubftant. als Maŝkulinum Erftgeborener, z. B. 3 Kön.
16, 34, als Neutrum Erftling, z. B. 2 Mof. 23, 16.
Colum. 9, 13, 2: (apes) primitivis floribus illectae.

t) auf **turnus, a, um.**

longiturnus langanbauernb, Bar. 4, 35: dies.

2. Ableitungen durch vorgefetzte Präpofitionen.

44. Obwohl bie hierhergehörigen Abjektiva zum Teil unter
bie vorigen Kategorien fallen, fo müffen fie boch eine eigene
Abteilung bilben, infofern bie Bebeutung hauptfächlich burch
bie Vorfilbe bebingt ift.

a) mit **con.**

coaequalis gleich, z. B. 2 Petr. 1, 1: fides.
Petr., Sat. 136: coaequale natalium suorum sinciput.

coaevus gleichalterig, Dan. 1, 10: adolescentes.
comparticeps mitteilhaftig, Eph. 3, 6.
complacitus gnäbig, Pf. 76, 8: Deus.
concaptivus mitgefangen, z. B. Tob. 1, 3: fratres.
concatenatus zufammengefettet, 1 Mach. 6, 35:
loricae.
Minuc. Fel. 17, 2: cohaerentia, connexa, concatenata.

concorporalis einverleibt, Eph. 3, 6: gentes.

condignus ſubjekt. würbig, objekt. angemeſſen, z. B. Tob. 9, 2: ego; 2 Mach. 4, 38: retributio.

Bei Plautus gewöhnlich, z. B. Amph. 1, 3, 39: Ecastor condignum donum; in der klaſſiſchen Sprache nicht mehr bis bei Gellius. G. 94.

configuratus gleichgeſtaltet, z. B. Phil. 3, 21: corpus.

conformis gleichförmig, Röm. 8, 29.

b) mit in.

Es ſind Adjektiva mit negativer Bedeutung, die den deutſchen mit un zuſammengeſetzten entſprechen; der größere Teil iſt mit der Nachſilbe ilis gebildet, und für dieſen gilt ebenfalls das oben S. 139 über die Bedeutung Geſagte.

illamentatus unbeweint, 2 Mach. 5, 10.

immarcescibilis unverwelklich, unvergänglich, 1 Petr. 1, 4; 5, 4: gloria.

Tert., De Cor. 15: florem incorruptum, immarcessibilem, sempiternum.

impoenitens unbußfertig, Röm. 2, 5: cor.

importabilis unerträglich, Matth. 23, 4:

Tert., Adv. Marc. 4, 27: excusandos censuisset, si importabilia portare non possent.

impossibilis, mit aktiver Bedeutung ohnmächtig, Weish. 11, 18, mit paſſiver Bedeutung unmöglich, z. B. Hebr. 11, 6.

Bloß in der zweiten Bedeutung bei Profanſchriftſtellern, zuerſt bei Quintilian, z. B. 5, 13, 34: impossibilia aggredi.

imputribilis unverwesᷣlich, Iſ. 40, 20: lignum.

inaccessibilis unzugänglich, 1 Tim. 6, 16: lux.

inauxiliatus (paſſiviſch) hilflos, Weish. 12, 6: animae.

incessabilis, mit aktiver Bedeutung unabläſſig, 2 Petr. 2, 14: delictum; *Hymn. Ambr.: Tibi Cherubim et Seraphim incessabili voce proclamant.*

incircumcisus nichtbeſchnitten, nichtjüdiſch, bildlich ungebildet, hartherzig, z. B. 1 Moſ. 34, 14. Eʒ. 44, 7.

incoinquinatus unbefleckt, z. B. Weish. 3, 13: virgo.

incommunicabilis nicht mitteilbar, Weish. 14, 21: nomen.

inconfusibilis tabellos, 2 Tim. 2, 15: operarius.

inconsummatus unreif, Weish. 4, 5: rami.

inconsutilis ungenäht, Joh. 19, 23: tunica.

incorruptibilis unzerſtörbar, unvergänglich, z. B. Röm. 1, 23: gloria.

Weish. 12, 1: heißt in der Itala (cod. Veron.) incorruptibilis enim spiritus tuus est.

incredibilis, mit aktiver Bedeutung in allen aus der Itala ſtammenden Büchern ungläubig, z. B. Weish. 10, 7: anima; mit paſſiver Bedeutung bloß Richt. 20, 5. Eſth. 2, 15: pulchritudo.

In der erſten Bedeutung Apul., Asclep. 28: Incredibiles enim post delicta cogentur credere non verbis, sed exemplis.

inculpabilis unſträflich, 4 Moſ. 32, 22: Hebraei.

indeficiens immerwährend, nie abnehmend, Eccli. 24, 6: lumen.

Tert., Adv. Iud. 14: decorem indeficientem.

indisciplinatus zügellos, z. B. Eccli. 5, 14: verbum.

Cypr., Ep. 62: ne indisciplinati consumantur et pereant, da operam.

indomabilis unbezähmbar, Eʒ. 2, 4: cor.

Plaut., Cas. 4, 3, 12: si esses equus, esses indomabilis.

ineffugibilis unausweichlich, Weish. 17, 16: necessitas.

Apul., De Mundo: ineffugibilis necessitas ultionis.

inexterminabilis unvergänglich, Weish. 2, 23: homo.

inextinguibilis unauslöſchlich, z. B. Matth. 3, 12: ignis.

Varro ap. Non: 2, 131: consuetudo ... est inextinguibilis.

infrunitus **unmäßig**, Eccli. 23, 6; 31, 23: vir.

Im filbernen Zeitalter **töricht**; Sen., V. B. 23: (Sapiens) nec iactabit (opes), nec abscondet; alterum infruniti animi est, alterum timidi et pusilli.

ininterpretabilis **ſchwer mitzuteilen**, Hebr. 5, 11: sermo.

inobediens **ungehorſam**, z. B. 2 Esdr. 13, 27.

inscrutabilis **unerforſchlich**, z. B. Spr. 25, 3: cor.

insensatus **unſinnig, ſinnlos**, z. B. Weish. 3, 12: mulieres.

Luf. 24, 25 heißt bei Tert., Adv. Marc. 4, 43: O insensati et tardi corde.

insimulatus **unzweideutig**, Weish. 18, 16: imperium.

In der klaſſiſchen Sprache nur als Partizipium von insimulare: **angeſchuldigt**. Liv. 6, 16, 1: insimulatus falso crimine Senatus.

insuspicabilis **nicht zu vermuten**, Eccli. 11, 5; 25, 9.

investigabilis **unergründlich**, z. B. Röm. 11, 33: viae.

Orat. Man. investigabilis misericordia. Eph. 3, 8 ſteht im Cod. Fuld. ininvestigabiles divitias christi.

invisibilis **unſichtbar**, z. B. Tob. 12, 19: cibus.

Cels., Praef.: (3, 27: ed. Daremb.) invisibilia foramina.

imprehensibilis **untadelhaft**, z. B. Tob. 10, 13: femina.

1 Tim. 6, 14 heißt bei Tert., Resurr. 23: custodire mandatum immaculatum, irreprehensibile.

Mit Aktivbedeutung ſteht Lact., Inst. 1, 8: incogitabilis, ohn= gedanfig.

c) mit per.

permagnificus **ſehr prächtig**, Eſth. 2, 18: coena.

permodicus **ſehr gering**, 2 Par. 24, 24: numerus.

Suet., Tib. 47: permodica res familiaris.

persenilis **hochbetagt**, Joſ. 23, 1: aetas.

pervalidus **gewaltig**, Iſ. 30, 14: contritio.

Liv. 40, 47, 2: donec ad praevalidam aliam urbem veniret (ſonſt pervalidam).

d) mit prae.

praegrandis übergroß, Ez. 13, 11: lapides.

Pacuv., Ap. Ribbeck 37: praegrandi gradu. Plin. 13, 25, 49: praegrandes arbores.

e) mit re.

recalvaster, a, um, halb (b. h. born) kahl, 3 Mof. 13, 41.

Sen., Ep. 7, 4 (66), 25: ut ex duobus aeque iustis et prudentibus comatum et crispulum malis [quam recalvastrum].

reprobus verwerflich, unecht, z. B. Jer. 6, 30: argentum.

Ulp., Dig. 13, 7, 24: Qui reprobos nummos solvit.

f) mit super.

supergloriosus überherrlich, Dan. 3, 53: Deus.

superlaudabilis unendlich ruhmwürdig, Dan. 3, 53: Deus.

supersubstantialis überwesentlich, Matth. 6, 11: panis.

Das dunkle Wort ist wohl ursprünglich nichts anderes, als eine buchstäbliche Übersetzung von ἐπιούσιος (ἐπὶ = super, οὐσία = substantia); seine eigentliche Bedeutung ist also „vorhaltend, ausreichend", weswegen auch in vielen Cod. quotidianus dafür steht (J. Jt. 227). Da man aber schon frühzeitig die betreffende Stelle auf das mystische Brot des Lebens, das heilige Sakrament, deutete, so ist auch dem Worte supersubstantialis sehr bald die entsprechende Bedeutung von „überwesentlich", d. h. „über die gewöhnliche Wesenheit hinausgehend", beigelegt worden, und in diesem Sinne scheint es in der Vulgata bei= behalten zu sein. Vgl. indes H. 74; R. Jt. 227.

C. Ursprüngliche Partizipien.

45. Als Adjektiva sind in der Vulgata auch noch einige Partizipia im Gebrauch, von deren entsprechenden Verbal= formen sonst keine vorkommt.

beneplacitus wohlgefällig, z. B. Eccli. 34, 21: sub-sannationes.

circumamictus bekleibet, Pf. 44, 15. Offb. 4, 4: seniores.

Petr., Sat. 100: somnio turbulento circumamictus al. circumactus.

circumornatus geschmückt, Pf. 143, 12: filiae.

coëlectus miterwählt, 1 Petr. 5, 13: ecclesia.

complacitus gütig, gnädig, complacitior, Pf. 76, 8: (Deus).

complantatus zusammengepflanzt, Röm. 6, 5: complantati facti sumus.

deargentatus filberglänzend, Pf. 67, 14: pennae.

discalceatus barfuß, z. B. 5 Mof. 25, 10.

Suet., Ner. 51: ut prodierit in publicum sine cinctu et dis-calciatus.

inargentatus verfilbert, Bar. 6, 7; 56, 70: si-mulacra.

Plin. 21, 2, 3: Lamina inargentata.

incrassatus, eigentlich feist, gewöhnlich verhärtet, gleichgültig, z. B. Matth. 13, 15: cor.

If. 6, 10 heißt bei Tert., Adv. Marc. 3, 6: incrassatum est enim cor populi huius.

inolitus eingewurzelt, 3 Mof. 13, 11: lepra.

pignoratus gepfändet, Amos 2, 8: vestimenta.

In der Form pigneratus bei den Juristen, z. B. Ulp., Dig. 40, 5, 24: si quis servo pignerato directam libertatem dederit.

praefatus mit passiver Bedeutung obengenannt, Dan. 5, 13: rex.

In aktiver Bedeutung schon bei Birgil, Aen. 11, 303.

superadultus über die Jahre gekommen, 1 Kor. 7, 36: virgo.

vermiculatus filigraniert, Hohel. 1, 10.

Die Bedeutung ist eigentlich „wurmförmig"; das Wort kommt aber hauptsächlich nur in der Goldschmiedekunst vor. Zuerst ist es bei Lucilius, seitdem nicht mehr bis bei Plinius nachgewiesen. S. Forcell.

D. Zusammengesetzte Adjektiva.

46. Von zusammengesetzten, d. h. aus zwei selbständigen Begriffswörtern gebildeten Adjektivis, bei denen immer der erste Teil das Bestimmungswort, der zweite das Grundwort bildet, sind folgende als der Vulgata eigentümlich zu merken:

animaequus, bloß im Komparativ animaequior mit ab= soluter Bedeutung ruhig, getrost, z. B. Bar. 4, 5: populos.

Der Positiv Hermae Past. 1, 1, 3: noli vagari, sed animae-quus esto.

cornupeta stößig, 2 Mos. 21, 29 36: bos.

falsiloquus lügenhaft, Job 16, 9.

longanimis langmütig, 2 Esdr. 9, 17. Pf. 102, 8.

manufactus von Menschenhänden gemacht, z. B. Dan. 14, 4: idola; Hebr. 9, 11: tabernaculum.

multigenus mannigfach, Weish. 4, 3: multitudo.

Lucr. 2, 335: percipe, multigenis quam sint variata figuris.

multivolus lüstern, Eccli. 9, 3: mulier.

Catull. 68, 128: quae praecipue multivola est mulier.

omnimodus allseitig, Jf. 66, 11: gloria.

Lucr. 1, 683: ignis foret omnimodis. Apul., Flor. 4, 18: ubique vos omnimodis laudibus celebro.

pusillanimus, a, um, Jf. 35, 4 und pusillanimis, e, Eccli. 7, 9. 1 Theff. 5, 14: kleinmütig.

Tert., De Fuga 9: pusillanimes consolari.

quadrangulatus viereckig, z. B. 3 Kön. 6, 33: postes.

triennis dreijährig, 1 Mos. 15, 9: vacca.

unigenitus eingeboren, d. h. einziggeboren, bloß mit filius, z. B. 1 Mos. 22, 2.

versipellis heuchlerisch, unzuverlässig, Spr. 14, 25.

Bei Plautus in der eigentlichen etymologischen Bedeutung und in uneigentlicher, z. B. Pers. 2, 2, 48: capillus versipellis, Amphitr. prol. 123: Ita uorsipellem se facit, quando lubet.

E. Griechische Adjektiva.

47. In der Vulgata sind folgende Adjektiva aus dem Griechischen herübergenommen, die bei Profanschriftstellern sich nicht finden.

1. appellativa.

acharis *(ἄχαρις)* ungefällig, Eccli. 20, 21: homo.

angelicus *(ἀγγελικός)*, s. oben S. 138.

arceuthinus *(ἀρκεύθινος)* wacholdern, zypressen, 2 Par. 2, 8: ligna.

Hebräisch ברוש, eine auf dem Libanon wachsende Baumart, vielleicht das lat. bratum. 1490: denne. Diet.: Tennen. Douay: fir-trees. Sach: sapin. L. und R.: Tannen.

azymus *(ἄζυμος)* ungesäuert, mit panis, z. B. 2 Mos. 12, 8.

blasphemus *(βλάσφημος)* gotteslästerisch, z. B. 2 Mach. 10, 4: homines.

decachordus *(δεκάχορδος)* zehnsaitig, psalterium, Ps. 91, 4; 143, 9.

Die Interpunktion bezeichnet das Wort unrichtig als Substantivum.

diabolicus *(διαβολικός)* teuflisch, 3 Kön. 21, 13: viri. Jak. 3, 15.

dithalassus *(διθάλασσος)* auf zwei Seiten vom Meere umgeben, Apg. 27, 41: locus. S. L. u. R. z. d. St.

dyscolus *(δύσκολος)* unfreundlich, unwirsch, 1 Petr. 2, 18: domini.

ebeninus *(ἐβένινος)* schwarz wie Ebenholz, Ez. 27, 15: dentes.

Die Araber sollten an der Stelle verkaufen dentes eburneos et ebeninos. Obwohl im Original steht קַרְנוֹת שֵׁן וְהָבְנִים Elfenbein und Ebenholz, so ist doch im lateinischen Text ebeninos als Adj. akt. zu fassen, wie auch der hl. Hieronymus im Kommentar z. d. St. erklärt: hebenini (dentes) nigri colores, qui non possunt suam mutare nigredinem.

ecclesiasticus *(ἐκκλησιαστικός)* kirchlich, in der Vul=
gata bloß als Überschrift Ecclesiasticus sc. liber, in der
späteren kirchlichen Sprache sehr häufig.

eucharis *(εὔχαρις)* freundlich, Eccli. 6, 5.

haereticus *(αἱρετικός)* ketzerisch, Tit. 3, 10: homo.

ianthinus *(ἰάνθινος)* veilchenblau, meist mit pellis,
z. B. 2 Mof. 25, 5.

laicus *(λαϊκός)* ungeweiht, weltlich, 1 Kön. 21, 4:
panes.

In der späteren kirchlichen Sprache das gewöhnliche Wort für
„weltlich“, d. h. nicht zum Priesterstande gehörig; daher unser „Laie“.
Tert., Exhort. Cast. 7: vani erimus, si putaverimus, quod sacer-
dotibus non liceat, laicis licere.

obrizus *(ὄβρυζος)* rein, lauter, bloß mit aurum,
z. B. 2 Par. 3, 5.

pisticus *(πιστικός)* echt, Joh. 12, 3: nardus. Loch 27.

polymitus *(πολύμιτος)* bunt, z. B. 1 Mof. 37, 3:
tunica (eig. „künstlich gewebt“).

probaticus *(προβατικός)* zur Schafherde gehörig,
Joh. 5, 2: piscina.

Nach dem Griechischen „ein Teich beim Schaftor“; nach dem
Lateinischen „ein Schwemmteich für Schafe“, wenn nicht der Name
vom Tor auf den Teich übertragen wurde. Letzteres ist wohl wahr=
scheinlicher, weshalb auch Probatica als Eigennamen behandelt erscheint.

propheticus *(προφητικός)* prophetisch, 1 Petr. 1, 19:
sermo.

pythonicus wahrsagerisch, 3 Mof. 20, 27: spiritus.

zelotypus eifersüchtig, Eccli. 26, 8 9: mulier.

Mart. 1, 93, 13: nec me zelotypum, nec dixeris esse malignum.

2. gentilicia.

48. Die Adjektiva, welche die Zugehörigkeit zu einem
Volksstamme oder die Herkunft aus einem Orte bezeichnen,
sind in der Vulgata sämtlich griechischer Form. Einige werden

auf aeus = αἶος gebildet, z. B. Philistaeus, Chananaeus,
1 Mof. 38, 2: filiam hominis Chananaei.

Die größte Mehrzahl aber trägt die Endung ites, der
hebräischen Endung ` (S. 118 119) entsprechend, und wird
nach der ersten Deklination abgewandelt, z. B. 1 Par. 2, 17:
Iether Ismahelites; 4 Mof. 25, 14: viri Israelitae; 8:
post virum Israelitem; 1 Kön. 31, 7: viri Israelitae.

Statt ites findet sich fürs Maskulinum zuweilen auch die
Endung ita, z. B. Joh. 1, 47: Israelita.

Für das Femininum steht immer die Endung itis, itidis,
z. B. 3 Mof. 24, 10: mulieris Israelitidis; 1 Par. 2, 3:
de filia Sue Chananitide.

III. Substantivierte Adjektiva.

49. In der Verwendung der Adjektiva als Substantiva
geht die Vulgata viel weiter als die gewöhnliche Schriftsprache,
sei es, daß ein leicht zu ergänzendes Nomen wegbleibt, sei es,
daß die neutrale Form als Nomen auftritt. Es folgt daher
hier ein Verzeichnis von denjenigen elliptischen Ausdrücken
dieser Art, welche als der Vulgata eigentümlich betrachtet
werden können; manche der betreffenden Formen würden als
Adjektiva in eine der früheren Klassen zu verweisen sein.

alba (sc. vestimenta) weiße Kleider, in der Verb.
in albis, Joh. 20, 12. Offb. 3, 4; daher im römischen
Meßbuche: *Sabbatum in Albis, Dominica in Albis.*

altilia (sc. animalia) kleineres Mastvieh, Matth.
22, 4: tauri mei et altilia occisa sunt.

Tert., Poenit. 11: conquirito altilium enormem saginam.

antelucanum (sc. lumen) Frühlicht, Morgenrot
(ὄρθρον), Eccli. 24, 44.

antemurale Bastei, Jf. 26, 1. Klagel. 2, 8.

arida (sc. terra) das feste Land, z. B. 1 Mof. 1, 9:
Invit. Matut. (Pf. 94, 5) et aridam fundaverunt manus eius.

aureus (sc. nummus) Golbſtück, z. B. 4 Kön. 5, 5:
sex millia aureos.

Suet., Cal. 42: super immensos aureorum acervos spatiatus est.

beneplacitum das Wohlgefallen, z. B. Pſ. 88, 18:
in beneplacito tuo exaltabitur cornu nostrum; Eph. 1, 9:
secundum beneplacitum eius.

brachiale (sc. ornamentum) Armſpange, Eccli. 21, 24.

Plin. 28, 7, 23: brachiali argenteo inclusum. Bei ſpäteren
Schriftſtellern auch brachialis (sc. torques).

byssinum (sc. vestimentum) Baumwollengewand,
2 Par. 5, 12. Offb. 19, 8: cooperiat se byssino splen-
denti, et candido.

Tert., De cultu fem. 2, 13: vestite vos . . . byssino sanctitatis.

caldaria, ae, Kochkeſſel, 1 Kön. 2, 14: mittebat
eam in lebetem, vel in caldariam.

Apul., Herb. 59: herbae radices in caldaria decoquere.

campestria Gefilde, ſehr gewöhnlich, z. B. 4 Moſ.
22, 1: in campestribus Moab.

Tac., Germ. 43: Hi populi pauca campestrium . . . insederunt.

cassidile Kober, Reiſetaſche, Tob. 8, 2: protulit
de cassidili suo panem.

coaetaneus Altersgenoſſe, Gal. 1, 14: proficiebam
supra multos coaetaneos meos.

Apul., Met. 8, 7: amicum, coaetaneum, contubernalem.

caelestis Gott, Pſ. 67, 15: Dum discernit caelestis
reges; caelestia Himmel, z. B. Eph. 2, 6.

In der klaſſiſchen Sprache ſteht caelestes, ium, ganz gewöhnlich
für Götter; im Singular Tib. 2, 4, 35: quicumque dedit formam
caelestis avarae.

coccinum Scharlach (Farbe des coccus), Jſ. 1, 18:
si fuerint peccata vestra ut coccinum.

Iuv. 3, 283: coccina laena. Bei Martial ſind coccina, orum
Scharlachkleider, z. B. 14, 131.

collactaneus Milchbruder, 2 Macc. 9, 29. Apg. 13, 1: qui erat Herodis Tetrarchae collactaneus.

Completorium Schlußandacht im liturg. Gottesdienst.

conflatile Götzenbild, z. B. 5 Mof. 9, 12: fecerunt sibi conflatile.

contribulis Stammesgenosse, z. B. 3 Mof. 25, 17: Nolite affligere contribules vestros.

Inscr. Marin. Fratr. Arv. p. 48 (aus der Zeit des Tiberius): vos rogo, boni contribules.

crocea (sc. vestimenta) bunte Gewande, Klagel. 4, 5: qui nutriebantur in croceis.

cucumerarium Gurkenfeld, Jf. 1, 8. Var. 6, 69.

dextrale (sc. ornamentum) Armreif, 2 Mof. 35, 22. 4 Mof. 31, 50: annulos et dextralia etc.

Jf. 3, 20 heißt bei Cypr., De habitu Virg. 13: botronatum et dextralia et anulos etc.

Dominica (sc. dies) Sonntag, im röm. Meßb. und der kirchl. Spr. ganz gewöhnlich.

In der mozarabischen Liturgie heißt der Sonntag immer *Dominicus* (sc. dies) nach der nämlichen Anwendung.

edulium Speise, 1 Mof. 25, 34: accepto pane et lentis edulio comedit, et bibit, et abiit. 3 Mof. 7, 18.

Apul., Met. 5, 1: eduliorum variorum fercula copiosa. Sonst edulia, ium, von edulis, e.

excelsum Berghöhe (auf der unrechtmäßig geopfert wurde), z. B. 4 Kön. 14, 4: excelsa non abstulit.

femoralia, ium, Hüftkleid, Hofe, Eccli. 45, 10.

ficulnea (sc. arbor) Feigenbaum, z. B. Matth. 21, 19: Et arefacta est continuo ficulnea.

Als Abjektiv Varr., R. R. 3, 16, 37; cinere e ficulneis lignis facto. Col. 6, 3, 7: ficulnea folia.

humerale (sc. vestimentum) Schulterkleid (des Hohen=priesters), 3 Mof. 8, 7: desuper humerale imposuit; Eccli. 45, 10; daher in der lit. Spr. das Humeral.

inaquosum Wüfte, nur in den Pf., z. B. 77, 40:
concitaverunt eum in inaquoso.

inferum Unterwelt, z. B. Jf. 38, 10.

Bloß an „Stellen von höherem, poetischem Schwung, während
sonft inferi, orum, gebraucht wird". Heiß 12.

legitima, orum, Gefeße, Einrichtungen, z. B.
3 Kön. 9, 4: (si) legitima mea, et iudicia mea serva-
veris; 3 Mof. 20, 23: Nolite ambulare in legitimis
nationum.

Libanus Weihrauch, an der einen Stelle Eccli. 24, 21:
et quasi storax, et galbanus, et ungula, et gutta, et
quasi Libanus non incisus vaporavi habitationem meam.
S. Schleussner s. v. λίβανός.

libatorium (sc. vas) Trankopferschale, 1 Mach. 1, 23.

ligurius (sc. lapis) Opal, 2 Mof. 28, 19; 39, 12.

lumbare (sc. vestimentum) Gürtelbinde, bloß Jer.
13, 1—11.

magnalia, ium, Großtaten, sonft nur von Gott,
z. B. Apg. 2, 11: loquentes magnalia Dei; einmal von
den Vorfahren, Weiß h. 18, 24: parentum magnalia.

Herm., Past. 1, 4, 1: quis docuit me magnalia.

Matutinum (sc. tempus) im Brevier die erfte Tagzeit,
die Mette.

Plin., H. H. 11, 10, 10: Quies in matutinum (apibus).

memoriale Andenken, z. B. 2 Mof. 3, 15: hoc
memoriale meum in generationem et generationem.

morticinum Leichnam, Aas, z. B. 3 Mof. 11, 11:
morticina vitabitis; Pf. 78, 2: Posuerunt morticina
servorum tuorum, escas volatilibus caeli.

In der vulgären profanen Sprache häufig als Abjektivum: Varro,
R. R. 3, 2, 18: morticinas volucres aut pisces edere. In der
Vulgata fteht nur einmal 3 Mof. 7, 24: Adipem cadaveris morticini.
Das Wort fteht zuerft bei Plautus als Schimpfwort: Pers. 2, 4, 12:
non hercle si os perciderim tibi, metuam, morticine. Im Meßbuch

heißt die oben angeführte Pfalmenstelle *M. 27. Sept. Comm. posuerunt mortalia servorum tuorum.* Ähnlich steht Jer. 36, 30: mortificatum eius erit proiectum in aestu diei.

mutatorium (sc. vestimentum) Feierkleid, z. B. Zach. 3, 4: indui te mutatoriis.

natatoria (sc. piscina) Schwemmteich, Joh. 9, 7: lava in natatoria Siloe. 11.

An letzterer Stelle wäre ein anderes Wort natatoria, orum, anzunehmen, wenn nicht die Lesart natatoriam des Cod. Am. richtiger sein sollte. Nach dem Griechischen εἰς τὴν κολυμβήθραν wäre freilich auch an der ersteren Stelle natatoria als Akk. Plur. aufzufassen.

natale (sc. festum) Geburtsfest, 2 Mach. 6, 7. Matth. 14, 6. Mark. 6, 21: Herodes natalis sui coenam fecit. H. 86.

obrizum (sc. aurum) Edelmetall, Job 31, 24.

octava entweder eine bestimmte Tonart oder ein Instrument mit acht Saiten, 1 Par. 15, 21. Pf. 6, 1; 11, 1.

oratorium Betzimmer, Judith 9, 1: ingressa est oratorium suum.

panifica (sc. mulier) Bäckerin, 1 Kön. 8, 13.

pascua (sc. terra) und pascuum Weideland, Weidetrift, z. B. 1 Par. 4, 40: Inveneruntque pascuas uberes; Ez. 34, 14: in montibus excelsis Israel erunt pascua earum (ovium).

Das Adjektiv kommt nur in der profanen Sprache vor. Plaut., Truc. 1, 2, 53: non aruus hic, sed pascuust ager. Gai., Dig. 50, 16, 30: pascua silva est, quae pastui pecudum destinata est. S. 98.

pedalis Fußmaß, Elle, Jer. 51, 13: pedalis praecisionis tuae.

petrosa (sc. loca) Gestein, steiniger Boden, z. B. Mark. 4, 16: super petrosa seminantur.

praeceptum das vorweg Genommene, Jf. 11, 14: Idumaea et Moab praeceptum manus eorum.

Im Hebräischen steht נִשְׁלָה, so daß an praeceptum, Vorschrift, nicht gedacht werden darf, auch nicht in metonymischer Weise, wie Loch 13 will.

primitiva, orum, Erstlinge, z. B. Tob. 1, 6: omnia primitiva sua . . . fideliter offerens.

pugillaris (sc. tabella) Täfelchen, Luk. 1, 63: postulans pugillarem scripsit.

In der gewöhnlichen Sprache immer in der Pluralform pugillares.

rationale (sc. vestimentum) das Brustkleid oder Brustschild des Hohenpriesters, z. B. 2 Mof. 25, 7.

Diese Übersetzung von הַחֹשֶׁן beruht entweder auf dem Ausdruck λόγιον oder λογεῖον der griechischen Übersetzer 2 Mof. 28, 15, wonach es ein Mittel zum Orakel bedeuten würde, oder sie hängt mit der Bedeutung „Rechnung" von ratio zusammen, wie auch in der lateinischen Rechtssprache rationales die Rechner oder Kassenführer eines andern sind.

salutaris, m., Retter, Erlöser, z. B. Pf. 94, 1: iubilemus Deo salutari nostro *(τῷ σωτῆρι ἡμῶν)*; salutare, n., Heil, Rettung, z. B. Pf. 9, 16: Exultabo in salutari tuo *(ἐν τῷ σωτηρίῳ σου)*.

sardius (sc. lapis) Rubin, z. B. 2 Mof. 39, 10.

sinopis, idis, rote Farbe (aus Sinope), Jer. 22, 14: facit laquearia cedrina, pingitque sinopide.

Plin. 35, 6, 13: Sinopis inventa est primum in Ponto.

sculptile geschnitztes Bild, Statue, z. B. Jer. 8, 19: ad iracundiam concitaverunt in sculptilibus suis.

spiritualia geistige Mächte, Eph. 6, 12: contra spiritualia nequitiae.

stratorium Bettwerk, 2 Kön. 17, 28: Obtulerunt ei stratoria, et tapetia.

subiugale (sc. animal) Lasttier, Matth. 21, 5.

superhumerale (sc. vestimentum) Schulterkleid, z. B. 2 Mof. 35, 9: ad ornatum superhumeralis.

superliminare Oberſchwelle, z. B. 2 Moſ. 12, 22:
(aspergite) superliminare, et utrumque postem.

Plin. 29, 4, 26: nur nach beſtrittener Leſung (Sillig: in
superlimine).

temporaneus (sc. imber) Frühregen, Jak. 5, 7:
donec accipiat temporaneum, et serotinum; temporaneum
Frühfeige, Jſ. 28, 4: quasi temporaneum ante maturitatem autumni.

topazius (sc. lapis) Topas, z. B. Job 28, 19: Non
adaequabitur ei topazius de Aethiopia.

Bei ſpätlateiniſchen Schriftſtellern nur in der Form topazion
oder topazios.

unicornis (sc. bestia) Einhorn, z. B. Jſ. 34, 7:
Et descendent unicornes cum eis.

Bei Plinius, der das Wort zuerſt braucht, ſteht unicorne (sc. animal) 11, 46, 106: unicorne asinus Indicus; unicornis iſt bei ihm
bloß Abjektiv.

victualia Lebensmittel, 2 Mach. 3, 10: victualia
viduarum, et pupillorum.

Eine Anzahl ähnlicher Ausbrücke bei Plinius ſ. Gr. 7—11.

50. Bei dem ſubſtantiviſchen Gebrauche der wirklichen
Abjektiva kommt einigemal der hebräiſche Gebrauch vor, das
Femininum ſtatt des verallgemeinernden Neutrums zu ge-
brauchen. So ſteht Pſ. 26, 4: unam petii a Domino
„Eins habe ich vom Herrn gebeten"; Mich. 4, 6: congre-
gabo claudicantem (das Hinkende).

Daß dieſer Gebrauch mit Auslaſſung von res auch dem
lateiniſchen Sprachgebrauch nicht fremd geweſen iſt, ſcheint
das italieniſche nulla für „nichts" zu beweiſen.

IV. Komparation.

51. Die Vulgata hat einzelne Komparationsformen, die
in der gewöhnlichen Sprache nicht gebildet werden, z. B.:

complacitior, Pſ. 76, 8.

necessarior, 1 Kor. 12, 22: necessariora sunt.

piissimus kommt in der liturgischen Sprache nicht selten vor, z. B. *Or. post Hymn. S. Ambr. piissimae maiestati tuae.*

Haec Superlativi forma Ciceronis aetate in usu non fuit, ita ut ipse in M. Antonio hoc verbum, ut omnino nullum in lingua Latina, reprehenderet (Phil. 13, 19): contra apud inferioris aetatis scriptores sat frequens est. Ros. 52. S. z. B. Sen., Consol. ad Polyb. 7, 4 (26).

52. Bei der umschriebenen Komparation wird nicht bloß magis, sondern auch plus für den Komparativ gebraucht, z. B. Agg. 2, 10: Magna erit gloria domus istius novissimae plus quam primae; Ez. 5, 6: ut plus esset impia quam Gentes.

Vereinzelt findet sich dies auch in der spätesten profanen Literatur, z. B. Nem. Ecl. 4, 72: plus tamen ecce meus, plus est formosus Iolas.

53. Der Komparativ erscheint in den neutestamentlichen Bestandteilen der Vulgata einigemal noch gesteigert durch Zusatz von magis, z. B. Apg. 20, 35: Beatius est magis dare, quam accipere; Matth. 6, 26: magis pluris estis vos; Phil. 1, 23: multo magis melius; durch plus, Eccli. 23, 28: oculi Domini multo plus lucidiores sunt; Mark. 6, 51: Et plus magis intra se stupebant.

Auch Plautus sagt z. B. Poen. Prol. 82: magis maiores (nugas) egerit; Stich. 5, 4, 22: hic magis est dulcius; seitdem aber findet sich dieser Gebrauch erst bei ganz späten Schriftstellern, wie Val. Max. 3, 7, 1: magis invidia, quam pecunia locupletior. Analog ist M. F. 42: pluriora mehrere.

54. Neben der im Lateinischen gewöhnlichen Komparation ist in der Vulgata, zunächst in den aus der Itala stammenden Stücken, auch noch eine andere Steigerungsweise beibehalten, die aus dem Hebräischen herrührt. Nach dieser Weise steht:

a) die Form des Positivs für den Komparativ, z. B. Pf. 117, 9: Bonum est sperare in Domino, quam sperare in principibus; Eccli. 16, 4: Et utile est mori sine filiis, quam relinquere filios impios; 20, 1: Quam bonum est arguere, quam irasci; 37, 18: Anima viri sancti enunciat aliquando vera, quam septem circumspectores; Marf. 14, 21: bonum erat ei, si non esset natus homo ille; Eccli. 3, 20: Quanto magnus es, humilia te in omnibus. H. 24.

Ähnlich steht der Positiv in der Bedeutung von zu sehr, zu groß, z. B. 1 Mofes 18, 14: Numquid Deo quidquam est difficile? (הֲיִפָּלֵא מֵיְהֹוָה דָּבָר). Spr. 24, 7: Excelsa stulto sapientia. Vgl. auch Sulpic. Sev., Chron. 2, 20: omnibus destinatum erat, ... vel in bello occumbere quam impias cerimonias exercere.

b) Der Positiv statt des Superlativs, z. B. Matth. 22, 36: quod est mandatum magnum in Lege; Luf. 1, 42: Benedicta tu inter mulieres.

55. Andere Abweichungen von dem gewöhnlichen Gebrauche der Komparationsformen, die teils aus der Vulgärsprache teils aus der Übersetzungsweise herzurühren scheinen, sind folgende:

a) der Komparativ steht absolut, ohne verglichenen Gegenstand, z. B. Eccli. 3, 7: Qui honorat patrem suum, vita vivet longiore; Ez. 17, 6: crevit in vineam latiorem; 2 Kor. 8, 17: cum solicitior esset, sua voluntate profectus est; 2 Joh. 1, 1: Senior Electae dominae.

Dieser Gebrauch ist auch den Klassikern nicht fremd, z. B. Cic., Sen. 16, 55: Senectus est natura loquacior. Sch. 308. Viele Beispiele aus späterer Zeit M. F. 45.

b) Der Komparativ steht für den Superlativ, z. B. 1 Kor. 13, 13: manent fides, spes, charitas: tria haec, maior autem horum est charitas; Joh. 5, 4: qui prior descendisset in piscinam post motionem aquae, sanus fiebat.

c) Die Superlative plurimus und minimus (eigentlich: die aus den Neutris plus und minus gebildeten Abjektiva) ſtehen für den Komparativ, z. B. Matth. 13, 32: Quod minimum quidem est omnibus seminibus; Hebr. 11, 4: plurimam hostiam Abel, quam Cain, obtulit; Bar. 6, 2: eritis ibi annis plurimis *(ἔτη πλείονα)*. Daher der Aus=druck *Commune plurimorum Martyrum* im röm. Meßbuch.

Bemerkenswert iſt der Komparativ *proximior* (vgl. πρώτιστα, Hom., Od. III, 57), der einigemal in den Rubriken der liturgiſchen Bücher ſteht, z. B. im Brevier *Sabb. ante Dom. I. Aug. (Dominica): proximior Kalendis illius mensis,* wofür *Sabb. ante Dom. V. Aug.: propinquior* ſteht. R. Jt. 277.

56. Zur abſoluten Steigerung des Adjektivbegriffes dient außer den auch ſonſt gebräuchlichen Adverbien in der Vulgata noch multum, z. B. 2 Par. 18, 1: inclytus multum; Pſ. 102, 8: longanimis, et multum misericors; Pred. 7, 17: noli esse iustus multum; ſo auch Pſ. 119, 6: multum incola fuit anima mea. Noch häufiger wird nimis (מְאֹד) mit der Bedeutung von „ſehr, überaus" gebraucht, und zwar immer nachgeſtellt, z. B. 1 Moſ. 12, 14: quod esset pulchra nimis; 15, 1: merces tua magna nimis; Pſ. 78, 8: pauperes facti sumus nimis; Richt. 3, 17: Erat autem Eglon crassus nimis.

In der (ſelten vorkommenden) Bedeutung von „zu ſehr" behält nimis ſeine gewöhnliche Stellung, z. B. Eccli. 21, 5: domus, quae nimis locuples est.

Multum ſteht auch bei Plautus und den klaſſiſchen Dichtern mit dem Adjektiv verbunden, z. B. Plaut., Aul. 2, 1, 5: multum loquaces merito omnes habemur. Hor., Sat. 2, 3, 147: medicus multum celer.

Drittes Hauptſtück.

Numeralia.

I. Eigentümlichkeiten in der Bedeutung.

57. Von unus ſteht das Neutrum als Abſtraktum mit der Bedeutung von „daſſelbe, das nämliche", z. B. Joh. 10, 30: Ego, et Pater unum sumus 17, 21: Ut omnes unum

sint; 1 Joh. 5, 7 8: et hi tres unum sunt; 1 Kor. 11, 5:
unum est ac si decalvetur; daher der Ausdruck in unum
für „zusammen, vereint", z. B. 2 Mos. 28, 7: ut in unum
redeant; Jos. 11, 5: Conveneruntque omnes reges isti
in unum ad Aquas Merom; Ps. 48, 3: simul in unum
dives et pauper; 132, 1: habitare fratres in unum.

Letzterer Ausdruck ist auch der klassischen Sprache nicht fremd,
doch steht er nur von der Bewegung nach einem Ort, z. B. Sall.,
Iug. 51, 3: Metellus paulatim milites in unum conducit. Liv. 30,
11, 4: omnibus, qui bello apti erant, in unum coactis.

58. Bei der Aufzählung von nur zwei Gegenständen steht
unus statt des sonst gewöhnlichen alter, z. B. Matth. 24, 40:
Tunc duo erunt in agro: unus assumetur, et unus
relinquetur; 27, 38: Tunc crucifixi sunt cum eo duo
latrones: unus a dextris, et unus a sinistris.

59. Wenn ein Datum angegeben wird, so heißt una
(sc. dies) schlechthin der erste (des Monates), z. B. Agg. 1, 1:
in mense sexto, in die una mensis; Ez. 31, 1: tertio
mense, una mensis; Mark. 16, 2: una sabbatorum.
Ebenso steht Dan. 9, 2: anno uno regni eius, „im Jahre
Eins seiner Regierung".

II. Eigentümlichkeiten in der Form.

60. Von unus findet sich der Dativ uno, 2 Mos. 27, 14:
cubitorum tentoria lateri uno deputabuntur; 4 Mos.
29, 14: arieti uno.

Varro, R. R. 1, 18, 6: singula iugera quaternis operis uno
operario ad conficiendum satis esse. Cato, R. R. 19: unae fibulae
locum facito.

60 a. Von duo steht der Genitiv duum, Jos. 3, 4 in
der auch sonst vorkommenden Verbindung (spatium cubitorum) duum millium.

60 b. Von Distributivzahlen steht die Singularform *Seq.*
Corp. Chr.: turbae fratrum duodenae.

Viertes Hauptſtück.

Pronomina.

I. Perſönliches (reflexives, reziprokes) Fürwort.

61. Bei dem perſönlichen Pronomen der dritten Perſon
ſetzt die Vulgata in Nebenſätzen häufig die objektive für die
reflexive Form (eum für se), z. B. Tob. 3, 11: deprecabatur Deum, ut ab isto improperio liberaret eam;
Matth. 16, 21: coepit Iesus ostendere discipulis suis,
quia oporteret eum ire Ierosolymam; Mark. 10, 32:
coepit illis dicere quae essent ei eventura.

Umgekehrt ſteht 1 Moſ. 2, 18: faciamus ei adiutorium
simile sibi. *Sequentia Fest. Septem dolorum B. M. V.:*
Fac, ut ardeat cor meum. In amando Christum Deum,
ut sibi complaceam.

62. Als perſönliches Pronomen der dritten Perſon ſteht
oft ille ſtatt is oder ipse, z. B. Eccli. 21, 29: In ore
fatuorum cor illorum: et in corde sapientium os illorum;
27, 29: qui laqueum alii ponit, peribit in illo.

63. Häufig ſtimmen die perſönlichen Pronomina in Genus
und Numerus bloß dem Sinne nach mit dem betreffenden
Nomen überein, z. B. Richt. 1, 22: Domus quoque Ioseph
ascendit . . . fuitque Dominus cum eis; Matth. 28, 19:
Euntes ergo docete omnes gentes: baptizantes eos . . .
Docentes eos; 1, 21: salvum faciet populum suum a
peccatis eorum; Jf. 6, 2: sex alae uni, et sex alae
alteri: duabus velabant faciem eius, et duabus velabant
pedes eius (ihr Angeſicht, ihre Füße); Jon. 1, 3: descendit in eam, ut iret cum eis; Matth. 4, 23: circuibat
Iesus totam Galilaeam, docens in synagogis eorum;
Apg. 2, 45: Possessiones et substantias vendebant, et
dividebant illa omnibus.

64. Die persönlichen Fürwörter müssen öfter aus dem Zusammenhang ergänzt werden, auch wo nicht der entsprechende Kasus voraufgeht, z. B. Matth. 6, 4: Ut sit eleemosyna tua in abscondito, et pater tuus . . . reddet tibi; Eph. 5, 11: nolite communicare operibus infructuosis tenebrarum, magis autem redarguite; 2 Tim. 2, 12: si negaverimus, et ille negabit nos.

65. Der Genitiv des Pronomen personale steht als Genitivus subiectivus, wo sonst das Possessivum stehen würde, z. B. 2 Mos. 23, 25: auferam infirmitatem de medio tui; 2 Mach. 5, 8: in exitium sui; Phil. 2, 12: in praesentia mei.

In der profanen Literatur kommt dies bei Dichtern und ganz späten Prosaikern vor, z. B. Ovid., Met. 1, 30 et pressa est gravitate sui. Curt. 4 (45), 12, 8: ad Cyrum originem sui referens. M.-F. 46: ad maturitatem sui. Vop., Sat. 8: civitas digna profecto sui profunditate, quae pro sui magnitudine totius Aegypti teneat principatum.

66. Eine (dem Hebräischen nachgebildete) Umschreibung des persönlichen, besonders des reflexiven Pronomens geschieht durch anima, z. B. 1 Mos. 19, 20: vivet anima mea, ich werde leben; 5 Mos. 22, 26: latro consurgit contra fratrem suum, et occidit animam eius; Pf. 77, 18: tentaverunt Deum in cordibus suis: ut peterent escas animabus suis; Jf. 46, 2: Contabuerunt (simulacra) . . . et anima eorum in captivitatem ibit; Tob. 12, 10: Qui autem faciunt peccatum, et iniquitatem, hostes sunt animae suae; Eccli. 24, 1: Sapientia laudabit animam suam.

67. Für das Pronomen der ersten Person steht sehr oft das nach griechischer Weise gebildete egoipse oder egometipse als ein Wort, dessen beide Teile durchdekliniert werden, z. B. 2 Esdr. 4, 12: nosipsi faciamus opus; Tob. 9, 2: me-

ipsum tradam tibi servum; Joh. 8, 28: a meipso facio
nihil; Jer. 22, 5: in memetipso iuravi; 2 Theſſ. 3, 9:
ut nosmetipsos formam daremus; Röm. 12, 16: Nolite
esse prudentes apud vosmetipsos.

In neueren Drucken iſt dies häufig überſehen und bloß meipsum,
meipso noch hier und da als ein Wort gedruckt; die Ausgabe Ver=
cellones hat die übrigen Formen ſämtlich wiederhergeſtellt.

68. Das reciproke Pronomen einander wird auf mannig=
fache Arten ausgedrückt, die teils der vulgären Redeweiſe teils
dem hebräiſchen Sprachgebrauch ihren Urſprung verdanken.

a) Vulgärlateiniſch iſt der Gebrauch von invicem nicht
bloß für alle Kaſus, ſondern auch in Verbindung mit Prä=
poſitionen, z. B. 2 Moſ. 26, 4: ut possint invicem copu-
lari; Röm. 12, 16: Idipsum invicem sentientes; Eph.
4, 32: Estote autem invicem benigni, misericordes,
donantes invicem; Matth. 24, 10: invicem tradent, et
odio habebunt invicem; Röm. 16, 16: Salutate invicem;
Dan. 13, 14: sciscitantes ab invicem causam; 1 Moſ.
42, 21: locuti sunt ad invicem; Joh. 6, 43: Nolite
murmurare in invicem; Jak. 5, 16: orate pro invicem.

b) Ganz wie invicem wird auch das (adverbial zu faſſende)
alterutrum gebraucht, z. B. Apg. 7, 26: nocetis alterutrum; Jak. 5, 16: confitemini alterutrum peccata vestra;
Mark. 4, 40: dicebant ad alterutrum; Röm. 15, 5: idipsum sapere in alterutrum.

Cod. Fuld. Iac. 4, 11: detrahere de alterutrum. M. F. 41.

c) Andere rein lateiniſche Wendungen ſind Tob. 8, 15:
secum pariter dormientes; 1 Moſ. 37, 19: Et mutuo
loquebantur; 4 Kön. 3, 23: pugnaverunt reges contra
se, et caesi sunt mutuo.

d) Häufig ſind auch die hebräiſchen Redensarten, 1 Moſ.
11, 3: Dixitque alter ad proximum suum. Hebr. 8, 11:
non docebit unusquisque proximum suum, et unusquis-

que fratrem suum. 2 Mof. 10, 23: Nemo vidit fratrem
suum. Jer. 31, 34: Et non docebit ultra vir proximum
suum, et vir fratrem suum. Jon. 1, 7: Et dixit vir ad
collegam suum. 1 Mof. 13, 11: divisique sunt alterutrum a fratre suo.

II. Beſitzanzeigendes Fürwort.

69. Das Poſſeſſivum ſteht in der Vulgata häufig da, wo
keine Beziehung auf das Subjekt ſtattfindet, und wo die ge=
wöhnliche Sprache den Genitiv des perſönlichen Fürwortes ver=
wenden würde, z. B. Tob. 3, 9: cum pro culpa sua in-
creparet puellam; Eccli. 4, 27: Ne reverearis proximum
tuum in casu suo; Luk. 1, 51: dispersit superbos mente
cordis sui. *Secr. in Fer. VII Dol. B. M. V.: ... ut,
qui Transfixionem dulcissimi spiritus beatae Mariae Matris tuae precibus recentemus; suae, suorumque sub cruce
sanctorum consortium multiplicato piissimo interventu ...
meritum cum beatis habeamus. Lect. VI. Mat. S. Io.
Chrys.: cuius etiam reliquias veneratus (Theodosius) parentum suorum veniam petiit. Prec. Laud. Off. fer.:
Libera eos, Domine, ex omnibus tribulationibus suis.*

In der klaſſiſchen Sprache findet ſich dies bloß, wo ein beſtimmter
Nachdruck auf dem Pronomen ruht, um die betreffende Angehörigkeit
hervorzuheben, z. B. Liv. 4, 33, 5: suis flammis delete Fidenas,
quas vestris beneficiis placare non potuistis. Sch. § 317, A. 5.

70. Dagegen wird für suus nicht ſelten auch eius (eorum,
earum) geſetzt, z. B. Judith 12, 8: orabat Dominum Deum
Israel, ut dirigeret viam eius.

71. Der Gebrauch des Poſſeſſivums in objektiver Bedeu=
tung iſt häufiger als in der gewöhnlichen Sprache, z. B. Mal.
1, 6: si ergo Pater ego sum, ubi est honor meus; Luk.
22, 19: hoc facite in meam commemorationem; Hebr.
5, 7: exauditus est pro sua reverentia. *Or. Fer. III*

post Dom. I Quadr.: ut apud te mens nostra tuo desiderio fulgeat.

72. Der Bokativ von meus ist mitunter dem Nominativ gleich, z. B. Judith 12, 4: domine meus; Pf. 21, 2: Deus meus; 77, 1: popule meus.

So auch Virg., Aen. 6, 834: Proiice tela manu, sanguis meus. — Der Bokativ mi steht in der fixtinischen, sowie in fast allen alten Ausgaben auch für den Singular und Plural des Femininums, z. B. Richt. 11, 35; Ruth 1, 11 13; 3 Kön. 2, 20: filiae mi; Ruth 2, 2 22; 3, 1; filia mi. Vgl. Verc. z. d. St. und Hier., Ep. 22, 1: mi domina; 29: mi catella.

III. Hinweisendes Fürwort.

73. Ipse heißt in der Bulgata nicht bloß selbst, sondern auch „der selbe, der nämliche", wie idem, z. B. Pred. 1, 9: Quid est, quod fecit? ipsum, quod futurum est. Quid est, quod factum est? ipsum, quod faciendum est; Hebr. 13, 8: Iesus Christus heri, et hodie ipse *(ὁ αὐτός)*, et in saecula (wo das Kolon der Ausgaben zu tilgen ist); Jak. 3, 10: Ex ipso ore *(ἐκ τοῦ αὐτοῦ στόματος)* procedit benedictio, et maledictio; Luk. 2, 38: Et haec, ipsa hora superveniens, confitebatur Domino.

Der Cod. Fuld. hat auch die Form ipsud, z. B. Mark. 2, 22; ebenso illum als Neutrum, z. B. Joh. 21, 6.

74. Die demonstrativen Pronomina hic und is haben in manchen Stellen schon ihren deiktischen Charakter verloren und sind zu bloßen Artikelbezeichnungen geworden, wie dies später in den romanischen Sprachen gewöhnlich geworden ist. So steht Pf. 112, 2: Sit nomen Domini benedictum, ex hoc nunc *(ἀπὸ τοῦ νῦν)*, et usque in saeculum, wo nunc substantivisch und hoc als Artikel aufzufassen ist; ebenso 1 Mof. 2, 23: Hoc nunc, os ex ossibus meis, wo hoc nunc nach derselben Verbindung als Ablativ aufzufassen ist

(הָעָם את׳), unb Pf. 96, 1: Huic David = τῷ Δαυίδ.
Andere hierher gehörige Ausbrücke sinb Jf. 10, 10: simulacra
eorum de Ierusalem, et de Samaria, unb so auch wohl
Pf. 15, 4: conventicula eorum de sanguinibus. Häufig
vorfommenb ist ber Ausbruck idipsum für bas griechische τὸ
αὐτό (nach ber voraufgegangenen Bemerfung), z. B. 3 Kön.
18, 34: Etiam tertio idipsum facite; Matth. 27, 44:
Idipsum autem et latrones improperabant ei; Röm. 12,
16: Idipsum invicem sentientes. Hierher gehört auch
Hebr. 4, 11: ut ne in idipsum quis incidat increduli-
tatis exemplum, wo ipsum mit exemplum zu verbinben ist.
Von einer anbern Seite erflärt sich hierburch ber bunfle Aus=
bruck in idipsum, ber als Übersetzung bes griechischen ἐπὶ τὸ
αὐτό in ben Psalmen sechsmal (4, 9; 33, 4; 40, 8; 61,
10; 73, 6; 121, 3), im N. T. zweimal (Apg. 2, 47. 1 Kor.
7, 5) vorfommt unb bei bem idipsum bas Einssein als
Abstraftum ausbrückt. Dieser Begriff wirb aber entweber vom
Raum ober von ber Zeit verstanden; baher heißt in idipsum
genau wie ber hebräische Ausbruck יַחְדָּו, ben ber griechische
ἐπὶ τὸ αὐτό wiebergibt, entweber „zusammen" ober „sogleich,
auf ber Stelle". Erstere Bebeutung liegt in Pf. 33, 4: ex-
altemus nomen eius in idipsum (vereint), Pf. 73, 6: Ex-
ciderunt ianuas eius in idipsum (alle zusammen); ebenso
Pf. 121, 3; Apg. 2, 47; 1 Kor. 7, 5, auch Pf. 61, 10,
wenn bas Kolon vor ipsi gehört (f. Thalhofer z. b. St.).
An ben beiben übrigen Stellen steht bie zweite Bebeutung,
Pf. 4, 9: In pace in idipsum dormiam, et requiescam;
40, 8: Egrediebatur foras, et loquebatur in idipsum.

An anbern Stellen ist ἐπὶ τὸ αὐτό entweber burch simul über=
setzt, z. B. Pf. 36, 38; 73, 8, ober burch pariter, z. B. Apg. 2, 44,
ober burch in unum, z. B. Pf. 2, 2; 70, 10, auch burch in semetipsa
Pf. 18, 10, so baß bie obige Erflärung von id ipsum baburch be=
stätigt wirb (vgl. H. 29).

Auch ipse kommt vielleicht statt des Artikels in den Psalmen=
überschriften vor. Hier steht nämlich ipsi David sehr häufig (z. B.
Pf. 36), wo das Griechische τῷ Δαυίδ hat; vielleicht aber stand
dort αὐτῷ.

75. Der oben erwähnte hebräische Gebrauch, das Femi=
ninum statt des verallgemeinernden Neutrums der Adjektiva
zu setzen, findet sich besonders bei den demonstrativen Für=
wörtern beibehalten, z. B. Pf. 7, 8: propter hanc = propterea? 26, 4: hanc requiram; 31, 6: Pro hac orabit
ad te omnis sanctus; 108, 27: manus tua haec, et tu
fecisti eam; 118, 50: Haec me consolata est (wo nach
dem Griechischen nicht das vorhergehende spes darunter zu
verstehen ist); 56: Haec facta est mihi, quia iustificationes tuas exquisivi, „das ist mir zu teil geworden, daß
ich“ usw.; Jf. 6, 12: multiplicabitur (ea) quae derelicta
fuerat; Mich. 4, 6: eam, quam eieceram, colligam: et
quam afflixeram.

IV. Relatives Fürwort.

76. Dem Relativum wird sehr oft das Pronomen personale in gleichem Genus, Numerus und Kasus hinzugefügt;
es ist dies dem hebräischen Sprachgefüge entsprechend, bei dem
אֲשֶׁר bloßes Zeichen der Relation ist und die Beziehung des
betreffenden Wortes zum Nebensatz durch das persönliche Für=
wort ausgedrückt wird. Beispiele sind Pf. 18, 4: sermones,
quorum non audiantur voces eorum (ὧν οὐχὶ ἀκούονται
αἱ φωναὶ αὐτῶν, בְּלִי נִשְׁמָע קוֹלָם [אֲשֶׁר]); 32, 12: Beata
gens, cuius est Dominus, Deus eius; Pf. 104, 25: Aaron,
quem elegit ipsum; auch Matth. 3, 12: Cuius ventilabrum
in manu sua, gehört hierher; f. H. 67.

Da bei nebengeordneten Relativsätzen אֲשֶׁר nur an die Spitze
des ersten Satzes tritt, so ist von den Übersetzern in diesem Falle oft
die relative Verbindung übersehen worden, und es muß dann das
persönliche Pronomen der folgenden Sätze als Relativum aufgefaßt

werben, z. B. Pf. 1, 1, 2: Beatus vir, qui ... sed in lege Domini voluntas eius (יֶחְפָּ֖ץ־בְּתוֹרָ֑ת), „ſondern deſſen Luſt im Geſetze des Herrn iſt", 31, 2: Beatus vir, cui non imputavit Dominus peccatum, nec est in spiritu eius dolus, „und in deſſen Geiſte kein Falſch iſt".

Aug., Doctr. christ. 2, 13, 20: quid enim obest intellectori, quod ita scriptum est: quae est terra, in qua isti insidunt super eam, si bona est an nequam, et quae sunt civitates, in quibus ipsi inhabitant in ipsis? (4 Moſ. 13, 20.) Quam locutionem magis alienae linguae esse arbitror, quam sensum aliquem altiorem.

V. Fragendes Fürwort.

77. Das Neutrum des fragenden Pronomens heißt, wie im Griechiſchen, auch warum, z. B. Matth. 20, 6: Quid hic statis tota die otiosi; 26, 10: Quid molesti estis huic mulieri? In demſelben Sinne findet ſich oft auch ut quid oder utquid = ἱνατί, wobei fiat zu ergänzen iſt (Herm., Ad Vig. 849), z. B. Pf. 4, 3: ut quid diligitis vanitatem; 1 Mach. 2, 7: ut quid natus sum; Matth. 26, 8: Ut quid perditio haec.

Bei den vorklaſſiſchen Schriftſtellern und einzelnen Dichtern iſt dieſe Bedeutung von quid nicht ſelten, z. B. Plaut., Ampl. 1, 1, 221: loquere, quid uenisti; Ovid., Met. 11, 622: quid veniat scitatur. Ut quid ſteht abſolut in der vertraulichen Redeweiſe, Cic., Att. 7, 7, 7: Depugna, inquis, potius, quam servias. Ut quid? si victus eris, proscribare? si viceris, tamen servias?

VI. Unbeſtimmtes Fürwort.

78. Im Gebrauch von aliquis weiſt die Vulgata einige Abweichungen von der gewöhnlichen Regel auf, wie Offb. 21, 27: aliquod coinquinatum; Bar. 6, 23: Nisi aliquis exterserit aeruginem; Amos 3, 4: nisi aliquid apprehenderit; doch laſſen ſich die meiſten derſelben, wie Luk. 8, 56: praecepit ne alicui dicerent, und der häufige Gebrauch von aliquis in negativen Sätzen, durch die Grammatik rechtfertigen, ſiehe Schulz § 91, Anm. 4, 5.

79. Das inbefinite quis ist in der Vulgata besonders häufig gebraucht, z. B. Jak. 5, 14: Infirmatur quis in vobis; Apg. 26, 31: nihil morte, aut vinculis dignum quid.

quisque steht verallgemeinernd, wie quicumque oder quisquis im Brevier, *Hymn. ad Mat. Dom. post Dom. prox. Kal. Oct.: Ut quique sacratissimo huius diei tempore . . . psallimus, (eos) donis beatis muneret.*

Plaut., As. 1, 3, 47: cetera quaeque volumus uti, Graeca mercamur fide. Sidon., Ep. 4, 11 ad fin.: at tu, quisque doles, amice lector.

80. Für den Begriff „jeder" (jedermann) steht vir, dem hebr. ‏אישׁ‎ entsprechend, z. B. Jf. 14, 18: Omnes reges . . . dormierunt in gloria, vir in domo sua; 3 Kön. 12, 24: revertatur vir in domum suam; Hohel. 8, 11: tradidit (vineam) custodibus, vir affert pro fructu eius mille argenteos; Jon. 1: timerunt nautae, et clamaverunt viri ad Deum suum.

81. Von alter findet sich die Form alterae, Joel 1, 3: generationi alterae.

Alterae legioni steht Caes., B. G. 5, 27, 5. Ähnliche Formen sind im Cod. Fuld.: alium castellum, Luk. 9, 56, alio als Dativ, Matth. 8, 9.

82. uterque zeigt in der Vulgata das Eigentümliche, daß oft der Plural desselben zur Bezeichnung von zwei einzelnen Gegenständen gebraucht wird, wo die gewöhnliche Sprache den Singular verwendet. Im Buche Ecclesiasticus ist dies mit Ausnahme von 40, 25 durchgängig der Fall, z. B. 40, 23: Amicus et sodalis in tempore convenientes, et super utrosque mulier cum viro; es kommt aber auch sonst in den aus dem Griechischen übersetzten Stücken vor, z. B. 2 Mach. 14, 46: utrisque manibus proiecit; Luk. 7, 42: Non habentibus illis (duobus debitoribus), unde redderent, donavit utrisque.

Derselbe Gebrauch findet sich „ungenauer Weise" (Schulz § 91, 5) auch einigemal bei klassischen Schriftstellern, z. B. Virg., Aen. 6, 68: palmas utrasque tetendit. In der Vulgata ist an den betreffenden Stellen wahrscheinlich bloß auf den griechischen Plural ἀμφότεροι Rücksicht genommen. In der sinkenden Latinität ist die gedachte Kon= struktion häufiger, z. B. Tac., Ann. 16, 11: illa utrosque intuens. Sen., Herc. Fur. 1067: novitque tuas utrasque domus. M. F. 46: utrorumque elementorum.

83. Nullus steht substantivisch, wie nemo, z. B. 1 Mof. 23, 6: nullus te prohibere poterit; Richt. 3, 25: videntes quod nullus aperiret; Spr. 30, 30: ad nullius pavebit occursum. Ebenso ist nullum gleich nihil, z. B. Mark. 9, 28: Hoc genus in nullo potest exire, nisi in oratione et ieiunio. Heiß 13.

Beides, obwohl selten, auch zur klassischen Zeit, z. B. Nep., Cim. 4, 3: nulli eius res familiaris defuit. Tac., Germ. 43: nullo hostium sustinente novum aspectum. Häufiger im silbernen Zeit= alter, vgl. Gr. 28, noch mehr in der vulgären Sprache, f. M. F. 45, A. 4.

84. Der Begriff von „kein" wird nach hebräischer Weise durch omnis oder unus mit der (beim Verbum stehenden) Negation ausgedrückt, z. B. Pf. 33, 11: inquirentes autem Dominum non minuentur omni bono; Ez. 31, 14: non elevabuntur in altitudine sua omnia ligna aquarum; Matth. 24, 22: non fieret salvus omnis caro; 10, 29: unus ex illis non cadet.

Dagegen heißt non omnis „nicht jeder", z. B. Matth. 19, 11: Non omnes capiunt verbum istud, sed quibus datum est. Für niemand steht Ez. 44, 2: Porta haec clausa erit, et non aperietur, et vir non transibit per eam.

85. Nihilum findet sich auch im Nom. und Aff., und zwar in letzterem Falle sowohl ohne als mit Präposition; Nom. Pf. 38, 6: substantia mea tanquam nihilum ante te; If. 40, 17: quasi nihilum, et inane reputatae sunt;

Akk. z. B. Jſ. 40, 22: extendit velut nihilum coelos;
Pſ. 72, 22: ego ad nihilum redactus sum.

Bei Cic., Caec. 33, 95 heißt ein Geſetz des Sulla: Si quid
ius non esset rogarier eius ea lege nihilum rogatum. Lucret.
1, 791: redigi ad nihilum. Pers., Sat. 3, 83: in nihilum nil
posse reverti.

Fünftes Hauptſtück.

Verba.

I. Eigentümlichkeiten in der Bedeutung.

86. Zuerſt ſtehen hier wieder diejenigen Verba, welche
in der Vulgata mit anderer, als der ſonſt gewöhnlichen Bedeutung vorkommen.

A. Eigentümliche Grundbedeutung.

87. abnegare c. acc. heißt einer Sache oder Perſon
entſagen, beſonders mit semetipsum ſich ſelbſt ver-
leugnen, z. B. Tit. 2, 12: abnegantes impietatem, „der
Gottloſigkeit entſagend", Matth. 16, 24: abneget semetipsum;
dieſelbe Bedeutung liegt auch in Luk. 22, 34: donec ter
abneges nosse me, „bis du dreimal leugneſt, mich zu kennen".

accipere hat auch die Bedeutung von ergreifen, mit-
nehmen, wegnehmen, z. B. Matth. 16, 5: obliti sunt
panes accipere; Luk. 13, 21: quod acceptum mulier
abscondit; 1 Mach. 3, 12: Et accepit spolia eorum;
Bar. 2, 17: quorum spiritus acceptus est (ἐλήφϑη) a
visceribus suis.

Aug., Loc. in Heptat. 1 (Gen. 32, 22 et accepit duos uxores
nach der Itala): Notandum est quemadmodum dicatur consuetudine Scripturarum accepit; non enim tunc eas duxit aut tunc a
socero accepit.

adhaerere hat außer der gewöhnlichen, eigenen (z. B.
Pſ. 21, 16. Jer. 13, 11) auch die ſonſt nicht vorkommende

tropiſche Bedeutung von anhangen, ergeben ſein, z. B.
5 Moſ. 4, 4: adhaeretis Domino; Apg. 8, 13: adhaerebat
Philippo.

adiurare (ſonſt beſchwören = bekräftigen) heißt a) eiblich
(einen andern) verpflichten, z. B. 1 Moſ. 24, 3: Ut
adiurem te per Dominum; 50, 6: sicut adiuratus es;
b) beſchwören = flehentlich bitten, z. B. Hohel. 2, 7: Adiuro
vos filiae Ierusalem.

adorare hat auch in der Vulgata zunächſt den Sinn von
niederfallen oder durch Küſſen (ore) der Erde ver=
ehren, z. B. 3 Kön. 1, 16: adoravit regem; erſt daraus
iſt der ſpezifiſche Begriff von anbeten, d. h. göttlich ver=
ehren, abzuleiten, wie er ſo oft vorkommt, z. B. 2 Moſ.
34, 14: noli adorare Deum alienum.

Zu erſterer Bedeutung gehört der liturgiſche Gebrauch des Wortes,
wonach es z. B. Inv. S. Crucis Respons. Lect. IV heißt: tuam
Crucem adoramus, Domine. Vgl. Lact., De M. Pers. 18: homo
adeo superbus et contumax, ut neque patrem neque socerum solitus
sit adorare.

aedificare erhält in den pauliniſchen Briefen den Sinn
von erbauen in geiſtigem Sinne, d. h. erheben, zur
Andacht erwecken, z. B. 1 Kor. 14, 4: Qui loquitur
lingua, semetipsum aedificat: qui autem prophetat,
Ecclesiam Dei aedificat.

aemulari heißt auch ſich um etwas bemühen, c. acc.
z. B. 1 Kor. 12, 31: Aemulamini autem charismata
meliora.

aestimare wird gerade wie existimare für denken,
meinen gebraucht, z. B. Jak. 1, 7: Non ergo aestimet
homo ille quod accipiat aliquid.

ambulare iſt in übertragenem Gebrauch wandeln,
einen Lebenswandel führen, z. B. 1 Moſ. 5, 22:
ambulavit Henoch cum Deo.

Hagen 83, R. It. 346 wollen dem Verbum abire eine ähn=
liche Bedeutung vindizieren; allein auch Pf. 1, 1; Eccli. 22, 14;
Matth. 12, 1 usw. ift abire durchaus in seinem gewöhnlichen Sinne
aufzufassen.

apprehendere steht für umarmen, Tob. 10, 12:
apprehendentes parentes.

avocare heißt zerstreuen, erheitern, Eccli. 32, 15:
praecurre prior in domum tuam, et illic avocare, et
illic lude.

Arnob. 7, 9: parvuli pusiones, ut animis parcant abstineant-
que a ploratibus passerculos pupulos equuleos panes accipiunt,
quibus avocare se possint.

colligere im Sinne von beherbergen steht Matth.
25, 35 38 43: hospes eram, et collegistis me.

communicare steht a) intransitiv in der Bedeutung mit
jemand umgehen sehr häufig, z. B. Eccli. 13, 2: qui
honestiori se communicat; b) für verunreinigen =
communem reddere (κοινωνοῦν) in den Stellen Mark.
7, 15 18 20 23: omnia haec mala ... communicant
hominem.

Noch bemerkenswerter ift die erfte Bedeutung Lect. V Sabb. infra
Oct. Corp. Chr.: carni propter vos et sanguini communicavi.

complere und implere heißen im Paffivum insofern
eintreffen, eintreten, als der Begriff der Vollzähligkeit
von einem verstrichenen Zeitraum auf den Endtermin desselben
übertragen wird, z. B. Luk. 1, 57: Elisabeth impletum
est tempus pariendi; Apg. 2, 1: Et cum complerentur
dies Pentecostes.

compungere steht für erschüttern, betrüben, reuen,
Pf. 108, 17: compunctum corde. Apg. 2, 37:. et com-
puncti sunt corde.

concutere bedeutet brandschatzen, Luk. 3, 14: Neminem concutiatis.

Ulp., Dig. 1, 18, 6: illicita ministeria ad concutiendos homines.

confiteri heißt nicht so oft bekennen (z. B. 1 Mos. 26, 7) als preisen, z. B. Ps. 9, 2: Confitebor tibi Domine in toto corde meo.

confundere heißt beschämen, z. B. 1 Kor. 4, 14: Non ut confundam vos, haec scribo.

consequi heißt gehorchen in der bekannten Stelle 1 Kor. 10, 4: consequente eos, petra.

So steht im Griechischen ἀκολουθούσης πέτρας und Plaut., As. 2, 1, 13: certum herclest vostram consequi sententiam. Cic., Cat. 3, 6: dictae sunt a principibus acerrimae ac fortissimae sententiae, quas senatus sine ulla varietate est consecutus (ed. Orell.).

dare hat die Bedeutung von machen, wie reddere, z. B. Ps. 134, 12: dedit terram eorum hereditatem; Is. 3, 4: dabo pueros principes eorum; Ps. 105, 46: dedit eos in misericordias. Vgl. u. § 148.

Ter., Heaut. 5, 1, 77: Sed Syrum quidem ego si uiuo, adeo exornatum dabo, adeo depexum, ut dum uiuat, meminerit mei. Ps. 2, 8: dabo tibi Gentes haereditatem tuam nach den LXX, wo σοι wahrscheinlich bloße Konjektur einer späteren Hand ist, während ursprünglich δώσω allein das hebr. אֶתְּנָה wiedergab.

decidere für sterben steht Weish. 4, 19: erunt post haec decidentes sine honore.

defendere heißt auch rächen, z. B. Judith 1, 12: iuravit per thronum et regnum suum, quod defenderet se de omnibus regionibus his.

Ulp., Dig. 38, 2, 14: si patris mortem defendere necesse habuerit. Die Stelle 5 Mos. 32, 35: mea est ultio et ego retribuam heißt Tert., Adv. Marc. 2, 18: mihi defensam, et ego defendam.

dimittere heißt lassen in jeder nur möglichen Bedeutung oder Zusammensetzung des Wortes, namentlich a) zulassen, z. B. Matth. 3, 15: Tunc dimisit eum (ad baptismum); 1 Esdr. 6, 7: dimittite fieri templum Dei; b) erlassen, z. B. Mark. 11, 25: dimittite si quid habetis adversum aliquem; c) übrig lassen, z. B. Jos. 10, 28: non dimisit in ea saltem parvas reliquias; d) hinterlaſſen, z. B. Mark. 12, 19: si cuius frater mortuus fuerit, et dimiserit uxorem. Das Weitere ſ. H. 68. R. Jt. 358.

distrahere für verkaufen, ablaſſen ſteht 2 Mach. 8, 11: promittens se nonaginta mancipia talento distracturum.

Gell. 20, 1, 19: bona venum distrahuntur. Suet., Vesp. 16: coemendo quaedam, tantum ut pluris postea distraheret.

dormire heißt auch entſchlafen im Sinne von ſterben, z. B. 3 Kön. 14, 20: dormivit cum patribus suis; 1 Kor. 7, 39: si dormierit vir eius.

emendare iſt körperlich züchtigen, Luk. 23, 16: Emendatum ergo illum dimittam.

Der Ausdruck ſcheint aus der offiziellen Sprache genommen zu ſein: Ulp., Dig. 1, 16, 9, 3: Poterit similiter et libertum non obsequentem emendare aut verbis aut fustium castigatione.

eructare hat in der bibliſchen Sprache faſt nirgends den eigentlichen Begriff, ſondern heißt ohne üble Nebenbedeutung: hervorſtrömen laſſen, meiſt von der Rede, z. B. Pſ. 44, 2: Eructavit cor meum verbum bonum. Nur ein= mal Eccli. 11, 32 ſteht (und zwar ohne Objekt): eructant praecordia foetentium.

esse mit dem Infinitiv bedeutet möglich oder erlaubt ſein, wie das griech. ἔστι oder ἔξεστι, daher auch nur in den aus der Itala ſtammenden Büchern, z. B. Weish. 5, 10: cuius non est vestigium invenire; 2 Mach. 6, 9: erat ergo videre miseriam.

Aus dieſem Gebrauch der Vulgata ſtammt die ähnliche deutſche Redensart: es iſt zu . . . z. B. es war nichts mehr zu hoffen.

evacuare (ſonſt entleeren) heißt in der Vulgata wert= los machen, zerſtören, abſchaffen, z. B. Job 15, 4: evacuasti timorem; Eccli. 2, 8: non evacuabitur merces; Röm. 3, 3: Numquid incredulitas eorum fidem Dei evacuabit.

Herm., Past. 2, 10, 2: evacuantur a sensu suo.

exhibere ſteht für verpflegen, Unterhalt geben, Apg. 28, 7: qui nos suscipiens, triduo benigne exhibuit. Der Ausdruck iſt in der juriſtiſchen Sprache ganz gewöhnlich. Ulp., Dig. 1, 12, 1: si aegros se esse dicant desiderentque a libertis exhiberi. Forcell., haec autem notio inde oritur, quod, qui alit, eius, quem alit, praesentiam et statum exhibet.

exterminare heißt ſonſt, wie gewöhnlich, vertreiben, ausrotten, z. B. Weish. 12, 8; dagegen entſtellen, Matth. 6, 16: exterminant enim facies suas.

ferre hat außer den ſonſt gewöhnlichen Bedeutungen auch noch die von nehmen und wegnehmen, z. B. 1 Moſ. 2, 15: Tulit ergo Dominus Deus hominem; 21: tulit unam de costis eius; 5, 24: tulit eum Deus; Tob. 12, 5: tulerunt eum in partem.

festinare ſteht Hebr. 4, 11 in der Bedeutung von ſich befleißigen: Festinemus (σπουδάσωμεν) ergo ingredi.

frequentare heißt, wie celebrare, feiern, z. B. Postc. M. I. in Nat. Dom.: Nativitatem Domini nostri Iesu Christi Mysteriis nos frequentare gaudemus.

gratulari hat die abſolute Bedeutung von ſich Glück wünſchen, ſich freuen, z. B. Bar. 4, 31: qui gratulati sunt in tua ruina, punientur. Ov., A. Am. 3, 121: prisca iuvent alios, ego me nunc denique natum gratulor.

habere kommt auch vor mit der Bedeutung ſich befinden, wie griech. καλῶς ἔχειν, z. B. Mark. 5, 26: nec quidquam profecerat, sed magis deterius habebat; 16, 18: bene habebunt. Bene, male, belle habere kommt auch ſonſt im familiären Aus= druck vor, z. B. Cic., Fam. 9, 9, 1: Terentia minus belle habuit.

honestare heißt bereichern, Weish. 10, 10: honestavit illum in laboribus; Eccli. 11, 23: subito honestare pau- perem. W. 259.

honorare ſteht für h o n o r i e r e n, belohnen, Tob. 1, 16:
cum ex his, quibus honoratus fuerat a rege, habuisset
decem talenta argenti, ſ. Reuſch z. d. St. Ähnlich Spr.
3, 9: Honora Dominum de tua substantia.

*S. H i e r., Comm. in Matth. 2, 15, 4: (L. II Fer. IV post
Dom. III Quadr.) Honor in scripturis non tantum in salutationibus
et officiis deferendis, quantum in eleemosynis ac munerum oblatione
sentitur. Honora, inquit Apostolus, viduas quae vere viduae sunt.
Hic honor donum intelligitur. Et in alio loco: Presbyteri duplici
honore honorandi sunt. . . . Praeceperat Dominus . . . ut filii hono-
rarent, etiam in vitae necessariis ministrandis, parentes suos.*

intelligere heißt auch z u H e r z e n n e h m e n, b e a ch t e n,
z. B. Matth. 13, 19: qui audit verbum regni, et non
intelligit; Marf. 13, 14: qui legit, intelligat. H. 84.

intendere ſteht mehreremal im Sinne von a n ſ e h e n
(sc. oculos), z. B. Eccli. 42, 12: Omni homini noli intendere; 2 Kor. 3, 7: ut non possent intendere filii
Israel in faciem Moysi; Jaf. 2, 3: si intendatis in eum,
qui indutus est veste praeclara; einmal heißt es auch
a u f b r e ch e n = iter intendere, Pſ. 44, 5.

In letzterer Bedeutung Sall., Iug. 102, 1: pervenit in oppidum
Cirtam, quo initio intenderat.

iudicare hat, wie das hebr. שפט, neben der gewöhnlichen
Bedeutung noch a) die von h e r r ſ ch e n, z. B. 4 Kön. 15, 5:
iudicabat populum terrae; Pſ. 2, 10: erudimini qui iudi-
catis terram; b) von R e ch t ſ ch a f f e n, Pſ. 25, 1: Iudica
me Domine; 10, 18: sec. Hebr. Iudicare pupillo et humili.

meditari heißt in der Heiligen Schrift, wie anderswo,
nicht bloß b e d e n f e n, ſondern auch a u s ſ p r e ch e n (ebenſo
μελετάω und הגה, ſ. d. Ler.), z. B. Job 27, 4: nec
lingua mea meditabitur mendacium; Pſ. 2, 1: populi
meditati sunt inania (parall. fremuerunt); 36, 30: Os
iusti meditabitur sapientiam.

V i r g., Ecl. 1, 2: silvestrem tenui Musam meditaris avena.

nescire heißt nicht kennen, z. B. Matth. 25, 12:
nescio vos.

nubere steht für heiraten, vom Manne gesagt, daher
transitiv, z. B. Matth. 22, 30: neque nubent, neque
nubentur; Luk. 10, 34: Filii huius saeculi nubunt.

In der klassischen Sprache kommt diese Anwendung auch vor,
doch meist so, daß die eigentliche Bedeutung nicht verloren geht, z. B.
Mart. 8, 12: Uxorem quare locupletem ducere nolim, quaeritis?
uxori nubere nolo meae. Iuven. 2, 135: nubit amicus. Bei den
christlichen Schriftstellern gewöhnlich: Tert., Ad Ux. 2, 9: nec in
terris filii sine consensu patrum rite et iure nubent.

opponere hat die seltenere Bedeutung von verpfänden,
5 Mos. 24, 6: quia animam suam opposuit tibi. 2 Esdr.
5, 3: domos nostras opponamus.

Plaut., Curc. 2, 3, 76: pono pallium; ille suum anulum opposuit.

pati hat die allgemeine Bedeutung von in einem Zustand sein, erfahren, wie das griech. πάσχω, Pf. 91, 15:
bene patientes erunt (εὐπαθοῦντες).

perire heißt auch verloren gehen, z. B. 1 Kön. 9, 3:
Perierant autem asinae Cis patris Saul; Matth. 15, 24:
ad oves, quae perierunt domus Israel. H. 81.

ponere bedeutet auch zu etwas machen, wie facere,
reddere, daher auch mit doppeltem Akkusativ, z. B. Pf. 17,
12: Et posuit tenebras latibulum suum; 82, 14: pone
illos ut rotam. Vgl. unten § 148.

possidere heißt auch in Besitz nehmen, gewinnen,
z. B. 1 Mos. 4, 1: Possedi hominem per Deum; 4 Mos.
13, 31: Ascendamus, et possideamus Terram; Judith 5,
20: terras eorum, et civitates eorum ipsi possederunt;
1 Mach. 1, 34: Et captivas duxerunt mulieres: et natos
et pecora possederunt. H. 27.

praeterire heißt im N. T. auch untergehen, z. B.
Matth. 24, 35: Caelum, et terra transibunt, verba autem
mea non praeteribunt.

praevaricari ijt in ber Vulgata ein allgemeiner Aus=
brucf für fünbigen, z. B. 5 Mof. 32, 51: praevaricati
estis contra me.

recensere betrad)ten, *Postc. in Vig. Nat. Dom.: da
nobis recensita nativitate unigeniti Filii tui respirare.*
Stat., Silv. 5, 3, 20: Fulgentesque plagas rerumque elementa
recenses.

redimere ift neben feiner gewöhnlid)en Bedeutung im A.
wie im N. T. ba§ gebräud)lid)e Wort für erlöfen, z. B.
Pf. 25, 11: redime me, et miserere mei; Tit. 2, 14:
ut nos redimeret ab omni iniquitate.

regnare f)eißt nid)t „König fein", fonbern König wer=
ben an vielen altteftamentlid)en Stellen, z. B. 1 Mof. 36,
33: Mortuus est autem Bela, et regnavit pro eo Iobab;
4 Kön. 12, 1: Anno septimo Iehu regnavit Ioas.

relinquere zulaffen, erlauben, z. B. Pf. 104, 14:
non reliquit ($\dot{\alpha}\varphi\tilde{\eta}\varkappa\varepsilon\nu$, הִנִּיחַ) hominem nocere eis.

respondere fteft wie $\dot{\alpha}\pi o\varkappa\rho\acute{\iota}\nu\varepsilon\iota\nu$ für ba§ f)ebräifd)e עָנָה
unb teilt baf)er mit bemfelben aud) bie Bebeutung von an=
f)eben of)ne vorf)erige Rebe eine§ anbern, z. B. Matth. 11,
25: In illo tempore respondens Iesus dixit; Jf. 21, 9:
Ecce iste venit ascensor vir bigae equitum, et respondit, et dixit.

retinere f)eißt fid) erinnern (sc. memoria), 2 Theff.
2, 5: Non retinetis . . . quod haec dicebam vobis?
Gell. 17, 9, 16: sive ille Hasdrubal, sive quis alius est,
non retineo.

salutare f)eißt retten, fd)üßen Eccli. 22, 31: Amicum salutare non confundar.
Plin. 17, 22, 35 (177): sequenti anno palmites salutentur
pro viribus matris singuli aut gemini (nad) ben Hanbfd)riften).

salvare f)at neben ber gewöf)nlid)en Bebeutung von er=
f)alten, bewaf)ren nod) bie von retten, erlöfen, z. B.

1 Kön. 4, 8: Quis nos salvabit de manu Deorum sublimium istorum; Jud. 5: populum de terra Aegypti salvans.

scire steht auch für kennen, z. B. Tob. 11, 16: omnes qui sciebant eum.

silere heißt auch in allgemeinem Sinne Ruhe haben, ablassen, z. B. 1 Mach. 7, 50: siluit terra Iuda dies paucos; Luk. 23, 56: sabbato quidem siluerunt; daher wie die Verba von der Trennung mit a verbunden Pf. 27, 1: Deus meus ne sileas a me (παρασιωπήσῃς, תֶּחֱרַשׁ).

sustinere hat auch die intransitive Bedeutung von warten, abwarten, sowie die transitive von erwarten, z. B. Mark. 14, 34: sustinete hic, et vigilate; Apg. 20, 5: sustinuerunt nos Troade.

traducere hat in der Vulgata die besondere Bedeutung von offenbaren, ins Gerede bringen, zur Schau stellen, beschämen, Matth. 1, 19: cum nollet eam traducere; Kol. 2, 15: expolians principatus, et potestates traduxit confidenter; daher auch überführen, strafen, Weish. 4, 20: traducent illos ex adverso iniquitates ipsorum; 12, 17: horum, qui te nesciunt, audaciam traducis. H. 63.

Bei den Profanschriftstellern des silbernen Zeitalters ist diese Bedeutung häufig, und zwar mit dem Akkusativ der Person sowohl als der Sache; Mart. 3, 74: desine, si pudor est, miseram traducere calvam. Petr., Sat. 87: derisum traductumque inter condiscipulos; ebb. 17: ne traducere velitis tot annorum secreta. Die Erklärung des Ausdrucks gibt Liv. 2, 38: vestras coniuges, vestros liberos traductos per ora hominum. Bei den christlichen Schriftstellern um so häufiger; Tert., Adv. Marc. 4, 35 heißt 3 Mof. 19, 17: non odies fratrem tuum in animo tuo, traductione traducens proximum tuum; Vulg.: sed publice argue eum.

tribulare hat statt der eigentlichen Bedeutung bloß die von bedrängen, quälen; daher im Passiv leiden, z. B.

Pf. 3, 2: quid multiplicati sunt qui tribulant me; 105, 44: vidit cum tribularentur.

venire gibt im A. T. regelmäßig das hebräische אוֹב wieder und heißt daher wie dieses auch gehen, wandern, z. B. 1 Mof. 12, 1: veni in terram, quam monstrabo tibi; so auch 4 Mof. 21, 1: venisse Israel per exploratorum viam; f. Kaulen z. d. St. „Katholik" 1867, II 323.

volo heißt in absolutem Sinne seine Lust an etwas haben, und zwar intransitiv Pf. 111, 1: in mandatis eius volet nimis; transitiv (wohlwollen) Pf. 21, 9. Matth. 27, 43: liberet nunc, si vult eum.

Vgl. R. It. 346.

88. Im allgemeinen läßt sich beobachten, daß diejenigen Verba, die sonst „zu etwas machen" bedeuten, auch im Sinne von „für etwas erklären" vorkommen, z. B. 3 Mof. 13, 6: Et die septimo contemplabitur: si obscurior fuerit lepra, et non creverit in cute, mundabit eum, quia scabies est; Apg. 10, 15: Quod Deus purificavit, tu commune ne dixeris.

B. Eigentümliche Modifikationen der Bedeutung.

89. Zu dieser nämlichen Klasse gehören auch diejenigen Verba, die in der Vulgata hinsichtlich ihres formalen Charakters von dem gewöhnlichen Sprachgebrauch abweichen. Es sind nämlich im biblischen Gebrauche:

1. Intransitiva, die sonst als Transitiva erscheinen.

90. avertere sich wegwenden, z. B. Pf. 88, 47: Usquequo Domine avertis in finem; Eccli. 38, 10: Averte a delicto.

Plaut., Mil. 2, 2, 48: ecce avortit. Virg., Aen. 1, 406: dixit et avertens rosea cervice refulsit.

cognoscere zur Einsicht kommen, klug werden, Pf. 13, 4: nonne cognoscent omnes? 138, 14: anima mea cognoscit nimis.

convertere umkehren, zurückkehren, sich bekehren, z. B. Pf. 59, 2: convertit Ioab; 67, 23: Ex Basan convertam, convertam in profundum maris; Eccli. 17, 28: Quam magna misericordia Domini ... convertentibus ad se; 1 Mach. 13, 24: convertit Tryphon, et abiit in terram suam. Pf. 84, 7 heißt im Meßbuche *Dom. 2. Adv. Off.: Deus tu convertens vivificabis nos.*

Sall., Cat. 6, 7: (in vielen Handschriften) regium imperium in superbiam dominationemque convertit. Front., Ad Ant. Aug. 2, 2: spes in rem convertit.

delinquere aufhören, verschmachten, zu Grunde gehen, Pf. 24, 8: legem dabit delinquentibus in via; 33, 22: qui oderunt iustum delinquent.

Cael., Ap. Lev. ad Aen. 4, 390: delinquere frumentum Fulcero; ebb.: num delinquat aut superet aliquid tibi.

destinare sich entschließen *(προθυμεῖσθαι)*, 1 Mach. 1, 14: Et destinaverunt aliqui de populo, et abierunt ad regem.

dirigere richtig, rechtschaffen sein, Pf. 58, 5: sine iniquitate cucurri et direxi; 100, 7: qui loquitur iniqua, non direxit in conspectu oculorum meorum.

Bell., Hisp. 29: hinc dirigens proxima planities aequabatur.

elongare sich entfernen, fern bleiben, Pf. 54, 8: Ecce elongavi fugiens. Eccli. 35, 22: Dominus non elongabit. Jer. 2, 5: elongaverunt a me.

maturare reifen, Joel 3, 13: maturavit messis.

mediare halb sein, Joh. 7, 14: die festo mediante.

Pall. 4, 10, 32: inoculari ficus locis siccis Aprili, humidis Iunio mediante poterit.

obscurare dunkel werden, Eccli. 36, 28: deflectens ubicumque obscuraverit.

prosperare gebeihen, an der einen Stelle Pf. 117, 25:
O Domine salvum me fac, o Domine bene prosperare.

Mit intransitiver, aber aktiver Bedeutung außerdem nur noch an den beiden Stellen 1 Mach. 4, 55: qui prosperavit eis, 2 Mach. 10, 7: qui prosperavit mundari locum suum. Sonst ist das Wort in der Vulgata Deponens, s. unten S. 190.

reficere sich erquicken, Judith 6, 20: simul expleto ieiunio refecerunt.

retardare zögern, verziehen, Eccli. 16, 24: non retardabit sufferentia misericordiam facientis. 51, 32: Quid adhuc retardatis?

Alle diese Verba, mit Ausnahme von maturare, mediare, prospe-rare und retardare sind auch in der Vulgata gewöhnlich in transitivem Gebrauch.

In ähnlicher Weise steht Jer. 22, 30 nach Iren. 3, 21, 9: non augebit de semine eius sedens super thronum David, wofür die Vulgata non erit, andere Texte non exurget, die LXX nach Hieronymus crescet haben.

2. Transitiva, die sonst nur als Intransitiva vorkommen.

91. complacere wohlwollend sein gegen jemand, Pf. 34, 14: Quasi proximum, et quasi fratrem nostrum, sic complacebam.

emanare ausgießen, Jak. 3, 11: numquid fons de eodem foramine emanat dulcem, et amaram aquam?

emigrare vertreiben, Pf. 51, 7: emigrabit te de tabernaculo tuo (μεταναστεύσει σε).

exultare preisen, Pf. 50, 15: et exultabit lingua mea iustitiam suam.

In einer bestrittenen Stelle bei Tacitus (An. 4, 28) steht histrio cubiculum principis exultavit.

germinare hervorbringen, z. B. 1 Mos. 1, 11: Ger-minet terra herba virentem; 3, 18: Spinas et tribulos germinabit tibi; daher passivisch 1 Par. 5, 2: de stirpe eius principes germinati sunt.

Auch Plinius schreibt N. H. 30, 11, 30: (tabani) pennas germinant.

manare ausströmen lassen, an der einen Stelle Eccli. 46, 10: in terram, quae manat lac et mel. *Alia Or. ante M.: tu qui fontem miserationis numquam manare cessabis.*

In der Itala heißt die Stelle Spr. 3, 20: nubes manaverunt ros S.

pluere regnen lassen, persönlich von Gott gebraucht, z. B. 2 Mof. 9, 23: pluitque Dominus grandinem; 16, 4: Ecce ego pluam vobis panes de coelo.

potare tränken, z. B. Eccli. 15, 3: aqua sapientiae salutaris potabit illum; 31, 36: vinum moderate potatum.

transmigrare gefangen wegführen, exilieren, Klagel. 4, 22: non addet ultra ut transmigret te; daher passivisch If. 49, 21: (ego) transmigrata et captiva. 2 Mach. 2, 1: ut mandavit transmigratis.

triumphare a) triumphieren über jemand, Kol. 2, 15: palam triumphans eos; b) triumphieren lassen, 2 Kor. 2, 14: (Deus) semper triumphat nos.

Aurel., Ap. Treb. Trig. Tyr. 30: quod non uirile munus impleuerim Zenobiam triumphando.

Alle diese Verba kommen auch in der Vulgata als Intransitiva vor. Ähnliche Verwendungen intransitiver Verba f. S. 98; M. F. 43.

3. Impersonalia, die sonst nur persönlich vorkommen.

92. capit es ist möglich, Luk. 13, 33: non capit prophetam perire extra Ierusalem.

Sehr häufig bei Tertullian, z. B. Adv. Hermog. 18: non capit sine initio quidquam fuisse quod extra Dominum fuerit; adv. Marc. 1, 6: si depretiari capit in creatore. Vgl. Rig. Ind. Lat. Tertull. Ebenso häufig bei dem lateinischen Irenäus. S. die Beispiele R. It. 351. In derselben Bedeutung steht adest = πάρεστι bei Irenäus, z. B. 3, 3, 1: Traditionem apostolorum adest respicere omnibus, qui vera velint videre.

complacet c. dat. pers. Gefallen haben, z. B. Pf.
39, 14: Complaceat tibi Domine; Matth. 12, 18: in quo
bene complacuit animae meae.

elucescit es wird Tag, 1 Kön. 9, 26. Tob. 8, 20:
priusquam elucesceret.

obscurat es wird Abend, Eccli. 36, 28: deflectens
ubicumque obscuraverit.

pertinet (ad alqm de alqa re) angehen, kümmern,
z. B. Job 21, 21: Quid enim ad eum pertinet de domo
sua; Joh. 10, 13: non pertinet ad eum de ovibus.

4. Perſönliche Formen von Imperſonalibus.

93. plui Amos 4, 7; pluam z. B. 1 Moſ. 7, 4; pluet
Pf. 10, 7; pluant Jf. 5, 6. Jer. 14, 22 (ſ. oben S. 88).

poenituerunt Judith 5, 19; poenitebis Eccli. 32, 24;
poeniteamus Judith 8, 14; poeniterent Luk. 10, 13; non
vult poenitere Offb. 2, 21; poenitentibus Eccli. 12, 3;
17, 20; poenitemini Mark. 1, 15. Apg. 3, 19.

Das Wort ſteht deponential Iren. 4, 36, 8: quorum alter . . .
postea poenitetur.

taedere Mark. 14, 33: (Iesus) coepit pavere et taedere.

5. Deponentia, die ſonſt als Aktiva vorkommen.

94. aestuari erglühen, entbrennen, neben aestuare
(z. B. Judith 13, 29), an der einen Stelle Eccli. 51, 6: in
medio ignis non sum aestuatus.

certari ſtreiten, Eccli. 11, 9: de ea re, quae te non
molestat, ne certeris.

concertari wetteifern, Weish. 15, 9: concertatur
aurificibus et argentariis.

lacrymari weinen, z. B. Eccli. 12, 16: In oculis
suis lacrymatur inimicus.

Neben dem gewöhnlichen lacrymare hat auch die klassische Sprache, wiewohl selten, die Deponentialform, z. B. Cic., Verr. 2, 5, 46: ecquis fuit, quin lacrymaretur? (al. lacrimaret).

malignari **böswillig handeln**, bloß in den Psalmen (und 1 Par. 16, 22), z. B. Pf. 36, 1: noli aemulari in malignantibus.

Nur bei späten Profanschriftstellern aktiv; Amm., Marc. 22, 15: angues venena malignantes. So steht auch einmal Pf. 82, 4: malignaverunt consilium.

murmurari **murren**, 2 Mof. 16, 8: murmurati estis contra eum.

prosperari **gedeihen, gelingen**, z. B. Pf. 1, 3: quaecunque faciet prosperabuntur.

Die gewöhnliche Sprache kennt das Aktivum prosperare mit Dativ und Akkusativ; in der Vulgata steht dies nur intransitiv, f. oben S. 187.

reverti kommt in der Vulgata auch als Perfektum depo= nentialiter vor, z. B. Matth. 2, 12: per aliam viam reversi sunt in terram suam.

supercertari **um etwas kämpfen**, Judas 3: deprecans supercertari semel traditae sanctis fidei.

Vgl. oben poenitetur bei Irenäus.

6. Aktiva, die sonst nur als Deponentia vorkommen.

95. gratificare **begnadigen**, Eph. 1, 6: gratificavit nos.

lamentare **weinen, beklagen**, z. B. Matth. 11, 17: Luk. 7, 32: lamentavimus.

Deponentialiter steht bloß Luk. 23, 27: lamentabantur eum. Auf aktiven Gebrauch führt in der Profansprache die Stelle Apul., Met. 41, 33: Moeretur, fletur, lamentatur diebus plusculis.

odorare **riechen** steht neben der Deponentialform (z. B. 1 Mof. 8, 21) zweimal, Pf. 113, 6: nares habent et non odorabunt; Eccli. 30, 19: odorabit.

In der gewöhnlichen Sprache heißt die aktive Form „mit Geruch erfüllen", Ov., Met. 15, 734: odorant aera fumis.

praedare **rauben**, **berauben** kommt neben dem ge=
wöhnlichen praedari vor a. b. St. Judith 2, 13 16: praedavit omnem locupletationem eorum; daher das Paſſivum
Jf. 33, 1: vae qui praedaris, nonne et ipse praedaberis?

So bei ben älteſten Schriftſtellern; ſ. Prisc. 8, 6, 29: Multa
ancipiti terminatione in una eademque significatione protulerunt
antiqui ut . . . praedo et praedor.

radicare **wurzeln** ſteht neben dem gewöhnlicheren radi-
cari (z. B. Eccli. 3, 30) einmal Eccli. 24, 16: radicavi
in populo honorificato.

tutare **ſchützen**, Weish. 10, 12: a seductoribus tutavit cum; dagegen Bar. 6, 17: tutantur sacerdotes ostia.

Die aktive Form ſteht nur bei ben Komikern unb bei ganz ſpäten
Schriftſtellern, gehört alſo ber Volksſprache an. Pacuv., Ap. Ribbeck
298: tu mulier tege te et tuta templo Liberi.

7. Paſſivformen von Deponentibus.

96. admirari heißt **bewundert werden** an ber Stelle
Eccli. 24, 3: (sapientia) in plenitudine sancta admirabitur.

Cannutius, Ap. Prisc. 8, 4, 16: turpe est, propter venu-
statem vestimentorum admirari.

consolari ſteht häufig paſſiviſch für **getröſtet werden**,
ſich tröſten laſſen, z. B. Eccli. 35, 21: donec pro-
pinquet non censolabitur; Pſ. 76, 3: renuit consolari
anima mea. H. 64.

Q. Metell., Ap. Gell. 15, 13, 6: cum animum vestrum erga
me video, vehementer consolor. Hier fügt Gellius bei, man ſage
auch consolor abs te.

cohortatus ſteht paſſiviſch *Lect. VI d. 8. Febr.: fratribus convocatis, eisque ... cohortatis, obdormivit in Domino.*

Cato, Ap. Gell. 15, 13: Exercitum suum pransum, paratum,
cohortatum eduxit foras.

demoliri ſteht mit paſſiver Bedeutung 1 Mach. 11, 4:
(ostenderunt ei) Azotum et cetera eius demolita. Amos
7, 9: demolientur excelsa idoli.

depraedari ɧat bie paſſiwe Bebeutung b e r a u b t w e r=
b e n an ber Stelle Jſ. 33, 1: cum consummaveris depraedationem, depraedaberis.

Ebenſo ſteɧt praedabuntur für προνομευϑήσεται in ber Jtaɫa
Jubitɧ 8, 21.

inauxiliatus ſteɧt paſſiwiſcɧ, Weiѕɧ. 12, 6: parentes
animarum inauxiliatarum.

interpretari iſt worɧerrſcɧenb paſſiwer Bebeutung unb fann
meiſt mit ɧ e i ß e n überſeɧt werben, з. B. ɧebr. 7, 2: (Melchi-
sedech) qui interpretatur rex iustitiae. Mit aftiwer Be=
beutung ſteɧt eѕ baneben з. B. 1 Moſ. 41, 8: nec erat
qui interpretaretur.

Daѕ Partiзipium interpretatus fommt aucɧ bei guten Profan=
ſcɧriftſtellern paſſiwiſcɧ wor, з. B. Cic., Har. Resp. 17, 37: quae
nunc ex Etruscis libris in te conversa atque interpretata dicuntur;
ſonſt ſteɧt nur з. B. Amm., Marc. 24, 6: flumen Naarmalcha
nomine, quod amnis regum interpretatur.

metari ɧeißt a b g e ſ t e ɗ t w e r b e n 4 Moſ. 34, 10: Inde
metabuntur fines.

metiri m e ſ ſ e n unb remetiri w i e b e r e i n m e ſ ſ e n fom=
men beibe meɧrmalѕ mit paſſiwer Bebeutung wor, Jer. 33,
22: (non potest) metiri arena maris; Amoѕ 7, 17: hu-
mus tua funiculo metietur; Mattɧ. 7, 2. Marf. 4, 24.
Luf. 6, 38: in qua mensura mensi fueritis, remetie-
tur vobis.

Lact., Mort. Pers. 23: Agri glebatim metiebantur; A r n o b.
2, 61: an sol pedis unius latitudine metiatur.

misereri ſteɧt paſſiwiſcɧ Eſtɧ. 13, 6: nullusque eorum
misereatur, „feiner werbe werſcɧont".

Misereo ſteɧt bei ben älteſten Scɧriftſtellern, E n n., Ap. Vahlen
Frag. 232: miserete manus.

persequi ɧat paſſiwe Bebeutung an ber Stelle 1 Ɽön.
26, 20: sicut persequitur perdix.

praefatus heißt vorbenannt, Dan. 5, 13: Ad quem praefatus rex ait.

So gewöhnlich in der lateinischen Kanzleisprache; Marc., Dig. 20, 4, 12: condemnatus ex praefatis causis.

promeretur ist als Passiv zu fassen Hebr. 13, 16: talibus enim hostiis promeretur Deus (εὐαρεστεῖται),

propitiari (s. § 101) hat das Part. perf. propitiatus in passiver Bedeutung, Eccli. 5, 5: De propitiato peccato noli esse sine metu.

Die Unregelmäßigkeit besteht darin, daß propitiatus sonst nur von der Person (besänftigt) gesagt wird, hier aber von einem sachlichen Objekt (verziehen) gebraucht wird.

testificatus heißt bezeugt an der einen Stelle Röm. 3, 21: testificata a lege et Prophetis, während sonst testificari das Gewöhnliche in der Vulgata ist.

Auch Cic., Att. 1, 17, 7 schreibt: mihi nota fuit et abs te aliquando testificata tua voluntas omittendae provinciae.

venerari steht passivisch *Ant. Noct. I. Exalt. S. Crucis: dum Crux ab omnibus veneratur.*

vesci hat passive Bedeutung, 4 Mos. 13, 21: vesci possunt uvae; 5 Mos. 20, 19: non succides arbores, de quibus vesci potest (vgl. indes hierzu § 108).

Ob lamentatae sunt Ps. 77, 63 passivisch oder aktivisch gefaßt werden soll, ist zweifelhaft; das hebr. בְּכֹה לֹא spricht fürs erste, das griechische οὐκ ἐπένθησαν fürs zweite. 1490: „ir iundckrawen haben nitt geklaget". Diet.: „jre jungfrawen wurden nit geklaget." Douay: their maidens were not lamented. Sacy: leur filles ne furent point déplorées. Zweifelhaft ist auch Ps. 89, 9: anni nostri sicut aranea meditabuntur.

8. Medialformen.

97. Entweder die Nachahmung des Griechischen oder auch das in der Volkssprache bewahrte Verständnis von dem ehemals reflexiven Charakter des Passivums ist Ursache, daß manche passive Formen in der Vulgata unverkennbar den reflexiven Charakter des griechischen Mediums tragen. So steht

confundi **jemanbes fich fchämen**, mit bem Affufativ,
Marf. 8, 38: qui enim me confusus fuerit ... filius
hominis confundetur eum.

foederari **fich berbünben**, z. B. Jer. 15, 12: Numquid foederabitur ferrum ferro? **baher foederatus ein
Verbünbeter**, z. B. Jof. 10, 1: foederati eorum.

glorificari **fich groß erweifen, fich berherrlichen**,
z. B. 2 Mof. 14, 4: glorificabor in Pharaone.

inimicari **feinbfelig feia**, Eccli. 28, 6: desine inimicari.

laudari **fich rühmen, frohloden**, z. B. Pf. 10, 24
(3): laudatur peccator in desideriis animae suae; 33, 3:
in Domino laudabitur anima mea; **fo auch** Jf. 35, 2:
(solitudo) exultabit laetabunda et laudans, mit **beponen=
tialem Partizipium**.

magnificari, **baßfelbe Pf**. 19, 6: in nomine Dei nostri
magnificabimur.

memorari, commemorari, rememorari **fich erinnern,
eingebenf fein**, z. B. Efth. 15, 2: Memorare (inquit)
dierum humilitatis tuae; Jer. 31, 34: peccati eorum
non memorabor; Weish. 11, 14: commemorati sunt Dominum; Hebr. 10, 32: Rememoramini autem pristinos
dies. **Daher bie Partizipia** Tob. 2, 6: Memorans illum
sermonem **eingebenf jenes Wortes**; Weish. 8, 17: com-
memorans in corde; **im römifchen Meßbuch** Can. Missae:
Commemorantes et memoriam venerantes.

Iren. 1, 9, 4: nihil prohibet commemorari et horum; 1, 9, 1:
si propositum esset Ioanni, illam ... octonationem ostendere, ...
non utique post tantum intervallum (posuisset), quasi oblitus,
deinde commemoratus in novissimo primae memoratus fuisset
quaternionis.

Ob adimpletur Eph. 1, 23 mebial ober paffivifch aufzufaffen ift,
bleibt zweifelhaft; f. Loch 32, L. unb R. z. b. St.

II. Eigentümliche Wörter.

A. Stammverba.

98. Als Stammverba, die ihrem Vorkommen nach der Vulgata eigentümlich sind, müssen folgende bezeichnet werden:

bullire aufwallen, kochen, Job 41, 22: quasi cum unguenta bulliunt.

minare führen (Herden und Wagen), z. B. 2 Mos. 3, 1: cumque minasset gregem ad interiora deserti; Jf. 11, 6: puer parvulus.minabit eos.

Apul., Met. 3, 28: asinos et equum minantes baculis; wo es aber auch von minari herkommen kann.

scopere (eigentlich umwühlen) härmen, Pf. 76, 7: scopebam spiritum meum.

tricare (se) sich dehnen, zögern, Eccli. 32, 15: hora surgendi non te trices (μὴ οὐράγει).

Gebräuchlich ist bei den Klassikern das Kompositum extricare, eigentlich herausziehen, in Erfahrung bringen, z. B. Vatin., Ad Cic. fam. 5, 10: De Dionysio tuo adhuc nihil extrico. Hor., Sat. 1, 3, 88: Mercedem aut nummos unde extricas. Ein anderes Wort ist tricari scherzen, bei Cicero.

B. Abgeleitete Verba.

99. Besonders reich ist die Vulgata wie an abgeleiteten Adjektiven, so auch an abgeleiteten Verben, die im folgenden nach der Art ihrer Ableitung klassifiziert sind.

1. Verba denominativa,
sämtlich nach der ersten Konjugation flektiert.

a) Verba von Substantivis abgeleitet.

100. aeruginare rosten, Jak. 5, 3: Aurum, et argentum vestrum aeruginavit; bildlich Eccli. 12, 10: sicut enim aeramentum, aeruginat nequitia illius.

13*

angustiare **bedrängen**, z. B. Weiêh. 5, 1: qui se angustiaverunt; Jon. 2, 8: Cum angustiaretur in me anima mea.

Im filbernen Zeitalter ist angustare gebräuchlich mit der räum= lichen Bedeutung **enge machen**.

baiulare **tragen, schleppen**, z. B. Mark. 14, 13: lagenam aquae baiulans; Luk. 14, 27: qui non baiulat crucem suam.

Bei Plautus (Asin. 3, 3, 70): ego baiulabo, tu, ut decet do- minum, ante me ito inanis. Seitdem nur bei ganz späten Schrift= stellern.

dulcorare **versüßen, erfreuen**, Spr. 27, 9: bonis amici consiliis anima dulcoratur.

Hier., Ep. 22, 9: amaritudinem dulcoravit.

fasciare **verbinden**, Ez. 30, 21: ut fasciaretur lin- teolis (brachium).

hereditare **erben, erblich besitzen**, z. B. Pf. 24, 13: semen eius hereditabit terram; Hebr. 1, 4: differen- tius prae illis nomen hereditavit.

manicare **frühmorgens kommen** *(ὀρθρίζω)*, Luk. 21, 38.

Aug., Quaest. in Heptat. 7, 46: Quod Latini quidam habent *maturabis,* quidam vero *manicabis,* Graecus habet, quod dici posset non uno verbo *diluculo surges.* . . . Manicabis autem Latinum verbum esse mihi non occurrit. Nach Loch 28 wäre das Wort aus mane itare entstanden und für manitare verschrieben.

mensurare **messen**, Jer. 31, 37. Ez. 45, 3; 48, 30: quingentos et quatuor millia mensurabis.

Veg., Mil. 1, 25: a centurionibus fossa inspicitur ac men- suratur.

plagare **verwunden**, Zach. 13, 6: his (plagis) pla- gatus sum.

sagittare **mit Pfeilen schießen**, transitiv, Pf. 10, 3: ut sagittent in obscuro rectos corde; 63, 5 6: Subito sagittabunt eum.

scopare mit Befen kehren, Jf. 14, 23: scopabo eum in scopa terens.

serrare zerfägen, 2 Kön. 13, 31: Populum . . . adducens serravit. 3 Kön. 7, 9. Jf. 41, 15.

Veg., Mil. 2, 25: pali dedolantur atque serrantur.

sponsare zur Gattin nehmen, Of. 2, 19 20: sponsabo te mihi; 1 Mach. 3, 56: sponsabant uxores.

tineare mottig werden, modern, Bar. 6, 71: A purpura quoque et murice, quae supra illos tineant.

triturare brefchen (austreten), z. B. 1 Kor. 9, 9: Non alligabis os bovi trituranti; daher zermalmen, z. B. Jf. 41, 15: Ego posui te quasi plaustrum triturans novum . . . triturabis montes, et comminues.

viare wandern, 1 Kön. 24, 4: ad caulas ovium, quae se offerebant vianti.

Nach zweifelhafter Lesart bei Plautus, Truc. 1, 1, 7: quot illic iracundiae sunt! quot pericula vianda! Sonft nur bei ganz fpäten Schriftftellern.

victimare fchlachten, opfern, Eccli. 34, 24: quasi qui victimat filium.

Apul., Met. 7, 11: hircum Marti victimant.

vindemiare ablefen (den Weinberg), z. B. Luk. 6, 44: neque de rubo vindemiant uvam; in bildlichem Sinne Klagel. 1, 12: videte si est dolor sicut dolor meus: quoniam vindemiavit me ut locutus est Dominus in die irae furoris sui.

b) Berba von Abjektivis abgeleitet.

101. amaricare bitter machen, im eigentlichen Sinne Offb. 10, 9 10: faciet amaricari ventrem tuum.

Im Codex Amiat. fteht an obiger Stelle amaricare als Neutrum.

anxiare ängftigen, Pf. 60, 3: dum anxiaretur cor meum; 142, 4.

assare **braten**, 2 Par. 35, 13. Tob. 6, 6: assavit carnes eius.

Apic. 2, 40: assas iocur porcinum.

assiduare **beständig fortsetzen, beständig ge= brauchen**, Eccli. 30, 1: qui diligit filium suum, assiduat illi flagella.

breviare **kürzen, abkürzen**, z. B. Mark. 13, 20: nisi breviasset Dominus dies; 2 Mach. 2, 24: uno volumine breviare.

Nur in nachklassischem Gebrauch, aber nicht häufig. Quint. 5, 13, 41: si callide quid tacuisse, breviasse, obscurasse, distulisse dicuntur.

captivare **gefangen nehmen**, 1 Mach. 15, 40. 2 Mach. 4, 26: qui proprium fratrem captivaverat. Röm. 7, 23.

centuplicare **verhundertfachen**, 2 Kön. 24, 3: (populum) iterum centuplicet in conspectu domini mei regis.

Plin. 6, 23, 26: India mercis remittente, quae apud nos centuplicato veneant.

decimare **verzehnten**, Matth. 23, 23. Luk. 11, 42: decimatis mentham; mit persönlichem Objekt von jemand den Zehnten nehmen, Hebr. 7, 9: per Abraham, et Levi, qui decimas accepit, decimatus est.

Bei späteren Profanschriftstellern im Sinne von bezimieren, Suet., Galba 12: recusantis non modo inmisso equite disiecit, sed decimavit etiam.

dementare **berücken**, Apg. 8, 11: propter quod multo tempore magiis suis dementasset eos.

Sonst kommt hie und da dementire vor, Lucr. 3, 465: dementit enim deliraque fatur.

humiliare **erniedrigen, verbemütigen**, z. B. Ez. 17, 24: humiliavi lignum sublime; 1 Mof. 16, 9: humiliare sub manu illius.

Tert., Adv. Marc. 5, 20: resurget corpus hoc nostrum, quod humiliatur in passionibus.

ieiunare faſten (eigentlich „nüchtern bleiben“), z. B. Ju= dith 8, 6: ieiunabat omnibus diebus.

iucundari ſich freuen, z. B. Eccli. 3, 6: iucundabitur in filiis.

Aktiv nur an einigen Stellen der Itala, z. B. Pſ. 29, 2 (A u g., Enarr. in h. l.): nec iocundasti inimicos meos super me. Den deponentialen Charakter indeß zeigt O r o s., Praef. 4: pueri iucundantes.

lubricare ſchlüpfrig machen, Klagel. 4, 18: Lubricaverunt vestigia nostra.

Iuv. 11, 175: qui Lacedaemonium pytismate lubricat orbem.

mansuetare zähmen, unſchädlich machen, Weish. 16, 18: Quodam enim tempore, mansuetabatur ignis.

minorare verringern, erniebrigen, nieber= ſchlagen, z. B. Pſ. 106, 38: iumenta eorum non minoravit; Eccli. 16, 23: Qui minoratur corde, cogitat inania.

Tert., De anima 43: Perit anima, si minoratur. Iren. 3, 12, 12: haec sola legitima esse dicunt, quae ipsi minoraverunt. S. 94.

molestare beläſtigen, Eccli. 11, 9: De ea re, quae te non molestat, ne certeris.

Apul., Herb. 71: neque bestiae, neque occursus mali molestabunt hunc.

naufragare Schiffbruch leiden, 1 Tim. 1, 19: circa fidem naufragaverunt.

Petr., Sat. 76: omnes naves naufragarunt.

obviare begegnen, z. B. Pſ. 84, 11: Misericordia, et veritas obviaverunt sibi.

Veg., Mil. 3, 4: in scutis inuicem obuiantibus niti.

onustare beladen, Judith 15, 7: (praeda) onustati sunt valde.

Cod. Tolet. lieſt honestati sunt valde, was dem griechiſchen ἐπλούτησαν entſprechen würde, ſ. R. Jt. 167 A.

pessimare verberben, ſchäbigen, Eccli. 11, 26: quid ex hoc pessimabor; 36, 11; 38, 22.

pigritari zögern, Apg. 9, 38: Ne pigriteris venire.

principari herrſchen, Mark. 10, 42: qui videntur principari gentibus.

propitiari gnädig ſein, verzeihen, z. B. 1 Moſ. 32, 20: forsitan propitiabitur mihi.

In der Profanſprache als Aktivum ſchon bei Plautus, Poen. 1, 2, 123: Quid eo? ut Venerem propitiem; bann nur im ſilbernen Zeitalter, z. B. Tac., Dial. 9: suum Genium propitiare.

proximare zunächſt ſein, ſich nähern, z. B. Spr. 12, 13: ruina proximat malo; 1 Mach. 9, 12: proximavit legio.

Sol. 48, 2: ei (loco) proximat Margine regio inclita.

sequestrare ausſondern, in beſondere Verwah= rung ober Verwaltung geben, 1 Mach. 11, 34: (statuimus) omnes confines earum sequestrari sacrificantibus in Ierosolymis.

Tert., De resurr. carn. 27: corpora mausoleis et monumentis sequestrantur.

similare ähnlich machen, Hebr. 2, 17: debuit per omnia fratribus similari.

sublimare erhöhen, eigentlich unb uneigentlich, z. B. 1 Esbr. 9, 9: ut sublimaret domum Dei nostri; 1 Kön. 2, 10: sublimabit cornu Christi sui.

Enn. ap. Vahlen, Trag. 318: sol, qui candentem in caelo sublimat facem. Sonſt nur bei ganz ſpäten Schriftſtellern, Hier., Ep. 1, 11: o divinae potentiae sublimanda maiestas!

triplicare verdreifachen, Ez. 21, 14: triplicetur gladius interfectorum.

Gell. 1, 20, 5: idem ipse numerus triplicatur.

tristari trauern, 1 Kön. 20, 3: Nesciat hoc Ionathas, ne forte tristetur. Jak. 5, 13.

veterare als veraltet abfchaffen, Hebr. 8, 13: dicendo novum: veteravit prius.

Bei ganz fpäten Profanfchriftftellern intranfitiv: Cels. 3, 12:
in febribus, quum veteraverunt, utilis fames non est. Dagegen
fteht veteratus auch Plin. 32, 10, 52.
Vgl. R. Jt. 154 ff.

2. Verba verbalia (bloß Jnchoativa).

102. lassescere ermatten, Jf. 44, 12: non bibet
aquam, et lassescet.

Plin. 7, 40, 41: ne lassescat fortuna, metus est.

tenebrescere bunfel werben, z. B. Preb. 12, 2:
Antequam tenebrescat sol.

veterascere veralten, vergehen, z. B. Eccli. 14, 18:
Omnis caro sicut foenum veterascet.

Fragm. Cic. ap. Or. 2. ed. p. 971, 14: in eo, quem vetera-
scentem videat ad gloriam. Tert., Pudic. 15: illo enim con-
corporato rursus Ecclesiae, iustitia cum iniquitate sociatur.

3. Mit Präpofitionen zufammengefetzte Perba (R. Jt. 180).

a) mit ab.

103. abbreviare abfürzen, verfürzen, fchwächen,
z. B. Jf. 59, 1: non est abbreviata manus Domini.

Jn anderer Bedeutung Veg., Mil. 3 praef.: Quae per diuersos
auctores librosque dispersa mediocritatem meam abbreuiare iussisti.

ablactare entwöhnen (ben Säugling), z. B. 1 Mof.
21, 8: Crevit igitur puer, et ablactatus est.

abortire = abortum facere, Job 21, 10: Bos eorum
concepit, et non abortivit.

b) mit ad.

adaperire öffnen, z. B. Marf. 7, 34: Ephphetha,
quod est adaperire.

Plin. 36, 13, 19: adaperientibus fores.

addecimare zehnten, 1 Kön. 5, 18 17: Greges quoque vestros addecimabit.

adimplere anfüllen, erfüllen, z. B. Pf. 15, 10: adimplebis me laetitia; Matth. 1, 22: ut adimpleretur quod dictum est. *Intr. Dom. I in Quadr.: longitudine dierum adimplebo eum.*

Tert., Ad Nat. 1, 5: Quot philosophi dicuntur nec tamen legem philosophiae adimplent?

adincrescere anwachsen, Eccli. 23, 3: ne adincrescant ignorantiae meae.

adinvenire ausfinbig machen, erfinden, 2 Mof. 35, 33: quidquid fabre adinveniri potest. 2 Par. 2, 14. Bar. 3, 32 37.

Forcell.: Serv. ad A. 6, 603: testatur *adinvenire* pro *invenire* legi, sed nullum affert exemplum. Nos quoque praeter participium (Cic., N. D. 2, 60) nihil adhuc vidimus, praeter locum Auct. Vulg. Ex. 35, 33.

adunare vereinigen, versammeln, 2 Par. 29, 20: adunavit omnes principes civitatis.

Pall. 3, 29, 1: membra divisae partis adunare.

advivere noch leben, Jof. 4, 14: timuerant Moysen, dum adviveret.

Das Wort ist an allen andern Stellen, wo die Codices es hatten, durch adhuc vivere erfetzt worden. Mit Unrecht aber hat Loch in seiner Ausgabe der Bulgata (I [1863] ix) es auch an obiger Stelle so geändert, weil er es als Druckfehler angesehen. Die zugehörige Bemerkung des Toletus, welche Vercellone zu der Stelle anführt, sagt ausdrücklich: lege adviveret; sic. mss., et consonat hebr. et graecus; et utraque Congregatio id probavit; advivere enim est adhuc vivere. Das Wort ist auch in der späteren profanen wie kirchlichen Literatur gar nicht selten, z. B. Dig. 34, 3, 28: donec advivet; Inscr. ap. Grut. 1145, 8: coniugi dulcissimo, cum quo advixit sine querela per annos XX; Tert., Adv. Marc. 4, 19: Dic mihi: omnibus natis mater advivit? L. de Cor. 7: ipsa sibi idola fecerunt cum adviverent.

alleviare, a) erleichtern, z. B. Apg. 27, 38: Et satiati cibo alleviabant navem; b) erniebrigen, gering= schätzen, Is. 9, 1: alleviata est terra Zabulon.

annullare zu nichte machen, Eccli. 21, 5: Obiurgatio et iniuriae annullabunt substantiam: et domus, quae nimis locuples est, annullabitur superbia.

Mit Unrecht sagt daher Forcell.: refertur inter portenta verborum, quae apud imperitos inveniri solent; es steht auch Ps. 68, 38 nach dem Psalt. Mediol.: et vinctos suos non annullavit.

appretiare abschätzen, Zach. 11, 13: pretium, quo appretiatus sum ab eis. Matth. 27, 9.

Tert., De resurr. carn. 9: cuius passiones sibi adpretiat.

appropiare sich nähern, z. B. 2 Mos. 3, 5: Ne appropies, inquit, huc.

approximare herankommen, Ps. 31, 6 9: qui non approximant ad te.

Ez. 9, 1 bei Tert., Adv. Iud. 11: Adproximavit vindicta civitatis.

c) mit circum.

circumaedificare ringsum bauen, Klagel. 3, 7: circumaedificavit adversum me, ut non egrediar.

circumcingo umgürten, Eccli. 45, 9: circumcinxit eum zona gloriae.

circumlego rings herumfahren (um die Küste), Apg. 28, 13: Inde circumlegentes devenimus Rhegium.

circumornare rings schmücken, Ps. 143, 12: (filiae) circumornatae ut similitudo templi.

d) mit con.

coadunare versammeln, Joel 2, 16: coadunate senes.

In anderer Bedeutung Dig. 10, 4, 7: si brachium statuae coadunaveris.

coagitare zusammenrütteln, Luk. 6, 38: mensuram . . . coagitatam . . . dabunt vobis.

coambulare herumwandeln, Weish. 19, 20: Flammae . . . non vexaverunt carnes coambulantium.

coaptare zusammenhalten, 2 Mos. 36, 32: ad coaptandas tabulas.

coëligere sammeln, 1 Petr. 5, 13: Ecclesia, quae est in Babylone coëlecta.

collaborare mitarbeiten, Phil. 1, 27. 2 Tim. 1, 8: collabora Evangelio.

Tert., Poenit. 10: (universum corpus) ad remedium conlaboret necesse est.

commandere kauen, Spr. 30, 14: Generatio, quae . . . commandit molaribus suis.

commanducare verzehren, Offb. 16, 10: commanducaverunt linguas suas prae dolore.

Plin., 24, 4, 6: quidam conmanducantes acinos, exspuunt cortices.

compartiri mitteilen, Eccli. 1, 24: Scientiam, et intellectum prudentiae sapientia compartietur.

Inscr. Grut. 408, 39: cvm qvibvs mvnera decvrionatvs vt pavcis iam onerosa honeste de plano compartiamvr.

compati mitleiden, z. B. Hebr. 10, 34: vinctis compassi estis.

Tert., Adv. Prax. 29: Quid est enim compati, quam cum alio pati?

complacere gefallen, belieben, sein Gefallen haben, z. B. Ps. 18, 15: ut complaceant eloquia oris mei in conspectu tuo; 1 Mach. 14, 46: Et complacuit omni populo statuere Simonem; 2 Petr. 1, 17: in quo mihi complacui.

Colum. 9, 16, 2: ut et tibi et Gallioni nostro complacuerat.

complantare zusammenpflanzen, Röm. 6, 5: complantati facti sumus similitudini mortis eius.

compluere beregnen, Ez. 22, 24. Amos 4, 7: pars una compluta est.

compugnare ḧ a n b g e m e i n f e i n, Jf. 37, 26: in
eradicationem collium compugnantium, et civitatum
munitarum.

G e l l. 14, 5, 4: clamantes compugnantesque illos reliqui.

concreare z u g l e i ḉ e r f ḉ a f f e n, Eccli. 1, 16: cum
fidelibus in vulva concreatus est. 11, 16.

condecet e ẞ z i e m t, Eccli. 33, 30: sic enim condecet
illum.

Nur bei Plautus, z. B. Amph. 2, 2, 90: capies quod te condecet.

condelectari f i ḉ a n e t w a ẞ f r e u e n, Röm. 7, 22:
condelector legi Dei.

condulcare f ü ẞ m a ḉ e n, Eccli. 27, 26; 40, 18 32:
In ore imprudentis condulcabitur inopia.

confortare ſ t ä r ſ e n, a u f r i ḉ t e n, paffiv f i ḉ e r =
m a n n e n, f i ḉ ü b e r ḧ e b e n, ſehr ḧäufig, z. B. 1 Mof.
18, 5: Ponamque buccellam panis, et confortate cor vestrum; Jf. 35, 4: Dicite pusillanimis: Confortamini;
Pf. 9, 20: Exurge Domine, non confortetur homo.

confovere b e b r ü t e n, Jf. 59, 5: (ovum) quod con-
fotum est, erumpet in regulum.

A f r a n. ap. Ribbeck 143: iubeo hominem tolli et conlocari
et confoveri.

congaudere f i ḉ m i t j e m a n b f r e u e n, 1 Kor. 12,
26; 13, 6: congaudet autem veritati.

T e r t., Adv. Gnost. Scorp. 13 führt Phil. 2, 17 fo an: gaudeo
et congaudeo omnibus vobis, perinde et vos gaudete et con-
gaudete mihi.

congyrare f i ḉ f ḉ a r e n, Jubith 13, 16: congyraverunt
circa eam universi.

coniucundari f i ḉ m i t f r e u e n, Eccli. 37, 4: Sodalis
amico coniucundatur in oblectationibus.

conregnare m i t r e g i e r e n, 2 Tim. 2, 12: si susti-
nebimus, et conregnabimus.

T e r t., Adv. Iud. 8: Cleopatra conregnavit Augusto annis tredecim.

conresuscitare mitauferweđen, Eph. 2, 6: Et con-
resuscitavit, et consedere fecit in caelestibus.

Tert., De resurr. carn. 23 gibt die Stelle Kol. 2, 12: (nos
esse) consepultos Christo in baptismate, et conresuscitatos in eo
per fidem efficaciae Dei.

consepelire mitbegraben, Röm. 6, 4: Consepulti
enim sumus cum illo per baptismum in mortem; Kol.
2, 12: Consepulti ei in baptismo.

constabilire ftügen, paſſiviſch ſich ſtüßen, Jſ. 48, 2:
super Deum Israel constabiliti sunt.

Plaut., Capt. 2, 3, 93: Edepol rem meam constabiliui.

contenebrare verfinftern, z. B. 3 Kön. 18, 45: ecce
caeli contenebrati sunt.

Bei Varro intranſitiv und imperſonaliter: R. R. 2, 2, 11: rursus
pascunt, quoad contenebravit.

contenebrescere finfter werden, imperf. Jer. 13, 16:
antequam contenebrescat.

conternare dreijährig ſein, Jſ. 15, 5: usque ad
Segor vitulam conternantem; Jer. 48, 34: a Segor usque
ad Oronaim vitula conternante.

Als Tranſitivum Hygin., De limit. 191: si permissum fuerit,
ut inter convenientes conternentur, conternati sortiri debebunt.

contribulare zerdreſchen, zerfnirſchen, z. B. Eccli.
33, 22: ut contribulet dorsum ipsorum; Pſ. 50, 19:
Sacrificium Deo spiritus contribulatus.

contutari ſchüßen, ſichern, 2 Mach. 1, 19: et in
eo (puteo sicco) contutati sunt eum.

convesci mit jemand ſpeiſen, Apg. 1, 4: Et con-
vescens, praecepit eis.

corridere mit jemand lachen, 1 Moſ. 21, 6: quicunque audierit, corridebit mihi; Eccli. 30, 10: Non cor-
rideas illi: ne doleas.

Bildlich Lucr. 4, 81: omnia conrident, correpta luce diei.

couti mit jemanb umgehen, Joh. 4, 9: non enim
coutuntur Iudaei Samaritanis.

Vgl. Tert., De carne Chr. 20: concarnatur et convisceratur
cum eo cui adglutinatur.

e) mit de.

deaurare vergolben, z. B. 2 Mof. 25, 11: deaurabis
eam auro mundissimo; Pf. 44, 10: Astitit regina a
dextris tuis in vestitu deaurato.

Tert., De idol. 8: Soccus et baxa quotidie deaurantur.

decalvare kahl machen, bie Haare ausraufen,
z. B. 1 Par. 19, 4: Hanon pueros David decalvavit, et
rasit; 2 Esbr. 13, 25: cecidi ex eis viros et decal-
vavi eos.

Veg., Vet. 2, 48: Locum, quem curare volueris, inducto
psilothro decalvas.

deglutire verschlingen, z. B. Jon. 2, 1: prae-
paravit Dominus piscem grandem ut deglutiret Ionam;
Pf. 123, 3: Forte vivos deglutissent nos.

Mit anberer Schreibung Front., Ad amic. 1, ep. 15: primum
denique hunc cibum degluttivit.

depilare rupfen, Ez. 29, 18: omnis humerus de-
pilatus est.

Apic. 6, 221: perdicem . . . emadefactam depilabis.

desponsare, a) im A. B. verloben, 2 Mof. 22, 16:
virginem necdum desponsatam. 5 Mof. 22, 25; b) im N. T.
vermählen, Luk. 2, 5: ut profiteretur cum Maria de-
sponsata sibi uxore. Matth. 1, 18. Luk. 1, 27.

Nur bei spätlateinischen Schriftstellern in ber ersteren Bebeutung.
Unrichtig ist bie Übersetzung Luk. 1, 27: „zu einer Jungfrau, bie mit
einem Manne namens Joseph verlobt war"; bas betreffenbe Wort
steht in ber Bulgata wie im Griechischen nur, um bie Beschaffenheit
biefes ehelichen Verhältnisses zu bezeichnen. 1490: „zu einer junck=
frawen gemehelt eim mann". Diet.: „Zu einer Jungfrawen, bie
vertrawet war einem mann." Douay: to a virgin espoused to a
man. Sacy: à une vierge qu'un homme . . . avait épousée.

desternere a b f a t t e l n, 1 Mof. 24, 32: destravit camelos.

deviare v o m W e g e a b g e h e n, eigentlich unb uneigent= lich, 4 Mof. 22, 26: ubi nec ad dexteram, nec ad si- nistram poterat deviare; 2 Mof. 23, 2: ut a vero devies.

M a c r., Somn. Scip. 1, 22, 7: si paululum a medio deviaverit.

f) mit dis.

diffamare w e i t h i n b e k a n n t m a ch e n, i n ü b e l n R u f b r i n g e n, z. B. 5 Mof. 22, 19: diffamavit nomen pessimum super virginem Israel; Luk. 16, 1: hic diffa- matus est apud illum.

Bei Tacitus in ber fpeziellen Bebeutung von v e r l e u m b e n, z. B. Ann. 1, 72: viros feminasque illustres procacibus scriptis diffamaverat.

discooperire e n t b l ö ß e n, z. B. 3 Mof. 21, 10: ponti- fex caput suum non discooperiet.

g) mit ex.

efflorere a u f b l ü h e n, z. B. Pf. 102, 15: tamquam flos agri sic efflorebit.

In ber profanen Sprache ift in biefer Bebeutung bloß efflorescere gebräuchlich; bagegen fteht (T e r t.) Iud. Dom. 8, 17: non nostris efflorent talia campis.

effugare i n b i e F l u ch t t r e i b e n, Eccli. 30, 20. 1 Mach. 1, 56: effugaverunt populum Israel.

elingere a u s l e ck e n (mit ber Zunge wegnehmen), Bar. 6, 19: Corda eorum (simulacrorum) dicunt elingere serpentes.

P l i n. 25, 13, 97: hac conmanducata si oculus subinde elin- gatur, plumbum, quod genus viti, ex oculo tollitur.

elongare e n t f e r n e n, f e r n h a l t e n, z. B. Pf. 21, 20: ne elongaveris auxilium tuum a me, auch intranf. f i ch e n t f e r n e n, f e r n b l e i b e n, f. oben S. 186.

elucesco ḥell werden, 2 Petr. 1, 19: donec dies elucescat.

elucidare ins Licht ſeßen, Eccli. 24, 31: Qui elucidant me, vitam aeternam habebunt.

epotare austrinken, Spr. 23, 30: student calicibus epotandis. Ez. 23, 34.

Mart. 2, 29, 3: quaeque Tyron toties epotavere lacernae.

excerebrare enthirnen, Iſ. 66, 3: quasi qui excerebret canem.

excolare durchſeihen, Matth. 23, 24: excolantes culicem.

Pall. 8, 8, 2: acetum diligentius excolabis.

excoriare (die Haut) abziehen, ſchinden, Mich. 3, 3: pellem eorum desuper excoriaverunt.

exerrare abirren (in uneigentlichem Sinne), Weish. 12, 2. 2 Mach. 2, 2: ut non exerrarent mentibus.

In eigentlichem Sinne Stat., Theb. 6, 444: dexter exerrat (equus).

exhonorare entehren, Eccli. 10, 16; 23, 32. Iak. 2, 6: Vos autem exhonorastis pauperem.

exossare jemand die Knochen zermalmen, Ier. 50, 17: iste novissimus exossavit eum.

Plaut., Amph. 1, 1, 164: hic me quasi murenam exossare cogitat.

exufflare aushauchen, entſenden, z. B. Eccli. 43, 4: (sol) radios igneos exufflans.

Anders Tert., Idol. 11: quo ore (christianus thurarius) fumantes aras despuet et exsufflabit, quibus ipse prospexit?

h) mit in.

Die Präpoſition ḥat ḥier teils iḥre eigentliche teils negierende (*) Bedeutung.

impinguare fett, kräftig machen, z. B. Pſ. 22, 5: Impinguasti in oleo caput meum; Spr. 15, 30: fama bona impinguat ossa.

Bei späten Profanschriftstellern intransitiv, z. B. Apic. 8, 376: (porcellum) tam diu coques, donec levis fiat et inpinguet.

*implanare vom ebenen Weg abbringen, täu= schen, Eccli. 15, 12: Non dicas: Ille me implanavit. 34, 11.

Da die Glossa Phil. das Wort durch ἀποπλανάομαι erklärt, so wird es auch wohl als Gräzismus aufgefaßt; s. R. Jt. 253. Forcell. z. d. W.

inaltare erhöhen, aufhäufen, Eccli. 20, 30: in-altabit acervum frugum; 22, 30: fumus ignis inaltatur.

incrassare fett machen, bloß Perf. Pass., z. B. Js. 34, 6: incrassatus est adipe.

indulcare süß machen, Eccli. 38, 5: Nonne a ligno indulcata est aqua amara, uneigentlich 49, 2: indul-cabitur eius memoria; intransf., 12, 15: In labiis suis indulcat inimicus.

Tert., Adv. Iud. 13: Moyses aquam amaram indulcavit.

*inhonorare nicht ehren, verachten, z. B. Eccli. 22, 5; ab utrisque autem inhonorabitur.

Tert., Fuga in Pers. 5: quale est, ut inhonores illum (Deum)?

insufflare einhauchen, anhauchen, Weish. 15, 11: qui insufflavit ei spiritum vitalem. Ez. 37, 9. Joh. 20, 22.

Tert., De resurr. carn. 5 (Gen. 2, 7): et insufflavit in faciem eius flatum vitae.

irrugire aufstöhnen, 1 Mos. 27, 34: (Esau) irrugiit clamore magno.

i) mit inter.

interstare dazwischen treten, Weish. 18, 23: inter-stitit, et amputavit impetum.

Ammian. 22, 11: Cumque tempus interstetisset exiguum.

k) mit ob.

obaudire gehorchen, z. B. Eccli. 42, 24; omnia ob-audiunt ei.

Apul., Met. 3, 15: secreta, quibus obaudiunt Manes. Iren., 4, 26, 2: eis qui in ecclesia sunt, presbyteris obaudire oportet. Jn ber Jtala Ash. Num. 19, 43: non obaudientes Dominum.

obdulcare ſüß machen, Jubitħ 5, 15: fontes amari obdulcati sunt.

obfirmare feſtigen, kräftigen, eigentlich unb un= eigentlich z. B. Nicht. 3, 23: ostiis coenaculi obfirmatis sera; 3 Moſ. 17, 10: obfirmabo faciem meam contra animam illius.

Bloß in uneigentlichem Sinne bei ben vorklaſſiſchen Komikern, z. B. Plaut., Merc. Prol. 81: utut animum offirmum meum; ſonſt nur bei ganz ſpäten Schriftſteſſern. Das Partizipium ſteħt Cic., Att. 1, 11, 1: voluntas in hac iracundia obformatior.

obsordescere ſchmußig werben, Jſ. 33, 9: confusus est Libanus, et obsorduit.

Caecil. ap. Ribbeck 86: obsorduit iam haec in me aerumna.

obstetricare Hebammenbienſte leiſten, 2 Moſ. 1, 16: Quando obstetricabitis Hebraeas.

Tert., Ad Nat. 2, 12: Hunc vobis patriarcham deorum Coelum et Terra poetis obstetricantibus procreaverunt.

obtenebrare verbunkeln, z. B. Job 3, 9: Obtenebrentur stellae caligine.

Amos 8, 9 ħeißt bei Lact. 4, 19: obtenebrabitur dies lucis.

obtenebrescere bunkel werben, Job 18, 6: Lux obtenebrescet in tabernaculo illius.

obviare entgegengeħen, begegnen, z. B. Pſ. 84, 11: Misericordia, et veritas obviaverunt sibi; Eccli. 15, 2: obviabit illi quasi mater.

Cod. Theod. 12, 1, 161: Plectibili severitate eorum fraudibus obviandum est.

oppandere ausſpannen, 2 Moſ. 27, 21: velum quod oppansum est; 35, 12.

Grat., Ven. 55: illa vel ad flatus helices oppande serenae.

oppilare verriegeln, verfchließen, 2 Esdr. 7, 3:
clausae portae sunt, et oppilatae. Pf. 106, 42. 1 Mach.
2, 36.

Lucr. 6, 725: fluctibus adversis oppilare ostia contra.

l) mit per.

Die Präpofition behält teils ihre eigentliche Bedeutung
teils dient fie zur Steigerung des Verbalbegriffs.

pereffluere, Hebr. 2, 1: ne forte pereffluamus (μήποτε
παραρρυῶμεν).

Cod. Amiat. effluamus. 1490: „durchauß flieffen". Diet.: „ver=
flieffen." Luther: „dahin fahren". Donay: we should let them
slip. Sach: pour n'être pas comme de l'eau qui s'écoule et se
perd. All.: verfließen. L. und R.: darum kommen.

perlinire beftreichen, färben, Weish. 13, 14: perliniens rubrica . . . omnem maculam perliniens.

Colum. 9, 12, 2: Custos novum loculamentum perliniat prae-
dictis herbis.

permundare ganz rein machen, Matth. 3, 12: per-
mundabit aream suam.

pertransire vorübergehen, weiterziehen, hin=
durchziehen, durchbringen, z. B. 1 Mof. 12, 6: Per-
transivit Abram terram usque ad locum Sichem; 26, 8:
Cumque pertransissent dies plurimi; Jof. 15, 4: inde
pertransiens in Asemona; Job 28, 8: nec pertran-
sivit per eam leaena; Pf. 104, 18: ferrum pertransiit
animam eius.

Sen., Ep. 1, 4, 3: necesse est aut non perveniat (mors ad
te) aut pertranseat (al. transeat).

perurgere fehr brängen, z. B. 1 Mach. 9, 7:
bellum perurgebat eum.

In der späteren Latinität nicht felten, z. B. Amm., Marc. 29,
1: nocentes innocentesque maligna insectatione voluciter perurgebat.

m) mit prae.

praeordinare oer§erbeftimmen, Apg. 22, 14: prae-
ordinavit te, ut cognosceres voluntatem eius; 10, 41;
13, 48.

n) mit pro.

prolongare oerlängern, 3. B. Pf. 119, 5: incolatus
meus prolongatus est.

Das Wort steht in einigen Ausgaben, Plin. 13, 3, 4 und Sen.,
Ben. 5, 17, wo jetzt prorogarunt gelesen wird.

propalare offenbar machen, Hebr. 8, 9: nondum
propalatam esse sanctorum viam.

propurgare reinigen, Eccli. 7, 33: propurga te cum
brachiis.

protelare hinausschieben, oerlängern, 5 Mof.
5, 33: ut protelentur dies in terra possessionis vestrae.

Cod. Iustin. 3, 1, 13: si litem ipse ausus fuerit protelare.

o) mit re.

reaedificare wieder aufbauen, 3. B. Amos 9, 11:
reaedificabo aperturas murorum eius.

Tert., Adv. Marc. 5, 3: Merito non reaedificabat, quae
destruxit.

reexpectare von neuem erwarten, Jf. 28, 10:
expecta reexpecta.

refigurare wieder umgestalten, Weish. 19, 6: Omnis enim creatura ad suum genus ab initio refigurabatur.

refocillare erquicken, trösten, 3. B. Klagel. 1, 11:
pro cibo ad refocillandam animam.

Sen., Ben. 3, 9, 2: efficacibus remediis refocillasse lugentem.

reinvitare wiedereinladen, Luk. 14, 12: ne forte
te et ipsi reinvitent.

remandare von neuem auftragen, befehlen, Jf.
28, 10 13: manda remanda.

Eutr. 2, 13: remandatum Pyrrho a senatu est, eum cum
Romanis pacem habere non posse.

repedare zurückkehren, 2 Mach. 3, 35: repedabat
ad regem.

Lucil. ap. Gerl. 89, 66: Romam repedabam.

repropitiare sühnen, versöhnen, z. B. Hebr. 2, 17:
ut repropitiaret delicta; 2 Kön. 21, 14: repropitiatus
est Deus.

Tert., Ad Nat. 1, 17: neque imagines (Caesarum) repro-
pitiando neque genios deierando.

reversare umwenden, Os. 7, 8: subcinericius panis,
qui non reversatur.

p) mit sub.

Die Präposition bringt oft die Bedeutung von Heimlichkeit
zu dem Verbalbegriff.

subinferre aufbieten, anwenden, 2 Petr. 1, 5:
curam omnem subinferentes.

subintrare dazwischentreten, Röm. 5, 20: Lex
autem subintravit.

subintroire sich einschleichen, Gal. 2, 4: qui sub-
introierunt explorare libertatem nostram. Judith 4.

Arnob. 6, 12: cum qui Mavors fuerat, subintroire speciem
Iovis possit Hammonis.

subintroducere einschmuggeln, Gal. 2, 4: subintro-
ductos falsos fratres.

subnervare lähmen, die Sehnen durchschneiden,
z. B. Jos. 11, 6: equos eorum subnervabis.

1 Mos. 49, 6 heißt bei Tert., Adv. Iud. 10: in concupiscentia
sua subnervaverunt taurum.

subnavigare unter etwas hersegeln, Apg. 27, 4:
subnavigavimus Cyprum, „wir segelten unter der Küste von
Cypern her" (d. h. um Cypern herum).

1490: „wir schifften zu cipper". Diet.: „schifften vnber Cypern
hin". Douay: we sailed under Cyprus. Sacy: nous prîmes notre
route au-dessous de Cypre. S. die Anmerkung z. d. St. bei L. u. R.

subsannare verhöhnen, z. B. 2 Par. 36, 16: sub-
sannabant nuncios Dei.

Ez. 8, 17 heißt bei Tert., Adv. Iud. 11: ecce ipsi quasi sub-
sannantes.

sustollere emportragen, Is. 58, 14: sustollam te
super altitudines terrae.

Dieses Verbum, von dem sustuli als regelmäßiges Perfektum
hervorzukommen scheint, findet sich bei Plautus und Catull, z. B.
Pl., Mil. 2, 3, 38: credo hercle hasce aedis sustollat totas. Cat.
64, 235: candidaque intorti sustollant vela rudentes.

q) mit super.

superabundare überfließen, überreich vor=
handen fein, z. B. Röm. 5, 20: Ubi autem abundavit
delictum, superabundavit gratia.

superaedificare darüber, darauf bauen, nur im
N. T., z. B. 1 Petr. 2, 5: ipsi (Christo) tamquam lapides vivi superaedificamini.

supercidere auf etwas fallen, Pf. 57, 9: super-
cecidit ignis.

superducere herbeiführen, über etwas bringen,
z. B. 2 Petr. 2, 1: superducentes sibi celerem perditionem.

Das Wort steht sonst nur in spezifischer Verbindung mit novercam, z. B. Quint., Decl. 381 Arg.: Quidam filio superduxit
novercam. G. 88.

supereffluere überströmen, Luk. 6, 38: mensuram
coagitatam, et supereffluentem.

Inscr. ap. Mur. 1772, 8: supereffluenti pecunia. Herm., Past.
2, 5: non capit hoc vas, sed supereffluit. G. 89.

supererogare darüber aufwenden, Luk. 10, 35:
quodcumque supererogaveris, ego . . . reddam tibi.

superexaltare hoch erheben, hoch preisen, z. B.
Pf. 36, 35: Vidi impium superexaltatum; Dan. 3, 57:
suberexaltate eum in saecula.

superextendere über etwas ausbreiten, über=
spannen, Ez. 37, 6: superextendam in vobis cutem.
2 Kor. 10, 14: (non quasi non pertingentes ad vos)
superextendimus nos.

superextollere über etwas erheben, Pf. 71, 16:
superextolletur super Libanum fructus eius.

Iren. 4, 19, 1: suspicione quidem superelati et super-
gressi. G. 88.

supergaudere sich über jemand freuen, Pf. 34,
19 24; 37, 17: Nequando supergaudeant mihi inimici mei.

superimpendere für etwas aufwenden, 2 Kor.
12, 15: superimpendar ipse pro animabus vestris (ἐκ-
δαπανηθήσομαι).

superinducere über jemand bringen, z. B. 2 Par.
33, 11: superinduxit eis principes.

Tert., Adv. Herm. 26: scriptura coelum primo factum pro-
fessa, dehinc dispositionem eius superinducit.

superinduere überkleiden, 2 Kor. 5, 2: habitationem nostram, quae de caelo est, superindui cu-
pientes.

Sueton., Ner. 48: paenulam obsoleti coloris superinduit.

superlucrari hinzugewinnen, Matth. 25, 20: (talenta) alia quinque superlucratus sum.

superordinare Anordnungen hinzufügen, Gal.
3, 15: testamentum nemo spernit, aut superordinat.

superseminare über etwas anderes säen, Matth.
13, 25: venit inimicus eius, et superseminavit zizania.

supersperare auf etwas über alles hoffen, bloß
Pf. 118, z. B. 43: in iudiciis tuis supersperavi.

Aug., Enarr. in h. l.: quod verbum, etsi minus usitate com-
positum est, tamen implet veritatis interpretandae necessitatem
(ἐφήλπισα, יְרְהֵּתִי).

supervalere mehr vermögen, Eccli. 43, 32: super-
valebit enim adhuc (Dominus).

supervestire überfleiden, 2 Kor. 5, 4: nolumus expoliari, sed supervestiri.

r) mit supra.

suprasedere barauf fitzen, Eccli. 33, 6: (equus) sub omni suprasedente hinnit.

s) mit trans.

transnavigare hinüberfegeln, Apg. 20, 16: transnavigare Ephesum.

Front., Strat. 1, 4, 13: angustias maris transnavigare.

transplantare verpflanzen, Jer. 17, 8: lignum quod transplantatur super aquas. Ez. 19, 13. Luf. 17, 6.

Forcell.: transplantatus, Partic. ab inusitato transplantare.

transvadare durchwaten, Ez. 47, 5: torrentis, qui non potest transvadari.

transvertere verfehren, abwenden, Weish. 4, 12: inconstantia concupiscentiae transvertit sensum sine malitia. Eccli. 4, 1: oculos tuos ne transvertas a paupere.

Jn ber gewöhnlichen Sprache ist transversus sehr häufig, dagegen kommen bie übrigen Formen nur sehr spät unb sehr selten vor.

4. Zusammengesetzte Verba.

104. Als ber Vulgata eigentümlich müssen folgenbe Verbal= zusammensetzungen gelten.

beneplacere wohlgefallen, meist impersonal, z. B. Pf. 149, 4: beneplacitum est Domino in populo suo; Röm. 12, 2: voluntas Dei bona, et beneplacens.

parvipendere geringschätzen, z. B. Esth. 1, 18: parvipendent imperia maritorum.

So in vielen Handschriften unb Ausgaben bes Plautus unb Terenz, in anbern parvi pendere.

putrefieri faulen, Jer. 22, 19. Jaf. 5, 2: Divitiae vestrae putrefactae sunt.

Plin. 29, 6, 38: Fit et collyrium e vipera in olla putrefacta etc.

tapefacere ſchwächen, vernichten, Judith 14 14. Eccli. 31, 1. 1 Mach. 4, 32: tabefac audaciam virtutis eorum.

Forcell.: tabefactus, Partic. ab inusitato tabefacere (bloß bei Solinus).

valefacere Lebewohl ſagen, z. B. Apg. 18, 18: fratribus valefaciens.

Tob. 5, 22: fecit Tobias vale patri suo et matri suae.

105. Beſonders hervorzuheben iſt eine Reihe von Zuſammen= ſetzungen, deren zweiten Teil facio in der Geſtalt von ficare bildet, und die zunächſt mit den Adjektivis auf ficus in Ver= bindung zu bringen ſind. Die urſprüngliche Bedeutung von facere iſt in dieſen Kompoſitis inſoweit alteriert, als dieſelben nicht bloß „zu etwas machen", ſondern auch „für etwas erklären" heißen. Vgl. G. 91.

beatificare glücklich machen, z. B. Eccli. 25, 32: mulier quae non beatificat virum suum; glücklich preiſen, z. B. Jak. 5, 11: Ecce beatificamus eos, qui sustinuerunt.

castificare heiligen, 1 Petr. 1, 22: Animas vestras castificantes (ἡγνικότες).

Bei Tertullian (De pudic. 19) heißt 1 Joh. 3, 3: omnis, qui habet spem istam. castificat semetipsum (Vulg. sanctificat).

clarificare verherrlichen, d. h. herrlich machen, z. B. Joh. 12, 28: Pater, clarifica nomen tuum; ſeltener preiſen, z. B. Apg. 4, 21: omnes clarificabant id, quod factum fuerat.

Iren. 2, 19, 6: Caro eget spiritali, ut in eo sanctificetur et clarificetur et absorbeatur mortale ab immortalitate.

conglorificare mitverherrlichen, Röm. 8, 17: compatimur, ut et conglorificemur.

convivificare mitlebendig machen, Eph. 2, 5: convivificavit nos in Christo. Kol. 2, 13.

fructificare intranf. Frucht tragen, tranf. hervor=
bringen, z. B. Röm. 7, 4: ut fructificemus Deo; Eccli.
24, 23: Ego quasi vitis fructificavi suavitatem odoris.

Tert., De resurr. carn. 52: carnem credens fructificaturam.

glorificare verherrlichen, d. h. herrlich machen, z. B.
Joh. 7, 39: Iesus nondum erat glorificatus, gewöhnlich
aber hochpreiſen, z. B. Klagel. 1, 8: omnes, qui glori-
ficabant eam, spreverunt illam.

Herm., Past. 3, 6, 1: Cum sederem domi et glorificarem
Dominum pro omnibus, quae videram.

gratificare begnadigen, Eph. 1, 6: gratiae suae,
in qua gratificavit nos.

Die gewöhnliche Sprache kennt nur das Deponens gratificari,
das in anderer Bedeutung häufig bei Cicero steht.

honorificare ehren, z. B. Eccli. 7, 33: honorifica sacerdotes; auch (mit Geld) unterhalten, unterſtützen,
Matth. 15, 6: qui non honorificabit patrem suum aut
matrem. Vgl. o. honorare.

Lact., Ira Dei 23: debemus Deum honorificare, quod beneficus.

iustificare rechtfertigen, d. h. a) gerecht machen,
z. B. Jf. 53, 11: iustificabit ipse iustus servus meus
multos; Gal. 2, 16: non iustificatur homo ex operibus
legis; Offb. 22, 11: qui iustus est, iustificetur adhuc;
b) für gerecht erklären, z. B. 3 Kön. 8, 32: tu (Deus)
condemnans impium iustificansque iustum; Pf. 18, 10:
iudicia Domini vera, iustificata in semetipsa; Eccli. 18, 1:
Deus solus iustificabitur.

Bei Tertullian mit der Bedeutung gerecht behandeln, z. B.
Adv. Marc. 4, 17: iustificate viduam für Jf. 1, 17, wo die Vulgata
defendite lieſt. Herm., Past. 2, 5, 1: iustificati sunt omnes, qui
poenitentiam egerint.

magnificare verherrlichen, d. h. a) groß, herrlich
machen, z. B. 1 Mof. 12, 2: magnificabo nomen tuum;
19, 19: magnificasti misericordiam tuam; b) in Ehren

halten (magni facere), z. B. Apg. 5, 13: magnificabat
eos populus; Eccli. 10, 26: noli magnificare (opp. de-
spicere) virum peccatorem divitem; c) preifen, z. B.
Luf. 1, 46: Magnificat anima mea Dominum.

In der vorflaffifchen Zeit fteht das Wort mit der zweiten Be=
deutung, z. B. Plaut., Stich. 1, 2, 44: pudicitiast, pater, eos nos
magnificare. Mit der britten Bedeutung findet es fich im filbernen
Zeitalter, z. B.: Plin. 36, 12, 18: Magnificatur et alia turris.

mirificare wunberbar verherrlichen, z. B. Pf. 4, 4:
mirificavit Dominus sanctum suum.

mortificare im A. T. töten, z. B. 1 Kön. 2, 6: Dominus mortificat et vivificat, auch 1 Petr. 3, 18: morti-
ficatus quidem carne; fonft im N. T. ertöten, abtöten,
z. B. Kol. 3, 5: Mortificate ergo membra vestra.

Tert., Adv. Marc. 5, 9: in Adam corpore mortificamur.
Herm., Past. 2, 12, 2: cupiditas mala, quae mortificat servos Dei.

salvificare retten, Joh. 12, 27: salvifica me ex hac
hora; 47: ut salvificem mundum.

sanctificare heiligen, b. h. a) heilig machen, z. B.
1 Kor. 6, 11: sanctificati estis; Offb. 22, 11: (sanctus)
sanctificetur adhuc; b) für heilig erflären, z. B. 1 Mof.
2, 3: benedixit diei septimo, et sanctificavit illum,
heilig halten, verherrlichen, z. B. Matth. 6, 9:
sanctificetur nomen tuum; Ez. 20, 41: sanctificabor in
vobis, als heilig behandeln; Röm. 15, 16: sancti-
ficans Evangelium Dei; c) am häufigften: burch einen be=
fonbern Aft in ben Stand ber rituellen Reinheit erheben,
z. B. 2 Mof. 19, 10: sanctifica illos hodie, et cras;
3 Mof. 6, 18: omnis, qui tetigerit illa, sanctificabitur;
d) auch foviel als für angehörig erflären, opfern,
z. B. 2 Mof. 13, 2: Sanctifica mihi omne primogenitum;
5 Mof. 22, 9: Non seres vineam tuam altero semine:
ne et sementis . . . et quae nascunter pariter sancti-

ficentur; baher enblich e) bem Untergang weihen, de-
vovere, z. B. Jer. 12, 3: sanctifica eos in die occisionis.
Tert., Adv. Iud. 4: Dicunt enim Iudaei, quod a primordio
sanctificaverit Deus diem septimum. Iren. 2, 22, 4: sanctifi-
cans infantes.

vivificare a) beleben, lebendig machen, z. B.
4 Kön. 8, 5: cuius vivificaverat filium; Röm. 4, 17:
qui vivificat mortuos, auch in geistigem Sinne, z. B.
Joh. 6, 64: Spiritus est, qui vivificat; gewöhnlicher aber
b) lebendig erhalten, schützen, z. B. 1 Kön. 27, 11:
Virum et mulierem non vivificabat David; Apg. 7, 19:
ut exponerent infantes suos, ne vivificarentur. *Secr.
in Sexag.: oblatum tibi sacrificium vivificet nos semper
et muniat.*

Zu b) vgl. Iren. 5, 4, 1 a. m. St. Demnach heißt auch der
ben Papst betreffende Versikel in der Litanei *(Dominus conservet eum;
vivificet eum et beatum eum faciat in terra)* nicht „der Herr erhalte
ihn, belebe ihn" usw., sondern „der Herr erhalte ihn, schütze ihn" usw.

Andere Zeitwörter dieser Bildung aus der vorklassischen unb
vulgären Sprache s. R. It. 179; auf andere weist monstrificabilis
bei Lucilius, nullificamen unb vestificina bei Tertullian hin; s. Rig.
Ind.; ferner bei Jrenäus 4, 22, 1 heredificare.

5. Griechische Verba.

106. Die Vulgata enthält als ihr eigentümlich auch eine
Anzahl von Verbis, die aus dem Griechischen entlehnt sind
unb sämtlich nach der ersten Konjugation flektiert werden.

acediari *(ἀκηδιάω)* unwillig sein, sich ärgern,
Eccli. 6, 26: ne acedieris vinculis eius. 22, 16: non
acediaberis in stultitia illius.

angariare *(ἀγγαριάζω, ἀγγαρεύω)* zu Fronbiensten
zwingen, Matth. 27, 32: hunc angariaverunt ut tol-
leret crucem eius. Mark. 15, 21; in allgemeinerem Sinne
nötigen, Matth. 5, 41: quicumque te angariaverit mille
passus. H. 73.

aporiari *(ἀπορέω)* zagen, unſchlüſſig ſein, Eccli.
18, 6. Jſ. 59, 16. 2 Kor. 4, 8: aporiamur, sed non
destituimur.

apostatare *(ἀποστατέω)* abfallen (von Gott), Eccli.
10, 14: Initium superbiae hominis, apostatare a Deo;
19, 2: Vinum et mulieres apostatare faciunt sapientes.

blasphemare *(βλασφημέω)* intranſ. Gottesläſterungen
ausſtoßen, tranſ. (Gott) läſtern, z. B. Matth. 9, 3:
Hic blasphemat; 3 Moſ. 24, 16: qui blasphemaverit
nomen Domini.

Tert., Adv. Iud. 13 ad f.: cum ex perseverantia furoris
nomen Domini per ipsos blasphemaretur.

cataplasmare *(καταπλάσσω)* Umſchläge machen,
auflegen, Jſ. 38, 21: ut tollerent massam de ficis, et
cataplasmarent super vulnus.

cauteriare *(καυτηρίζω)* brandmarken, 1 Tim. 4, 2:
cauteriatam habentium suam conscientiam.

*encaeniare, Lect. I Mat. Fer. IV post Dom. Pass.:
Si quis nova tunica inducatur, encaeniare dicitur.*

gyrare *(γυρόω)* intranſ. und tranſ. herumgehen, z. B.
2 Kön. 5, 23: gyra post tergum eorum; 1 Moſ. 30, 32:
Gyra omnes greges tuos.

Veg., Vet. 3, 5, 2: animal difficile se gyrabit.

plasmare *(πλάσσω)* bilden, ſchaffen, z. B. Pſ. 73,
17: aestatem et ver tu plasmasti ea.

zelare *(ζηλόω)* eifern, intranſ. und tranſ., z. B. Pſ.
72, 3: Quia zelavi super iniquos; 1 Mach. 2, 54: ze-
lando zelum Dei; Eccli. 9, 16: Non zeles gloriam, et
opes peccatoris. Für das Perfekt ſteht bald zelavi (ſ. oben)
bald zelatus sum, z. B. Joel 2, 18: Zelatus est Dominus
terram suam.

In der ſpäteren Profanliteratur kommt bloß das Deponens vor,
Anth. Lat. ed. Meyer 325: zeleris nimium cur mea limina, nescio.

107. Eine besondere Klasse bildet hier die verhältnismäßig große Anzahl von Verbis auf izo, die ebenfalls sämtlich nach der ersten Konjugation abgewandelt werden.

agonizari *(ἀγωνίζω)* streiten, Eccli. 4, 33: Pro iustitia agonizare pro anima tua.

anathematizare *(ἀναθεματίζω)* dem Untergang weihen, verwünschen, 1 Mach. 5, 5: applicuit ad eos, et anathematizavit eos, et incendit turres eorum; Mark. 14, 71: coepit anathematizare, et iurare.

aromatizare *(ἀρωματίζω)* duften, Eccli. 24, 20: (sicut) balsamum aromatizans odorem dedi.

baptizare *(βαπτίζω)* baden, waschen, Judith 12, 7: baptizabat se in fonte aquae. Eccli. 34, 30. Mark. 7, 4; im N. T. speziell taufen, z. B. Matth. 3, 11: Ego quidem baptizo vos in aqua; 1 Kor. 1, 14: neminem vestrum baptizavi.

catechizare *(κατηχίζω)* unterrichten (in der Religion), Gal. 6, 6: Communicet autem is, qui catechizatur verbo, ei, qui se catechizat, in omnibus bonis. Tert., De idol. 10: an idololatriam committat, qui de idolis catechizat?

colaphizare *(κολαφίζω)* mit Fäusten schlagen, 2 Kor. 12, 7: angelus satanae, qui me colaphizet. 1 Petr. 2, 20.

evangelizare *(εὐαγγελίζω)* frohe Botschaft bringen, z. B. Luk. 2, 20: evangelizo vobis gaudium magnum.

iudaizare *(ἰουδαίζω)* judaisieren, Gal. 2, 14: quomodo gentes cogis iudaizare!

prophetizare *(προφητίζω)* wahrsagen, weissagen, Matth. 26, 68. Mark. 14, 65. Luk. 22, 64: Prophetiza, quis est, qui te percussit.

sabbatizare *(σαββατίζω)* Sabbatruhe halten, 2 Mos. 16, 30: sabbatizavit populus die septimo; 3 Mos. 25, 2: sabbatizes sabbatum Domino; 26, 35.

scandalizare *(σκανδαλίζω)* ärgern, b. h. Anstoß geben, zum Bösen verführen, z. B. Mal. 2, 8: scandalizastis plurimos in lege; Mark. 9, 42: si scandalizaverit te manus tua.

Einmal (Eccli. 1, 37) scheint es medialiter gebraucht: non scandalizeris in labiis tuis.

thesaurizare *(ϑησαυρίζω)* intranf. Schätze sammeln, tranf. aufhäufen, z. B. Eccli. 3, 5: sicut qui thesaurizat, ita et qui honorificat matrem suam; Bar. 3, 18: Qui argentum thesaurizant; Amos 3, 10: thesaurizantes iniquitatem.

III. Eigentümlichkeiten der Verbalformen.

A. Person.

108. Für die deutsche unbestimmte Person „man" hat die Vulgata außer den sonst im Lateinischen gebräuchlichen Ausdrucksarten auch noch die hebräische Weise der dritten Person Singularis, z. B. Jf. 15, 5: per ascensum enim Luith flens ascendet (יעלה‎, *ἀναβήσονται*), „man steigt weinend auf die Höhe von Luith"; Pf. 86, 5: Numquid Sion (Dativ) dicet, wird man nicht sagen; 1 Mof. 16, 14: Propterea appellavit (קרא‎) puteum illum, Puteum viventis et videntis me, „deswegen nennt man diesen Quell".

An letzterer Stelle haben alle nach der Vulgata gefertigten Übersetzungen sich von dem scheinbar naheliegenden Zusammenhang täuschen lassen und Agar als Subjekt betrachtet.

B. Tempus.

109. Die Sprache der Vulgata hat mancherlei Temporalformen bewahrt, die in der gewöhnlichen Sprache außer Gebrauch gekommen sind. Solche Formen sind bibiturus, Matth. 20, 22; iratus est, 1 Mof. 39, 19; frenduerunt, Pf. 34, 16;

calefacimini, Jak. 2, 16; salierunt, Tob. 6, 6; superbierit, 5 Mof. 17, 12; odivi, z. B. Pf. 25, 5; 100, 3; odivit, z. B. Pf. 35, 5; odiet, Eccli. 19, 9; 27, 27. Luk. 16, 13; odient, Offb. 17, 16; odientes, 2 Kön. 19, 6 41. Pf. 17, 40; 43, 7; 88, 23; odientibus, 5 Mof. 7, 10; odientium, Pf. 105, 11; odirent, Pf. 104, 25; odito (Imperativ), Eccli. 17, 23; odite, Pf. 96, 10. Amos 5, 15; odiens, z. B. Weish. 11, 25. Jf. 66, 5; odietur, Eccli. 20, 8; 21, 31.

Tert., Apol. 3: Oditur ergo in hominibus innocuis etiam nomen innocuum.

110. Von antiquierten Konjugationsformen bewahrt die Vulgata noch das alte Futurum auf ibo an folgenden Stellen: Spr. 1, 22: odibunt; Pf. 59, 8: metibor, partibor.

Viele Formen dieser Art aus profanen und kirchlichen Schrift= stellern f. R. Jt. 292. N. 2, 341 ff.

111. Die Formen der zweiten und der dritten Konjugation finden sich bei einigen der betreffenden Verba miteinander ver= tauscht, Ez. 44, 20: attondent. Nah. 1, 12: attondentur (beide Formen als Futura, יכסמו). 4 Mof. 10, 4: clangueris. Richt. 7, 7: lambuerunt; 6: lambuerant; 5: lambuerint; 16, 13: plexueris. Vgl. N. 2, 317.

112. Von Verbis, die sonst unregelmäßig abgewandelt werden, stehen in der Vulgata folgende regelmäßige Formen: vetati sunt, Apg. 16, 6; potatus, z. B. Eccli 31, 36; absconsus, in den Büchern der Weish. und Eccli. sehr oft, z. B. Weish. 7, 21. Eccli 17, 13; orditus est, Jf. 25, 7; sepivit, Jf. 5, 2; circuietur, Amos 3, 11; disperiet, Judith 6, 3; exeam (Futurum), Judith 8, 32; exies, Matth. 5, 26; exiet, Matth. 2, 6. Offb. 11, 5; peries, Eccli. 8, 18; periet, z. B. Eccli. 23, 7; perivimus, 4 Mof. 17, 12; pertransiet, Eccli. 39, 5; praeteriet, Weish. 1, 8. Eccli. 11, 20; praeterient, Eccli. 39, 37; rediet, 3 Mof. 25, 10; redient, 3 Mof. 25, 13; transiet, Judith 6, 4; transient, 2 Petr. 3, 10.

Cod. Fuld. Joh. 2, 9: haurierant; 2 Kor. 6, 2: adiuvavi; Eph. 6, 14: induitus. Am. Col. 3, 7: viveritis. S. Apg. 8, 7: exiebant. Lact. 7, 16: prodient.

Umgekehrt weist die Vulgata folgende unregelmäßige Verbal=formen auf: frixus, 2 Kön. 6, 19; 17, 28. 1 Par. 16, 3; prendidistis, Joh. 21, 10; prendiderunt 3.

Cod. Fuld. Am. Matth. 25, 35: collexistis.

113. In Bezug auf die Bedeutung der Tempora zeigt die Vulgata besonders ihren Charakter als Übersetzung, da sowohl bei den primär als bei den sekundär übertragenen Bestandteilen die irrige Anschauung der Septuaginta beibehalten ist, daß das hebräische Perfektum eine Tempusform der Vergangenheit, das hebräische Imperfektum eine Tempusform der Zukunft sei. Von diesem Irrtum ausgehend sind in der Vulgata die latei=nischen Tempora in einer solchen Weise angewandt, daß der Sinn des Schriftstellers in manchen Fällen nur durch Ver=gleichung mit dem hebräischen oder hebräisch gedachten Original und durch Anwendung der hebräischen Sprachregeln gefunden werden kann. Zur Vermeidung dieses Umweges dienen die folgenden Regeln.

a) Das lateinische Perfektum oder Imperfektum behält seine eigentliche Bedeutung nur in den erzählenden Abschnitten und geschichtlichen Darstellungen, z. B. 1 Mos. 1, 1: In principio creavit Deus coelum et terram „Im Anfang schuf Gott den Himmel und die Erde"; 2 Kön. 2, 1: Igitur post haec consuluit David Dominum „Danach nun befragte David den Herrn"; Job 1, 1: Vir erat in terra Hus „Es war ein Mann im Lande Hus"; Ruth 1, 1: In diebus unius iudicis, quando iudices praeerant, facta est fames in terra „Zur Zeit irgend eines Richters, als noch Richter regierten, entstand eine Hungersnot im Lande".

b) In belehrenden und betrachtenden Abschnitten haben die lateinischen Tempora der Vergangenheit die Bedeutung der

Gegenwart, z. B. Pf. 1, 1: Beatus vir, qui non abiit et . . . non stetit et . . . non sedit „Selig der Mann, welcher nicht geht und . . . nicht stehen bleibt und . . . nicht sitzt"; 4, 1: Cum invocarem, exaudivit me Deus iustitiae meae „Wenn ich (ihn) anrufe, erhört mich mein gerechter Gott".

c) Das lateinische Perfektum mit Präsensbedeutung wird, wie das Präsens im Deutschen, auch zur Bezeichnung der Zu=kunft gebraucht, z. B. Pf. 3, 6: Ego dormivi et sopo-ratus sum, et exurrexi „Ich will schlafen und einschlummern und werde wieder aufstehen"; 30, 6: in manus tuas com-mendo spiritum meum; redemisti me, Domine Deus veritatis „In deine Hände empfehle ich meinen Geist; du wirst mich erlösen (du erlösest mich), Herr, du zuverlässiger Gott!" Besonders findet dies statt bei den Propheten, welche die Zu=kunft gegenwärtig schauen, z. B. If. 9, 1: Primo tempore alleviata est Terra Zabulon, et Terra Nephthali: et novissime aggravata est via maris trans Iordanem Ga-lilaeae Gentium „In der ersten Zeit ist verachtet das Land Zabulons und das Land Nephthalis; und schließlich kommt zu Ehren der Meerweg jenseits des Jordans im Heidengaliläa".

d) Infolge der hebräischen Consecutio temporum steht mitunter das lateinische Futurum in der Bedeutung, die hier für das Perfektum vindiziert ist, z. B. Pf. 113, 5: Os habent, et non audient „Sie haben einen Mund und reden nicht"; oculos habent, et non videbunt „sie haben Augen und sehen nicht".

e) Nach hebräischem Gebrauch steht das Imperfektum auch für den Konjunktiv oder Optativ; die Vulgata hat dies nach=geahmt und dadurch die prophetischen Aussprüche des Originals anscheinend zu Wünschen oder Flüchen umgewandelt, die als Vorhersagungen zu übersetzen sind, z. B. Pf. 108, 7: Cum iudicatur, exeat condemnatus, et oratio eius fiat in pec-catum „Wenn er gerichtet wird, so wird er als schuldig her=

vorgehen (יֵצֵא), und sein Gebet wird zur Sünde werden"
(תִּהְיֶה לַחֲטָאָה).

Fängt eine Satzreihe mit dem Imperativ an, so folgt gewöhnlich darauf das Futurum mit imperativer Bedeutung, z. B. If. 6, 9: vade et dices populo huic; Zach. 6, 10: Sume a transmigratione ... et venies ... et intrabis ... et sumes aurum etc.

Leicht zu verstehen sind solche Stellen wie If. 9, 6: PARVULUS enim NATUS est nobis, et filius datus est nobis; hier spricht der Prophet aus einer späteren Zeit, in die sein Geist versetzt ist.

C. Modus.

114ᵃ. Das Part. Praes. hat in den aus dem Griechischen übersetzten Büchern oft die Bedeutung des Part. Aoristi, z. B. Pf. 101, 11: elevans *(ἐπάρας)* allisisti me; Mark. 1, 29: egredientes *(ἐξελθόντες)* de synagoga, venerunt in domum Simonis, et Andreae „als sie die Synagoge ver= lassen hatten, gingen sie" usw.; 35: Et diluculo valde surgens *(ἀναστάς)* egressus abiit in desertum locum; 3, 13: Et ascendens in montem vocavit ad se quos voluit ipse; Apg. 14, 19: surgens intravit civitatem.

114ᵇ. Umgekehrt steht mitunter das Part. Perf. mit Präsensbedeutung; besonders ist dies der Fall im Abl. absol., wo nicht etwas vorher Geschehenes, sondern vielmehr der Fort= schritt der Rede ausgedrückt werden soll, z. B. 4 Mos. 13, 1: Profectusque est populus de Haseroth fixis tentoriis in deserto Pharan „das Volk brach auf und schlug die Zelte in der Trift von Pharan auf"; Esth. 9, 16: pro animabus suis steterunt Iudaei, interfectis hostibus. H. 40.

Wahrscheinlich ist so auch in der Messe für die Verstorbenen das *defunctorum* des Offertoriums in Präsensbedeutung zu fassen: „befreie die Seelen aller Sterbenden". Analog hierzu steht mortuus bei Iren. 1, 21, 5 für sterbend, s. Stieren z. d. St.

114ᶜ. In einzelnen Fällen steht das Part. Perf. mit der Bedeutung des griechischen Adi. verb. auf τός, z. B. Pf. 44, 1:

Canticum pro dilecto (Neutr.); Pf. 83, 2: quam dilecta tabernacula tua; Matth. 11, 11: inter natos mulierum; daher incorruptus unverweslich; Weish. 18, 4. 1 Kor. 9, 25; 15, 52: mortui surgent incorrupti.

115. Das fog. Participium necessitatis oder das Gerun= bivum drückt an einzelnen Stellen bloß das Futurum im Paf= fivum aus, z. B. Matth. 17, 21: Filius hominis tradendus est in manus hominum (μέλλει παραδίδοσθαι); Spr. 22, 13: in medio platearum occidendus sum (אֶרְבָּה); Pred. 1, 9: Quid est quod factum est? ipsum quod faciendum est. R. Jt. 433. Respons. 3 in festo S. Agathae; *in nomine eius scias te esse curandam.*

D. Genus.

116. Das Paffivum wird auch von Verbis gebildet, die im Aktiv nicht als Transitiva gebräuchlich find, z. B. Matth. 20, 28: non venit ministrari, sed ministrare (neben Mark. 10, 45: non venit ut ministraretur ei); 11, 5: pauperes evangelizantur; Apg. 12, 20: persuaso Blasto; 14, 18: persuasis turbis.

Auch Luk. 6, 27: dimittite et dimittemini, gehört hierher, in= sofern dimittere in diefer Bedeutung mit dem Dativ der Person konftruiert wird.

Sechstes Hauptstück.

Adverbia.

I. Eigentümlichkeiten in der Bedeutung.

117. Bei Adverbien, die auch fonft gebräuchlich find, zeigt die Vulgata folgende Abweichungen vom gewöhnlichen Sprach= gebrauch.

adhuc erhält zuweilen die Bedeutung von etiam, indem es zu einem Komparativ gefetzt wird, z. B. 1 Kor. 12, 31:

Et adhuc excellentiorem viam vobis demonstro; ebenſo
Pſ. 91, 15: Adhuc multiplicabuntur in senecta uberi;
Offb. 22, 11: qui iustus est, iustificetur adhuc.

Auch in der ſpäteren profanen Literatur ſteht z. B. S u e t., Ner.
10: ut certiorem adhuc indolem ostenderet. „Bene tamen docent
Tursell. et Nolten p. 1274: tantummodo homines minus politos
ita scribere.“ Forcell. s. h. v.

amplius hat auch mit Aufgabe der Komparativbedeutung
den Sinn von fürber, in Zukunft, z. B. Pred. 3, 9:
Quid habet amplius homo de labore suo; Tob. 3, 9:
Amplius ex te non videamus filium.

Auch der Prätor ſagte „Amplius“ (= differri iudicium).

et iſt nicht bloß vor perſönlichen Fürwörtern, ſondern
ganz allgemein, beſonders aber nach sed, im Gebrauche für
etiam, z. B. 1 Kön. 23, 17: sed et Saul pater meus
scit hoc; 1 Par. 18, 5: sed et huius percussit David
vigintiduo millia virorum; Luk. 11, 49: Propterea et
sapientia Dei dixit; 22, 41: ad nos dicis hanc para-
bolam an et ad omnes? 54: Dicebat autem et ad turbas;
Apg. 26, 10: Quod et feci.

frustra heißt vergebens auch in dem Sinne von ohne
Urſache, leichtfertig, unrechtmäßig, z. B. 5 Moſ.
5, 11: Non usurpabis nomen Domini Dei tui frustra;
Job 2, 3: ut affligerem eum frustra.

nec und neque ſtehen a) für auch nicht, wie et für
auch, z. B. Tob. 4, 7: noli avertere faciem tuam ab
ullo paupere: ita enim fiet ut nec a te avertatur facies
Domini; Weish. 13, 8: Iterum autem nec his debet
ignosci; b) ganz wie ne — quidem in der Bedeutung von
nicht einmal, z. B. Apg. 19, 2: Sed neque si Spiritus
sanctus est, audivimus; Mark. 6, 31: et nec spatium
manducandi habebant; Gal. 2, 5: Quibus neque ad horam
cessimus subiectione.

necdum ſteht allgemein, wie ſonſt nondum, für noch nicht, z. B. Joſ. 13, 1: terra, quae necdum sorte divisa est; Joh. 8, 20: quia necdum venerat hora eius.

nimis iſt häufig das hebräiſche מְאֹד = valde (ſ. oben § 56) und wird auch dem Verbum gewöhnlich nachgeſtellt, z. B. 1 Kön. 12, 19: timuit omnis populus nimis Dominum; 2 Kön. 24, 14: Coarctor nimis; Pſ. 111, 1: in mandatis eius volet nimis; Eccli. 17, 23: et nimis odito execrationem. *Comm. non Virg. Ant. 2. Laud.: adolescentulae dilexerunt te nimis.*

non heißt a) nicht mehr, z. B. 1 Moſ. 5, 24: Ambulavitque cum Deo, et non apparuit; 2 Mach. 3, 34: et his dictis, non comparuerunt; Matth. 2, 18: Rachel plorans filios suos, et noluit consolari, quia non sunt; b) noch nicht, Joh. 7, 8: ego autem non *(οὔπω)* ascendo ad diem festum istum.

numquid ſteht als gewöhnliche Fragepartikel, wie num, wenn die Verneinung, aber auch, wenn Ja als Antwort erwartet wird, z. B. 1 Moſ. 18, 14: numquid Deo quidquam est difficile? 23: Numquid perdes iustum cum impio? 37, 8: Numquid rex noster eris? 29, 5: Numquid, ait, nostis Laban? Matth. 12, 23: Numquid hic est filius David? beſonders häufig iſt numquid non für nonne im Gebrauch, z. B. 5 Moſ. 32, 6: numquid non ipse est pater tuus? 1 Kön. 1, 8: numquid non ego melior tibi sum, quam decem filii? 1 Kor. 11, 22: Numquid domos non habetis ad manducandum, et bibendum?

paulominus iſt zweimal mit faſt, beinahe zu überſetzen: Pſ. 93, 17: paulominus habitasset in inferno anima mea; 118, 87: Paulominus consummaverunt me in terra; vermutlich liegt hier eine Ellipſe zu Grunde.

Iren. 2, 19, 4: uti paene suffocaretur et paullo minus corrumperetur.

saltem kommt in der Negation im Sinne von ne—quidem
vor, z. B. 2 Kön. 13, 30: non remansit ex eis saltem unus;
Jof. 10, 28: non dimisit in ea saltem parvas reliquias.

simul wird nicht bloß von zeitlicher, sondern auch von
kollektiver Zusammengehörigkeit gebraucht und heißt dann in s =
gesamt, im ganzen, z. B. 1 Mof. 46, 7: Filii eius,
et nepotes, filiae, et cuncta simul progenies; 2 Mof.
36, 30: Ut octo essent simul (im ganzen acht) tabulae;
Eccli. 18, 1: Qui vivit in aeternum, creavit omnia simul.

Statt valde steht das ursprüngliche valide Job 30, 22.
Eccli. 11, 6: Multi potentes oppressi sunt valide. Heiß 19.

118. Im allgemeinen stehen diejenigen Ortsadverbien, welche
sonst nur auf die Frage wo? antworten, in der Vulgata auch
auf die Frage wohin? z. B. 2 Esdr. 13, 9: retuli ibi vasa
domus Dei; Judith 5, 16: Ubicumque ingressi sunt;
2 Mach. 2, 5: Et veniens ibi Ieremias.

Gai., Dig. 1, 2, 1: quum ibi venerimus.

II. Eigentümliche Bildungen.

119. Adverbia, die außerhalb der Vulgata gar nicht oder
nur selten vorkommen, sind folgende:

a) auf e.

absconse heimlich, Weish. 18, 9. 4 Esdr. 14, 26:
quaedam sapientibus absconse trades.

acide (ferre) bitter, Eccli. 4, 9: non acide feras in
anima tua.

hereditarie erblich, Ez. 46, 16.

inquiete unstät, 2 Theff. 3, 11: quosdam ambulare
inquiete.

insensate unsinnig, Weish. 12, 23: insensate et in-
iuste vixerunt.

pacifice friedlich, geruhig, z. B. 1 Mof. 26, 31:
dimisit eos Isaac pacifice.

Mess. Corvin. de Prog. Aug. 3: Dardania pacifice aliquamdiu stetit.

pompatice pompös, Amos 6, 1: ingredientes.

sensate vernünftig, Eccli. 13, 27.

spontanee freiwillig, Of. 14, 5. 1 Petr. 5, 2.

vane eitel, vergebens, z. B. If. 30, 7: frustra et vane auxiliabitur.

Tert., Apol. 49: vulgus vane de nostra vexatione gaudet.

voluntarie freiwillig, gern, z. B. Pf. 53, 8: Voluntarie sacrificabo tibi.

Hyg., Fab. 41: voluntarie se ad Minotaurum pollicitus est ire. M. F. 41, A. 2.

voluptuose üppig, Klagel. 4, 5.

b) auf ter.

cognoscibiliter erkennbar, Weish. 13, 5.

consequenter entsprechend, 1 Mof. 43, 7.

corporaliter körperlich, wirklich, Kol. 2, 9.

dignanter gnädiglich, z. B. *Postc. Dom. II Quadr.*

duriter ungestüm, Weish. 5, 23.

In anderer Bedeutung Ter., Andr. 1, 1, 47: Primum haec pudice uitam parce ac duriter agebat.

fraudulenter betrüglich, z. B. 1 Mof. 27, 35.

Colum. 1, 8: qui aut crudeliter eos aut fraudulenter infestent.

ignoranter aus oder mit Unwissenheit, Eccli. 14, 7.

indesinenter unaufhörlich, Hebr. 10, 1.

infirmiter kraftlos, Weish. 4, 4: infirmiter posita.

iugiter beständig, immerdar, jedesmal, z. B. 1 Mof. 29, 38: per singulos dies iugiter; 4 Mof. 9, 16: Sic fiebat iugiter.

longanimiter (ferre) langmütig, Hebr. 6, 15.

mendaciter lügnerisch, z. B. Jer. 7, 9: iurare mendaciter.

silenter still, 1 Kön. 24, 5.

sinceriter aufrichtig, Tob. 3, 5.

Gell. 13, 16, 1: (bonas artis) sinceriter percipiunt appetuntque.

sufficienter hinreichend, Nah. 2, 12.

Plin., Ep. 10, 18 (29), 3: mensores vix etiam iis operibus, quae aut Romae aut in proximo fiunt, sufficienter habeo.

spiritualiter geistig, in geistigem Sinne, 1 Kor. 2, 14. Offb. 11, 8: (civitas) quae vocatur spiritualiter Sodoma, et Aegyptus.

superabundanter überschwänglich, Eph. 3, 20.

unanimiter einmütig, z. B. Apg. 1, 14: perseverantes unanimiter in oratione.

c) anderweitige.

iterato abermals, Joh. 3, 4.

Dig. 49, 16, 3: si iterato hoc admiserint.

commixtim durcheinander, 2 Par. 35, 8: pecora commixtim duo milia. 1 Esdr. 3, 13.

pauxillum ganz wenig, ein klein wenig, z. B. Spr. 24, 33: pauxillum manus conseres; Ez. 16, 47: fecisti pauxillum minus, gewöhnlich neutral; 1 Mos. 18, 4: afferam pauxillum aquae.

quadrifariam ins Gevierte, Ez. 45, 2.

altrinsecus auf je einer Seite, z. B. 1 Mos. 15, 10: utrasque partes contra se altrinsecus posuit.

Das Wort steht auch bei Plautus, z. B. Merc. 5, 4, 16: perge ego adsistam hinc altrinsecus; dann aber erst wieder bei Apulejus, immer in der Bedeutung auf der andern Seite.

forinsecus auswendig, z. B. 3 Kön. 6, 6.

intrinsecus inwendig, z. B. 3 Kön. 6, 15.

impraesentiarum heute, z. B. 3 Mos. 8, 34.

Vulgärlateinisch; Cato, R. R. 144, 4: extraquam si quem socium impraesentiarum dixerit.

in tantum (seq. ut) so sehr, dermaßen, z. B. 1 Mos. 24, 67: in tantum dilexit eam, ut dolorem temperaret.

nullatenus in keiner Weise, *Or. Fer. VI post Pentec.*

putas ober putasne einfache, meist pleonaftifche Frage=
partikel, z. B. Ez. 8, 6: putasne, vides tu; Dan. 2, 26:
Putasne vere potes mihi indicare somnum; Ez. 37, 3:
putasne vivent ossa ista? Luk. 8, 25: Quis putas hic
est; 18, 8: Filius hominis veniens putas inveniet fidem
in terra? *Ant. 2. Noct. Mat. Dom. in Adv.: Maria
dixit: Putas qualis est ista salutatio.*

ut puta etwa, zum Beifpiel, 1 Kor. 14, 10; 15,
37: nudum granum, ut puta tritici.

alterutrum f. oben § 68, b.

III. Umfchreibung der Adverbia.

120. Nach Analogie des griechifchen und hebräifchen Sprach=
gebrauches werden zur Umfchreibung des adverbialen Begriffes
in der Vulgata oft eigene Verba gebraucht, z. B.

1 Kön. 27, 4: non additit ultra quaerere eum; Richt.
10, 13: non addam ut ultra vos liberem; 1 Kön. 3, 21:
Et addidit Dominus ut appareret in Silo; If 7, 10:
Et adiecit Dominus loqui ad Achaz; Nah. 1, 15: non
adiiciet ultra ut pertranseat in te Belial; Pf. 77, 17:
apposuerunt adhuc peccare ei; Apg. 12, 3: apposuit ut
apprehenderet et Petrum (alles für ferner, fürber).

1 Mof. 12, 11: Cumque prope esset ut ingrederetur
Aegyptum, als er Ägypten beinahe betrat.

Pf. 30, 3: accelera ut eruas me; 1 Mach. 13, 10:
acceleravit consummare universos muros Ierusalem
(fchleunig).

Pf. 54, 8: Ecce elongavi fugiens „ich floh weithin".

Pf. 77, 38: Et abundavit, ut averteret iram suam
er wandte oft genug feinen Zorn ab.

Pſ. 125, 3: Magnificavit Dominus facere nobiscum (herrlich, großartig).

1 Kön. 2, 3: Nolite multiplicare loqui sublimia (redet nicht viel).

Amos 7, 2: cum consummasset comedere herbam terrae als ſie vollſtändig aufgezehrt hatte; 2 Par. 7, 1: Cumque complesset Salomon fundens preces als er bis zu Ende gebetet hatte.

Pſ. 33, 13: diligit dies videre bonos (ſieht gern).

1 Moſ. 8, 5: aquae ibant et decrescebant nahmen fortwährend ab; 26, 13: ibat proficiens atque suc- crescens.

Pſ. 6, 5: Convertere, Domine, et eripe rette wieder; 11: convertantur et erubescant ſie ſollen abermals erröten.

Ez. 13, 6: perseveraverunt confirmare sermonem ſie beſtehen hartnäckig auf ihrer Rede.

Jer. 18, 4: conversusque fecit illud vas alterum abermal machte er; Ez. 8, 6: adhuc conversus videbis abominationes maiores.

Ob auch Luk. 22, 32 conversus eine ſolche adverbiale Bedeutung habe, ſ. bei Schneemann im „Katholik“ 1868, I 409 ff.

Siebtes Hauptſtück.

Präpoſitionen.

I. Eigentümlichkeiten in der Bedeutung.

121. Hinſichtlich der Bedeutung zeigt die Vulgata in den Präpoſitionen folgende Abweichungen von der gewöhnlichen Redeweiſe.

a und ab hat auch die Bedeutung vor, mehr als, wie das hebräiſche מן, z. B. Eccli. 24, 39: A mari enim abundavit cogitatio eius, et consilium illius ab abysso

magna; Ez. 16, 52: iustificatae sunt enim a te; 2 Kor.
12, 2: nihil enim minus fui ab iis; Luf. 15, 7: So auch
Pf. 72, 25: a te quid volui super terram? H. 24.

absque (das in der Bulgata unverhältnismäßig oft vor=
kommt) heißt ohne in jeder Bedeutung des Wortes, z. B.
1 Mof. 15, 2: ego vadam absque liberis; 3 Mof. 2, 11:
(oblatio) absque fermento fiet; 4 Mof. 35, 27: absque
noxa erit qui eum occiderit; daher besonders auch ab=
gerechnet, ausgenommen, außer, z. B. 1 Mof 28, 9:
duxit uxorem absque iis, quas prius habebat; 31, 50:
nullus sermonis nostri testis est absque Deo; If. 45, 14:
non est absque te Deus.

Das Wort ist der vorklassischen Zeit gewöhnlich, kommt aber im
goldenen Zeitalter gar nicht mehr vor; erst Quintilian braucht es
wieder, und seitdem steht es besonders bei denjenigen, welche die Eigen=
tümlichkeit der älteren Redeweise nachahmen. Dies ist auch wohl der
Grund, warum der hl. Hieronymus es so oft braucht; in der Itala
ist es selten. Bei Lactanz (Inst. Div. 4, 13, 8) heißt Bar. 3, 36:
non deputabitur alius absque illo.

ad heißt bei auch vor einer Personenbezeichnung, Pf. 41, 7:
Ad meipsum anima mea conturbata est; Spr. 30, 10:
Ne accuses servum ad Dominum suum; Weish. 8, 10:
Habebo propter hanc claritatem ad turbas.

Cic., Att. 10, 4, 8: fuit ad me sane diu. Tert., Apol. 48:
non integri ad Deum.

ante steht gleich coram, mit der Bedeutung vor Augen
jemandes, 1 Mof. 11, 28: Mortuusque est Aron ante
Thare patrem suum (לפני, LXX ἐνώπιον).

circa neben, in der Nähe, z. B. Marf. 4, 4: aliud
cecidit circa viam; 5, 21: erat circa mare; ferner in
Betreff, hinsichtlich, z. B. Tob. 11, 9: beneficia Dei,
quae fecisset circa eum; 20: quae circa illum ostenderat
Deus; 1 Tim. 1, 19: circa fidem naufragaverunt; Eph.
6, 21: ut autem et vos sciatis, quae circa me sunt.

contra wird mitunter wie coram gebraucht, z. B. Pf.
50, 5: peccatum meum contra me *(ἐνώπιόν μου)* est
semper; Bar. 4, 2: ambula per viam ad splendorem
eius contra lumen eius; Dan. 2, 31: statua illa magna
et statura sublimis stabat contra te; Matth. 21, 2: Ite
in castellum, quod contra vos est.

cum hat an einigen Stellen inſtrumentale Bedeutung,
z. B. Eccli. 7, 33: propurga te cum brachiis; 34: de
negligentia tua purga te cum paucis; Luf. 17, 15:
cum magna voce magnificans Deum; Matth. 27, 66:
munierunt sepulchrum, signantes lapidem, cum custodibus. Wie erga iſt es aufzufaſſen in der Verbindung facere
misericordiam cum aliquo u. a., z. B. Luf. 1, 72: Ad
faciendam misericordiam cum patribus nostris.

Auf welche Weiſe die inſtrumentale Bedeutung entſtanden iſt, er=
gibt ſich aus ſolchen Stellen wie 1 Tim. 4, 14: gratia, quae data
est tibi per prophetiam cum impositione manuum presbyterii;
Apg. 7, 35: hunc Deus principem, et redemptorem misit, cum
manu Angeli, qui apparuit illi in rubo. Auch Pf. 15, 10: Adimplebis me laetitia cum vultu tuo; Apg. 2, 28: replebis me iucun-
ditate cum facie tua; Pf. 20, 7: laetificabis eum in gaudio cum
vultu tuo, wird cum wohl inſtrumental aufzufaſſen ſein wie *μετά*.
Vgl. Lact., De M. Pers. 14, 2: cum ingenti invidia simul cum
palatio Christianorum nomen ardebat, wo mit Unrecht cum hinweg=
fonjiziert wird.

de heißt ſehr häufig von mit dem Begriff der Trennung,
z. B. 2 Moſ. 2, 22: eripuit me de manu Pharaonis;
2 Par. 7, 20: Evellam vos de terra mea; Pf. 33, 7:
de omnibus tribulationibus eius salvavit eum; 20: de
omnibus his liberabit eos Dominus; auch mit dem Begriff
der Herfunft, z. B. Tob. 5, 16: de qua domo, aut de qua
tribu es tu? 1 Kön. 1, 1: Fuit vir unus de Rama-
thaimsophim; Pf. 84, 12: Veritas de terra orta est.
Ferner fann es, von der Vertretung des Genitivus partitivus

ausgehend, jedes Genitivverhältnis ausdrücken, z. B. Tob. 12, 4:
medietatem de omnibus. Häufig auch steht es instrumental,
wo sonst der bloße Ablativ gebraucht wird (eine Redeweise,
die in den romanischen Sprachen zur allgemeinen Geltung ge=
kommen ist), z. B. Agg. 2, 13: si tetigerit homo de sum-
mitate eius (vestimenti) panem; Offb. 21, 16: mensus
est civitatem de arundine aurea; Bar. 1, 10: pecunias,
de quibus emite holocautomata; Eccli. 22, 2: De ster-
core boum lapidatus est piger.

Pf. 71, 15: adorabunt de ipso semper heißt: sie beten feinet=
wegen oder für ihn nach nicht ungewöhnlicher Bedeutung von
adorare (wie denn auch viele alte Texte orabunt lesen).

Vgl. R. 93 f. R. Jt. 392. M. F. 44.

extra heißt auch jenseits, 1 Mach. 5, 11: si posuerit
castra extra flumen, transfretemus ad eos.

in teilt alle Bedeutungen des hebräischen ‌ב; daher heißt
es sehr häufig:

a) mit, von der Begleitung gesagt, z. B. 1 Mof. 6, 3:
Non permanebit spiritus meus in homine; 32, 10: In
baculo meo transivi Iordanem istum; 1 Kön. 1, 24: Et
adduxit eum secum, postquam ablactaverat, in vitulis
tribus, et tribus modiis farinae, et amphora vini; Of.
4, 3: infirmabitur omnis, qui habitat in ea (terra), in
bestia agri, et in volucre coeli; 1 Mach. 1, 18: intravit in Aegyptum in multitudine gravi, in curribus, et elephantis; Mark. 1, 23: homo in spiritu im-
mundo.

b) mit, von einer Modalität gesagt, z. B. 1 Mof. 3, 16:
in laboribus comedes ex ea; Pf. 2, 11: Servite Domino
in timore; 4, 9: In pace in idipsum dormiam; 16, 15:
Ego autem in iustitia apparebo conspectui tuo; 106, 22:
annuncient opera eius in exultatione; 2 Esdr. 12, 27:

ut adducerent eos in Ierusalem, et facerent dedicationem
et laetitiam in actione gratiarum, et cantico, et in
cymbalis, psalteriis, et citharis; Matth. 11, 21: olim in
cilicio, et cinere poenitentiam egissent; Luk. 4, 36: in
potestate et virtute imperat.

c) wegen, um — willen, z. B. Pf. 5, 8: in multitudine misericordiae tuae Introibo in domum tuam;
19, 8: Hi in curribus, et hi in equis: nos autem in
nomine Domini Dei nostri invocabimus; Jf. 5, 25: In
his ominibus non est aversus furor eius; 7, 4: cor tuum
ne formidet . . . in ira furoris Rasin; Zach. 10, 7:
exultabit cor eorum in Domino; Matth. 6, 7: putant
enim quod in multiloquio suo exaudiantur; Joh. 16, 26:
in nomine meo petetis; 1 Kor. 1, 4: Gratias ago Deo
meo semper pro vobis in gratia Dei, quae data est
vobis in Christo Iesu; 1 Petr. 4, 14: exprobramini in
nomine Christi. Hierher gehören auch solche Verbindungen,
wie Pf. 51, 3: Quid gloriaris in malitia; 91, 5: in
operibus manum tuarum exultabo; 96, 12: Laetamini
iusti in Domino u. a.

d) durch, vermittels, sowohl von Sachen, als von
Personen, z. B. Jof. 10, 35: percussitque in ore gladii omnes
animas; Richt. 15, 15: (maxillam) arripiens, interfecit
in ea mille viros; 2 Esdr. 1, 10: quos redemisti in
fortitudine tua magna, et in manu tua valida; Judith
5, 10: cum in aedificationibus urbium suarum in luto
et latere subiugasset eos; Luk. 22, 49: Domine, si percutimus in gladio; 1 Tim. 4, 2: In hypocrisi loquentium
mendacium; Of. 1, 7: salvabo eos in Domino Deo suo,
et non salvabo eos in arcu et gladio, et in bello, et
in equis, et in equitibus; Matth. 9, 34: In principe
daemoniorum eiicit daemones; Apg. 17, 31: iudicaturus
est orbem . . . in viro; Röm. 15, 16: oblatio sancti-

ficata in Spiritu sancto; 1 Kor. 6, 2: in vobis iudi-
cabitur mundus.

Tert., De Pall. 1: Pallium . . . in fibulae morsu humeris
adquiescebat.

e) bei Aufzählungen entspricht es unserem deutschen an,
indem es das Bestehen eines Ganzen in seinen Teilen aus=
drückt, z. B. 1 Mos. 8, 17: Cuncta animantia . . . tam in
volatilibus quam in bestiis et universis reptilibus; 9, 10:
ad omnem animam viventem, quae est vobiscum, tam
in volucribus quam in iumentis, et pecudibus terrae
cunctis; Tob. 10, 10: tradidit ei Saram, et dimidiam
partem omnis substantiae suae in pueris, in puellis, in
pecudibus, in camelis, et in vaccis, et in pecunia multa;
Judith 11, 12: sancta Domini Dei sui quae praecepit
Deus non contingi, in frumento, vino, et oleo, haec
cogitaverunt impendere; 15, 14: universa dederunt Iu-
dith in auro, et argento, et vestibus, et gemmis.

f) wie das französische en oder das italienische da steht
es für als, in der Eigenschaft von, 2 Mos. 6, 2:
Ego Dominus; 3: Qui apparui Abraham, Isaac et Iacob
in Deo omnipotente.

iuxta ist sehr gewöhnlich in der Bedeutung von gemäß,
nach, wie secundum, z. B. 3 Kön. 18, 36: iuxta praeceptum tuum; Esth. 1, 19: scribatur iuxta legem Per-
sarum; Is. 5, 17: pascentur agni iuxta ordinem suum;
Mark. 7, 5: iuxta traditionem seniorum.

So nur bei ganz späten Profanschriftstellern, z. B. Nazar., Pan.
Const. 23: (virtus) iuxta magnitudinem exantlandi operis erigitur.
Bei christlichen Schriftstellern häufiger; Tert., De anima 2: Plane
non negabimus aliquando philosophos iuxta nostra sensisse.

pro heißt als allgemeine Wiedergabe des griechischen ὑπέρ
in den zur Itala gehörigen Stücken auch soviel als de, nament=
lich in den Übersichten der Psalmen, z. B. Ps. 44, 1: pro iis

qui commutabuntur von allegorischen Perſonen, pro dilecto von einem lieben Gegenſtand.

super mit dem Ablativ heißt auch wegen, z. B. Pſ. 113, 1: NON NOBIS, DOMINE, NON NOBIS: sed nomini tuo da gloriam. 2: Super misericordia tua, et veritate tua. Vgl. überhaupt R. Jt. 389 ff.

II. Eigentümlichkeiten in der Rektion.

122. Die Rektion der Präpoſitionen zeigt in der Vulgata ebenfalls einige Beſonderheiten. Wie nämlich die ſpätere griechiſche Sprache den Unterſchied zwiſchen εἰς und ἐν ganz verwiſcht, ſo hat auch die Vulgata ſamt der ganzen vulgär= lateiniſchen Literatur häufig die Kaſus bei in nach ganz anderer Ordnung angewendet als die klaſſiſche Sprache. Es ſteht alſo:

a) in auf die Frage wohin mit dem Ablativ, z. B. Judith 9, 18: da verbum in ore meo; Richt. 4, 8: in manu mulieris tradetur Sisara; Joſ. 17, 4: Veneruntque in conspectu Eleazari; Pſ. 1, 1: Beatus vir, qui non abiit in consilio impiorum; 142, 3: humiliavit in terra *(εἰς τὴν γῆν)* vitam meam; 122, 2: Sicut oculi ancillae in mani- bus dominae suae: ita oculi nostri ad Dominum; 1 Mach. 14, 5: introitum in insulis maris (gegen H. 25); Eccli. 16, 24: in verbis meis attende; Joh. 1, 12: qui credunt in nomine eius. So iſt auch zu erklären Pſ. 91, 12: in insurgentibus in me malignantibus audiet auris mea, es hört auf die gegen mich aufſtehenden Böswilligen (um ſich zu letzen) mein Ohr. Im römiſchen Meßbuch *Ben. Incens.: in cuius honore cremaberis; Or. post Offert.: et in honore B. M. V. Fer. VI in Parasc. post Improp. Antiph.: propter lignum venit gaudium in universo mundo.* (Vgl. hier H. 14—17.)

Ähnlich hie und da bei Plinius, z. B. H. N. 18, 35, 87: fugi- tantes in nidiis suis. Vgl. Madvig 230 A. 1. M. F. 44.

b) in auf bie Frage wo? mit bem Affufativ, z. B. Pf.
18, 10: iudicia Domini vera, iustificata in semetipsa;
Joh. 1, 43: In crastinum voluit exire; Jf. 7, 11: in
profundum inferni, sive in excelsum supra; Hab. 2, 3:
apparebit in finem; Eph. 4, 19: in avaritiam == ἐν
πλεονεξίᾳ; auch Jubith 8, 13: in arbitrium vestrum diem
constituistis ei (wenn in hier nicht „gemäß" bebeutet, fiehe
Forcell.). Hierher gehört auch 1 Mach. 14, 3: posuit eum
in custodiam; Apg. 5, 25: viri, quos posuistis in carcerem.

Schon ein Ebitt bes Kaifers Claubius, bas auf einer Bronze=
tafel gefunben worben, zeigt bie Worte: cum id genus hominum
longa usurpatione in possessionem eius fuisse dicatur (Unità
cattolica 1870, n. 20). Mt. 47: mansi in solitudinem; in trini-
tatem venerabilis subsistentem. Cod. Am. Mart. 13, 3: cum se-
deret in montem; Luf. 16, 23: videbat Lazarum in sinum eius.
Dagegen ift Jer. 9, 26; 25, 23; 49, 32: attonsi in comam, nach
§ 148 zu erflären. Vgl. Tert., Adv. Gnost. Scorp. 1: (sciunt)
plerosque in ventum et si placuerit christianos.

c) Auch sub fteht auf bie Frage wohin? zuweilen mit
bem Ablativ, z. B. Bar. 2, 4: et dedit eos sub manu
regum omnium; 1 Kor. 6, 12: ego sub nullius redigar
potestate.

Die vulgäre Sprache verfährt überhaupt bei ber Rektion ber
Präpofitionen burchaus regellos unb willfürlich. So zeigen z. B.
bie Inscr. rom. christ. bei Roffi 33 cum eum, 101 in pacem für
in pace, 193 de saeculum; Cod. Am. Capitul. de omn. epp. de
hereses Cap. ad I Thess. XIII: pro Thessalonicenses; Offb. 4, 10:
ante sedenti in throno; M. 96: Et mittis in ore infantum de ipsa
sal; 97: per nomine vel ordine. Beifpiele aus ber Jtala finb:
Ash. Num. 5, 1: emittant de castra; 3: emittet ex castra; 14,
37: mortui sunt in plagam malam. In alten Meßformularien
finbet fich: sine precium, ab occasum, mansi in solitudinem, contra
domino, cum patrem; f. Mt. 47. R. 80 f. R. Jt. 406.

123. Anderer Art finb bie Verbinbungen Pf. 33, 19:
Iuxta est Dominus iis, qui tribulato sunt corde; 144,
18: Prope est Dominus omnibus invocantibus eum; Jer.

12, 2: prope es tu ori eorum; hier finb iuxta unb prope nicht Präpofitionen, fonbern Abverbia, bie mit esse zu einem Verbalbegriff verfchmelzen.

III. Eigentümliche Wörter.

124. Präpofitionen, welche bie klaffifche Sprache nicht kennt, finb in ber Vulgata folgenbe:

cata, nur Ez. 46, 14 15: cata mane mane, an jebem Morgen.

foris unb foras mit bem Akkufativ außerhalb, z. B. 4 Kön. 23, 4: combussit ea foris Ierusalem; Offb. 11, 2: (atrium) quod est foris templum; 3 Mof. 16, 27: vitulum . . . asportabunt foras castra; Ez. 47, 2: foras portam exteriorem; Apg. 16, 13: egressi sumus foras portam.

„Liber de locis sanctis martyrum quae sunt foris civitatem Romam." Bull. di Arch. crist. 1868, 8. Rossi, Roma sotter. I 136.

intus mit bem Genitiv innerhalb, Matth. 23, 26: quod intus est calicis, et paropsidis.

retro mit bem Akkufativ hinter, Mark. 8, 33: vade retro me.

M. 97: vadens retro altare.

secus mit bem Akkufativ neben, bei, z. B. Tob. 11, 5: Anna autem sedebat secus viam; 2 Mach. 4, 33: Antiochiae secus Daphnem; Mark. 1, 16: et praeteriens secus Mare Galilaeae; Apg. 7, 58: secus pedes adolescentis.

Cato, R. R. 21, 2: dextra sinistra foramina utrinque secus laminas (facies).

subtus mit bem Akkufativ unter, z. B. 3 Kön. 13, 14: sedentem subtus terebinthum; Pf. 17, 39: cadent subtus pedes meos; Offb. 6, 9: vidi subtus altare animas interfectorum.

In ber klaffifchen Sprache ungebräuchlich; bei Plautus, Cato, Varro nur als Abverbium.

125. Als ursprüngliche Nomina werden einzelne Prä=
positionen in Nachahmung des hebräischen und griechischen
Sprachgebrauches auch mit andern Präpositionen verbunden,
um den jeweiligen Doppelbegriff auszudrücken, z. B. Pj.
77, 70: de post foetantes accepit illum; Soph. 1, 6:
qui avertuntur de post tergum Domini; 5 Mof. 9, 14:
deleam nomen eius de sub coelo; Matth. 4, 25: secutae
sunt eum turbae multae de trans Iordanem; Bar. 2, 22:
a foris Ierusalem. *Ant. Laud. S. Clem. 23. Nov. de
sub cuius pede fons vivus emanat.* Auf diese Weise sind
neu entstanden deforis mit dem Genitiv, z. B. Luf. 11, 39:
quod deforis est calicis, et catini; desuper mit dem
Akkusativ und Ablativ, z. B. 1 Mach. 9, 64: castra posuit
desuper Bethbessen; Tob. 3, 15: desuper terram; Mich.
2, 8: desuper tunica pallium sustulistis. H. 71. R. Jt.
234 398.

IV. Umschreibung der Präpositionen.

126. Nach hebräischer Ausdrucksweise werden statt der
einfachen Präpositionen oft auch substantivische Verbindungen
zum Ausdruck einzelner Verhältnisse gebraucht, und zwar ge=
wöhnlich solche, welche von Bezeichnungen menschlicher Körper=
teile hergenommen sind. Dieser Art sind:

a facie von, vor, z. B. 1 Mof. 6, 7: delebo, inquit, hominem a facie terrae; Jf. 21, 15: (fugerunt) a
facie gladii imminentis, a facie arcus extenti, a facie
gravis praelii.

ante conspectum angesichts, Judith 13, 25: sub-
venisti ruinae ante conspectum Dei nostri.

ante faciem = coram, z. B. Eccli. 17, 22: Precare
ante faciem Domini; Luf. 2, 31: Quod parasti ante
faciem omnium populorum.

contra faciem gegenüber, entgegen, z. B. 1 Mach.

5, 52: transgressi sunt Iordanem in campo magno, contra faciem Bethsan; 15, 39: movere castra contra faciem Iudaeae.

super faciem auf, oberhalb, 1 Mos. 1, 2: tenebrae erant super faciem abyssi; 2 Kön. 11, 11: servi domini mei super faciem terrae manent.

in conspectu bei, vor, z. B. 1 Mos. 24, 40: Dominus, in cuius conspectu ambulo; 41, 46: stetit in conspectu regis; Apg. 10, 33: omnes nos in conspectu tuo adsumus; Offb. 20, 12: stantes in conspectu throni.

Nur selten steht, z. B. 2 Mos. 10, 4: tollite fratres vestros de conspectu Sanctuarii; Luk. 9, 52: misit nuntios ante conspectum suum; Offb. 20, 11: a cuius conspectu fugit terra.

de manu von, vor, in manum (in manu) = Dativ, per manum durch, nur bei Personen oder bei gladius gebraucht, z. B. 1 Mos. 32, 11: Erue me de manu fratris mei; Jos. 6, 2: dedi in manu tua Iericho; Richt. 13, 1: tradidit eos in manus Philistinorum; Ps. 62, 11: Tradentur in manus gladii; 2 Mos. 9, 35: sicut praeceperat Dominus per manum Moysi.

in ore durch, nur in Verbindung mit gladius und nur in den geschichtlichen Büchern des A. T., z. B. Jos. 10, 30: percusseruntque urbem in ore gladii; 1 Mach. 5, 28: occidit omnem masculum in ore gladii.

in circuitu, per circuitum ringsum, ringsumher, z. B. 2 Mos. 16, 13: ros iacuit per circuitum castrorum; 5 Mos. 16, 14: Gentium, quae in circuitu vestro sunt; Ps. 124, 2: Montes in circuitu eius; Jer. 32, 44: in circuitu Ierusalem; Ez. 41, 5: undique per circuitum domus; Offb. 7, 11: stabant in circuitu throni.

Achtes Hauptstück.

Konjunktionen.

I. Eigentümlichkeiten in der Bedeutung.

127. In der Bedeutung einzelner Konjunktionen zeigt die Vulgata folgende Besonderheiten:

dum wird mitunter ganz in der Bedeutung von cum an= gewandt und ebenso wie dieses konstruiert, z. B. Judith 6, 6: ex hac hora illorum populo sociaberis, ut, dum dignas mei gladii poenas exceperint, ipse simul ultioni sub- iaceas; 13: ut, dum vicerit filios Israel, tunc et ipsum . . . iubeat interire.

etenim hat entweder bloß die Bedeutung von enim, z. B. Luk. 1, 66: Etenim manus Domini erat cum illo, oder von et = etiam, z. B. Pf. 36, 25: Iunior fui, etenim senui; in den Psalmen namentlich steht etenim häufig für גַם und אַף, das die Septuaginta durch καὶ γάρ wiedergeben, z. B. 82, 9: Etenim Assur venit cum illis, auch Assur, 92, 1: Etenim firmavit orbem terrae; 128, 2: Saepe expugnaverunt me a iuventute mea: etenim (גַם, aber) non potuerunt mihi. Wie enim steht es auch an zweiter Stelle, z. B. 2 Esdr. 8, 10: notite contristari: gaudium etenim Domini est fortitudo nostra; Joh. 13, 13: sum etenim. Wie etenim ist auch nam et dem einfachen nam gleich, f. H. 88.

namque steht (mit einer Ausnahme 2 Par. 20, 33) immer an zweiter Stelle, z. B. 3 Kön. 3, 1: accepit nam- que filiam eius.

necnon (als ein Wort) steht häufig auch in der pro= faischen Darstellung, z. B. 2 Par. 35, 9: Chonenias autem, et Semeias, etiam Nathanael fratres eius, necnon Hasa- bias. Fast nie erscheint es ohne et, z. B. 1 Par. 1, 22: Hebal etiam, et Abimael, et Saba, necnon; 23: Et Ophir.

nisi ſteht auch mit der Bedeutung von nisi quod, aus=
genommen, daß, z. B. Mark. 6, 5: non poterat ibi
virtutem ullam facere, nisi paucos infirmos impositis
manibus curavit.

Mehr durch Ungenauigkeit als nach grammatiſchem Gebrauch hat
nisi die Bedeutung von ſondern Luk. 4, 26 27: Et multi leprosi
erant in Israel . . . et nemo eorum mundatus est nisi Naaman
Syrus; Gal. 2, 16: Scientes autem, quod non iustificatur homo
ex operibus legis, nisi per fidem Iesu Christi. Offb. 21, 27: non
intrabit in eam aliquod coinquinatum . . . nisi qui scripti sunt
in libro vitae Agni.

quare heißt (wahrſcheinlich wegen einer Ellipſe) weil, Joſ.
10, 4: expugnemus Gabaon, quare transfugerit ad Iosue.

quatenus hat nicht in der Vulgata (in der es gar nicht
vorkommt), aber wohl in der ſpäteren liturgiſchen Sprache
die Bedeutung von damit erhalten, z. B. *Or. 4 in Bened.
Cer. 2 Febr.: benedictionis tuae gratiam super hos Cereos
benignus infunde: quatenus sic administrent lumen ex-
terius, ut, te donante, lumen Spiritus tui nostris non desit
mentibus interius. L. VII Hom. in Ev. Comm. non Virg.*

quia, quod, quoniam ſtehen ganz allgemein mit der Be=
deutung daß zur Einführung der Objektsſätze, welche ſonſt
durch den Acc. c. Inf. ausgedrückt werden, z. B. Joh. 4, 53:
Cognovit ergo pater, quia illa hora erat; 1 Moſ. 22, 12:
nunc cognovi quod times Deum; Pſ. 40, 12: In hoc
cognovi quoniam voluisti me. S. u. § 186.

si hat, wie ſpäter im Romaniſchen, auch die Bedeutung
der Fragepartikel (εἰ), und zwar ſowohl in der direkten als
in der indirekten Frage, z. B. Matth. 12, 10: Si licet sabbatis curare? Luk. 22, 49: Domine, si percutimus in
gladio? 2 Mach. 3, 9: interrogabat autem, si vere
haec ita essent; Apg. 10, 18: interrogabant, si Simon . . .
illic haberet hospitium; 1 Joh. 4, 1: probate spiritus
si ex Deo sint.

In der vorklassischen und vulgären Sprache ist diese Bedeutung
von si auch bei Profanschriftstellern zu finden, z. B. Plaut., Poen.
prol. 12: iamdudum exspecto, si tuum officium scias. Liv. 39,
50, 7: nihil aliud locutum ferunt quam quaesisse, si incolumis
Lycortas equitesque evasissent. Häufiger bei christlichen Schrift=
stellern: Tert., Apolog. 29: Constet igitur prius, si isti salutem
imperatori impertiri possunt; Adv. Hermogenem 27: Magna scilicet
quaestio est, si erat terra, quae facta est.

si und nisi stehen nach hebräischer Weise auch so, daß
der Nachsatz als leicht verständlich verschwiegen wird; da in
solchem Falle letzterer immer eine Beteuerung oder Ver=
wünschung enthalten würde, so läßt sich si einfach mit nicht,
si non und nisi mit gewiß übersetzen, z. B. Pj. 88, 36:
Semel iuravi in sancto meo, si David mentiar (zu denken
ist: dann will ich nie wahrhaft erfunden werden, oder dgl.,
daher der Sinn: ich werde gegen David nicht lügen); 131, 3:
Si introiero in tabernaculum domus meae, si ascendero
in lectum strati mei, Si dedero somnum oculis meis …
donec inveniam locum Domino (ich werde nicht); Amos
8, 7: Iuravit Dominus in superbiam Iacob: si oblitus
fuero usque ad finem omnia opera eorum; Jf. 5, 9:
Nisi domus multae desertae fuerint grandes, et pulchrae
absque habitatore; Jer. 49, 20: Si non deiecerint eos
parvuli gregis, nisi dissipaverint cum eis habitaculum
eorum.

II. Eigentümliche Bildungen.

128. Als der Vulgata eigentümlich können einige Kon=
junktionen bezeichnet werden, bei welchen, analog dem hebräischen
אֲשֶׁר und dem griechischen ὅτι, das relative quod zur An=
knüpfung von Sätzen verwandt wird.

eo quod (meist mit dem Konjunktiv) weil, z. B. 1 Moj.
3, 10: timui, eo quod nudus essem; 5 Moj. 23, 5: vertit-
que maledictionem eius in benedictionem tuam, eo quod

diligeret te; Eccli. 23, 31: Et erit dedecus omnibus, eo quod non intellexerit timorem Domini; Jaf. 4, 3: non accipitis: eo quod male petatis; 2 Mof. 13, 16: eo quod in manu forti eduxit nos Dominus.

iuxta quod *(καθότι, καθώς)* weil, in Gemäßheit wie, z. B. Apg. 2, 24: Quem Deus suscitavit, solutis doloribus inferni, iuxta quod impossibile erat teneri illum ab eo; 2 Kor. 4, 1: habentes administrationem, iuxta quod misericordiam consecuti sumus, non deficimus.

per quod steht im Meßbuche einigemal ganz wie das ital. perchè für damit, z. B. *Postc. S. Lucae 18. Oct.: quod de sancto altari tuo accepimus, . . . sanctificet animas nostras, per quod tuti esse possimus.*

propter quod *(διότι =* propterea quod) weil, z. B. Apg. 8, 11: Attendebant autem eum: propter quod multo tempore magiis suis dementasset eos; 18, 10: Noli timere, propter quod ego sum tecum; Jaf. 4, 2: non habetis, propter quod non postulatis.

secundum quod wie, Dan. 2, 45: comminuet autem et consumet universa regna haec, et ipsum stabit in aeternum, secundum quod vidisti, quod de mente abscissus est lapis etc.; 9, 12: ut super induceret in nos magnum malum, quale numquam fuit sub omni coelo, secundum quod factum est in Ierusalem.

In Bezug auf die beiden letzteren Fälle könnte auch gesagt werden, daß hier die Präposition zur Verbindung des durch quod eingeleiteten Nebensatzes mit dem Hauptsatze dient. Da aber die Umbildung der Präpositionen zu Konjunktionen in den romanischen Sprachen allgemein geworden ist, so ist die obige Darstellung vorgezogen worden, insofern bei den betreffenden Spracherscheinungen die Anfänge des romanischen Gebrauches zu erkennen sind.

Neuntes Hauptstück.

Interjektionen.

129. Der Vulgata eigentümlich sind: a, a, a, z. B. Jer. 1, 6, das dem hebr. אֲהָהּ nachgebildet ist, und vah, z. B. Jf. 44, 16: Vah, calefactus sum, vidi focum.

130. Einige hebräische Ausdrücke, deren ursprüngliche Bedeutung nicht mehr klar gefühlt wird, müssen ebenfalls als Interjektionen aufgeführt werden, die der Vulgata angehören.

alleluia (הַלְלוּיָהּ), Ausdruck der Freude, z. B. Tob. 13, 23: per vicos eius alleluia cantabitur.

amen (אָמֵן), einfache Bekräftigungspartikel, zumeist in der Verbindung amen dico vobis, z. B. Matth. 5, 26 u. o.

Hosanna (הוֹשַׁעְנָא), Jubelruf: Heil! Vivat! z. B. Matth. 21, 9: Hosanna filio David.

Eine Erklärung dieses Ausdrucks vom hl. Augustinus f. *Lect. II Hom. Sabb. post Dom. Pass.*

raca (רֵיקָא) eitler Wicht (Levy, Chald. Wörterbuch II 422), Schimpfwort, Matth. 5, 22: Qui autem dixerit fratri suo raca, reus erit concilio. W. 445.

Aug., Doct. christ. 2, 11, 16: Hebraea verba non interpretata saepe invenimus in libris, sic Amen et Halleluia et Racha et Hosanna et si qua sunt alia; quorum partim propter sanctiorem auctoritatem, quamvis interpretari potuissent, servata est antiquitas, sicut est Amen et Halleluia, partim vero in aliam linguam transferri non potuisse dicuntur, sicut alia duo quae posuimus.... Et hoc maxime interiectionibus accidit, quae verba motum animi significant potius quam sententiae conceptae ullam particulam. Nam et haec duo talia esse perhibentur: dicunt enim Racha indignantis esse vocem, Hosanna laetantis.

Drittes Buch.

Wortverbindung.

I. Verbindung der Substantiva miteinander.

131. Da die Sprache der Vulgata die Eigentümlichkeiten des griechischen und des hebräischen Ausdrucks mit aufgenommen hat, so dient zum Ausdrucke aller nur möglichen Beziehungen, die zwischen zwei Nominalbegriffen eintreten können, die einfache Genitivverbindung.

132. Besonders tritt der Genitivus obiectivus auch bei denjenigen Nominibus ein, deren Verbalbegriff nicht transitiver Natur ist, z. B. Matth. 13, 44: prae gaudio illius „vor Freude darüber"; Apg. 4, 9: benefactum hominis infirmi „die einem kranken Manne erwiesene Wohltat"; Matth. 10, 1: potestas spirituum immundorum „Gewalt über die unreinen Geister"; Pf. 105, 4: beneplacitum populi tui „Wohlgefallen an deinem Volke"; auch 1 Kön. 2, 13: officium sacerdotum ad populum „die Pflicht gegen den Priester im Volke", מִשְׁפַּט הַכֹּהֲנִים אֶת־הָעָם, LXX τὸ δικαίωμα τοῦ ἱερέως παρά παντὸς τοῦ λαοῦ τοῦ θύοντος; Mark. 11, 22: Habete fidem Dei; 2 Kor. 10, 5: obsequium Christi „Gehorsam gegen Christus"; 1 Petr. 1, 22: obedientia charitatis „Gehorsam gegen die Liebe"; Luk. 11, 29: signum Ionae „das an Jonas geschehene Zeichen". *Lect. III Fer. III post. Dom. III Quadr.: parentum munera* „die den Eltern dargebrachten

„Geschenke". Nur scheinbar gehört hierher Luk. 6, 12: in oratione Dei, weil „zu Gott beten" orare Deum heißt.

Analog hierzu ist der Gebrauch des Pron. poss. für den Genitiv des Pron. pers. da, wo eigentlich der Genitiv nicht zulässig ist, z. B. *Or. in F. XL Mart.: (ut gloriosos Martyres) pios apud te in nostra intercessione sentiamus.*

133. Andere Genitivverbindungen ersetzen die in der ge= wöhnlichen Sprache notwendigen Präpositionen, z. B. Matth. 1, 11: transmigratio Babylonis „die Verbannung nach Babylon". H. 63. 1 Mos. 3, 24: via ligni vitae „der Weg zum Baume des Lebens"; 3 Mos. 7, 1: lex hostiae „das Gesetz über das Opfer"; Matth. 14, 1: fama Iesu „der Ruf über Jesus"; Joh. 7, 39: dispersio Gentium „die Zer= streuung unter den Heiden"; 10, 7: ostium ovium „die Tür zu den Schafen"; Js. 17, 2: civitates Aroer „die Städte um Aroer"; Mark. 8, 27: castella Caesareae Philippi „die Flecken um Cäsarea Philippi herum"; Luk. 3, 3: in omnem regionem Iordanis; 2 Kor. 11, 26: pericula latronum „Gefahren von seiten der Räuber"; Joh. 5, 29: resurrectio vitae „Auferstehung zum Leben"; Pf. 20, 3: voluntas la= biorum „der von den Lippen verkündete Wunsch" (s. oben S. 30); Pf. 142, 3: mortuos saeculi „die seit einem Jahr= hundert Verstorbenen".

134. Die Eigennamen werden mit dem entsprechenden Gattungsnamen appositionell im Genitiv verbunden, z. B. Jos. 15, 5: ad eumdem Iordanis fluvium; Mark. 1, 5: in Iordanis flumine; 3 Kön. 18, 19: in monte Carmeli; 2 Mos. 3, 26: de terra Aegypti.

Welche Ausdehnung dieser Gebrauch haben mag, läßt sich nicht entscheiden, weil so viele Eigennamen indeklinabel sind; so läßt sich z. B. 3 Kön. 18, 40 ad Torrentem Cison nicht erkennen, ob Cison Akkusativ oder Genitiv ist.

135. Bei Verwandtschaftsbezeichnungen bleibt der appel= lative Ausdruck der Verwandtschaft häufig weg, und die be=

treffenden Namen werden durch den Genitiv verbunden, z. B.
Joh. 6, 72: Iudam Simonis „Judas, des Simons Sohn";
Luf. 24, 10: Maria Iacobi „Maria, Jakobus' Mutter"; Joh.
19, 25: Maria Cleophae „Maria, des Kleophas Gattin".

Ebenso Cic., Cluent. 34, 94: Faustus Sullae; Divin. 1, 46,
104: Caecilia Metelli. Sch. 272 A. 6.

136. Der Hebraismus, wonach das Adjektivum durch den
Genitiv des betreffenden Abstraktums ausgedrückt wird, ist
besonders im A. T. sehr häufig nachgeahmt worden, und zwar
so, daß auch im Lateinischen ein hinzutretendes Possessivum
an den Genitiv angefügt wird, z. B. Pf. 4, 6: sacrificium
iustitiae „ein gerechtes Opfer"; 5, 7: Virum sanguinum
„einen blutbefleckten Mann"; 22, 2: Super aquam refec-
tionis „an erquickendem Wasser"; 3: super semitas iustitiae
„auf richtigen Pfaden"; 44, 7: virga directionis „ein gerechtes Zepter"; 77, 54: funiculus distributionis „Meßschnur"; 106, 37: fructus nativitatis „Leibesfrucht"; 142,
3: mortuos saeculi „Längstverstorbene"; Jer. 31, 8: terra
Aquilonis „das Nordland"; Ez. 20, 41: in odorem sua-
vitatis „zu süßem Geruch"; 45, 4: sanctuarium sanctitatis
„ein geweihtes Heiligtum"; Luf. 18, 6: iudex iniquitatis
„der ungerechte Richter"; Apg. 9, 15: vas electionis „ein
auserwähltes Gefäß"; Pf. 4, 2: Deus iustitiae meae „mein
gerechter Gott"; 96, 12: memoriae santificationis eius
„seinem heiligen Andenken"; 109, 2: Virgam virtutis tuae
„dein mächtiges Zepter"; Pred. 12, 5: in domum aeterni-
tatis suae „in seine ewige Wohnung". Hierher gehört auch
Dan. 7, 9: antiquus dierum „ein Hochbetagter".

Viele andere Beispiele f. Loch 15. Mit Bezug hierauf bedürfen
die neueren Übersetzungen nach der Vulgata einer gründlichen Revision; so steht z. B. Pf. 109, 2 fast überall das sinnlose „Zepter
deiner Macht" (All.). 1490: „dye rut deyner krafft". Sacy: le
sceptre de votre puissance. Douay: the sceptre of thy power.
Etwas ähnliches wie dieser Hebraismus findet sich übrigens auch bei

echt lateinischen Schriftstellern mitunter; so z. B. perennitatis cibo, Plaut., Pers. 3, 1, 2.

137. Viel seltener ist der umgekehrte Fall, daß nämlich zur Umschreibung des Adjektivs das Abstraktum als nomen regens und das Nomen im Genitiv erscheint, z. B. Judith 2, 2: mysterium consilii sui „seinen geheimen Rat"; Psf. 20, 5: longitudinem dierum „lange Tage"; 110, 6: Virtutem operum suorum „seine herrlichen Werke"; Eccli. Prol: diligentia lectionis legis „fleißiges Lesen im Gesetz"; 24, 20: suavitatem odoris „süßen Geruch": Js. 30, 30: gloriam vocis suae „seine ruhmvolle Stimme"; *Brev. Off. Mart. temp. pasch.: aeternitas temporum „ewige Zeiten". Sabb. sancto in Bened. Fontis: Descendat in hanc plenitudinem fontis virtus Spiritus sancti;* so auch Js. 30, 22: laminas sculptilium argenti tui „deine übersilberten Götzen".

138ᵃ. Durch Wiederholung des nämlichen Substantivs im Genitiv wird nach hebräischer Weise eine Steigerung des in demselben liegenden Begriffs hervorgebracht, z. B. 1 Mos. 9, 25: servus servorum „der niedrigste Sklave"; Überschrift Canticum Canticorum „das Hohe Lied"; Psf. 67, 34: super caelum caeli „über den höchsten Himmel"; 9, 6 u. o.: in saeculum saeculi „in die fernste Ewigkeit"; Tob. 8, 9: in saecula saeculorum; Eccli. 16, 18: caeli caelorum „der höchste Himmel"; Js. 51, 8: in generationes generationum „für die fernsten Geschlechter"; daher im liturgischen Sprach= gebrauch die bekannte Schlußformel *per omnia saecula saeculorum,* in der Lauretanischen Litanei *sancta Virgo Virginum.* Etwas Ähnliches ist 1 Mach. 1, 30: post duos annos dierum „nach zwei vollen Jahren".

138ᵇ. Elliptisch wird auch ein Substantiv mit dem Dativ eines andern verbunden, z. B. Psf. 28: gloriam nomini eius; 41, 9: oratio Deo vitae meae.

139. Die Herkunft eines Menschen wird ganz gewöhnlich durch den Ortsnamen mit der Präposition, statt durch das Adjektivum ausgedrückt, z. B. 3 Kön. 16, 34: Hiel de Bethel; Mark. 15, 43: Ioseph ab Arimathaea; Joh. 11, 1: Lazarus a Bethania; Matth. 15, 1: Tunc accesserunt ad eum ab Ierosolymis Scribae, et Pharisaei (οἱ ἀπὸ Ἱερ. γραμμ. καὶ φαρ.); Mark. 3, 7: multa turba a Galilaea, et Iudaea. H. 64.

Auch Livius sagt incola ab Tarquiniis. Sch. 259, 2.

II. Verbindung des Adjektivs mit dem Substantiv.

A. Attributive Verbindung.

140. Für den attributiven Gebrauch des Adjektivs bleibt in der Vulgata der eigentümliche Fall zu bemerken, daß auch ein substantiviertes Adjektiv ein anderes Beiwort erhalten kann, z. B. Eccli. 25, 4: (Tres species odivit anima mea:) Pauperem superbum: divitem mendacem: senem fatuum et insensatum; 9: Novem insuspicabilia cordis magnificavi; Pf. 41, 8: Omnia excelsa tua; 67, 20: Deus Deus salutarium nostrorum; If. 22, 2: interfecti tui.

So bei Plin., H. N. 28, 17, 67: deploratum phthisicum convaluisse; 19, 8, 47: veteris nostri. M. F. 45: totum mortale, quod tibi est totidem astutos sine negotiatione vagos.

141. Nach hebraisierender Weise werden die Kollektivwörter in der Vulgata besonders häufig dem Sinn nach konstruiert; daher läßt sich beim Adjektiv zuweilen die Enallage des Geschlechts und der Zahl beobachten, z. B. Offb. 7, 9: vidi turbam magnam . . . stantes ante thronum . . . amicti stolis albis (wo die Enallage casus hinzukommt); Judith 6, 14: omnis populus cecidit in faciem, adorantes Dominum.

Andere Freiheiten bei attributiver Verbindung sind z. B. Eccli. 46, 5: Una dies facta est quasi duo; Offb. 3, 4:

Habes pauca nomina in Sardis, qui non inquinaverunt
vestimenta sua.

142. Eine eigentümliche Verbindung des Adjektivs mit
dem Substantiv besteht darin, daß das Adjektiv im Neutrum
als Abstraktum behandelt und das Substantiv im Genitiv davon abhängig gemacht wird. Beispiele sind Pf. 62, 10:
introibunt in inferiora terrae; 138, 9: habitavero in
extremis maris; Tob. 1, 1: quae est in superioribus
Galileae; 2 Mof. 3, 1: cumque minasset gregem ad
interiora deserti; Pf. 18, 7: occursus eius usque ad
summum eius; Ez. 1, 4: de medio eius; 5, 4: proiicies
eos in medio ignis; 2 Kor. 4, 17: momentaneum et
leve tribulationis nostrae; 1 Tim. 6, 17: in incerto
divitiarum; Eph. 6, 12: contra spiritualia nequitiae.
Hymn. Laud. in Quadr.: Infirma tu scis virium.

Umgekehrt ist Jf. 1, 26: civitas iusti (von iustum) „Stadt der
Gerechtigkeit" (קִרְיַת־צֶדֶק).

Ähnliches bei Plin., H. N. 33, 6, 35: ad excrescentia ulcerum; 23, 1, 13: ad ulcerum manantia; 22, 23, 49: extera corporum. M. F. 43: in defosso terrae.

B. Modifikative Verbindung.

In Bezug auf die Rektion der Adjektiva zeigt die Vulgata
ebenfalls einiges Abweichende.

dignus und condignus werden auch mit dem Genitiv
verbunden, z. B. Judith 6, 6: dignas mei gladii poenas;
Weish. 9, 12: ero dignus sedium patris mei; Eccli 26, 20:
Omnis ponderatio non est digna continentis animae;
Tob. 9, 2: non ero condignus providentiae tuae. Mit
dem Dativ steht dignus 2 Mach. 6, 24: non enim aetati
nostrae *(τῆς ἡλικίας)* dignum est fingere; auch mit in
findet es sich konstruiert, und zwar c. acc.; Kol. 1, 12: qui
dignos nos fecit in partem sortis sanctorum *(τῷ ἱκανώ-
σαντι ἡμᾶς εἰς τὴν μερίδα τοῦ κλήρου τῶν ἁγίων),* c. abl.

2 Theff. 1, 5: ut digni habeamini in regno Dei *(εἰς τὸ κατα ξιωθῆναι ὑμᾶς τῆς βασιλείας τοῦ θεοῦ)*; mit ad Röm. 8, 18: non sunt condignae passiones huius temporis ad futuram gloriam.

In Ciceros Briefen schreibt Balbus (Att. 8, 15 A): cogitationem dignissimam tuae virtutis. Manche andere Beispiele dieser Konstruktion sind zweifelhafter Lesung. Quint., Decl. 10, 9: matri dignum, und einzelne andere Beispiele der Art können Folgen vulgärer Schreibung sein. Plaut., Mil. 4, 1, 21: ad tuam formam illa una digna est. Cod. Fuld. Phil. 1, 7: mihi dignum. 1 Tim. 5, 18: dignus mercedem suam.

innocens und mundus werden mit a verbunden, z. B. 1 Mos. 24, 41: Innocens eris a maledictione mea; Dan. 13, 46: Mundus ego sum a sanguine huius.

Flor. 4, 1: parricidii innocens.

particeps ist mit cum verbunden Tob. 3, 17: cum his, qui in levitate ambulant, participem me praebui.

Cod. Fuld. 1 Theff. 2, 9: memores estis laborem nostrum et fatigationem.

144. Bei den Adjektiven, die eine Ausdehnung bezeichnen, steht die Angabe des Maßes mitunter im Ablativ, z. B. 2 Mos. 25, 25: altam quatuor digitis; Jon. 3, 3: civitas magna itinere trium dierum. Andere Maßbestimmungen sind Ez. 40, 6: et mensus est limen portae calamo uno latitudinem, id est, limen unum calamo uno in latitudine; 7: Et thalamum uno calamo in longum, et uno calamo in latum.

C. Komparative Verbindung.

145. Die Unterordnung eines Substantivs unter den Komparativ des Adjektivs geschieht in der Vulgata außer durch quam und durch den Ablativ noch durch folgende teilweise dem Hebräischen und Griechischen nachgebildete Mittel.

a) Nicht selten wird der verglichene Begriff durch a oder ab mit dem Komparativ verbunden, z. B. Pred. 6, 8: Quid habet amplius sapiens a stulto; 2 Kor. 12, 11: nihil enim minus fui ab iis; 3 Kön. 1, 37: sublimius faciat solium eius a solio domini mei; Jf. 56, 5: (dabo eis) nomen melius a filiis et filiabus. Seltener steht er in ganz hebräischer Weise mit a nach dem Positiv, z. B. Ez. 6, 14: Faciam terram desolatam et destitutam a deserto Deblatha; Pf. 75, 5: illuminans tu mirabiliter a montibus aeternis; Luf. 18, 14: descendit hic iustificatus in domum suam ab illo.

Einmal steht nach mangelhafter Übersetzung Pf. 138, 6: Mirabilis facta est scientia tua ex me = quam ego, sie ist mir zu wunderbar.

b) Zur Anknüpfung des Verglichenen dient ferner prae oder super sowohl nach dem Komparativ als nach dem Positiv, z. B. Hebr. 1, 4: differentius prae illis nomen hereditavit; 3, 3: Amplioris enim gloriae iste prae Moyse dignus est habitus; Pf. 18, 11: dulciora super mel et favum; Eccli. 23, 28: multo plus lucidiores sunt super solem; Pf. 44, 3: Speciosus forma prae filiis hominum; 2 Mof. 18, 11: magnus Dominus super omnes deos. Singulär steht 4 Mof. 12, 3: mitissimus super omnes homines.

In der klassischen Sprache dient prae nur nach dem Positiv zur Vergleichung, z. B. Nep., Eum. 10, 4: videbant omnes prae illo parvi futuros; an diesen Gebrauch anschließend steht bei Gellius 1, 3, 5: visum est esse id, quod feci, prae hoc quod erant alia, toleratu facilius.

c) Die Bezeichnung des Verglichenen wird öfter, besonders wenn es durch ein Pronomen ausgedrückt ist, auch durch den Genitiv, statt durch den Ablativ gegeben, und zwar nicht bloß in den aus dem Griechischen übersetzten Büchern, z. B. Pf. 34, 10: Eripiens inopem de manu fortiorum eius; Spr. 3, 14: melior est acquisitio eius negotiatione argenti, et auri primi et purissimi fructus eius; Eccli. 1, 4: Prior

omnium creata est sapientia; 16, 6: fortiora horum
audivit auris mea; Job 12, 3; 13, 2: nec inferior vestri
sum; Hebr. 6, 16: Homines enim per maiorem sui iurant.
Hierher gehört auch Pf. 89, 10: et amplius eorum (octoginta annorum), labor et dolor. Ausgedehnter ist dieser
Gebrauch in den liturgischen Büchern, z. B. *Hymn. Laud.*
Epiph.: O sola magnarum urbium maior Bethlem. Comm.
un. Mart. all. Lectt. lect. IV: maiora latronum cogatur
subire tormenta.

Auf einer christlichen Grabinschrift in der vatikanischen Halle
stehen die Worte: LAVRENTIA MELIS DVLCIOR QVIESCE IN
(PACE). Stimmen aus Rom, Schaffh. 1860, 353.

III. Verbindung der Numeralia mit Substantivis.

146. Von der Regel, daß die Mehrzahl der Tausende den
Genitiv des Nomens bei sich habe, weicht die Vulgata mit=
unter ab, indem sie das Nomen in den betreffenden Kasus
wie bei den einfachen Zahlen setzt, z. B. 1 Mos. 24, 60:
crescas in mille millia; 1 Mach. 7, 32: quinque millia
viri; 2 Mach. 12, 43: duodecim millia drachmas argenti
misit Ierosolymam; Offb. 7, 4: centum quadraginta quatuor millia signati.

Ganz eigentümlich ist *Resp. I in App. S. Mich.: Audita*
est vox millia millium dicentium.

IV. Verbindung der Verba.

A. Verbindung der Verba mit Nominibus.

1. Rektion der Verba.

147. In Bezug auf die Rektion zeigen die Verba in der
Vulgata sehr viele Abweichungen von der gewöhnlichen Kon=
struktion. Dieselben rühren zum kleineren Teile aus der vul=
gären Sprache, zum größeren aber aus wörtlicher Nachahmung
der hebräischen oder griechischen Konstruktionsweise her. Die

ungewöhnlicheren Verbindungsweisen stehen hier in alpha=
betischer Ordnung.

accusare wird (neben der gewöhnlichen Konstruktion) mit
dem Nomen der Person auch durch adversus verbunden,
Röm. 8, 33: Quis accusabit adversus electos Dei *(κατὰ
ἐκλεκτῶν)*. Die Sache, deren jemand angeklagt wird, steht
auch im Ablativ (bei allgemeinen Bezeichnungen), 1 Mach.
7, 25: accusavit eos multis criminibus; Apg. 26, 2:
De omnibus, quibus accusor a Iudaeis, aestimo me
beatum. Die seltene Verbindung mit in steht ebenfalls Mark.
15, 4: in quantis te accusant. Die sonst nicht seltene
Verbindung mit dem Akkusativ der Sache (accusare = re-
prehendere) scheint den doppelten Akkusativ bewirkt zu haben:
Apg. 25, 11: quae hi accusant me; 29, 19: non quasi
gentem meam habens aliquid accusare.

Cic., Sull. 22, 63: Atque in ea re per L. Caecilium Sulla
accusatur, in qua re est uterque laudandus.

adhaerere mit post ist hebräische Wendung, Pf. 62, 8:
Adhaesit anima mea post te.

admirari steht mit super c. Abl. z. B. Ez. 26, 16:
attoniti super repentino casu tuo admirabuntur; Matth.
7, 28: admirabantur turbae super doctrina eius; mit super
c. Acc. z. B. Tob. 5, 10: Super quae admiratus pater,
rogavit; Eccli. 27, 26: super sermones tuos admirabitur;
mit in Weish. 11, 14: admirantes in finem exitus; mit ad
Eccli. 40, 7: admirans ad nullum timorem *(εἰς οὐδένα
φόβον)*.

adorare steht mit dem Dativ 5 Mof. 26, 10: et adorato Domino Deo tuo, und du sollst den Herrn, deinen
Gott, anbeten.

Der heutige Text läßt keine andere Deutung zu; in der Sixti=
nischen und den älteren Ausgaben aber ist adorato als Ablat. absol.
betrachtet; f. die ausführliche Erörterung bei Vercellone z. d. St. Für
die Konstruktion mit dem Dativ bringt Mai (Nov. Gloss. Spic.

rom. IX 2) folgende Beispiele aus der Itala: Ex. 34, 14: non enim adorabitis Deo alio; Pf. 80, 10: nec adorabis Deo alieno; 96, 7: qui adorant sculptilibus. 1490: „vnnb wenn bu bann haft an= gebettet behnen herren got". Diet.: „Vnb (folt) anbetten vor bem Herren beinem Gott. Vnb wenn bu ben Herren angebettet haft." Altbän.: „of han ffal herrän thin gwth tilbebhän". Douay: adoring the Lord thy God. Sach: après avoir adoré le seigneur votre Dieu. Alt.: wenn bu angebetet ben Herrn beinen Gott. L. unb R.: nachbem bu auch angebetet haft.

aemulari in ber Bedeutung eifern, fich erzürnen, wirb mit in verbunden, Pf. 36, 1: aemulari in malignantibus (für malignantes, f. oben S. 242); 7: Noli aemulari in eo.

aestimare fteht mit de Weish. 8, 8: de futuris aestimat.

aestimari hat bie verfchiebenen Ausbrücke für gleich, wie, in folgenber Weife bei fich, Pf. 43, 22: aestimati sumus sicut oves occisionis; 87, 5: Aestimatus sum cum descendentibus in lacum; Weish. 2, 16: Tamquam nugaces aestimati sumus. Vgl. 1 Kor. 4, 1: Sic nos existimet homo, ut ministros Christi.

alleviare hat a bei fich, Jon. 1, 5: ut alleviaretur ab eis.

aspicere verbindet fich mit in, Pf. 118, 131: Aspice in me; Jf. 5, 30: aspiciemus in terram; mit contra 2 Mof. 3, 6: non enim audebat aspicere contra Deum. Plin. 11, 37, 55: cancri in oblicum adspiciunt, wo in ob- licum als abverbiale Rebensart zu faffen ift.

attendere ober attendere sibi fteht in ber Bedeutung fich hüten mit a, z. B. Eccli. 6, 13: ab amicis tuis at- tende; 11, 35: Attende tibi a pestifero; 18, 27: atten- det ab inertia. Eine andere Konftruktion fteht Apg. 5, 35: attendite vobis super hominibus istis.

auxiliari hat ben Genitiv bei fich Jf. 49, 8: auxiliatus sum tui.

benedicere regiert in feinen beiben Bedeutungen fehr oft ben Affufativ, z. B. Pf. 65, 8: Benedicite gentes Deum;

131, 15: Viduam eius benedicens benedicam; Ecclí. 39, 41: benedicite nomen Domini, bagegen 51, 17: benedicam nomini Domini; baher paffivifch z. B. 1 Mof. 12, 2: atque IN TE benedicentur universae cognationes terrae; Luf. 1, 28: benedicta tu in mulieribus.

Ex Latinitatis indole dativum postulant verba benedicere et maledicere: iunguntur tamen cum quarto casu apud nonnullos auctores, apud Apuleium ad Asclepium, apud Petronium in Satyrico, et passim in vulgata nostra versione. Not. ad Lact., Div. Inst. 7, 14. Migne 783 B.

blasphemare hat in nach fich a. b. St. Dan. 14, 8: blasphemavit in Bel; Marf. 3, 29. Luf. 12, 10: qui blasphemaverit in Spiritum Sanctum. Sonft fteht ber Affufativ, z. B. Apg. 19, 37: blasphemantes deam vestram.

cantare in ber Bedeutung befingen fteht mit bem Dativ, 2 Mof. 15, 1: Cantemus Domino; Tob. 12, 18: cantate illi.

Die Wendung ftammt aus bem Hebräifchen, wo ל־יהוה als Affufativ zu faffen ift.

captare wirb mit in verbunben, Pf. 93, 21: Captabunt in animam iusti.

comitari hat meift cum nach fich, z. B. Tob. 5, 21: Angelus eius comitetur vobiscum; 2 Mach. 2, 4: tabernaculum, et arcam iussit . . . comitari secum. Der Dativ fteht Tob. 5, 27: comitetur ei.

commemorari hat ben Affufativ ber Perfon bei fich, f. oben § 97.

complacere fteht fowohl, wenn es perfönlich, als wenn es unperfönlich gebraucht wirb, mit in unb bem Ablativ, z. B. Pf. 43, 4: complacuisti in eis; Matth. 3, 17: in quo mihi complacui; 12, 18: in quo bene complacuit animae meae. Einmal fteht in mit bem Affufativ, 1 Mach. 10, 47: Et complacuit eis in Alexandrum (f. oben § 122 b) unb einmal ber bloße Affufativ, Pf. 34, 14: Quasi proximum, et quasi fratrem nostrum, sic complacebam (nach dem Griechischen ὡς πλησίον, ὡς ἀδελφὸν ἡμέτερον οὕτως εὐρέστουν). H. 69.

confidere hat zumeist in mit dem Ablativ bei sich (s. oben § 122 a), z. B. 2 Par. 16, 12: in medicorum arte confisus est; Pf. 10, 1: In Domino confido; daneben steht super mit dem Akkusativ Jf. 31, 1: confisi super sanctum Israel; 36, 6: confidis super baculum; einmal auch Phil. 1, 6: Confidens hoc ipsum. *Or. Dom. in Sex.* hat *ex nulla nostra actione confidimus.*

credere hat (nach dem von der Bibel eingeführten Begriff an Gott glauben) in bei sich, und zwar mit dem Akkusativ im N. T., z. B. Joh. 12, 37: non credebant in eum, sonst mit dem Ablativ, z. B. Pf. 77, 22: non crediderunt in Deo; Apg. 9, 42: crediderunt multi in Domino.

dare mit doppeltem Akkusativ s. oben S. 178.

deesse mit dem Genitiv Kol. 1, 24.

deficere steht in der Bedeutung fehlen mit dem Dativ, Judith 7, 11: defecerunt cisternae, et collectiones aquarum omnibus habitantibus Bethuliam; 12, 3: si defecerint tibi ista; in der Bedeutung nach etwas schmachten mit in und dem Akkusativ, z. B. Pf. 118, 81: defecit in salutare tuum anima mea.

Nur als seltene Ausnahme steht Sil. 8, 661: iam stragis acervis deficiunt campi.

descendere hat den bloßen Akkusativ bei sich, Pf. 106, 23: Qui descendunt mare in navibus.

Vielleicht ist hier in bloß ausgefallen, da die LXX εἰς τὴν θάλασσαν schreiben.

dominari regiert den Genitiv, nicht bloß in den aus dem Griechischen übersetzten Büchern, z. B. Eccli. 17, 4: dominatus est bestiarum et volatilium, sondern auch beim hl. Hieronymus, z. B. 1 Mof. 3, 16: ipse dominabitur tui;

4, 7: tu dominaberis illius; Dan. 11, 43: dominabitur thesaurorum. Im römischen Meßbuch *Or. pro viv. et def.: qui vivorum dominaris simul et mortuorum.*

exigere hat einen doppelten Akkusativ bei sich, 4 Kön. 23, 35: unumquemque iuxta vires suas exegit, tam argentum quam aurum de populo terrae.

Gell. 15, 14, 1: Apud Q. Metellum Numidicum . . . nove dictum esse annotavimus . . . sese pecunias maximos exactos esse . . . pro eo quod est pecunias a se esse maximas exactos.

exire steht mit dem Akkusativ Matth. 26, 71: Exeunte autem illo ianuam.

Ter., Hec. 3, 3, 18: ut limen exirem. Ov., Met. 10, 51: donec Auernas exierit valles. Val. Fl. 4, 698: aut sociis temptata quies, nigrantia quam iam litora longinquique exirent flumina Rhebae.

facere in der Bedeutung erweisen verbindet sich mit dem Nomen der Person 'auch durch cum, z. B. 2 Kön. 2, 5: Fecistis misericordiam hanc cum domino vestro Saul; Tob. 8, 18: Fecisti enim nobiscum misericordiam tuam. Vgl. S. 238.

fugere verbindet sich nach hebräischer Weise mit dem Nomen der Person, vor welcher man flieht, durch a facie, z. B. 2 Kön. 10, 13: statim fugerunt a facie eius; 1 Par. 11, 13: fugeratque populus a facie Philistinorum. Vgl. § 126.

gaudere wird mit in verbunden, Judith 13, 20: gaudentem in victoria sua.

gloriari hat (außer de) gewöhnlich in mit dem Ablativ nach sich, z. B. Pf. 51, 3: Quid gloriaris in malitia; Röm. 5, 2: gloriamur in spe gloriae; einmal steht pro, 2 Kor. 12, 5: pro huiusmodi gloriabor, pro me autem nihil gloriabor.

Auch bei Cicero steht De Nat. 3, 36, 87: in virtute recte gloriamur.

implere und replere stehen wiederholt nach griechischer Weise
mit dem Genitiv deſſen, was eingefüllt wird, z. B. Ez. 35, 8:
Et implebo montes eius occisorum eius; Matth. 22, 10:
impletae sunt nuptiae discumbentium; dabei ſonderbarer=
weiſe Iſ. 28, 8: omnes mensae eius repletae sunt vo-
mitu sordiumque. Anderer Art ſind die Konſtruktionen
Offb. 8, 5: implevit illud de igne altaris. Luk. 15, 16:
implere ventrem suum de siliquis *(ἀπὸ τῶν κερατίων)*;
Eccli. 24, 26: a generationibus meis implemini *(ἀπὸ τῶν*
γεννημάτων μου); hier iſt der Gen. partit. durch die Prä=
poſition vertreten. Bei Pſ. 128, 7: De quo *(οὗ)* non implevit manum suam bleibt unentſchieden, ob de ſtatt des
Abl. medii ſteht oder den Genitiv vertritt, ſ. u. § 209.

Schon bei Cicero ſteht Verr. 5, 57, 147: completus iam mer-
catorum carcer erat. Ebenſo Liv. 10, 14, 20: fugae formidinisque
Samnites inplevit. M. 47: implebuntur ubertatem.

induere regiert doppelten Akkuſativ, z. B. Eccli. 45, 9:
induit eum stolam gloriae *(ἐνέδυσαν αὐτὸν συντέλειαν)*;
Eph. 6, 11 14: Induite vos armaturam Dei *(ἐνδύσασθε*
τὴν πανοπλίαν); daher auch im Paſſiv mit dem Akkuſativ,
z. B. Pſ. 92, 1: indutus est Dominus fortitudinem (wie
bei den römiſchen Dichtern). S. u. § 151.

Die aktive Konſtruktion mit doppeltem Akkuſativ ließe ſich vielleicht Virg., Aen. 11, 5 finden: ingentem quercum, decisis undique ramis, constituit tumulo fulgentiaque induit arma.

intendere ſteht mit dem Akkuſativ (wie ſonſt mit dem
Dativ in der Bedeutung ſich etwas zu Herzen nehmen)
Pſ. 16, 1: intende deprecationem meam (60, 2: intende
orationi meae); im römiſchen Meßbuch *Or. Fer. IV Cin.:*
Inclinantes se propitiatus intende; Fer. V post Dom. I
Quadr.: Devotionem populi tui benignus intende. Häufig
ſteht es mit in und dem Akkuſativ für anſehen (körperlich
und geiſtig), auf etwas denken, z. B. Apg. 3, 5: At

ille intendebat in eos; 1 Mach. 2, 68: intendite in praeceptum legis; Pf. 69, 2: Deus in adiutorium meum
intende.

Sall., Iug. 25, 10: neque quod intenderat, efficere potest.

irridere wird immer mit dem Akkusativ der Person ver=
bunden, z. B. 2 Esdr. 4, 5: irriserunt aedificantes; Pf.
24, 3: Neque irrideant me inimici mei. Mit dem Akkusativ
der Sache steht es regelmäßig, z. B. Tob. 2, 15: irridebant
vitam eius.

Plaut., Amph. 2, 1, 40: nunc uenis etiam ultro inrisum dominum. Cic., De Nat. 2, 3, 7.: per iocum Deos irridens.

iubere hat den Dativ bei sich, z. B. 1 Mos. 42, 25:
iussit ministris ut implerent eorum saccos; 1 Mach.
1, 54: Et iusserunt civitatibus Iudae sacrificare.

Diese Konstruktion soll auch bei den Schriftstellern des goldenen
Zeitalters vorkommen; die betreffenden Stellen aber werden kritisch
angefochten; s. die Literatur bei Forcell. — Tac., Ann. 13, 15:
Britannico iussit exurgeret.

iudicare in der Bedeutung über jemand richten,
hat den Akkusativ bei sich, z. B. Matth. 19, 28: iudicantes
duodecim tribus Israel; in der Bedeutung Recht schaffen
steht es mit dem Dativ, z. B. Pf. 10, 18 (hebr.): Iudicare
pupillo, et humili.

Vavassor, Antib. s. h. v.: Contendimus tantum nullo au-
ctore dici vere Latino et Romano, iudicare aliquem, aut iudicari,
sed de aliquo iudicare etc.

loqui regiert den Dativ in der Bedeutung mit oder zu
jemand sprechen, z. B. Matth. 13, 34: sine para-
bolis non loquebatur eis; Joh. 16, 1: Haec locutus
sum vobis.

mederi steht mit dem Genitiv Klagel. 2, 13: quis me-
debitur tui?

meditari verbindet sich mit dem Gegenstande der Betrach=
tung durch in mit dem Ablativ häufiger als durch den bloßen

Akkusativ, z. B. Jos. 1, 8: meditaberis in eo diebus ac noctibus; Pf. 118, 47: meditabar in mandatis tuis; 70: legem tuam meditatus sum.

Sil. 17, 438: Silarum meditantem in proelia telo praevenit.

misereri regiert ganz gewöhnlich den Dativ, z. B. Tob. 8, 19: Misertus est autem duobus unicis; 2 Mach. 8, 2: et (ut) misereretur templo; Matth. 14, 14: misertus est eis. Daher die Anrufung in den Litaneien und im Brevier: *miserere nobis* (Luk. 17, 13: nostri); so steht auch im römischen Meßbuch *Tract. Dom. IV Quadr.* aus Pf. 122, 3, während die Vulgata hier nostri hat.

Einzelne Stellen bei Seneca und Quintilian, in denen der Dativ stand, sind in neueren Ausgaben in den Genitiv umgeändert. Da= gegen heißt es Hyg., Fab. 58 sicher: cui Venus postea miserta est.

maledicere wird einigemal mit dem Akkusativ verbunden, z. B. Eccli. 21, 30: Dum maledicit impius diabolum, maledicit ipse animam suam; Apg. 23, 4: Summum sacerdotem Dei maledicis?

Petr., Sat. 96: si me amas, maledic illam versibus.

nocere regiert neben dem Dativ häufig (nach vulgärlat. Sprachgebrauch) den Akkusativ, z. B. 4 Mof. 5, 19: non te nocebunt aquae istae; Offb. 11, 5: si quis voluerit eos nocere; daher paffivisch, Weish. 14, 29: male iurantes noceri se non sperant.

Cod. Fuld. Mark. 16, 18: non eos nocebit. Bei den Profan= schriftstellern kommt diese Konstruktion in den Handschriften wieder= holt vor, wird aber überall von der Kritik angefochten.

obaudire hat einmal den Akkusativ bei sich, Eccli. 39, 17: Obaudite me divini fructus.

Bei Augustinus (Civ. Dei 16, 32) heißt 1 Mof. 22, 18: quia obaudisti vocem meam. Iren. 5, 20, 2: obaudiunt praeceptionem eius. Andere Beispiele N. Jt. 414.

obumbrare regiert in der eigentlichen Bedeutung den Akkusativ, in der uneigentlichen den Dativ, z. B. Matth.

17, 5: nubes lucida obumbravit eos; Pf. 90, 4: Scapulis suis obumbrabit tibi; Luk. 1, 35: virtus Altissimi obumbrabit tibi.

orare ſteht mit ad, ſo oft es zu Gott beten heißt, z. B. Pf. 5, 3: quoniam ad te orabo; Jer. 32, 16: oravi ad Dominum.

participare mit Ablativ, wahrſcheinlich wegen des vor=hergehenden usus, 2 Mach. 5, 10: sepultura neque peregrina usus, neque patrio sepulchro participans.

pertinet als Imperf. ſteht mit ad der Perſonen und de der Sache, z. B. 2 Kön. 18, 3: non magnopere ad eos de nobis pertinebit; Job 21, 21: Quid enim ad eum pertinet de domo sua post se? Joh. 10, 13: non pertinet ad eum de ovibus; 12, 16: Dixit autem hoc, non quia de egenis pertinebat ad eum, sed quia fur erat.

peto nimmt auch in der Bedeutung bitten die Perſon im Akkuſativ zu ſich, z. B. Tob. 12, 4: peto te pater mi; Matth. 6, 8: antequam petatis eum; daher mit doppeltem Akkuſativ, z. B. Luk. 11, 11: Quis autem ex vobis patrem petit panem; Joh. 14, 13: quodcumque petieritis Patrem. Ob dieſe Konſtruktion bei klaſſiſchen Schriftſtellern vorkomme, iſt zweifelhaft, Heins. ad Ov. Met. 7, 295.

praevalere ſteht, wenn es nicht abſolut gebraucht wird, a) mit contra, z. B. 1 Moſ. 32, 28: contra homines praevalebis; b) mit adversus, z. B. 2 Kön. 11, 23: Praevaluerunt adversum nos; c) mit super, z. B. Dan. 11, 5: praevalebit super eum; d) mit dem Dativ, z. B. 3 Kön. 16, 22: Praevaluit autem populus, qui erat cum Amri, populo qui sequebatur Thebni.

propitiari regiert immer den Dativ, mag das Objekt eine Perſon oder eine Sache ſein, z. B. 1 Moſ. 32, 20: forsitan propitiabitur mihi; Eccli. 34, 23: propitiabitur peccatis.

purgare ſteht manchmal auch mit dem Akkuſativ der Sache, welche hinweggenommen wird, z. B. 3 Kön. 15, 12: purgavitque universas sordes; Tob. 12, 9: ipsa est, quae purgat peccata; daneben ſteht aber auch Eccli. 7, 34: de negligentia tua purga te; 23, 11: a peccato non purgabitur.

Auch in der profanen Literatur ſteht Suet., Vesp. 8: ruderibus purgandis manus primus admovit.

regnare hat an zwei Stellen nach griechiſcher Weiſe den Genitiv bei ſich, Weish. 3, 8: regnabit Dominus illorum in perpetuum; 1 Mach. 12, 39: regnare Asiae.

Hor., Od. 3, 30, 12: regnavit populorum.

quaerere mit secundum (multitudinem irae suae) Pſ. 9, 25 (4) wird wohl heißen: nicht nach etwas fragen, ſich nicht darum kümmern.

reputare in der Bedeutung rechnen, anrechnen ſteht a) mit ad, z. B. 1 Moſ. 15, 16: reputatum est illi ad iustitiam; Röm. 4, 5: reputatur fides eius ad iustitiam; b) mit inter, z. B. 3 Moſ. 11, 4: inter immunda reputabitis; 4 Moſ. 23, 9: Populus . . . inter gentes non reputabitur; c) mit in und dem Akkuſativ oder Ablativ, z. B. 4 Moſ. 18, 27: Ut reputetur vobis in oblationem primitivorum; 1 Par. 21, 3: hoc, quod in peccatum reputetur Israeli; 4 Moſ. 24, 9: in maledictione reputabitur; Dan. 4, 32: omnes habitatores terrae apud eum in nihilum reputati sunt; d) mit cum, z. B. Iſ. 53, 12: cum sceleratis reputatus est. Daneben ſteht 2 Par. 9, 20: pro nihilo reputabatur; 1 Moſ. 31, 15: quasi alienas reputavit nos; Job 18, 3: Quare reputati sumus ut iumenta; Pſ. 118, 119: Praevaricantes reputavi omnes peccatores terrae; Iſ. 2, 22: quia excelsus reputatus est ipse.

suadere bezeichnet auch die Perſon durch den Akkuſativ, Judith 12, 10: suade Hebraeam illam; 1 Joh. 3, 19:

suadebimus corda nostra; baɧer paſſiɓiſɧ Joſ. 15, 18:
(Axa) suasa est a viro suo; 2 Maɧ. 10, 20: suasi
sunt pecunia.

Iren. 5, 19, 1: haec suasa est obedire Deo. Forcell. ed.
Schneeb. s. h. v.: Constructio accusativi personae c. verbo *sua-*
dere nonnisi ap. eos usurpatur, quorum rationem dicendi nemo
facile imitabitur. *Tert., Hab. mul. 1:* Tu es, quae eum suasisti,
quem diabolus aggredi non valuit. *Apul., Met. 9, 194, p. 642:*
tunc uxorem eius tacitus suasi ac denique persuasi, secederet
paululum. V. *Oudend.* ad h. l. et *Burm.* ad *Phaedr.* 1, 15, 6.
Ita *Cic.* quoque locutum esse volunt duobus locis: *Fam. 13, 4*
(42): Haec eo spectant, ut te horter et suadeam: ubi *Lamb.* coni.
et tibi suadeam: et *prov. cons. 17:* me, ut sibi essem legatus, non
solum suasit, sed etiam rogavit. V. *Rudim.* 1, 148.

ulcisci (mit ober oɧne se) beɀeiɧnet bie Perſon, woran
man ſiɧ räɧt, a) mit de, ɀ. B. Eſtɧ. 9, 22: se ulti sunt
Iudaei de inimicis suis; 1 Kön. 14, 24: donec ulciscar
de inimicis meis; b) mit contra, Joel 3, 4: si ulci-
scimini vos contra me; c) mit in, ɀ. B. Naɧ. 1, 2: ul-
ciscens Dominus in hostes suos; Jer. 5, 9: in gente tali
non ulciscetur anima mea.

vocare in ber Bebeutung nennen ɧat ɀuweilen ben
Namen im Nominatiɓ, ɀ. B. 2 Moſ. 17, 7: vocavit nomen
loci illius, Tentatio. *Resp. VI Septuag.:* et vocavit nomen
eius Virago.

148. Bei benjenigen Berbis, welɧe ɀu etwas maɧen
ober gemaɧt werben bebeuten, ſteɧt ſtatt bes Präbifats=
Affuſatiɓs ober Nominatiɓs, ben bie gewöɧnliɧe Spraɧe an=
wenbet, in ber Bulgata ſeɧr oft in mit bem Affuſatiɓ, ɀ. B.
Tob. 6, 13: dabit tibi eam in uxorem; Pſ. 17, 44: con-
stitues me in caput Gentium; 1 Kön. 15, 1: Me misit
Dominus, ut ungerem te in regem; Pſ. 131, 13: elegit
eam in habitationem sibi; 1 Moſ. 21, 18: in gentem
magnam faciam eum; Joel 1, 7: Posuit vineam meam

in desertum; Jf. 49, 6: dedi te in lucem Gentium;
Jer. 1, 18: dedi te hodie in civitatem munitam; 1 Mof.
2, 7: factus est homo in animam viventem; Pf. 77, 57:
conversi sunt in arcum pravum; 1 Mof. 1, 14: (lumi-
naria) sint in signa et tempora; Pf. 30, 3: Esto mihi
in Deum protectorem, et in domum refugii; Weiśh. 14, 11:
creaturae Dei in odium factae sunt, et in tentationem
animabus hominum, et in muscipulam pedibus insipientium. Einigemal ſteht auch in mit dem Ablatio, z. B. Weiśh.
10, 17: fuit illis in velamento diei, et in luce stellarum
per noctem; 1 Mof. 2, 24: erunt duo in carne una, es
werden zwei zu einem Fleiſche, d. h. ein Fleiſch ſein. Hierher
gehört auch Judith 1, 2: fecit muros eius in altitudinem
cubitorum sexaginta. Statt in findet ſich ad 1 Mach. 1, 38:
Et factum est hoc ad insidias sanctificationi. Sehr eigen=
tümlich iſt der Dativ des Prädikatsnomens, Pf. 7, 14: sa-
gittas suas ardentibus effecit, er macht ſeine Pfeile zu
brennenden (לְלֹהֲקִים, τοῖς καιομένοις), und ſo auch Amos 6,
12: percutiet domum maiorem ruinis (רְסִיסִים), et domum
minorem scissionibus (בְּקִעִים), er ſchlägt das große
Haus in Trümmer und das kleine in Fetzen.

149. Zuweilen findet ſich auch bei einem und demſelben
Verbum, wenn das Objekt zuſammengeſetzt iſt, eine mehrfache
Konſtruktion angewandt, z. B. Pf. 27, 5: non intellexerunt
opera Domini, et in opera manuum eius (wo die Inter=
punktion der offiziellen Ausgabe zu ändern iſt).

2. Adverbiale Verbindung.

150. Das Nomen verbale hat der hl. Hieronymus nicht
ſelten zum Verbum finitum im Akkuſativ oder Ablativ hinzu=
geſetzt, um diejenige Bekräftigung hervorzubringen, welche im
Hebräiſchen durch den Infinitivus absolutus in gleicher Ver=
bindung bewirkt wird, z. B. Jf. 6, 9: videte visionem,

et nolite cognoscere; 24, 3: dissipatione dissipabitur terra; Jer. 12, 11: desolatione desolata est; Klagel. 1, 8: Peccatum peccavit Ierusalem. Viele Beispiele f. Loch 29.

151. Wie die gewöhnliche Sprache in der poetischen Rede, so hat auch die Vulgata zuweilen den fog. Accusativus graecus als abverbialen Kafus angewandt, z. B. Pf. 11, 3: labia dolosa, in corde et corde locuti sunt; Eccli. 45, 9: induit eum stolam gloriae; 1 Mach. 14, 9: iuvenes induebant se gloriam, et stolas belli; Apg. 12, 8: Praecingere, et calcea te caligas tuas; Joel 3, 18: stillabunt montes dulcedinem, et colles fluent lacte *(Ant. Laud. Dom. I Adv.: lac et mel); Intr. Fer. II post Pascha* heißt 2 Mof. 13, 5: *in terram fluentem lac et mel.*

Bei Vergleichung der Anwendungen, die ein Verbalbegriff findet, steht a nach § 121, z. B. Pf. 92, 4: Elevaverunt flumina fluctus suos a vocibus aquarum multarum; ferner super, z. B. 2 Par. 9, 22: magnificatus est Salomon super omnes reges terrae; Job 23, 2: manus plagae meae aggravata est super gemitum meum: Pf. 118, 100: super senes intellexi; einmal supra Jer. 5, 3: induraverunt facies suas supra petram.

152. Nomina, welche eine Zeitbestimmung auf die Frage wann? ausdrücken, werden viel seltener durch die Ablativform, als durch die Präposition in und den Ablativ dem Verbum untergeordnet, z. B. 3 Kön. 22, 2: In anno autem tertio, descendit Iosaphat; 4 Kön. 13, 20: in ipso anno (= eodem anno, f. o. § 73); Dan. 9, 1: in anno primo Darii; 2 Kön. 18, 20: non eris nuncius in hac die; 21, 1: Facta est quoque fames in diebus David; 9: occisi in diebus messis primis; 1 Mach. 1, 11: regnavit in anno centesimo trigesimo septimo regni Graecorum; 61: in omni mense, et mense; Jof. 11, 21: In illo tempore venit Iosue; Eccli. 22, 6: flagella et doctrina in omni tempore sapientia.

Plin., H. N. 2, 25, 23: in nostro aevo. Vgl. Madvig 276, A. 1.

153. Die Zeitbestimmung auf die Frage wie lange? wird sehr oft durch den Ablativ (neben dem Akkusativ) ausgedrückt, z. B. Richt. 3, 8: servieruntque ei octo annis; 4 Kön. 12, 1: quadraginta annis regnavit; Matth. 9, 20: san- guinis fluxum patiebatur duodecim annis; Jos. 2, 16: ibique latitate tribus diebus; Esth. 1, 4: Ut ostenderet divitias gloriae regni sui ... multo tempore, centum videlicet et octoginta diebus; 1 Par. 3, 4: regnavit septem annis et sex mensibus; Luf. 1, 24: occultabat se mensibus quinque; 4 Mos. 9, 19: si evenisset, ut multo tempore maneret (nubes) super illud (taberna- culum); 2 Kön. 14, 2: mulier iam plurimo tempore lugens mortuum; 1 Mach. 1, 8: regnavit Alexander annis duodecim.

Von dieser Konstruktion sagt Ros. 55: ut moris est argenteae aetatis scriptorum. Vgl. Sch. 258, A. 2. Sehr gewöhnlich ist auf den römischen Grabschriften die Angabe qui vixit annis ..., z. B. Rossi 92.

154. Die Ortsbestimmung auf die Frage wohin? tritt zu ponere und ähnlichen Verben einigemal auch im Akkusativ, z. B. 1 Mach. 14, 3: posuit eum in custodiam; Matth. 14, 3: posuit in carcerem; Judith 6, 10: in medium populi illum statuentes. Vgl. oben § 122 b.

155. Umgekehrt steht auf die Frage wohin? die Form domi Tob. 2, 20: unde factum est ut hoedum capra- rum accipiens detulisset domi. Vgl. oben § 118.

156. Daß fast sämtliche Verba, welche sonst eine Erweite= rung durch in mit dem Akkusativ erhalten, in der Vulgata mit in und dem Ablativ verbunden werden, ergibt sich aus § 122 a.

157. Städtenamen, welche zur Ortsbestimmung dienen, werden dem Verbum gewöhnlich durch die entsprechende Prä= position untergeordnet, z. B. Matth. 26, 6: Cum autem

Iesus esset in Bethania; Jof. 16, 2: egreditur de Bethel
Luza; Richt. 12, 10: sepultus in Bethlehem; Ruth 1, 19:
venerunt in Bethlehem; 22: reversa est in Bethlehem;
2, 4: ipse veniebat de Bethlehem; 2 Kön. 2, 11: im-
perans in Hebron; 3, 20: Venitque ad David in Hebron;
2 Mach. 1, 1: qui sunt in Ierosolymis (10: populus,
qui est Ierosolymis); Mark. 7, 1: venientes ab Ierosolymis; Tob. 14, 14: Tobias abscessit ex Ninive.

Auf die Frage von wo? woher? setzt Livius meistens ab;
auch sonst steht dies hie und da, besonders wenn die Umgegend einer
Stadt gemeint ist, z. B. Caes., B. G. 7, 59: Iam Caesar a Ger-
govia discessisse audiebatur. Sch. 259, A. 2.

158. Die Unterordnung des Aktivsubjekts unter das paf=
sive Verbum geschieht in derselben Weise wie in der gewöhn=
lichen Sprache, auch durch den Dativ. Beispiele sind Luk.
23, 15: nihil dignum morte actum est ei; 2 Petr. 3, 14:
satagite immaculati, et inviolati ei inveniri in pace;
Matth. 5, 21; 27, 33: Audistis, quia dictum est antiquis; Pf. 138, 17: Mihi autem nimis honorificati sunt
amici tui, Deus; 1 Mof. 2, 20; Adae vero non inveniebatur adiutor similis eius; Pf. 71, 19: replebitur maiestati eius omnis terra; Eccli. 25, 3: aggravor valde
animae illorum. Hiernach sind auch die Pfalmenüberschriften
zu erklären, bei denen der Verfasser im Dativ genannt wird,
z. B. Pf. 27, 1: Psalmus ipsi David (conscriptus); 35, 1:
servo Domini ipsi David; 41, 1: Intellectus filiis Core.

Umgekehrt findet sich auch a mit dem Ablativ bei der Be=
zeichnung unperfönlicher Subjekte, z. B. Röm. 12, 21: Noli
vinci a malo; Eph. 5, 13: Omnia autem, quae arguun-
tur, a lumine manifestantur; Jak. 2, 9: redarguti a
lege; 3, 4: naves . . . cum a ventis validis minentur,
circumferuntur a modico gubernaculo; Eccli. 38, 5:
Nonne a ligno indulcata est aqua amara? Pf. 54, 4:

(conturbatus sum a voce et a tribulatione peccatoris); Hab. 3, 6: montes incurvati sunt ab itineribus; Eccli. 13, 1: Qui tetigerit picem, inquinabitur ab ea.

159. Die Unterordnung eines Verbums unter ein Sub=stantivum geschieht nach allgemeiner Regel durch den Genitiv des Gerundiums, auch wo diese Verbindung sonst nicht ge=wöhnlich ist, z. B. Matth. 11, 15: qui habet aures audiendi, audiat; Luk. 1, 57: Elisabeth autem impletum est tempus pariendi. *Lect. IX Mat. F. min. B. M. V.: eiusdem semper amandi custos manebat aeterna. Lect. IX Vig. Ss. App. Petri et Pauli: se convincuntur amare, non Christum: vel gloriandi, vel dominandi, vel acquirendi cupiditate; non obediendi et subveniendi et Deo placendi caritate.*

160. Nicht selten wird der Verbalbegriff auch durch die Form des Infinitivs vom Begriff des Substantivs abhängig gemacht, z. B. Tob. 1, 14: dedit illi potestatem quocunque vellet ire; Joh. 19, 10: potestatem habeo crucifigere te, et potestatem habeo dimittere te; Phil. 1, 23: desiderium habens dissolvi; Offb. 11, 18: advenit tempus mortuorum iudicari, et reddere mercedem servis.

161. Ebenso steht der Infinitiv auch nach Adjektiven mit der Bedeutung von würdig und fähig, um den Verbal=begriff davon abhängig zu machen, z. B. Luk. 3, 16: non sum dignus solvere corrigiam calceamentorum eius; 15, 19: Iam non sum dignus vocari filius tuus; 2 Tim. 1, 12: potens est depositum meum servare in illum diem; 2 Kor. 3, 5: non quod sufficientes simus cogitare aliquid a nobis, quasi ex nobis; 2 Tim. 2, 2: qui idonei erunt et alios docere.

Dignus steht mit dem Infinitiv auch S e n., Ep. 10, 1 (77), 6: Eiusmodi coniunctionum, a Ciceronis et Caesaris loquendi consuetudine longe recedentium, exempla iam apud Livium inveniuntur (vgl. Liv. 23, 42; 8, 26; 9, 43). Ros. 32. Ebenso steht idoneus Sen., Ep. 17, 2 (102), 23: idonei spiritum trahere; facilis Sil. 12, 163: celso facilem tutatur adiri planitiem vallo.

B. Verbindung der Verba mit Verbis, und zwar:

1. mit esse.

162. Die Vulgata bildet in den aus dem Griechischen übersetzten Büchern gleich dem Englischen mit dem Part. Praes. und dem Verbum subst. eine periphrastische Konjugation zur Umschreibung des Verbum finitum, z. B. Eccli. 51, 9: Et vita mea appropinquans erat in inferno; 10: Respiciens eram ad adiutorium hominum; Mark. 1, 4: fuit Ioannes in deserto baptizans; 22: erat enim docens eos; 13, 25: stellae coeli erunt decidentes; Luk. 5, 10: homines eris capiens; Apg. 2, 2: ubi erant sedentes; 1 Kor. 14, 9: eritis enim in aëra loquentes; Kol. 2, 23: quae sunt rationem quidem habentia sapientiae. Vgl. W. 326.

Lact., De mort. Pers. 14, 5: erant certantes, quis prior aliquid inveniret.

162ᵃ. In der liturgischen Sprache steht auch der Infinitiv bei esse, und zwar von der Bezeichnung der Absicht ausgehend (s. u. § 168), für diejenige Bedeutung, welche sonst durch das Gerundivum ausgedrückt wird, z. B. Seq. Fest. Compass.: Christe, cum sit hinc exire.... Lect. IV Oct. Innoc.: futurus est crucifigi.

Offenbar stammt hieraus die deutsche Konstruktion „es ist zu hoffen" u. dgl.

2. mit habere.

163. Die Verbindung eines Infinitivs mit den finiten Formen von habere bedeutet a) eine Notwendigkeit, z. B. Luk. 12, 50: Baptismo autem habeo baptizare ich muß aber mit einer Taufe getauft werden; Joh. 16, 12: Adhuc multa habeo vobis dicere ich habe euch noch

vieles zu sagen; b) eine Möglichkeit, z. B. Luk. 14, 14;
non habent retribuere tibi sie können dir nicht ver=
gelten.

In der klassischen Sprache ist diese Verbindung selten, aber nicht
ungekannt, z. B. Cic., De d. n. 39, 93, 3: haec fere dicere
habui. In der kirchlichen und überhaupt in der späteren Literatur
ist dieser Gebrauch sehr häufig, wie er denn zuletzt in den romani=
schen Sprachen zur Bildung des Futurums geführt hat. Viele Bei=
spiele f. R. Jt. 447 f. Vgl. Fuchs, Rom. Spr. § 123. Bünem.
ad Lact. Inst. 4, 12, 15.

3. mit facere.

164. Die Verbindung des Infinitivs mit facere oder
dare (s. o. S. 178) als Verbum finitum gibt dem Verbum
faktitive Bedeutung, welche ihrer Natur nach einen Akkusativ
als Objekt fordert. Die ursprüngliche Beschaffenheit und Kon=
struktion des Verbums wird jedoch hierbei nicht geändert, so
daß zum transitiven Verbum alsdann ein doppelter Akkusativ
hinzutritt. Beispiele sind Weish. 6, 20: Incorruptio autem
facit esse proximum Deo; Eccli. 18, 18: datus indisciplinati tabescere facit oculos (ἐξτήχει); 10, 20: cessare
fecit memoriam eorum; Esth. 2, 17: fecitque eam regnare (וַיַּמְלִיכָה); Js. 38, 8: reverti faciam umbram linea-
rum (הִנְנִי מֵשִׁיב); Matth. 21, 7: eum desuper sedere
fecerunt (ἐπεκάθισαν); Apg. 3, 12: quasi nostra . . . potestate fecerimus hunc ambulare; Ps. 15, 10: nec dabis
sanctum tuum videre corruptionem. Bei transitiven Verben
wird die faktitive Bedeutung auch wohl durch die Verbindung
mit dem Infinitiv oder dem Partizipium des Passivums her=
vorgebracht, z. B. Matth. 4, 19: faciam vos fieri pisca-
tores hominum (ποιήσω ὑμᾶς ἁλιεῖς); Ps. 65, 8: auditam
facite vocem laudis eius.

Mit dem Acc. c. Infin. darf diese Konstruktionsweise durchaus
nicht verwechselt werden, wie ja auch facere c. Acc. c. Inf. in der
gewöhnlichen Sprache eine ganz andere Bedeutung hat. Etwas Ähn=

liches ist der Ausdruck F. F., b. h. fieri fecit, auf römischen Grab=
schriften, z. B. Inscr. Grut. 871, 13: T. F. L. RECEPTUS. T. F.
SIBI. ET. BOTTIAE. BOTTIONIS. FIL. F(ieri). H(eredes).
F(ecerunt).

4. mit sich selbst.

165. Die hebräische Weise, durch Hinzufügung des Infinitivus absolutus dem Verbum finitum einen besondern
Nachdruck zu geben, hat der hl. Hieronymus auch durch Hin=
zufügung des Partizipiums nachgeahmt. Daher findet sich
Klagel. 1, 2: Plorans ploravit in nocte; Is. 6, 9: Au-
dite audientes, et nolite intelligere; Jer. 11, 7: con-
testans contestatus sum patres vestros; Amos 9, 8:
conterens non conteram domum Iacob; Apg. 7, 34: Vi-
dens vidi afflictionem populi mei; Hebr. 6, 14: Nisi
benedicens benedicam te, et multiplicans muliplicabo te.
Ebenso Judith 4, 12: si manentes permanseritis in ieiuniis; 5, 24: tradens tradet illos Deus. Viele Beispiele
Loch 29.

5. mit andern Verbis.

166. Die Ergänzung eines Verbalbegriffes geschieht mit=
unter nach griechischer Weise durch das Partizipium, wo die
gewöhnliche Sprache den Infinitiv gebraucht, z. B. Matth.
11, 1: cum consummasset Iesus, praecipiens duodecim
discipulis suis; Kol. 1, 9: non cessamus pro vobis oran-
tes; 2 Thess. 3, 13: nolite deficere benefacientes.

167. Die Unterordnung eines Verbalbegriffs unter einen
andern geschieht sehr häufig durch eine Redeweise, welche schon
den Übergang des Lateinischen in dessen spätere Tochtersprachen
bekundet. Zu dem angegebenen Zweck findet sich nämlich für
das Part. Praes. der Ablativ des Gerundiums in einer sol=
chen Anwendung, daß damit die Partizipialform der romani=
schen Sprachen erklärt wird, z. B. Judith 14, 10: Nullus
enim audebat cubiculum virtutis Assyriorum pulsando

aut intrando aperire; Apg. 10, 33: et tu bene fecisti
veniendo; 38: qui pertransiit benefaciendo, et sanando
omnes oppressos a diabolo; 16, 16: quaestum magnum
praestabat dominis suis divinando. *Postcomm. Dom. in
Septuag.: ut eadem et percipiendo requirant, et quae-
rendo sine fine recipiant.*

Dieſer Gebrauch iſt der ſpäteren Proſa ſeit Tacitus überhaupt
eigentümlich, ohne daß man deshalb mit R. 88 die betreffende Form
als eigentümliches Partizipium anſehen dürfte. Vgl. Gr. 85: mirum
quam late diffusus sit in omni elocutione Pliniana usus Gerundii,
quod tam libere patescit ubique, ut, qua facilitate miscetur et
volubilitate, Italorum linguae Gerundii cuivis in mentem veniat....
Consideremus haec exempla ... 10, 49, 137: quae Democritus
tradit nominando aves, quarum sanguine etc. 22, pr. 5, 9: omnia
ea aviditas humani ingenii nobilitavit rapere festinando.... Gerundii autem usum illum etiam apud Tacitum frequentem esse
videmus ... praeterea notandum videtur hunc usum apud Senecam
apparere longe rariorem quam exspectares, in Plinii Secundi autem
epistolis occurrere saepius, apud Quintilianum vero infinitum esse
atque immodicum. Ros. 60: Gerundii Ablativus interdum ad
significandum *modum ac formam* rei actae ita ponitur, ut ad parti-
cipiorum praesentis temporis vim proxime accedat: quod genus,
Ciceroni prorsus inusitatum ... posterioris aetatis scriptores iam
inde a Livio frequentarunt. Velut Ben. 1, 13: Hercules orbem
terrarum transivit, non concupiscendo, sed vindicando. Über die
Umwandlung dieſer Form in das Partizipium der romaniſchen Spra=
chen vgl. Diez, Gramm. der rom. Spr. 2, 97 (1. Ausg.). Zum
franzöſiſchen en aimant vgl. *Seq. Fest. septem dolorum B. V. M.:
fac ut ardeat cor meum in amando Christum Deum.*

168. Diejenigen Ergänzungen zu einem Verbalbegriff, welche
nur irgendwie dem Begriffe des Zweckes oder der Abſicht nahe=
kommen, werden in der Sprache der Vulgata ſehr oft durch
den bloßen Infinitiv ausgedrückt, z. B. Luk. 8, 35: Exie-
runt autem videre; Apg. 23, 15: parati sumus interficere illum; 7, 42: tradidit eos servire militiae coeli;
Matth. 25, 35: dedistis mihi manducare; Dan. 6, 4:

rex cogitabat constituere eum super omne regnum;
Pf. 71, 2: Deus iudicium tuum regi da. . . . Iudicare
populum tuum in iustitia.

Ähnliches steht bei den Dichtern auch der klassischen Zeit, z. B.
Hor., Od. 1, 2, 7: Proteus omne pecus egit altos visere montes.
Altertümlich auch Sall., Cat. 52, 24: coniuravere nobilissimi cives
patriam incendere; Iug. 17, 1: Res postulare videtur Africae
situm paucis exponere.

V. Verbindung der Adverbien

A. mit Substantiven.

169. In einzelnen Beispielen erscheint das Adverbium als
Attribut und vertritt so die Stelle des Adjektivs, z. B. 1 Mof.
41, 30: cuncta retro abundantia; Pf. 67, 20: bene-
dictus Dominus die quotidie; If. 13, 5: Venientibus
de terra procul; 17, 14: In tempore vespere; Dan. 8,
26: visio vespere et mane; Marf. 1, 35: Et diluculo
valde surgens.

Orelli, Inscript. 1409: omnes retro principes. Tert., Adv.
Marc. 4, 11: confessione omnium retro peccatorum.

B. mit Verben.

170. Die Verbindung eines Adverbiums mit habere gibt
demselben auch ohne Zusatz des reflexiven Pronomens den Begriff von sich befinden, z. B. Eccli. 3, 27: Cor durum
habebit male in novissimis; Joh. 4, 52: (horam,) in
qua melius habuerit; Marf. 5, 26: magis deterius
habebat.

C. mit Präpositionen.

171. Nicht selten werden die Adverbien, ihrem ursprünglichen Charakter entsprechend, als Substantiva behandelt, z. B.
1 Mof. 2, 23: Hoc nunc (Abl., diesmal); Pf. 112, 2:
ex hoc nunc (ἀπὸ τοῦ νῦν); besonders werden sie demgemäß von Präpositionen abhängig gemacht, z. B. Marf. 7,

23: mala ab intus procedunt; 1 Mof. 42, 21: Et locuti
sunt ad invicem; Matth. 25, 32: separabit eos ab invicem; Joh. 6, 43: Nolite murmurare in invicem; Jak.
5, 16: orate pro invicem; 2 Mof. 20, 21: Stetitque
populus de longe; Tob. 11, 6: vidit a longe; 2 Mof.
26, 24: coniunctae a deorsum usque sursum; Joh. 8,
23: vos de deorsum estis; Ez. 43, 15: ab Ariel usque
ad sursum; Pf. 92, 2: Parata sedes tua ex tunc;
Mark. 4, 22: ut in palam veniat; Eccli. 29, 29: epulae
splendidae in peregre; Apg. 10, 16: Hoc autem factum
est per ter; 1 Mach. 16, 5: et ecce, exercitus copiosus in
obviam illis peditum et equitum; Bar. 6, 5: Visa itaque turba de retro et ab ante, adorantes, dicite. Durch
Verschmelzung solcher Verbindungen sind als neue Adverbien
entstanden: amodo von nun an, deforis auswendig,
deintus inwendig, desuper von oben oder darüber,
desursum oben, econtra auf der andern Seite, insuper (gewöhnlich mit et, auch, verbunden) obendrein,
z. B. Jf. 59, 21: amodo et usque in sempiternum;
Luk. 11, 40: qui fecit quod deforis est; 7: ille deintus
respondens; Jf. 45, 8: Rorate caeli desuper; 1 Mof.
28, 18: (lapidem) erexit in titulum, fundens oleum
desuper; Pf. 49, 4: Advocabit coelum desursum; 5 Mof.
32, 52; Econtra videbis terram; 1 Mof. 48, 11: insuper ostendit mihi Deus semen tuum; 2 Mof. 2, 19:
insuper et hausit aquam nobis.

Bei Jrenäus steht 5, 12, 6: in semel totum sanum et integrum
redintegravit hominem; 2, 28, 4: verbum nostrum profertur non
de semel, sed per partes. Andere Verba f. R. Jt. 231.

Viertes Buch.

Satz und Satzverbindungen.

I. Bildung des Satzes.

172. In Bezug auf die Hauptbestandteile des Satzes gibt die Sprache der Vulgata die vollständige Freiheit bei Wahl der Wortklasse für das Subjekt sowohl als für das Prädikat. Zu bemerken ist namentlich das Partizipium ohne Kopula als Prädikatsausdruck, z. B. 1 Kön. 2, 12: Porro filii Heli, filii Belial, nescientes Dominum; 13: Neque officium sacerdotum ad populum; Pf. 32, 7: Congregans sicut in utre aquas maris: ponens in thesauris abyssos; Matth. 2, 18: Rachel plorans filios suos; 1 Kor. 12, 2: Scitis, quoniam, cum gentes essetis, ad simulacra muta prout ducebamini euntes. Auch Röm. 12, 6—22 gehört hierher, z. B. 19: Non vosmetipsos defendentes charissimi, sed date locum irae, vielleicht auch Judith 8, 26: Et nos ergo non ulciscamur nos. . . . Sed reputantes peccatis nostris haec ipsa supplicia minora esse flagella Domini. Für den Adjektivbegriff tritt im Prädikat oft nach hebräischer Weise das Abstraktum auf, z. B. Pf. 110, 3: Confessio et magnificentia opus eius; 118, 142: lex tua veritas.

Als Prädikat ist auch wohl im Kanon der heiligen Messe zu erklären: *Communicantes et memoriam venerantes etc.*, obwohl hier

eine Verbindung mit dem folgenden troß *Amen* und *igitur* nicht
undenkbar ist.

173. Die Kopula esse wird namentlich in Sätzen all=
gemeinen Inhalts überaus häufig ausgelassen, z. B. Spr.
22, 4: Finis modestiae timor Domini, divitiae et gloria
et vita; 5: Arma et gladii in via perversi; 14: fovea
profunda, os alienae; Eccli. 6, 14: Amicus fidelis,
protectio fortis; 16: Amicus fidelis, medicamentum
vitae et immortalitatis; 17, 28: Quam magna misericordia Domini, et propitiatio illius convertentibus ad
se! 30: Quid lucidius sole? 20, 32: Sapientia abs-
consa et thesaurus invisus: quae utilitas in utrisque?
21, 3: Dentes leonis dentes eius; 4: Quasi romphaea
bis acuta omnis iniquitas; 19: Narratio fatui quasi
sarcina in via; 24, 27: Spiritus enim meus super
mel dulcis, et hereditas mea super mel et favum:
28: Memoria mea in generationes saeculorum; 1 Kor.
6, 13: Esca ventri, et venter escis; Job 28, 28: re-
cedere a malo, intelligentia. Umgekehrt tritt zur Kopula
mitunter nach hebräischer Weise das hinweisende Fürwort hinzu,
z. B. a. a. O.: Ecce timor Domini, ipsa est sapientia.
Bemerkenswert ist die doppelte Auslassung Pf. 93, 15: et
qui iuxta illam omnes qui recto sunt corde, wo der erste
Teil Prädikat, der andere Subjekt ist.

Vgl. hierzu über den Sprachgebrauch bei Plinius Gr. 11—14.

174. Bemerkenswert ist die Häufigkeit der Säße, in welchen
die Kopula esse als selbständiges Prädikat mit einem Ad=
verbium oder einer adverbialen Redensart vorkommt, z. B.
Eccli. 16, 22: Longe enim est testamentum a quibusdam; Pf. 140, 10: singulariter sum ego; 33, 19: Iuxta
est Dominus iis; 1 Kor. 4, 3: Mihi autem pro minimo
est, ut a vobis iudicer; Tob. 14, 4: Reliquum vero

vitae suae in gaudio fuit; Pf. 19, 7: in potentatibus salus dexterae eius; Tob. 13, 20: Beatus ero si fuerint reliquiae seminis mei ad videndam claritatem Ierusalem; Eccli. 16, 22: Nam plurima illius opera sunt in absconsis; Luf. 20, 9: ipse peregre fuit multis temporibus. So auch 1 Joh. 4, 1: probate spiritus, si ex Deo sint. Bei bene esse steht das logische Subjekt gewöhnlich im Dativ, z. B. Eccli. 1, 13: Timenti Dominum bene erit in extremis; Jer. 44, 17: et bene nobis erat; Eph. 6, 3: Ut bene sit tibi.

175. Im Numerus richtet sich die Kopula mitunter nach dem Prädikat statt nach dem Subjekt, z. B. Pf. 118, 24: Nam et testimonia tua meditatio mea est; Matth. 3, 4: esca autem eius erat locustae, et mel silvestre. H. 67.

Vgl. Sch. 241, 5. Cic., Divin. 2, 43, 90: non omnis error stultitia est dicenda. Sall., Iug. 18, 11: possedere ea loca quae proxuma Carthagine Numidia adpellatur.

176. Die Regel, daß Subjekt und Prädikat im Genus und Numerus übereinstimmen, erleidet in der Vulgata namentlich bei Kollektivwörtern und bei dem Pronomen demonstrativum Ausnahmen, z. B. 2 Mof. 17, 1: omnis multitudo filiorum Israel . . . castrametati sunt in Raphidim; 4 Kön. 4, 41: Infunde turbae, ut comedant; Matth. 21, 8: Plurima autem turba straverunt vestimenta sua in via; Luf. 23, 1: Et surgens omnis multitudo eorum, duxerunt illum ad Pilatum; Joh. 7, 49: Sed turba haec, quae non novit legem, maledicti sunt; Pred. 2, 21: et hoc ergo, vanitas, et magnum malum.

Den Plural bei Kollektivis gebraucht Cicero nie, Cäsar nur selten, Livius aber, Salluft und die Dichter häufig, z. B. Liv. 24, 4, 15: Locros omnis multitudo abeunt. Sch. 241, 4. In späterer Zeit steht Apul., Flor. 4, 20: tota civitas eruditissimi estis. Mart. c. 1, 89: post hanc uulgus ceterum deuenere.

177. Die Komplemente des Prädikats werden nicht selten nach hebräischer Weise so in den Satz eingefügt, daß der betreffende Ausdruck absolut an die Spitze gestellt, das Rektions=verhältnis aber durch ein (pleonastisches) Fürwort angezeigt wird, z. B. Pred. 1, 8: Cunctae res difficiles: non potest eas homo explicare sermone (das Semikolon der gewöhn=lichen und das Kolon der offiziellen Ausgabe ist gewiß un=richtig); 2 Kön. 22, 41: odientes me, et disperdam eos; Matth. 10, 32: Omnis ergo, qui confitebitur me coram hominibus, confitebor et ego eum coram Patre meo; Apg. 7, 40: Moyses enim hic, qui eduxit nos de terra Aegypti, nescimus, quid factum sit ei; 1 Mof. 49, 19: Gad, accinctus praeliabitur ante eum; 20: Aser, pin-guis panis eius; Pf. 10, 5: Dominus in coelo sedes eius; 18, 31: Deus meus impolluta via eius. Oft erhält bei dieser Konstruktion auch das vorangestellte Satzglied schon die durch die Rektion bedingte Form, z. B. Pf. 73, 17: aesta-tem et ver tu plasmasti ea; Eccli. 34, 17: Timentis Dominum beata est anima eius; If. 9, 2: habitantibus in regione umbrae mortis, lux orta est eis; Matth. 5, 40: Et ei, qui vult tecum iudicio contendere, et tuni-cam tuam tollere, dimitte ei et pallium; Joh. 18, 11: Calicem, quem dedit mihi Pater, non bibam illum?

II. Erweiterung des Satzes.

A. Attributive Sätze.

178. Auch wenn zum Subjekt oder zum Prädikat eine Apposition tritt, findet sich das Gesetz der Übereinstimmung in Genus und Numerus nicht selten vernachlässigt, z. B. Judith 6, 14: omnis populus cecidit in faciem, adorantes Do-minum; Luf. 2, 13: multitudo militiae caelestis laudan-tium Deum, et dicentium; Joh. 21, 12: Et nemo au-

debat discumbentium interrogare eum: Tu quis es?
scientes, quia Dominus est; Apg. 5, 16: Concurrebat
autem et multitudo vicinarum civitatum Ierusalem,
afferentes aegros; 25, 24: omnis multitudo Iudaeorum
interpellavit me Ierosolymis, petentes et acclamantes;
Eph. 4, 17: Gentes ambulant in vanitate sensus sui ...
alienati a vita Dei. Anders erklärt sich Tob. 9, 8: et
exiliens osculati sunt se invicem, wo die Apposition nur
zu einem der beiden Subjekte gehört.

Liv. 2, 14, 8: Pars perexigua, duce amisso, Romam inermes
delati sunt.

179. Die Apposition steht bisweilen sogar in anderem
Kasus als der ihr übergeordnete Satzteil, z. B. 1 Kön. 2, 14:
sic faciebant universo Israeli venientium in Silo; Jak.
3, 8: Linguam autem nullus hominum domare potest:
inquietum malum, plena veneno mortifero; Mark. 7, 18:
omne extrinsecus introiens in hominem . . . in seces-
sum abit, purgans omnes escas?

An der ersteren Stelle lesen alte Zeugen venienti, s. Vercellone
z. d. St. An der zweiten scheint das Kolon anzeigen zu sollen, daß
das Folgende als selbständiger Satz aufgefaßt ist, in dem est sc.
lingua zu ergänzen bliebe; ähnlich erklärt auch den griechischen Text
W. 495. Die dritte Stelle wird zwar vielfach anders erklärt, gehört
aber durchaus hierher, gegen H. 42, da sie die griechische Lesart
καθαρίζων wiedergibt und diese durch das Zeugnis des Cod. Sinait.
eine neue Bestätigung gefunden hat. S. Volkmar, Die Evan=
gelien, 1870, 334 u. 383. Das Verbum purgare hat alsdann die
oben S. 270 angegebene Konstruktion.

180. Wenn die Apposition zu einem Satzteil tritt, der
auch einen Relativsatz bei sich hat, so findet sie sich nicht selten
so in denselben hineinkonstruiert, daß sie im Kasus und Nu=
merus mit dem Relativum übereinstimmt, z. B. Matth. 6, 16:
Quem ego decollavi Ioannem, hic a mortuis resurrexit;
Phil. 3, 18: Multi enim ambulant, quos saepe dicebam

vobis (nunc autem et flens dico) inimicos crucis Christi;
1 Joh. 2, 25: Et haec est repromissio, quam ipse pollicitus est nobis, vitam aeternam. *Ant. Laud. in festo
S. Andr.: suscipe discipulum eius, qui pependit in te
magister meus Christus.* Hierher gehört auch Pſ. 117, 22:
Lapidem, quem reprobaverunt aedificantes: hic factus
est in caput anguli; Dan. 4, 17: Arborem quam vidisti
sublimem . . . tu es rex; Luk. 12, 48: Omni autem,
cui multum datum est, multum quaeretur ab eo. *Resp. I
Fer. II Paschae: Iesum quem quaeritis non est hic.*
In dieſen Beiſpielen iſt eine vollſtändige Attraktion des übergeordneten Nomens ans Relatiuum aus dem Griechiſchen beibehalten.

180ᵃ. Ein ganzer Saß iſt durch die Form des Gerundiums dem Subjekt attribuiert 1 Macch. 2, 49: Et appro-
pinquaverunt dies Matathiae moriendi.

181. Wird durch einen Relatiuſaß in der erzählenden
Darſtellung etwas als wiederholt geſchehen bezeichnet, ſo ſteht
das Verbum des Relatiuſaßes im Konjunktiu, z. B. Richt. 2,
14: nec potuerunt resistere adversariis suis: 15: Sed
quocumque pergere voluissent, manus Domini super eos
erat; 1 Kön. 2, 13: quicumque immolasset victimam,
veniebat puer sacerdotis etc.; Joh. 5, 4: Et qui prior
descendisset in piscinam post motionem aquae, sanus
fiebat a quacumque detinebatur infirmitate; Eſth. 2, 13:
ingredientesque ad regem, quidquid postulassent ad ornatum pertinens, accipiebant.

B. Subjektsſäße.

182ᵃ. Bei den Imperſonalien contingit und fit, die ſonſt
ut nach ſich haben, ſteht der Subjektsſaß zuweilen nach griechiſcher Weiſe im Acc. c. Inf., z. B. 2 Macch. 4, 30: contigit,

Tarsenses, et Mallotas seditionem movere; 7, 1: Contigit autem et septem fratres una cum matre sua apprehensos compelli a rege; 9, 7: contigit illum impetu euntem de curru cadere; Apg. 16, 16: Factum est autem euntibus nobis ad orationem, puellam quandam habentem spiritum pythonem obviare nobis; 22, 17: Factum est autem revertenti mihi in Ierusalem, et oranti in templo, fieri me in stupore mentis; 28, 8: Contigit autem, patrem Publii febribus, et dysenteria vexatum iacere.

Nur in der vertraulichen Rede steht Cic., Fam. 6, 11, 1: nec enim acciderat mihi opus esse.

182 ᵇ. Umgekehrt steht der Subjektssatz mit ut 1 Kor. 4, 3: Mihi autem pro minimo est ut a vobis iudicer, aut ab humano die; *Lect. VII Dom. I Quadr.: convenienter accipitur, ut a sancto Spiritu in desertum ductus credatur;* statt dessen mit quod Judith 10, 12: futurum agnovi, quod dentur vobis in depraedationem.

183. Bei oportet steht der bloße Infinitiv, z. B. Eccli. Prol.: oportet laudare Israel; 2 Kön. 4, 10: occidi eum in Siceleg, cui oportebat mercedem dare pro nuncio.

So ist auch Apg. 13, 46 zu verstehen: Vobis oportebat primum loqui verbum Dei, obgleich im griechischen Texte λαληθῆναι steht; denn V. 42 zeigt, daß eine buchstäbliche Übersetzung nicht zu erwarten ist.

184. Der sog. Nominativus cum Infinitivo findet sich bei Passivis in größerer Ausdehnung als in der gewöhnlichen Sprache, z. B. Apg. 5, 39: ne forte et Deo repugnare inveniamini; Dan. 5, 27: inventus es minus habens; Apg. 28, 14: Ubi inventis fratribus rogati sumus manere apud eos dies septem. *Comm. Conf. non Pont. Hom. in Evang. Nolite timere: cum et ipse Dominus . . . locutos habuisse legatur. Lect. II Fer. IV Cin.: facile*

convincitur rebus ipsis pomparum saeculi esse sectator.
Hom. in Evang. Homo peregre Lect. VII: plus ceteris
in hoc mundo accepisse aliquid cernimur. Hom. in
Evang. Comm. Virg. Lect. VII Ecclesia decem virginibus
similis esse denuntiatur. Lect. VIII Cath. S. Petri
Rom.: Beatus hic est, qui ultra humanum oculos in-
tendisse et vidisse laudatus est. Der Infinitiv steht in
dieser Verbindung auch mit einer Partikel, z. B. 2 Kor.
10, 9: ut autem non existimer tamquam terrere vos
per epistolas.

Diese Konstruktion erhält in der sinkenden Latinität ausgedehnte
Anwendung, z. B. M. F. 48: quia nuper inperasse dinosceris; cuius
tu visceribus interstingui poposceris; tridentem ferre pingitur u. a.

Die Analogie dieser Konstruktion bewirkt auch Verbindungen wie
Lect. VIII Comm. Mart. temp. Pasch.: vitis, quae exspectata est
ut faceret uvas.

C. Objektssätze.

185. Wenn die direkten Worte eines andern angeführt
werden, so geschieht dies im N. T. sehr oft durch ein an=
gesetztes quia oder quoniam, das dem griechischen ὅτι ent=
spricht, z. B. Joh. 4, 52: Et dixerunt ei: Quia heri hora
septima reliquit eum febris; Apg. 2, 13: Alii autem
irridentes dicebant: Quia musto pleni sunt isti: 6, 14:
Audivimus enim eum dicentem: Quoniam Iesus Naza-
renus, hic destruet locum istum; 7, 6: Locutus est
autem ei Deus: Quia erit semen eius accola in terra
aliena; 1 Joh. 4, 20: Si quis dixerit quoniam diligo
Deum, et fratrem suum oderit, mendax est; Matth. 26,
71: Et iterum negavit cum iuramento: Quia non novi
hominem. Quod in demselben Gebrauch 1 Kor. 2, 9: Sed
sicut scriptum est: Quod oculus non vidit etc.

Die Interpunktion der Vulgata hat hier den grammatischen Sach=
verhalt verwischt und bedarf also in diesem Stücke einer Rektifikation.

Sehr häufig ist auch in beiden Testamenten die Einführung der direkten Rede durch das dem hebräischen לֵאמֹר nachgebildete dicens, z. B. 1 Mos. 28, 20: vovit etiam votum, dicens: Si fuerit Deus mecum etc.; 4 Mos. 34, 1: Locutusque est Dominus ad Moysen, dicens: Praecipe filiis Israel etc.; Luk. 7, 39: ait intra se dicens: Hic si esset etc.; 20, 2: aiunt dicentes ad illum: Dic nobis etc.; Mark. 11, 31: At illi cogitabant secum, dicentes: Si dixerimus etc.

186. Die Objektssätze nach den Verbis sentiendi et declarandi werden ganz allgemein statt mit dem Acc. c. Inf. auch mit quod, quia, quoniam gebildet, wobei das Verbum ohne erkennbare Regel bald im Indikativ bald im Konjunktiv steht (vgl. oben S. 248). Beispiele sind: 1 Mos. 43, 25: audierant enim quod ibi comesturi essent panem; Tob. 6, 14: Audio quia tradita est septem viris; Pred. 2, 15: animadverti quod hoc quoque esset vanitas; 1 Kön. 24, 12: animadverte, et vide, quoniam non est in manu mea malum; Pred. 2, 14: didici quod unus utriusque esset interitus; 2 Mos. 4, 5: Ut credant, inquit, quod apparuerit tibi Dominus Deus patrum suorum; Joh. 14, 10: Non creditis quia ego in Patre, et Pater in me est? Weish. 13, 4: intelligant ab illis, quoniam qui haec fecit, fortior est illis; Job 7, 7: Memento quia ventus est vita mea; Eccli. 8, 6: memento quoniam omnes in correptione sumus; Apg. 9, 22: affirmans quoniam hic est Christus; Jos. 9, 15: inito foedere pollicitus est quod non occiderentur; 1 Mos. 22, 20: nunciatum est Abrahae quod Melcha quoque genuisset filios; Hohel. 5, 8: ut nuntietis ei, quia amore langueo; 1 Joh. 2, 22: qui negat quoniam Iesus est Christus.

Dieser Gebrauch ist der vulgären Sprachweise, wenigstens was quod betrifft, von jeher eigen gewesen und findet sich daher bei den Schriftstellern des vorklassischen wie des silbernen Zeitalters nicht selten, z. B. Plaut., As. 1, 1, 38: scio iam filius quod amet meus istanc meretricem. S u e t., Tit. 8: recordatus quondam super caenam, quod nihil cuiquam toto die praestitisset. R. Jt. 402. S. V o s s., De Gramm. 7, 20, 62. M a d v i g, Opusc. I 232. H. 58 bis 61. Bei den Kirchenschriftstellern und im späteren Latein ist diese Konstruktion ganz gewöhnlich, wie sie ja auch in die roma= nischen Sprachen übergegangen ist; so steht M. F. 48: ferunt poëtae, quod exinde Venus nata sit; nesciens, quod sola sit medicina oblivio.

187. Nach griechischer Weise werden die von jenen Verbis abhängigen Sätze (die Oratio obliqua) auch in die Form der direkten Rede gekleidet, z. B. 1 Mach. 7, 25: cognovit quia non potest sustinere eos; 8, 1: et audivit Iudas nomen Romanorum, quia sunt potentes viribus, et acquiescunt ad omnia, quae postulantur ab eis: et quicumque ac-cesserunt ad eos, statuerunt cum eis amicitias, et quia sunt potentes viribus etc.; 9, 37: renunciatum est Ionathae, et Simoni fratri eius, quia filii Iambri faciunt nuptias magnas, et ducunt sponsam ex Madaba; Apg. 12, 9: et nesciebat quia verum est, quod fiebat per angelum. Zwei Konstruktionen verbindet Hebr. 11, 6: Cre-dere enim oportet accedentem ad Deum quia est, et inquirentibus se remunerator sit.

188. Die angegebene Satzverbindung findet auch so statt, daß das Subjekt des Nebensatzes vornweg in den Hauptsatz hineinkonstruiert wird, z. B. 1 Mos. 1, 4: Et vidit Deus lucem quod esset bona; Apg. 4, 13: cognoscebant autem illum, quod ipse erat; 4, 14: cognoscebant eos quoniam cum Iesu fuerant; 9, 20: continuo in synagogis prae-dicabat Iesum, quoniam hic est Filius Dei. Anders 21, 29: Viderant enim Trophimum Ephesium in civi-tate cum ipso, quem aestimaverunt quoniam in templum introduxisset Paulus. Auch 2 Kor. 10, 2 gehört hier= her: arbitrantur nos, tamquam secundum carnem am-bulemus.

189. Beſonders zu bemerken ſind die indirekten Frage=
ſätze, deren Verbum nach vorſtehender Regel oft im Indikativ
ſtatt im Konjunktiv ſteht, z. B. Luk. 6, 9: Interrogo vos,
si licet sabbatis bene facere, an male; 22, 66: Si (ob)
tu es Christus, dic nobis; Joh. 9, 25: Si peccator est,
nescio; Apg. 4, 19: Si iustum est in conspectu Dei,
vos potius audire quam Deum, iudicate; 19, 2: neque
si Spiritus sanctus est, audivimus; 1 Kor. 7, 16: Unde
enim scis mulier, si virum salvum facies; Tob. 6, 16:
ostendam tibi qui sunt, quibus praevalere potest daemonium; 9, 5: Et certe vides quomodo adiuravit me
Raguel; Matth. 9, 13: Euntes autem discite quid est;
21, 16: Audis quid isti dicunt? Luk. 7, 39: Hic si
esset propheta, sciret utique, quae, et qualis est mulier; Joh. 9, 21: quis eius operuit oculos, nos nescimus;
1 Tim. 1, 7: non intelligentes neque quae loquuntur,
neque de quibus (περὶ τίνων) affirmant.

Bei einigen der mit si eingeleiteten direkten Fragen könnte auch
die Interpunktion geändert werden, ſo daß der Frageſatz direkte Rede
würde; ſo ſteht ja auch z. B. Mark. 10, 2: interrogabant eum: Si
licet viro uxorem dimittere.

Im ſpäten Latein iſt der Indikativ nicht ſelten, z. B. Hyg.,
Fab. 113—115 224—257 in den Überſchriften; M. F. 48: quid ex
hac re concipitur, videamus. ib. vide, quid filium docet. Vgl.
R. Jt. 428.

190. Ausnahmsweiſe ſind nach denjenigen Verbis declarandi, deren Begriff auf die Zukunft geht, die Objektsſätze
auch mit ut eingeleitet, z. B. Richt. 2, 1: pollicitus sum
ut non facerem irritum pactum meum vobiscum in
sempiternum; 4 Kön. 8, 19: promiserat ei, ut daret
illi lucernam; 2 Par. 6, 1: Dominus pollicitus est ut
habitaret in caligine; 21, 7: promiserat ut daret ei
lucernam; 1 Moſ. 27, 42: Ecce Esau frater tuus mi-

natur ut occidat te; 5 Mof. 4, 21: iuravit ut non trans-
irem Iordanem.

191. Im einzelnen find über die Form des Objektfaßes,
infoweit diefelbe durch das Prädikat des übergeordneten Saßes
bedingt ift, noch folgende Beobachtungen zu machen.

Nach admirari fteht einmal der Ablativus absolutus
1 Petr. 4, 4: In quo admirantur non concurrentibus
vobis in candem luxuriae confusionem.

Auf admonere in der Bedeutung ermahnen folgt der
Infinitiv (oder Acc. c. Inf.) Tit. 3, 1: Admone illos principibus, et potestatibus subditos esse.

So bei Dichtern und fpäteren Profaifern, z. B. Plin. 36, 5,
4, 10: admonent aeditui parcere oculis. Ov. 3, 601: laticesque
inferre recentes admoneo.

Bei apponere, addere und adiicere fortfahren fteht
fowohl ut als der bloße Infinitiv, f. o. § 120.

Cogitare regiert zuweilen, wenn es f. v. a. vorhaben
bedeutet, einen Saß mit ut, z. B. 1 Kön. 24, 11: cogitavi
ut occiderem te; fonft hat es in diefer Bedeutung den Infinitiv nach fich, z. B. Judith 5, 26: cogitabant interficere
eum, f. o. § 168. Wie timere hat es ne bei fich Luk. 3,
15: cogitantibus omnibus, ne forte ipse esset Christus.

Ter., Heaut. 3, 3, 46: Quid nunc facere cogitas? Cic., Att.
2, 9, 4: Antium me ex Formiano recipere cogito.

Constituere fteht mit quod, das vermutlich den Acc. c.
Inf. erfeßt, Judith 12, 1: constituit, quod daretur illi.

Dubitare mit der Negation hat quod nach fich Tob. 7,
13: Non dubito quod Deus preces et lacrymas meas
in conspectu suo admiserit; 14: noli dubium gerere
quod tibi eam tradam.

Iubere hat ut oder den bloßen Infinitiv nach fich, auch
wenn es mit einem Perfonalobjekt (im Dativ) verbunden ift,
z. B. 1 Mof. 42, 25: iussit ministris ut impleret eorum

saccos tritico; Tob. 6, 7: quod remedium habebunt ista,
quae de pisce servare iussisti.

Exspect. B. M. V. Noct. II, Lect. II: ne timeas iuberis. Ob die
Konstruktion mit ut auch bei klassischen Schriftstellern vorkomme, ist
eine Streitfrage; s. die Literatur darüber bei Forcell. s. h. v. Bei
Fleckeisen steht Pl., Amph. 1, 1, 50: Telebois iubet sententiam ut
dicant suam.

Odisse steht mit Acc. c. Inf. Tob. 4, 16: Quod ab
alio oderis fieri tibi, vide ne tu aliquando alteri facias.

Plin. 12, 25, 54: Balsamum ferro vitalia laedi odit.

Permittere hat Acc. c. Inf. Tob. 2, 12: Hanc autem
tentationem ideo permisit Dominus evenire illi.

Promittere hat den einfachen Acc. c. Inf. bei sich, ohne
irgend eine der sonst gebräuchlichen Hinweisungen auf die Zu=
kunft, z. B. Judith 9, 11: promittunt se violare sancta
tua. Mit dem bloßen Infinitiv steht es Tob. 7, 10: pro-
mittas mihi dare Saram filiam tuam.

So steht Hyg., Fab. 41: voluntarie se ad Minotaurum pollicitus est ire.

Nach prosperare folgt Acc. c. Inf. 2 Mach. 10, 7:
qui prosperavit mundari locum suum.

Bei praecipere steht der Acc. c. Inf. Tob. 3, 6: praecipe in pace recipi spiritum meum; 7, 9: praecepit
Raguel occidi arietem. Judith 3, 15: adunari praecepit
universum exercitum virtutis suae; 13, 28: gladio per-
forari praecipiam latera tua.

Scaev., Dig. 31, 89, 7: codicillos aperiri testator praecepit.

Rogare steht mit bloßem Infinitiv Tob. 9, 3: roges
eum venire ad nuptias meas.

Tentare hat den Acc. c. Inf. bei sich Apg. 5, 3: cur
tentavit satanas cor tuum, mentiri te Spiritui sancto,
et fraudare de pretio agri?

D. Modifikative Sätze.

192. Nach hebräischer Weise dient die Konjunktion et nicht bloß zur Verbindung von Hauptsätzen unter sich, sondern verbindet den Hauptsatz auch mit jeder Art von Sätzen, die sonst als modifikative Komplemente zu behandeln wären; daher muß et bei der Übersetzung sehr oft durch anderweitige Konjunktionen ersetzt werden. Beispiele sind: Richt. 2, 21: gentes, quas dimisit Iosue, et mortuus est; Job 5, 7: Homo nascitur ad laborem, et avis ad volatum „wie der Vogel zum Flug"; Mark. 15, 25: Erat autem hora tertia: et crucifixerunt eum „als sie ihn kreuzigten"; Joh. 6, 17: et tenebrae iam factae erant: et non venerat ad eos Iesus; 1 Mos. 18, 4: afferam pauxillum aquae, et lavate pedes vestros; Matth. 26, 53: An putas, quia non possum rogare patrem meum, et exhibebit mihi modo plusquam duodecim legiones Angelorum? Is. 2, 3: Venite et ascendamus ad montem Domini . . . et docebit nos vias suas.

193. Besonders steht auch et, um den Nachsatz nach einer relativen Konjunktion (oder deren Stellvertretung) einzuleiten, z. B. 2 Par. 7, 14: Si . . . populus meus . . . egerit poenitentiam . . . et ego exaudiam de coelo (vgl. 6, 23); Luk. 5, 12: cum esset in una civitatum . . . et ecce vir . . . rogavit eum; 2 Kor. 2, 2: Si enim ego contristo vos: et quis est, qui me laetificet; Ps. 33, 18: Clamaverunt iusti, et Dominus exaudivit eos; 63, 7: Accedet homo ad cor altum; 8: Et exaltabitur Deus; Matth. 26, 15: Quid vultis mihi dare, et ego eum vobis tradam.

194. Fast sämtliche Konjunktionen, welche sonst den Indikativ im Nebensatze bedingen, regieren in der Vulgata teils immer teils oftmals den Konjunktiv, und zwar ohne daß im

letzteren Falle eine Regel für den Gebrauch des einen oder des andern Modus erkennbar wäre. Im einzelnen ist folgendes zu merken.

Antequam und priusquam stehen nur mit dem Konjunktiv, auch wenn kein bedingender oder begründender Zusammenhang zwischen beiden Sätzen gedacht ist, z. B. 1 Mof. 13, 10: quae universa (regio) irrigabatur antequam subverteret Dominus Sodomam et Gomorrham; 36, 31: Reges autem qui regnaverunt in terra Edom antequam haberent regem filii Israel, fuerunt hi; Pf. 26, 1: Psalmus David priusquam liniretur; Joh. 1, 48: Priusquam te Philippus vocaret . . . vidi te.

Dum hat in der Erzählung auch, wenn es während heißt, oft den Konjunktiv bei sich, und zwar den eines histo= rischen Tempus, z. B. Pf. 31, 3: inveteraverunt ossa mea, dum clamarem tota die; Matth. 25, 10: Dum autem irent emere, venit sponsus; Luf. 24, 15: dum fabularentur, et secum quaererent: et ipse Iesus appropinquans ibat cum illis.

Eo quod steht fast nur mit dem Konjunktiv, z. B. 1 Mof. 3, 10: timui, eo quod nudus essem; 4 Kön. 17, 26: interficiunt eos, eo quod ignorent ritum Dei terrae; Luf. 19, 44: non relinquent in te lapidem super lapidem: eo quod non cognoveris tempus visitationis tuae. Seltene Ausnahmen unter der sehr großen Zahl von Beispielen sind Judith 10, 15: Conservasti animam tuam eo quod tale reperisti consilium. Efth. 9, 2. Jer. 4, 28; 35, 17. Ez. 22, 19. 1 Mach. 14, 35. 2 Mach. 6, 11; 9, 4.

Postquam regiert einigemal den Konjunktiv, Luf. 15, 14: Et postquam omnia consummasset, facta est fames valida in regione illa; Offb. 22, 8: Et postquam audissem, et vidissem, cecidi, ut adorarem ante pedes angeli.

Die Behauptung, daß auch klaſſiſche Schriftſteller postquam ſo
gebrauchen, iſt irrig, ſ. Sch. 327, 6. Mit dem Indic. Plusquam-
perfecti ſteht postquam mehrmals in der Vulgata, ohne daß von
wiederholten Vorkommniſſen die Rede wäre (Sch. 327, 2), z. B. 1 Moſ.
31, 10. 2 Moſ. 2, 11: postquam creverat Moyses, egressus est
ad fratres suos; 4, 26 und noch achtmal.

Quamquam ſteht nur mit dem Konjunktiv, Joh. 4, 2:
Quamquam Iesus non baptizaret, sed discipuli eius;
Phil. 3, 4: Quamquam ego habeam confidentiam et in
carne; Hebr. 7, 5: quamquam et ipsi exierint; 12, 17:
non enim invenit poenitentiae locum, quamquam cum
lacrymis inquisisset eam.

So bei ſpäteren Schriftſtellern nicht ſelten, ſ. Sch. 359, 3.

195. In Analogie mit der oben § 181 angegebenen Regel
haben auch die temporalen Konjunktionen, wenn ſie in der
erzählenden Darſtellung etwas als wiederholt geſchehen dar-
ſtellen, den Konjunktiv bei ſich, z. B. Richt. 2, 19: Postquam autem mortuus esset iudex, revertebantur; Tob.
3, 8: tradita fuerat septem viris, et daemonium nomine Asmodaeus occiderat eos, mox ut ingressi fuis-
sent ad eam.

196. Die Bedingungsſätze werden mitunter, wie im Hebräiſchen und Deutſchen, ohne einleitende Konjunktion bloß durch
die Inverſion der Wörter hergeſtellt, z. B. Spr. 25, 16:
Mel invenisti, comede quod sufficit tibi; Eccli. 21, 1:
Fili peccasti? non adiicias iterum; Jak. 5, 13: Trista-
tur aliquis vestrum? oret: Aequo animo est? psallat.
Infirmatur quis in vobis? inducat presbyteros Ecclesiae,
et orent super eum.

Unter erſtere Regel wird wohl auch Pſ. 8, 4 fallen: Quoniam
videbo caelos tuos, opera digitorum tuorum.... Quid est homo etc.;
nach quoniam iſt ein Komma oder ein Gedankenſtrich zu ſetzen, weil
es zum Nachſatz gezogen werden muß.

Die offizielle Ausgabe folgt im erstgenannten Falle einer andern Ansicht, indem sie den Vordersatz als Fragesatz interpungiert. Noch anders H. 57.

197. Die Bedingung wird auch wohl durch einen Imperativ ausgedrückt, wo dann der Nachsatz mit et eingeleitet wird, wie z. B. 1 Mos. 42, 18: Facite quae dixi, et vivetis; Matth. 7, 7: Petite, et dabitur vobis: quaerite, et invenietis: pulsate, et aperietur vobis. Noch weiter geht der Hebraismus, wenn auch der Nachsatz den Imperativ hat, z. B. Jf. 8, 9: Congregamini populi, et vincimini; Job 22, 21: Acquiesce igitur ei, et habeto pacem; Spr. 20, 13: aperi oculos tuos, et saturare panibus.

198. Beteuerungen in Schwurform haben immer die Form eines Hauptsatzes, auch wenn sie als abhängiges Glied eines andern Satzes aufzufassen sind, z. B. 4 Mos. 14, 28: Vivo ego, ait Dominus: sicut locuti estis audiente me, sic faciam vobis; 2 Kön. 15, 21: Vivit Dominus, et vivit dominus meus; rex; *Resp. III Noct. in F. Corp. Chr.: Misit me vivens Pater et ego vivo propter Patrem: Et qui manducat me, vivet propter me.*

199. Den griechischen (und hebräischen) Sprachgebrauch, wonach ein ganzer Nebensatz mit Hilfe des Infinitivs von einer Präposition abhängig gemacht werden kann, hat die Vulgata in den Psalmen mit Hilfe des Gerundiums nachgebildet, und zwar so, daß das Subjekt des Nebensatzes dabei bald im Akkusativ, bald im Nominativ steht. Pf. 141, 4: In deficiendo ex me spiritum meum; 101, 23: In conveniendo populos in unum; 9, 4: In convertendo (f. oben S. 186) inimicum meum retrorsum; 125, 1: In convertendo Dominus captivitatem Sion: facti sumus sicut consolati; Eccli. 46, 19: invocavit Dominum omnipotentem in oppugnando hostes circumstantes undique in oblatione agni

inviolati. Dieselbe Konstruktion in Umschreibung steht Pf.
30, 14: in eo dum convenirent simul adversum me;
108, 4: Pro eo ut me diligerent detrahebant mihi.

Matth. 13, 25 Gall.: in dormiendo homines. Richt. 11, 31
Aug., Quaest. 49 in Iud. 11, 31 (Migne 280): in revertendo me.
Miss. Moz. Pf. 13, 7: in avertendo Dominus captivitatem plebis
suae. Apg. 8, 6: in audiendo ipsos.

200. Der Ablativus absolutus steht häufig auch da, wo
nach der gewöhnlichen Regel ein attributives Partizipium stehen
müßte, z. B. 1 Mof. 16, 6: Affligente igitur eam Sarai,
fugam iniit; 50, 7: Quo ascendente, ierunt cum eo
omnes senes domus Pharaonis; Matth. 8, 23: Et ascendente eo in naviculam, secuti sunt eum discipuli eius.
*Ant. Laud. S. Luciae: Orante sancta Lucia, apparuit ei
beata Agatha.*

Auch in der klassischen Sprache findet sich z. B. Cic., Att. 10, 4:
me libente eripies mihi hunc errorem. Liv. 38, 54, 1: Cato, qui
vivo quoque eo adlatrare magnitudinem eius solitus erat. Caes.,
B. G. 7, 4: Vercingetorix, convocatis suis clientibus, facile incendit.

201. Der Ablativus absolutus steht zuweilen auch da,
wo nicht etwas Vergangenes als untergeordnet, sondern etwas
Folgendes als nebengeordnet zu berichten ist, z. B. 4 Mof.
13, 1: Profectusque est populus de Haseroth fixis tentoriis in deserto Pharan, „es brach das Volk von Haseroth
auf und schlug die Zelte im Gefilde Pharan auf": Richt. 1, 6:
quem persecuti comprehenderunt caesis summitatibus
manum eius ac pedum. S. oben § 115. H. 40.

Ähnliche Beispiele bei Livius sind: 21, 5, 4: quo metu per-
culsae minores civitates, stipendio imposito, imperium accepere;
23, 24, 10: (hos) Galli saltum omnem armati circumsedentes inter-
fecerunt, paucis e tanto numero captis.

202. Das Subjekt des Hauptsatzes wird nicht selten mitten
in den Ablativus absolutus hineingesetzt, z. B. 1 Mof. 13, 10:
Elevatis itaque Lot oculis, vidit omnem circa regionem

Iordanis: 2 Mof. 12, 31: Vocatisque Pharao, Moyse,
et Aaron nocte, ait; Apg. 20, 1: vocatis Paulus discipulis, et exhortatus eos, valedixit. H. 41.

III. Ellipfe.

203. Außer den früher schon erwähnten Auslassungen sind
noch folgende elliptische Redensarten als Eigentümlichkeiten der
Vulgata aufzuführen.

204. Bei wirklichen Genitivverbindungen sowie bei den
das Genitivverhältnis erseßenden Nominalverbindungen wird
das regierende Nomen nicht selten ausgelassen und der bloße
Genitiv oder die vertretende Bezeichnung unterliegt dann allen
denjenigen Verhältnissen, in welchen das ausgelassene Nomen
stehen müßte. So heißt eine bekannte Psalmenüberschrift (z. B.
Pf. 31) intellectus sc. canticum. Ferner redet der Herr
seine Jünger an: modicae fidei (sc. homines) z. B. Matth.
8, 26. Ebenso heißt es Pf. 67, 7: qui inhabitare facit
unius moris in domo; 1 Mof. 11, 32: Et facti sunt dies
Thare ducentorum quinque annorum. *Or. Dom. IV
Paschae: Deus, qui fidelium mentes unius efficis volun-
tatis.* Besonders kommt huiusmodi in den paulinischen Briefen
so vor, z. B. Röm. 16, 18: Huiuscemodi enim Christo
Domino nostro non serviunt; Gal. 6, 1: vos, qui spiri-
tuales estis, huiusmodi instruite in spiritu lenitatis;
1 Kor. 7, 15: non enim servituti subiectus est frater . . .
in huiusmodi (casu); 2 Kor. 12, 5: Pro huiusmodi
gloriabor; Gal. 5, 23: Adversus huiusmodi non est lex.
So steht ferner (statt des Genitivus qualitatis) in der An=
rede, Apg. 7, 51: Dura cervice, et incircumcisis cordibus,
et auribus, oder (statt des Genitivus partitivus) Luf.
21, 16: morte afficient ex vobis; Pf. 131, 11: de fructu
ventris tui ponam super sedem tuam; 1 Mach. 11, 57:
ut sis de amicis regis; 1 Esdr. 2, 70: Habitaverunt

ergo Sacerdotes, et Levitae, et de populo, et cantores;
2 Mach. 12, 40: Invenerunt autem sub tunicis interfectorum de donariis idolorum.

Sehr weit geht dieser Gebrauch auch in der liturgischen Sprache,
s. z. B. das Festverzeichnis von Philokalos bei Rossi, Roma sotter.
II IV: VI. Kal. Ianuarius Dionysii (festum) in Callisti (coeme-
terio); III. Kal. Ian. Felicis in Callisti; Non. Oct. Marci in Bal-
binae. Bei Tertullian findet sich Adv. Hermog. 8: Nemo enim non
eget eo de cuius utitur; Adv. Prax. 25: De meo sumet, inquit,
sicut ipse de Patris. Zu dem Gebrauch von huiusmodi vgl. Spect.
26: Cur ergo non eiusmodi etiam daemoniis penetrabiles fiant.
Vgl. Rig. Ind. s. v. *de*.

205. Bemerkenswert ist die Unterdrückung der Kopula in
imaginärer Partizipialform, z. B. im römischen Meßbuch *pro
Virgine tantum* d. h. *pro ea, quae tantum virgo, non
martyr est; Commune non Virginum; pro nec Virgine
nec Martyre.*

206. Das Prädikat bleibt nicht selten aus, wenn es von
selbst herausgefühlt wird, z. B. Luk. 5, 14: Et ipse praecepit illi ut nemini diceret: sed, Vade, ostende te sacer-
doti; 9, 28: Factum est autem post haec verba fere
dies octo (praeterierant), et assumsit Petrum, et Iaco-
bum, et Ioannem etc.

207. Das Objekt wird in demselben Falle hin und wieder
unterdrückt, so daß das Verbum eine spezifische Bedeutung erhält, z. B. Pf. 33, 8: Immittet Angelus Domini (sc. castra)
in circuitu timentium eum, wo immittere die Bedeutung
von lagern bekommt. Ebenso heißt dimittere mit Weglassung von peccatum oder debitum öfter verzeihen und
wird dann auch mit dem Dativ der Person konstruiert, z. B.
1 Mos. 18, 26: dimittam omni loco propter eos. Ferner
hat deferre mit Weglassung von honorem (das Esth. 1, 20
steht) die Bedeutung von ehren, 5 Mos. 28, 50: gentem pro-
cacissimam, quae non deferat seni, nec misereatur populi.

208. Die sonst gebräuchliche Weglassung des Demonstra=
tivums vor dem Relativum trifft auch das relative Adverbium,
und zwar nach einer Präposition, z. B. Matth. 2, 9: stella ...
antecedebat eos, usquedum veniens staret supra, ubi
erat puer; Dan. 8, 17: Et venit et stetit iuxta, ubi
ego· stabam.

209. Beim Verbum findet sich oft die sog. Constructio
praegnans, d. h. oft wird ein Verbum so konstruiert, wie
ein ausgelassener und in dem vorhandenen Verbum supplierter
Verbalbegriff konstruiert werden müßte, z. B. Pf. 53, 7:
Averte mala inimicis meis „kehre das Unheil (von mir) auf
meine Feinde"; Eccli. 34, 30: Qui baptizatur (veniens) a
mortuo „wer sich wäscht, wenn er von einer Leiche kommt";
Joh. 16, 2: Absque synagogis faciant vos (esse); Pf.
17, 22: nec impie gessi a Deo meo; Judith 8, 20:
faciet illas sine honore; Jf. 6, 11: Donec desolentur
civitates absque habitatore; 12: Et longe faciet Dominus homines; 41, 1: Taceant ad me insulae; Pf.
54, 4 nach Intr. Fer. IV post Cin.: Dum clamarem ad
Dominum, exaudivit vocem meam (liberans me) ab his,
qui appropinquant mihi. Auch viele Verbindungen mit der
Präposition de, die alsdann nur scheinbar instrumentale Be=
deutung hat, gehören hierher, z. Pf. 128, 7: De quo non
implevit manum suam qui metit; Eccli. 13, 15: Immitis
animus non parcet de malitia et de vinculis.

Viele Beispiele dieser Art mit Anwendung der Präposition a f.
Loch 25. Beispiele dieser Konstruktion bei den Profanschriftstellern
sind: Phaedr. 4, 24 (25), 15: Ad caenam mihi promitte. Cic.,
De or. 2, 7, 27: ad fratrem promiserat. Att. 16, 2, 4: in Pom-
peianum cogitabam; 9, 1, 2: Lepidus cras cogitabat (scil. proficisci).

210. Bei der Vergleichung mit je — desto ist zuweilen
der Komparativ des Adverbiums in einem Gliede ausgelassen,
2 Mof. 1, 12: Quantoque opprimebant eos, tanto magis

multiplicabantur: Marf. 7, 36: Quanto autem eis prae-
cipiebat, tanto magis plus praedicabant Hierher fann
auch der in § 54 erwähnte Fall gezogen werden: Eccli. 3, 20:
Quanto magnus es, humilia te in omnibus. Eine ähnliche
Ellipse steht Luf. 15, 7: gaudium erit in caelo super uno
peccatore poenitentiam agente, quam super nonaginta
novem iustis.

M. F. 43: quanto carni consenserit, tanto surgit iniquior: ib.:
quanto sapiens (mulier) suam obponit animam pigneri, tanto
maligna suam vitam reputat nihili; ebb.: quanto elatus contemni-
tur, tanto torquetur.

211. Ein ganzer Satz wird öfter unterdrückt, wenn er
sich leicht aus dem Zusammenhang ergänzen läßt; dies ist
besonders der Fall:

a) bei nisi quia und nisi quod, wo nach nisi der Satz
verschwiegen ist, von dem quia und quod abhängt, Pf. 93,
17: Nisi (salvatus essem) quia Dominus adiuvit me:
paulo minus habitasset in inferno anima mea; 118, 92:
Nisi quod lex tua meditatio mea est: tunc forte per-
iissem in humilitate mea; 123, 1 2: Nisi quia Dominus
erat in nobis ...; 3: Forte vivos deglutissent nos. H. 41.

b) bei nequando, wo ebenfalls von ne noch ein Satz
abhängig zu denken ist. So sicher 2 Tim. 2, 25: Cum mo-
destia corripientem eos, qui resistunt veritati; nequando
Deus det illis poenitentiam ad cognoscendam veritatem;
vielleicht auch Deut. 6, 15 usw.

c) bei einer Bedingung, deren Erfolg sich von selbst ver=
steht, z. B. Luf. 13, 8: fodiam circa illam (arborem) et
mittam stercora: Et siquidem fecerit fructum: sin autem,
in futurum succides eam; Joh. 6, 63: Si ergo videritis
Filium hominis ascendentem ubi erat prius? (was dann?)
Hierher gehört auch Apg. 23, 9: quid si Spiritus locutus
est ei, aut Angelus? wo quid den Nachsatz vertritt.

d) bei Schwüren und Beteuerungen, bei denen der Haupt=
satz mit quia, quod, quoniam eingeführt wird, weil er von
einem ausgelassenen dico, promitto, confirmo u. dgl. ab=
hängig gedacht wird, z. B. 2 Kön. 15, 21: Vivit Dominus,
et vivit dominus meus rex: quoniam in quocumque
loco fueris . . . ibi erit servus tuus; 1 Kön. 14, 39:
Vivit Dominus salvator Israel, quia si per Ionatham
filium meum factum est, absque retractatione morietur.

e) bei der Attraktion des Relativums, bei der aus dem
Hauptsatz ein Acc. c. Inf. zu ergänzen ist, z. B. Matth. 24,
50: Veniet dominus servi illius in die, qua non sperat,
et hora, qua ignorat, scil. eum venturum esse.

Vgl. hier Nep., Epam. 2, 1: Natus igitur patre, quo diximus.

f) bei der sog. Aposiopese, z. B. Pf. 8, 4: Quoniam
videbo caelos tuos, opera digitorum tuorum: lunam et
stellas, quae tu fundasti . . . quid est homo etc.

212. Mancherlei andere Arten von Ellipse betreffen mehr
den Stil als die Sprache der Vulgata.

IV. Pleonasmus.

213. Eine unnötige oder unrichtige Fülle des Ausdrucks
zeigt sich außer den bereits früher erwähnten Fällen bei Pro=
nomen und Partikeln, die des Nachdrucks wegen oder im Eifer
der Rede wiederholt oder hinzugefügt werden, z. B. Matth.
19, 28: Amen dico vobis, quod vos, qui secuti estis
me, in regeneratione cum sederit filius hominis in sede
maiestatis suae, sedebitis *et vos* super sedes duodecim;
Eph. 2, 11: memores estote, quod aliquando vos Gentes
in carne . . .; 12: *Quin* eratis illo in tempore sine
Christo; 1 Mos. 2, 14: Fluvius autem quartus, ipse est
Euphrates; Judith 6, 17: Deus patrum nostrorum, cuius tu
virtutem praedicasti, ipse tibi hanc dabit vicissitudinem;

Spr. 31, 30: mulier timens Dominum ipsa laudabitur;
Pf. 22, 1: In loco pascuae ibi me collocavit; 136, 1:
Super flumina Babylonis, illic sedimus. H. 77 90.

V. Anakoluthie.

214. Auch der Anakoluth muß mehr als stilistische denn
als sprachliche Eigentümlichkeit aufgefaßt werden, und es mag
genügen, einzelne Beispiele dieser Redeweise anzuführen: Matth.
10, 14: Et quicunque non receperit vos, neque audierit
sermones vestros: exeuntes foras de domo, vel civitate,
excutite pulverem de pedibus vestris; 4 Mof. 20, 6:
Domine audi clamorem populi, ut satiati cesset mur-
muratio eorum; 1 Kön. 2, 13: quicumque immolasset
victimam, veniebat puer sacerdotis, dum coquerentur
carnes, et habebat fuscinulam tridentem in manu sua;
Pf. 31, 6: in diluvio aquarum multarum, ad eum non
approximabunt (aquae); Judith 7, 2: quos occupaverat
captivitas, et abducti fuerant de provinciis et urbibus
universae iuventutis; 2 Kor. 6, 9: (exhibeamus nosmetipsos sicut Dei ministros) Quasi morientes, et ecce
vivimus. *Orat. ad sec. M. in aur. Nat. Dom.: Da nobis,*
quaesumus, omnipotens Deus: ut qui nova incarnati Verbi
tui luce perfundimur, hoc in nostro resplendeat opere,
quod per fidem fulget in mente.

VI. Unrichtige Übersetzung.

215. Einzelne Stellen der Vulgata weichen so sehr von allem
lateinischen Sprachgebrauch ab, daß sie nur durch Anerkennung
von der Unrichtigkeit der Version, mag letztere unmittelbar von
dem lateinischen oder mittelbar von dem griechischen Übersetzer
herrühren, zu erklären sind. Solche Stellen sind u. a.:

Tob. 2, 21: reddite eum dominis suis für בעליו, seinem
Herrn, f. Böttcher, Ausführl. Lehrb. der hebr. Sprache 701, 4a.

Pf. 9, 23: comprehenduntur in consiliis, quibus cogitant; hier ist die griechische Attraktion des Relativs *(ἐν διαβουλίοις, οἷς διαλογίζονται)* irrtümlich mit herüber= genommen.

Pf. 3, 3: multi dicunt animae meae ist buchstäblich dem griechischen πολλοὶ λέγουσιν τῇ ψυχῇ μου nachgebildet; letzteres aber ist unrichtig, weil das hebräische ל in לנפשי nicht den Dativ ausdrückt, sondern „in Betreff" = de heißt; also richtiger würde es heißen multi dicunt de anima mea = de me. Derselbe Fehler ist Pf. 86, 5: Numquid Sion dicet = μὴ τῇ Σιὼν ἐρεῖ, „wird man nicht von Sion sagen" (f. § 108).

Pf. 8, 1: quoniam elevata est magnificentia tua super coelos folgt der Septuaginta=Übersetzung ὅτι ἐπήρθη ἡ μεγαλοπρέπεια σου ὑπεράνω τῶν οὐρανῶν und teilt die fehlerhafte Auffassung, daß תנה irgendwie mit dem arabischen und syrischen תנה verwandt sei und תֵּנָה gelesen werden müsse. Allein die Form תָּתָה 2 Sam. 22, 41 läßt erkennen, daß נתן im Perfektum Kal auch mit Aphärese des vokalisierten Nun abgewandelt wurde, so daß תֵּנָה für נְתַנָּה zu fassen ist. Die richtige Übersetzung würde etwa lauten: quae elevat magnificentiam tuam super coelos, „die deine Herrlichkeit bis hinauf zu den Himmeln erhebt".

Pf. 15, 3: Sanctis, qui sunt in terra eius, mirificavit omnes voluntates meis in eis. Im Hebräischen steht ל mit der Bedeutung „was betrifft"; dies haben schon die LXX unrichtig durch den Dativ wiedergegeben.

Pf. 45, 3: transferentur montes in cor maris; 4: Sonuerunt, et turbatae sunt aquae eorum. Hier ist das Pronomen eorum *(αὐτῶν)* auf maris zu beziehen: der Plural rührt wahrscheinlich daher, daß im Griechischen θαλασσῶν steht und בְּהֵמִיר mit מֵימוֹ verwechselt worden ist.

Pf. 58, 12: Deus ostendet mihi super inimicos meos
ift nach dem griechischen δείξει sklavische Übertragung des Hiphil
יראני, „er wird mich herabschauen laffen".

Pf. 77, 8: non est creditus cum Deo spiritus eius
ift dem griechischen ἐπιστώθη nachgebildet, das seinerseits das
נאמנה des hebräischen Textes sklavisch wiedergibt.

Weish. 1, 7; spiritus Domini replevit orbem terrarum:
et hoc, quod continet omnia, scientiam habet vocis. Im
Griechischen ift πνεῦμα ein Neutrum, daher richtig τὸ κατέχον;
dies ift denn buchstäblich übertragen worden, ohne daß die
Verschiedenheit des Geschlechts in spiritus beachtet wäre. Ganz
ähnlich ift 1 Kor. 2, 14: Animalis autem homo non per-
cipit ea, quae sunt Spiritus Dei: stultitia enim est (ftatt
sunt) illi, et non potest intelligere: quia spiritualiter
examinatur (ftatt examinantur). Hier ift nicht beachtet,
daß das griechische Neutrum Pluralis den Singular des Ver=
bums bei sich hat.

Über Weish. 4, 3: spuria vitulamina f. oben S. 95.

Dan. 11, 38: Deum autem Maozim in loco suo ve-
nerabitur . . .; 39: Et faciet ut muniat Maozim cum
Deo alieno. Hier ift irrig nach dem Vorgange Theodotions
מעזים als Eigenname gefaßt, ftatt: der Gott der Feftungen.
Ebenso 45: tabernaculum suum Apadno ftatt „das Zelt
seines Palaftes" (אפדנו), wo Theodotion auch Ἐφαδανῶ schreibt.

1 Mach. 14, 27: Anno tertio sub Simone sacerdote
magno in Asaramel . . . nota facta sunt haec. Das
griechische ἐν Σαραμέλ ift irrig wohl bei אל עם השר, principe populi Dei, gesetzt, f. Loch 26.

Matth. 25, 40: quamdiu fecistis uni ex his fratribus
meis minimis; quamdiu fteht irrig für ἐφ’ ὅσον ftatt in
quantum. H. 97.

Matth. 28, 1: Vespere autem sabbati, quae lucescit
in prima sabbati, für ὀψὲ δέ σαββάτων τῇ ἐπιφωσκούσῃ

εἰς μίαν σαββάτων ſtatt post sabbatum, illucescente die in prima sabbati, ſ. H. 101.

2 Kor. 10, 15: Spem habentes crescentis fidei vestrae in vobis magnificari. Hier iſt der Genitivus absolutus einfach auch im Lateiniſchen angewandt worden.

Den Grund, aus dem alle dieſe Fehler (mit Ausnahme der Stellen bei Tobias und Daniel) zu erklären ſind, ſ. Geſch. der Vulgata 140.

Daß ſolche Überſetzungen, wie etwa 1 Moſ. 2, 20: Adae vero non inveniebatur adiutor similis eius, welche vom heutigen hebräiſchen Texte abweichen, deswegen nicht als unrichtig zu bezeichnen ſind, bedarf kaum der Erwähnung.

Wortverzeichnis.

A.

a 236 258 275.
a a a 251.
Abba 111.
abbreviare 201.
abbreviatio 61.
abductio 61.
abietarius 134.
ablactare 201.
ablactatio 61.
ablutio 61.
abnegare 175.
abominabilis 139.
abominatio 61.
abortire 201.
abra 38.
Abraham 125.
Abram 125.
absconse 232.
absconsio 61.
absconsus 225.
absque 237.
abusio 61.
accelerare 235.
accensibilis 139.
acceptabilis 139.
acceptio 62.
acceptor 81.
accipere 175.
accubitus 35.
accusare 261.
acediari 221.
acetabulum 38.
acharis 152.
acide 232.

acquisitio 62.
ad 237.
Adam 125.
adaperire 201.
adapertio 62.
addecimare 202.
addere 294.
adhaerere 175 261.
adhuc 229.
adiicere 235 294.
adimplere 202.
adincrescere 202.
adinvenire 202.
adinventio 62.
adiuramentum 96.
adiurare 176.
adiutorium 94.
administratorius 135.
admirari 191 261 294.
admonere 294.
adorare 176 261.
adorator 81.
adunare 202.
advivere 202.
aedificare 176.
aemulari 176 262.
aemulator 13.
aequitates 126.
aërius 130.
aeruginare 195.
aestimare 176 262.
aestuari 189.
aeternalis 132.
aether 129.
a facie 245.
agnitor 81.

agonia 99.
agonizari 223.
alabastrum 99.
alba 154.
albor 58.
aliquis 172.
allegoria 99.
alleluia 251.
alleviare 203 262.
alligatura 91.
allisio 62.
allocutio 13.
allophyli 99.
altare 126.
alterae als Gen. 173.
alterutrum 235.
altilia 154.
altrinsecus 234.
amaricare 197.
amaritudines 127.
ambitio 13.
ambulare 176.
amen 251.
Ammonitidas 129.
amodo 282..
amplius 230.
anathema 99.
anathematizare 223.
angariare 221.
angelicus 138 152.
angelus 99.
angularis 134.
angustiare 196.
anima 166.
animaequus 151.
animalis 132.

animositas 14.
annualis 133.
annullare 203.
annunciatio 62.
annunciator 81.
ante 237.
ante conspectum 245.
ante faciem 245.
antelucanum 154.
antemurale 154.
antequam 297.
antichristus 99.
anxiare 197.
Apadno 111.
apertio 63.
apocalypsis 99.
aporia 99.
aporiari 222.
apostata 99.
apostatare 222.
apostatrix 81.
apostolatus 89.
apostolus 99.
appetitor 82.
apponere 236 294.
appositio 63.
apprehendere 177.
appretiare 203.
appropiare 203.
approximare 203.
aratiuncula 47.
arcarius 134.
arceuthinus 152.
archangelus 100.
archisynagogus 100.
architriclinus 100.
areola 48.
argumentosus 144.
argumentum 14.
arida 154.
Ariel 111.
aromatizare 223.
arreptitius 143.
arrhabo 38.
artaba 100.
artemon 100.
articulus 14.
ascella 48.
ascensor 82.

ascensus 35.
ascopera 100.
asina 128.
aspicere 262.
assare 198.
assatura 91.
assiduare 198.
assistrix 82.
assumentum 96.
attendere 262.
attestatio 63.
attondent, attonden-
    tur 225.
auditus 35.
auguratrix 82.
aureus 155.
auricularius 134.
aurugo 14.
auxiliari 262.
avaritia 35.
avernus 14.
aversatrix 82.
avertere 185.
avocare 177.
Azotidas 129.
azymus 152.

B.

bahis 100.
baiulare 196.
baiulus 14.
baptisma 100.
baptismus 100.
baptista 100.
baptizare 223.
batus 39.
beatificare 218.
Behemoth 111.
Belial 111.
belligerator 82.
benedicere 262.
benedictio 63.
benedictiones 127.
beneplacere 217.
beneplacitum 155.
beneplacitus 150.
bibiturus 224.
blasphemare 220 263.

blasphemus 152.
bonitas 35.
borith 111.
botrus 39.
brachiale 155.
bravium 100.
breviare 198.
bruchus 101.
buccella 48.
bullire 195.
burdo 39.
byssinum 155.

C.

cab 111.
cabus 39.
caelestis 155.
caementarius 134.
caesor 82.
calcator 82.
caldaria 155.
calefacimini 225.
camelus 129.
campestria 155.
camus 101.
cantabilis 139.
cantare 263.
capillatura 91.
capit 188.
capitellum 48.
capitium 39.
capsella 48.
captare 263.
captio 35.
captivare 198.
captivitas 34.
carbasinus 142.
caritas 36.
carnalis 133.
carnes 126.
carneus 143.
carnium 128.
cartallus 101.
cassidile 155.
castificare 218.
cata 244.
cataclysmus 101.
cataplasmare 222.

catechizare 223.
catenula 48.
catta 39.
cauma 101.
causa 14.
cauteriare 222.
celeuma 101.
cellula 48.
celtis 39.
centuplicare 198.
cerastes 101.
certari 189.
cervicatus 136.
cete 129.
charadrion 129.
charadrius 101.
charisma 101.
Cherub 111.
chodchod 112.
choerogryllus 101.
christus 101.
chytropus 101.
cidaris 101.
cilicinus 142.
cinips 39.
cinyra 101.
circa 237.
circuietur 225.
circumaedificare 203.
circumamictus 150.
circumcingere 203.
circumcisio 63.
circumdatio 63.
circumlegere 203.
circumornare 203.
circumornatus 150.
circumpes 97.
circumspector 83.
circumventio 63.
clangueris 225.
clarificare 218.
clausura 91.
clerus 102.
clusor 83.
coadunare 203.
coaequalis 145.
coaetaneus 155.
coaevus 145.
coagitare 203.

coambulare 204.
coaptare 204.
coccinum 155.
cochlea 15.
cocus 40.
coëlectus 150.
coëligere 204.
coenodoxia 102.
coenomyia 102.
cogitare 294.
cogitatio 15.
cognoscere 186.
cognoscibiliter 233.
cohortatus 191.
coinquinatio 63.
colaphizare 223.
collaborare 204.
collactaneus 156.
collecta 40.
colligatio 36.
colligere 177.
collisio 63.
collyrida 119.
collyrium 102.
combustio 64.
combustura 92.
comestor 83.
comitari 263.
commandere 204.
commanducare 204.
commemorari 194
   263.
commemoratio 15.
commissura 92.
commistio 64.
commixtim 234.
commoratio 36.
communicare 177.
communicator 83.
commutatio 36.
comparticeps 145.
compartiri 204.
compati 204.
compeditus 138.
compes 129.
complacere 187 204
   263.
complacet 189.
complacitior 160.

complacitus 145 150.
complantare 204.
complantatus 150.
complativus 145.
complere 177 236.
completio 64.
Completorium 156.
compluere 204.
compositio 15 36.
compugnare 205.
compunctio 64.
compungere 177.
concaptivus 145.
concatenatus 145.
concertari 189.
concisio 64.
concordatio 64.
concorporalis 145.
concreare 205.
concubitor 83.
conculcatio 64.
concupiscentia 58.
concupiscibilis 139.
concutere 177.
condecet 205.
condelectari 205.
condignus 146 257.
conditio 15.
condulcare 205.
confessio 15.
confidere 264.
configuratus 146.
confiteri 178.
conflatile 156.
conflatilis 139.
conflatio 65.
conflator 83.
conflatorium 94.
conformis 146.
confortare 205.
confovere 205.
confractio 65.
confundere 178.
confundi 194.
confusio 16.
congaudere 205.
conglorificare 218.
congyrare 205.
coniucundari 205.

festivitas 19.
ficulnea 156.
fidelis 130.
fides 19 36.
filia 19.
filius 20.
fit 289.
fixura 92.
focarius 135.
foederari 194.
foetosus 144.
foras foris 244.
forinsecus 234.
formella 49.
formido 36.
fornicator 84.
fractio 69.
framea 41.
frater 20.
fraudulenter 233.
fraudulentia 59.
fraudulentiae 127.
frenduerunt 224.
frequentare 180.
frixus 225.
fructificare 219.
frustra 230.
fugere 265.
fumigabundus 145.
fundibularius 135.
funiculus 20.
funis 21.
fuscinula 49.
fusorius 136.
fusura 92.

G.

galbanus 119.
gaudere 265.
gaudimonium 97.
gazophylacium 104.
Gedeon 124.
gehenna 104.
gemmarius 135.
gemmula 49.
generationes 127.
geniculum 49.
genimen 95.

genus 21.
germinare 187.
gerula 49.
gith 41.
gloria 36.
gloriari 265.
glorificare 219.
glorificari 194.
grabatus 104.
gratia 36.
gratificare 190 219.
gratulari 180,
grossitudo 57.
grossus 41.
grossus Abj. 132.
gutta 21.
gyrare 222.

H.

habere 180 277.
habitatio 35.
habitatrix 84.
habitudo 57.
haeresis 104.
haereticus 153.
hamula 50.
hebdomada unb heb-
domas 120.
Hellada 119.
hereditare 196.
hereditarie 232.
herinacius 41.
herniosus 144.
herodio unb herodius
120.
hin 112.
holocaustum 104.
honestare 180.
honestas 21.
honestus 130.
honorare 181.
honorificare 219.
honorificentia 59.
horripilatio 69.
hortamentum 96.
Hosanna 251.
hostia 21.
huiusmodi 301.

humerale 156.
humerulus 50.
humiliare 198.
humiliatio 69.
humilitas 53.
hybernalis 133.

I.

ianthinus 153.
idolium 104.
idololatra 104.
idololatria 104.
idolothytum 104.
ieiunare 199.
ieiunatio 69.
Ierosolyma 122.
ignitus 138.
ignoranter 233.
ignorantiae 127.
illamentatus 146.
ille ftatt is 165.
illuminatio 69.
illuminator 84.
illusor 85.
immarcescibilis 146.
immemoratio 69.
immobilitas 53.
impinguare 209.
implanare 210.
implere 177 266.
impoenitens 146.
importabilis 146.
impossibilis 146.
impraesentiarum234.
improperium 42.
imputribilis 146.
in 242 273.
inaccessibilis 146.
inaltare 210.
inaquosum 157.
inargentatus 150.
inauris 97.
inauxiliatus 146 192.
incantatio 69.
incantator 85.
incastratura 92.
incensum 42.
incentor 85.

naphtha 105.
natatoria 158.
natale 158.
nativitas 55.
nauclerus 105.
naufragare 199.
naulum 105.
necator 86.
necdum 230.
necessarior 161.
necnon 247.
neomenia 105.
neophytus 105.
ne quando 304.
neque 230.
nerviceus 143.
nervuna 119.
nescire 182.
nigredo 56.
nihilum 174.
nimietas 55.
nimis 231.
Ninive 125.
Nisan 112.
nisi 248 249.
nisi quia 304.
nisi quod 304.
nocere 268.
non 231.
nugacitas 55.
nugax 138.
nullus = nemo 174.
nubere 182.
nullatenus 234.
numquid 231.
nuptus 90.
nycticorax 106.

O.

obaudire 210 268.
obductus 90.
obdulcare 211.
obeditio 72.
obfirmare 211.
obfuscatio 72.
obiectio 73.
oblatio 73.
obligatio 73.

obrizum 158.
obrizus 153.
obscurare 186.
obscurat 189.
obsordescere 211.
obstetricare 211.
obtenebrare 211.
obtenebrescere 211.
obturatio 73.
obumbrare 268.
obumbratio 73.
obviare 199 211.
octava 158.
occubitus 90.
odibilis 140.
odibunt 225.
odiens 225.
odient 225.
odiet 225.
odietur 225.
odirent 225.
odisse 295.
odite 225.
odito 225.
odivi 225.
odivit 225.
odoramentum 97.
odorare 190.
oleatus 137.
olfactoriolum 51.
omnimodus 151.
onocentaurus 106.
onustare 199.
operator 86.
ophiomachus 106.
opilio 43.
opinatus 137.
opinio 25.
opitulatio 74.
oportet 289.
oppandere 211.
oppilare 212.
opponere 182.
orare 269.
oratio 25.
oratorium 158.
orditus est 225.
originalis 133.
ornatus 90.

orphanus 106.
ortygometra 106.
ostensio 74.
ostiola 51.
otiositas 55.

P.

pacifice 232.
pacificus 131.
palatha 106.
palmus 43.
palpatio 74.
panifica 158.
panis 25.
panum 128.
papilio 44.
papyrio 44.
paracletus 106.
paradisus 106.
parasceve 106.
paratura 93.
paropsis 106.
partibor 225.
particeps 258.
participare 269.
participatio 74.
parvipendere 217.
Pascha 121.
pascua 158.
pascualis 140.
passibilis 140.
pastophorium 106.
paternitas 55.
pati 182.
patriarcha 106.
paulominus 231.
pauxillum 234.
pavor 37.
pavus 119.
peccator 86.
peccatum 25.
pectusculum 51.
pedalis 158.
pellicanus 44.
pelliceus 143.
penetrabilis 141.
pentacontarchus 106.
pentapolis 106.

prosperare 187 295.
prosperari 190.
prostitutio 76.
protectio 76.
protector 87.
protelare 213.
protestatio 76.
provocatrix 87.
proximare 200.
psalmus 107.
psalterium 107.
psaltes 108.
pseudoapostolus 108.
pseudochristus 108.
pseudopropheta 108.
Ptolemais 123.
pudoratus 137.
puer 25.
pugillaris 159.
pugillus 52.
purgare 270.
purificatio 76.
puritas 55.
pusillanimitas 56.
pusillanimus — is 151.
putas, putasne 235.
Putiphar 125.
Putiphare 125.
putredo 57.
putrefieri 217.
pytho 108.
pythonicus 153.
pythonissa 108.

Q.

quadragesimalis 133.
quadrangulatus 151.
quadrifariam 234.
quaerere 270.
quamquam 298.
quare 248.
quatenus 248.
quaternio 44.
quatriduanus 143.
querela 25.
querulosus 144.
quia 248 289 290
　304 305.

quid 172.
quietatio 76.
quis 173.
quod 248 290 304
　305.
quoniam 248 289 290
　305.

R.

Rabbi 113.
Rabboni 113.
Rabsaces 125.
raca 251.
radicare 191.
ramusculus 52.
rasura 93.
rationabilis 141.
rationale 159.
reaedificare 213.
recalvaster 149.
recalvatio 76.
recensere 183.
receptibilis 141.
reclinatorium 94.
recubitus 91.
recuperatio 25.
redargutio 76.
redditio 77.
redditor 87.
redemptor 25.
redient, rediet 225.
redimere 183.
reditus 91.
reexpectare 213.
refectio 26 37.
reficere 187.
refigurare 213.
refocillare 213.
refrigerium 45.
refuga 45.
regeneratio 77.
regnare 183 270.
regulus 52.
reinvitare 213.
religiositas 56.
remandare 213.
rememorari 194.
rememoratio 77.

remunerator 88.
renunculus 52.
repedare 214.
replere 266.
reprehensibilis 141.
reprehensio 37.
reprobatio 77.
reprobus 149.
repromissor 88.
repropitiare 214.
reptilis 141.
reputare 270.
requietio 77.
resolutio 78.
respectio 78.
respondere 183.
resurrectio 78.
retardare 187.
retiaculum 52.
retinere 183.
retro 244.
reverentia 26.
reversare 214.
reverti 190.
rixosus 144.
rogare 295.
romphaea 108.
rubricatus 137.
rudis 131.

S.

Sabaoth 113.
sabbatismus 108.
sabbatizare 223.
sabbatum 108.
saccinus 142.
sacramentum 26.
saecularis 131.
saeculum 27.
sagena 108.
sagittare 196.
sagma 108.
salierunt 225.
Salomon 124.
saltem 231.
salutare Subst. 159.
salutare Verb. 183.
salutaris 159.

21 *

vesper 132.
vetati sunt 225.
veterare 201.
veterascere 201.
via 32.
viare 197.
victimare 197.
victualia 160.
villicatio 81.
vindemiare 197.
vir = jeber 173.

viratus 137.
virga 32.
virgultum 126.
viror 58.
virtus 33.
visitatio 34.
vitulamen 95.
vivificare 221.
vocare 271.
volo 185.
voluntarie 233.

voluntas 38.
voluptuose 233.

Z.

zabulus 47.
zelare 222.
zelotes 110.
zelotypia 110.
zelotypus 153.
zelus 110.
zizanium 110.

Sachregister.

---

anima alicuius für das perſön=
liche Fürwort 166.
antequam immer mit dem Kon=
junktiv 297.
Apoſiopeſe 305.
apponere als Umſchreibung des
Adverbiums 235.
Appoſition 287.
— in einem Relativſatz konſtruiert
287 f.
Artikel, Bezeichnung des 169.
aspicere konſtruiert 262.
attendere konſtruiert 262.
Attraktion beim Relativum 288.
— des Relativums ſelbſt 305.
Auslaſſung des Nachſatzes bei einer
Bedingung 304.
— ganzer Sätze 305.
auxiliari konſtruiert 262.

B.

blasphemare konſtruiert 263.
Bedingungsſätze, wie ausgedrückt
298.
— Nachſatz ausgelaſſen 304.
bene esse konſtruiert 285.
benedicere konſtruiert 262.
Beteuerungen in Schwurform 299.
— — Nachſatz dazu 305.

C.

C, Ausſprache desſelben in hebrä=
iſchen Namen 10.
cantare konſtruiert 263.
captare konſtruiert 263.
cessare mit Partizipium 279.
circa, Bedeutung desſelben 237.
cogitare mit ut oder Infin. 294;
mit ne ebd.
comitari konſtruiert 263.
commemorari konſtruiert 263.
complacere konſtruiert 263.
complere als Umſchreibung des
Adverbiums 236.
condignus konſtruiert 257.
confidere konſtruiert 264.
Constructio ad sensum 165 256
285 286.
— praegnans 303.

consummare als Umſchreibung
des Adverbiums 235.
contingit mit Acc. c. Inf. 289.
contra, Bedeutung desſelben 238.
converti als Umſchreibung des
Adverbiums 236.
credere konſtruiert 264.
cum mit inſtrumentaler Bedeu=
tung 238; = erga ebd.

D.

dare konſtruiert 178 264.
Dativ beim Paſſivum 275; bei
adorare 261; cantare, comitari 263; deficere 264; iubere,
loqui 267; misereri 268; praevalere 269.
Datum, wie ausgedrückt 164.
de, Bedeutung desſelben 238; für
den Genitiv ebd.; mit inſtru=
mentaler Bedeutung ebd.
deesse konſtruiert 264.
deficere konſtruiert 264; mit Par=
tizipium 279.
deforis mit Genitiv 245.
Deklination der hebräiſchen Nomina propria 123 f.
Demonſtrativum konſtruiert 285.
— pleonaſtiſch 305.
descendere konſtruiert 264.
desuper als Präpoſition 282; als
Adverbium 245.
dicens zur Einführung direkter
Worte 291.
dignus konſtruiert 257.
diligere als Umſchreibung des Ad=
verbiums 236.
dimittere konſtruiert 257.
Direkte Worte mit quia oder
quoniam eingeführt 290; mit
dicens 291.
domi nach Hauſe 274.
dominari konſtruiert 264.
Doppelpräpoſitionen 245.
dubitare (non) mit quod 294.
dum = cum 247; in der Be=
deutung während mit dem
Konjunktiv 297.

Verzeichnis der besonders berücksichtigten Stellen.

In der Herderschen Verlagshandlung zu Freiburg im Breisgau sind erschienen und können durch alle Buchhandlungen bezogen werden:

Einleitung in die Heilige Schrift Alten und Neuen Testaments. Mit Approbation des hochw. Herrn Erzbischofs von Freiburg. Vierte, verbesserte Auflage. Drei Theile oder ein Band. gr. 8° (XVIII u. 724) *M* 8.70; geb. in Halbsaffian *M* 10.70

I. Theil. (VI u. 188) *M* 2.20 — II. Theil. (VI u. 264) *M* 3.20 — III. Theil. (VI u. 272) *M* 3.30

(Gehört zu unserer „Theologischen Bibliothek".)

„Die Einleitung von Kaulen erschien in vierter Auflage, was deren Gediegenheit und Brauchbarkeit zur Genüge beweist. Den Professoren der Exegese, den Theologiestudierenden und selbst weiteren Kreisen leistet sie gute Dienste, und sie wird deshalb in der Geschichte der Einleitungen in die Heilige Schrift immer eine ehrenvolle Stellung einnehmen. . . ."

(Schweizerische Literarische Monats-Rundschau, Stans 1898, Nr 5.)

„. . . Der rastlos tätige Verfasser verdient unsern innigsten Dank, unsere vollste Anerkennung; sein in der neuen Ausstattung beifällig begrüßtes Werk wird sicher auch fernerhin als ein vorzüglich geeignetes Mittel nicht nur zur Einführung in das Bibelstudium, sondern auch zum wohltuenden Verständnisse des göttlichen Buches hochgeschätzt und eifrigst benützt werden."

(Theolog.-prakt. Quartalschrift, Linz 1901, 2. Heft.)

Kurzes Biblisches Handbuch zum Gebrauche für Studierende der Theologie. gr. 8°

Erstes Bändchen: Kurze Einleitung in die Heilige Schrift des Alten und des Neuen Testaments. Mit Approbation des hochw. Kapitelsvicariats Freiburg. (X u. 152) *M* 1.80; geb. in Halbleinwand *M* 2 10

Zwei weitere Bändchen (Biblische Archäologie und Hermeneutik) sind in Vorbereitung.

„In 478 Paragraphen behandelt der Verfasser in möglichst knapper, leichtverständlicher Form die gesamten biblischen Schriften. Hierbei leitete ihn die Erkenntnis, daß beim Unterrichte im Bibelstudium ein Hindernis bereitet wird, wenn die Anfänger von vornherein mit zu viel Lehrstoff aus den biblischen Wissenschaften bekannt gemacht werden. Dieses kürzere Kompendium ist aber nicht nur für Studenten eine höchst willkommene Gabe, sondern auch für Gebildete, die sich mit dem Stande der Wissenschaft vertraut machen wollen. . . ."

(Katholische Schweizerblätter, Luzern 1897, 4. Heft.)

Der biblische Schöpfungsbericht (Gen 1, 1 bis 2, 3) erklärt. 8° (IV u. 94) *M* 1.—

Assyrien und Babylonien nach den neuesten Entdeckungen. Fünfte Auflage. Mit Titelbild, 97 Illustrationen, einer Inschriftentafel und zwei Karten. gr. 8° (XVI u. 318) *M* 5.—; geb. in Leinwand mit Deckenpressung *M* 7.—